# Der Bibel auf der Spur

**Band 1**
49 ganzheitliche Stundenentwürfe
für Kindergruppen im
Vor- und Grundschulalter

Herausgegeben von Dieter Velten

 BORN-VERLAG, KASSEL

# Impressum

© BORN-VERLAG,
Postfach 42 02 20, 34071 Kassel
1.Auflage 1997
All rights reserved

Herausgeber: Arbeitskreis für Kinderarbeit
im Evangelischen Gnadauer Gemeinschaftsverband e.V.,
Dillenburg

Redaktionskreis: Thomas Eisinger,
Konrad Flämig, Marianne Gruhler, Erika Haake,
Carola L'hoest, Schw. Evelyn Reschies,
Lydia Schmidt, Raimund Schwarz,
Eberhard Trosse, Dieter Velten (verantwortlich),
Martina Walter, Hannelore Zimmermann

Umschlagmotiv: Ulrich Wagner, Darmstadt
Satz und Layout: Holger Giebeler, Schaafheim
Illustrationen und Signets: Ulrich Wagner, Darmstadt
weitere Illustrationen:
    Claudia Badstübner: S. 246-247, 307-309
    Herbert Grabowski: S. 80-82, 150, 172, 211, 228, 298-299
    Susanne Horn: S. 184, 278-279
    Hartmut Jung: S. 220-221
    Susanne Malessa: S. 99
    Fujio Watanabe: S.150

Druck: Überreuter-Druck, Korneuburg (Austria)

ISBN 3-87092-201-X (Band 1)
Bestellnr.: 182.201
Subskription: ISBN 3-87092-200-1 (Band 1-4)
Bestellnr.: 182.200

# Inhalt

**Vorwort** ... 5

**Einführung**
Auftrag ... 6
Hindernisse ... 6
Ganzheitliche Arbeit mit Kindern ... 6
Zielsetzung ... 7
Zielgruppe ... 7
Textplan ... 7
Aufbau der Stundenentwürfe ... 7
Weitere Hilfsmittel
für die Arbeit mit Kindergruppen ... 9
Zur Situation der Kinder
im Vor- und Grundschulalter ... 10

**Neues Testament**

1  Jesus segnet die Kinder
   Markus 10,13-16 ... 12
2  Die Speisung der 5000
   Markus 6,30-44 ... 22
3  Zachäus
   Lukas 19,1-10 ... 32
4  Die Stillung des Sturmes
   Markus 4,35-41 ... 40
5  Fischer werden zu Menschenfischern
   Matthäus 4,18-22; 10,1-4 ... 50
6  Ein Tag in Kapernaum
   Markus 1,21-39 ... 60
7  Bartimäus - Jesus hilft und heilt
   Markus 10,46-52 ... 68
8  Die Hochzeit zu Kana
   Johannes 2,1-12 ... 76
9  Das Scherflein der Witwe
   Lukas 21,1-4 ... 86
10 Pharisäer und Zöllner
   Lukas 18,9-14 ... 94
11 Zacharias und Elisabeth
   Lukas 1,5-25.57-66 ... 102
12 Die Ankündigung der Geburt Jesu
   Lukas 1,26-56 ... 110
13 Jesus, der Heiland ist da
   Lukas 2,1-20 ... 118
14 Jesus in seinem Vaterhaus
   Lukas 2,41-52 ... 128
15 Jesu Einzug in Jerusalem
   Matthäus 21,1-11 ... 136
16 Gethsemane
   Matthäus 26,31-56 ... 144
17 Die Verleugnung des Petrus
   Matthäus 26,69-75 ... 152
18 Die Kreuzigung Jesu
   Matthäus 27,15-56 ... 164
19 Die Auferstehung Jesu
   Matthäus 28,1-15 ... 176

Inhalt

## Altes Testament

| | | |
|---|---|---|
| 20 | Abraham: Berufung und Glaube<br>1. Mose 12,1-9 | 186 |
| 21 | Abraham und Lot<br>1. Mose 13,1-18 | 194 |
| 22 | Des Herrn Besuch bei Abraham<br>1. Mose 18,1-15 | 204 |
| 23 | Sodom und Gomorra<br>1. Mose 18,16 - 19,29 | 212 |
| 24 | Isaaks Geburt<br>1. Mose 21,1-7 | 222 |
| 25 | Die Opferung Isaaks<br>1. Mose 22,1-19 | 230 |
| 26 | Rebekka wird Isaaks Frau<br>1. Mose 24 | 240 |
| 27 | Jakob und Esau<br>1. Mose 25,19-34 | 250 |
| 28 | Jakob gewinnt mit List die Erstgeburt<br>1. Mose 27 | 260 |
| 29 | Jakobs Flucht und Himmelsleiter<br>1. Mose 28 | 270 |
| 30 | Jakob dient um Rahel und Lea<br>1. Mose 29,1 - 30,24 | 280 |
| 31 | Jakob und Laban · Jakobs Rückkehr<br>1. Mose 30,25 - 32,1 | 290 |
| 32 | Jakobs Versöhnung mit Esau<br>1. Mose 32,2 - 33,20 | 300 |
| 33 | Josefs Träume<br>1. Mose 37,1-11 | 311 |
| 34 | Josef wird verkauft<br>1. Mose 37,12-36 | 320 |
| 35 | Josef im Hause Potifars<br>1. Mose 39 | 327 |
| 36 | Josef deutet Träume<br>1. Mose 40 | 334 |
| 37 | Pharaos Träume, Josefs Erhöhung<br>1. Mose 41 | 342 |
| 38 | Die erste Reise der Brüder<br>1. Mose 42 | 348 |
| 39 | Die zweite Reise der Brüder<br>1. Mose 43 - 45 | 358 |
| 40 | Jakob in Ägypten - Jakobs Tod<br>1. Mose 46 - 50 | 366 |

## Themen

| | | |
|---|---|---|
| 41 | Durch die Bibel spricht Gott zu uns<br>Psalm 119,105 | 376 |
| 42 | Wir dürfen beten<br>Lukas 11,5-13 | 382 |
| 43 | Das Vaterunser<br>Matthäus 6,5-15 | 390 |
| 44 | Gott ist groß (Anbetung)<br>Psalm 113 | 398 |
| 45 | Georg Müller - einer, der das Beten erprobt hat | 403 |
| 46 | Streit, Verpetzen, Verleumden | 409 |
| 47 | Entschuldigen, Versöhnen<br>1. Mose 32; 33 | 415 |
| 48 | Sorgen<br>Matthäus 6,25-34 | 422 |
| 49 | Himmelfahrt und Pfingsten<br>Psalm 23,1-6 | 428 |

| | |
|---|---|
| Bastelanleitung „Hirte Beni" | 434 |
| Bibelstellenverzeichnis | 437 |
| Sachwortverzeichnis | 438 |
| Index für Foliencollagen | 439 |

# Vorwort

„Kinder sind Gäste, die nach dem Weg fragen." Das gilt allen, die mit Kindern zu tun haben. Kinder sind nicht das Produkt und der Besitz der Eltern, über den sie frei verfügen können. Kinder sind nicht in die Verfügungsgewalt von Erziehern, Lehrern oder Mitarbeitern gestellt, die sie für ihre Zwecke manipulieren wollen. Kinder sind Gäste. Auch in den Kindergruppen sind sie uns für eine bestimmte Zeit nur anvertraut. Es geht nicht darum, daß wir unsere Ziele und Interessen durch sie verwirklichen.

Die Kinder sind Gäste, die Orientierung suchen, nach Wegen fragen, die für ihr Leben gangbar sind und zum Ziel führen.

Als Mitarbeiter sind wir immer nur Wegweiser. Aber diese Aufgabe ist heute nicht einfach. Da sind andere Stimmen und vielfältige Orientierungspunkte, die Kinder verunsichern oder sogar verführen wollen.

Das Ziel aller christlichen Kindergruppen muß es sein, jungen Menschen in dem Supermarkt der religiösen Angebote unserer Gesellschaft die befreiende Botschaft von der Liebe Gottes in Jesus Christus so ansprechend und aktuell zu vermitteln, daß sie sich den Kindern erschließt und erfahrbar wird. Das ist zuerst die Aufgabe des heiligen Geistes. Wir können aber durch methodische Hilfsmittel Hindernisse ausräumen, Wegweisung geben und die Kinder so auf die Spur setzen.

Dazu möchte „Der Bibel auf der Spur" eine kleine Hilfe sein. Weitere drei Bände werden jeweils in Jahresfrist erscheinen. Sie lösen die alten Vorbereitungshilfen für Kinderstunden ab.

Ich danke allen Mitarbeitern, die die Lektionen erarbeitet oder überarbeitet haben, für ihren Einsatz und wünsche, daß dieses Buch vielen Mitarbeitern und Kindern zum Segen wird.

Linden, im Juli 1997
Dieter Velten

# Einführung

## Auftrag

Der Missionsbefehl Jesu „Machet zu Jüngern alle Völker!" (Matth. 28,19f) hat eine weltweite und zugleich auch Generationen umspannende Dimension. Zu den „Völkern" gehört auch das große Volk der Kleinen. Kinder sind offen und noch nicht so festgefahren wie Erwachsene. Die Verkündigung der biblischen Botschaft vor Kindern ist deshalb ein zentrales Anliegen der christlichen Gemeinde. Kinder müssen zuerst die Botschaft der Bibel kennenlernen, bevor sie an Jesus Christus glauben können.

Mit diesem Bemühen stoßen wir aber heute auf manche Schwierigkeiten.

## Hindernisse

Zu dem zeitgeschichtlichen Hintergrund der Bibel, dem kulturellen Kontext und ihrer Sprache haben Kinder von heute kaum noch eine Beziehung.

Früher lebten die Kinder noch in einem alles umfassenden *religiösen Kosmos*. Gott war eine Realität, die niemand bezweifelte, auch wenn man sich dieser Autorität nicht immer unterordnete. Morgens betete man mit dem Kind, dankte für die Bewahrung im Schlaf und bat um Schutz für den Tag. Vor und nach dem Essen wurde gebetet. Alles nahm man aus Gottes Hand. Er ließ die Sonne scheinen und den Regen fallen, damit Getreide und Kartoffeln wachsen konnten. In Notsituationen flüchtete man sich ins Gebet. Gott hatte ja Hilfe versprochen.

Und kam der Tod in die Familie, dann wußten die Kinder: Gott hat die Oma oder den Opa zu sich geholt, und ich werde sie einmal wieder sehen. Gott kam im Alltag der Kinder vor. Es war selbstverständlich, von ihm zu sprechen.

In diesem schützenden religiösen Kosmos war die Rede von Gott für Kinder verständlich, auch wenn man ihn selbst nicht sehen konnte. Von diesem Denken sind die Kinder heute weit entfernt. Das erschwert unsere Arbeit.

In den Kindergruppen wird oft nur von Gott *gesprochen*. Was die Kinder von ihm erfahren, nehmen sie durch Hören und Nachdenken auf. Gott wird so zu einer Größe, die zwar für das Denken Realität gewinnt, aber sonst mit dem Leben wenig zu tun hat. Gott wird zu einer gedachten Größe. Der Schritt zum erdachten Gott ist dann nicht mehr weit.

Gott will aber nicht nur gedacht, er will mit allen Sinnen erfahren, erlebt werden. An die Stelle der verkopften muß die erlebte Verkündigung treten.

## Ganzheitliche Arbeit mit Kindern

Wir wollen mit diesen Vorbereitungshilfen für Mitarbeiter zu einer ganzheitlichen Arbeit mit Kindern ermutigen.

Ganzheitliche Arbeit mit Kindern will das Kind in seiner Ganzheit nach Leib, Seele und Geist mit dem Evangelium erreichen.

„Ganzheitliche Verkündigung" heißt: „Menschen mit ihrer und durch ihre ganze Geschöpflichkeit (in der von Gott gegebenen Einheit von Leib, Seele und Geist) einen Zugang zum Evangelium und eine Begegnung mit dem Evangelium ermöglichen" (Carola L'hoest).

Alle Bereiche des Menschseins sollen vom Evangelium erfaßt werden, so daß es zu einer lebendigen Begegnung zwischen Kind und Evangelium kommt.

Es darf in der Kinderstunde nicht einfach um Übernahme und blindes Lernen biblischer Inhalte gehen. Kinder müssen zu einer Begegnung mit den Wahrheiten der Bibel geführt werden.

Das ist auch das Ziel biblischer Didaktik: Die Kinder sollen selbst sehen, erfahren, begreifen. Sie will nicht theologische Lehren in Gestalt von Wissensstoff vermitteln, den wir speichern und weiter verwenden können. Es geht um eine tiefe Begegnung mit den Texten und um die originale Begegnung mit dem Herrn dieser Texte. Es ist ein Weg, auf dem Einsichten wieder in Entdeckungen zurückverwandelt werden, Überzeugungen in Erfahrungen, Bekenntnisse in Auseinandersetzungen.

Wir haben versucht, diese ganzheitliche Konzeption in diesem Buch umzusetzen. Deshalb sind die Lernziele auf drei Ebenen formuliert:
☺ Kopf – ♡ Herz – ✋ Hand. Die Kinder sollen etwas lernen (wissen), erfahren (fühlen) und Konsequenzen für ihr Handeln ziehen (tun).

## Zielsetzung

„Der Bibel auf der Spur" will Mitarbeitern helfen, die Arbeit in Kindergruppen biblisch-heilsgeschichtlich orientiert und ganzheitlich zu gestalten. Die Kinder sollen
- die zentralen Inhalte der biblischen Botschaft kennenlernen.
- das Evangelium als befreiende Lebensmöglichkeit erfahren.
- Zusammenhänge von biblischer Botschaft und Lebensfragen erkennen und praktische Konsequenzen für ihr Handeln daraus ableiten.

## Zielgruppe

Zielgruppe sind Kinder im Vor- und Grundschulalter. Jede Lektion enthält jeweils Gestaltungshinweise für beide Altersgruppen.

Die Entwürfe sind gedacht für Kindergruppen in Kinderstunden, Sonntagsschulen, Kindergottesdienst, Kindergarten, Schule u.a.

## Textplan

Den vier Bänden „Der Bibel auf der Spur" liegt ein vierjähriger Textplan zugrunde, der in ca. 200 Lektionen durch die wichtigsten Inhalte der Bibel führt. Er ist in drei Bereiche eingeteilt: I. Neues Testament, II. Altes Testament, III. Themen. Der Textplan ist als „Spiralcurriculum" aufgebaut, d.h. die drei Bereiche kehren jedes Jahr wieder. Grundgedanken und Zusammenhänge werden über die vier Jahre hinweg wiederholt und so verdeutlicht und vertieft. Mit einer Kindergruppe kann man deshalb auch zu jeder Zeit in den Plan einsteigen.

Die Verteilung der Lektionen im Kirchenjahr bleibt dem Mitarbeiter überlassen. Ein Vorschlag wird in der Mitarbeiterzeitschrift „KiMat" abgedruckt.

## Aufbau der Stundenentwürfe

*Thema*

Das Thema ergibt sich aus dem Inhalt des Textes. Es ist für den Mitarbeiter gedacht und muß für die Kinder evtl. neu (kindgemäßer und ansprechender) formuliert werden.

*Text*

Der Text ist dem Textplan entnommen (s.o.). Er muß nicht immer vollständig behandelt werden. Der Mitarbeiter hat die Freiheit, eigene Schwerpunkte zu setzen.

*Erklärungen zum Text*

Hier gibt es Hinweise zur Auslegung des Textes. Sie sind nicht als Ersatz für eine gründliche Beschäftigung mit dem Text gedacht, sondern sollen zur intensiven Arbeit mit der Bibel anregen. Nur wer sich selbst intensiv mit dem biblischen Text beschäftigt hat, kann ihn auch Kindern verständlich weitergeben.

*Schwerpunkte des Textes*

Hier werden für den Mitarbeiter die Hauptgedanken des Textes noch einmal auf den Punkt gebracht.

*Anmerkungen zur Situation des Kindes*

Wer die Botschaft der Bibel verkündigen will, sollte seine Zuhörer kennen. Davon hängen didaktische und inhaltliche Entscheidungen ab. Unter diesem Punkt wird die Situation des Kindes im Blick auf das Thema reflektiert. Der Mitarbeiter muß wissen, welche entwicklungspsychologischen Gegebenheiten bei der Erarbeitung des Themas zu beachten sind (s.u.). Er muß sich informieren, welche Grunderfahrungen bezüglich des Themas die Kinder bereits mitbringen.

*Lernziele*
Aus der Exegese und den Anmerkungen zur Situation der Kinder ergibt sich eine ganzheitliche Zielformulierung auf drei Ebenen:
☺ *Kognitive Lernziele (Kopf):* Wissensvermittlung, Dogmatik, Bibelkunde, Ethik... Was soll das Kind am Ende der Stunde an biblischem Wissen mit nach Hause nehmen?
♡ *Affektive Lernziele (Herz):* Hier soll an die Gefühle der Kinder angeknüpft werden, bzw. müssen sie ihnen ermöglicht werden. Es geht hier aber vor allem um Erfahrungen im zwischenmenschlichen Bereich. Beispiele: „Gott sorgt für mich": Das Kind soll erfahren, es ist schön, wenn jemand für mich sorgt. Oder: Wir sorgen für das Kind, indem wir den Raum heizen, nachfragen, wie es ihm geht, es besuchen, wenn es krank ist, für Hilfe sorgen oder während der Stunde eine Situation schaffen, in der es Fürsorge erfährt.
🖐 *Operative Lernziele (Hand):* Wozu möchte ich das Kind veranlassen? Was soll es tun als Konsequenz aus dem Gehörten? Dieses Ziel reicht über die Gruppenstunde hinaus.

Es geht um ein Ziel, das den Kindern aber differenziert nahegebracht wird. Sie werden über Kopf, Gefühl und Körper angesprochen. Die Formulierung des Ziels muß ganz nahe bei den Kindern sein. Es reicht z.B. nicht aus zu formulieren: „Die Kinder sollen Vertrauen zu Gott haben". Die Kinder müssen vielmehr auch im zwischenmenschlichen Bereich die Erfahrung machen, daß es gut ist, jemandem vertrauen zu können.

 *Lernvers*
Es ist wichtig, daß schon Kinder Bibelverse auswendig lernen. Es ist aber nicht notwendig, in jeder Stunde einen Vers lernen zu lassen. Die angegebenen Lernverse sind lediglich ein Angebot. Zum Teil sind auch für das Vorschulalter verkürzte oder einfachere Lernverse angegeben.

  *Hinweise zur Durchführung*
Unter diesem Punkt findet der Mitarbeiter Gestaltungshinweise zur biblischen Geschichte und zwar getrennt nach Grund- und Vorschulalter.
Die Gliederung:

⇨ Hinführung   ◇ Hauptteil   ⦂ Vertiefung.

*Wichtig:* Diese Hinweise sind lediglich Anregungen. Sie machen die Vorbereitung des Mitarbeiters nicht überflüssig. Die Stundenentwürfe sind keine fertigen Rezepte, die man unreflektiert übernehmen kann. Sie müssen vielmehr im Blick auf die spezielle Kindergruppe überprüft und gegebenenfalls umgestaltet werden.

 *Liedvorschläge*
Die vorgeschlagenen Lieder stammen alle aus dem Liederbuch: Meine Lieder – Deine Lieder (BORN-Verlag, Kassel; Hänssler-Verlag, Neuhausen). Sie sind aber zum größten Teil auch in anderen Liederbüchern enthalten. Deshalb haben wir auf eine Quellenangabe verzichtet.

 *Arbeitshilfen*
Hier findet der Mitarbeiter viele Hinweise auf Material, Anregungen für die visuelle und praktische Gestaltung wie Rätsel, Spiele, Bilder, Kopiervorlagen, OHP-Folien u.a.
Vor allem möchte ich hinweisen auf die Skizzen für die Gestaltung der Foliencollagen. Diese Skizzen können auch anderweitig benutzt werden (als Tafelbilder o. ä.).

## Weitere Hilfsmittel für die Arbeit mit Kindergruppen

### KiMat
Mitarbeiterheft, 50-60 Seiten, zwei Hefte pro Jahr.
Aus dem Inhalt:
*Fundamente:* Grundsatzartikel zu Fragen der Arbeit mit Kindern. Diese Rubrik dient der Schulung der Mitarbeiter.
Biblische Begriffe begreifbar gemacht.
*Modelle:* Entwürfe für besondere Kinderveranstaltungen, Familiengottesdienste, Feste
*Ideenecke:* Eine bunte Palette von Anregungen für die Gruppenstunden (Spiele, Bastelarbeiten,...)
*Textplan:* Aufteilung des Textplanes auf das Kirchenjahr.
Bestellungen über den Deutschen EC-Verband, Postfach 420220, 34071 Kassel.

### Nicki – Jesus liebt Kinder
In dem vierfarbigen Mitmachblatt für Kinder und Eltern erzählt das Nilpferd lustige Geschichten, lädt zum Basteln ein und erinnert an biblische Geschichten und den Lernvers in der Kinderstunde. Den biblischen Geschichten liegt der Gnadauer Textplan für Kinderstunden zugrunde, so daß das Blatt parallel zu dem Buch „Der Bibel auf der Spur" eingesetzt werden kann.
Für jede Woche sechs farbige DIN-A5-Seiten!
Bestellungen direkt an den Born-Verlag, Postfach 420220, 34071 Kassel.

### Foliencollagen
4 Mappen mit insgesamt 341 Figuren und 5 Grundfolien (A4):
- Kollektion Altes Testament
- Kollektion Neues Testament
- Kollektion Menschen und Tiere
- Kollektion Gegenstände u. Landschaften

Herausgeber: Born-Verlag, Gnadauer Pädagogischer Arbeitskreis, Bibellesebund

Die Foliencollagen wenden das Prinzip der Flanellbilder auf den Tageslichtschreiber an. Aus einzelnen Folien wird auf dem Tageslichtschreiber ein Bild zusammengesetzt, das zusätzlich durch Zeichnungen und Sprechblasen ergänzt werden kann.

Die Bilder sind so gestaltet, daß sie der Phantasie der Kinder Raum lassen. Sie verzichten auf einen stark illustrativen Charakter und legen mehr Wert auf das Wesentliche, auf allgemeine Formen und Gesten.

Beim Zusammenstellen der Foliencollagen auf dem Tageslichtschreiber können auch die Kinder beteiligt werden. Sie können die Bilder durch eigene Zeichnungen ergänzen. Das fördert die aktive Teilnahme der Kinder bei der Darstellung der Geschichte.

Eine revolutionierende Idee für die Darstellung biblischer Inhalte in Religionsunterricht und Kinderstunde!

Bestellungen direkt an den Born-Verlag,
Postfach 420220, 34071 Kassel
oder über jede Buchhandlung.

## Zur Situation der Kinder im Vor- und Grundschulalter

### 1. Entwicklungspsychologische Anmerkungen

#### 1.1 Kinder im Vorschulalter

*Geistige Entwicklung*

Im 4. Lebensjahr überschüttet das Kind den Erwachsenen mit unzähligen – vor allem – Warum-Fragen: Warum liest du in der Zeitung? Warum kann der Vogel fliegen? Warum gehst du zur Arbeit? Warum bin ich nicht groß? ...

Dieses Fragealter zeigt einen deutlichen Fortschritt in der Denkentwicklung. Das Kind versucht mit seinem Denken, den Dingen auf den Grund zu gehen. Vorher fragte es: Was ist das? Jetzt: Warum ist das so?

Es geht also um die Erforschung kausaler Zusammenhänge. Das Kind baut sich eine Welt auf, in der alles mit allem in Zusammenhang steht. Dabei wird oft noch nicht zwischen Wahrnehmung und Vorstellung, Traum und Wirklichkeit unterschieden. Beides fließt ineinander. Wir sprechen von einem „magischen Weltbild!".

Der Sprachgebrauch hat sich im Laufe der Vorschulzeit soweit entwickelt, daß es den anderen seine Wünsche, Gedanken und Gefühle mitteilen kann. Das Sprachverständnis bleibt aber oft hinter dem Sprachgebrauch zurück.

Beispiel: Anstelle von „Nun ist groß Fried' ohn Unterlaß" aus dem Lied „Allein Gott in der Höh sei Ehr" versteht ein Kind: Nun ißt Gottfried ohn Unterlaß, Alfred ist schon am Ende.

Das Denken und Sprechen der Kinder ist zunächst auch noch sehr egozentrisch. Sie meinen, daß alle so denken wie sie, und sich alle Ereignisse um den Denkenden drehen. Beispiel: Es wird Nacht, weil ich müde bin.

In engem Zusammenhang mit dem Sprechen entwickelt sich das Denken. Dabei entwickelt sich der Denkprozeß vom Konkreten zum Abstrakten. Wichtig: Die Kinder müssen die Dinge „begreifen" können.

*Soziale Entwicklung*

Das Vorschulkind ahmt vor allem seine Eltern nach. Es lernt aber auch den Umgang mit anderen Kindern und das Spielen in kleinen Gruppen. Freundschaften wechseln häufig.

*Geistliche Entwicklung*

Glaube der Kinder ist das Ergebnis der Erfahrung und der christlichen Unterweisung in Familie und Gemeinde. Er wird noch nicht hinterfragt.

Das Verständnis biblischer Inhalte ist allerdings noch begrenzt. Begriffe wie Erlöser, Gnade, Rechtfertigung bleiben unverständlich. Der Glaube der Kinder ist auf die alltäglichen Erfahrungen des Kindes in seiner Umwelt gegründet.

Was wir den Kindern erzählen, muß nicht nur anschaulich sein, sondern auch im wahrsten Sinne des Wortes „begreifbar". Von daher hat das Vorspielen biblischer Geschichten für die Kinder eine wichtige Bedeutung.

#### 1.2 Kinder im Grundschulalter

*Geistige Entwicklung*

Die Jungen und Mädchen dieses Alters sind außerordentlich wißbegierig, lernfähig und leicht zu motivieren. Sie beobachten und erforschen ihre Umgebung, erfragen und lernen Zusammenhänge aus Technik, Natur, Sport, Geschichte,... Sie haben ein gutes Gedächtnis und sind oft Sammler unterschiedlichster Objekte.

Die Konzentrationsfähigkeit steigert sich. Die starke Ichbezogenheit des Denkens nimmt ab. Logische Denkmuster werden entfaltet.

*Emotionale Entwicklung*

Die Erlebnisfähigkeit ist groß, und das Verlangen nach Steigerung der Erlebnisse kann kaum befriedigt werden. Emotionen kann das Kind in diesem Alter nur schwer verbergen. Es läßt seinen Gefühlen meistens freien Lauf, liebt Humor und hört und erzählt gerne lustige Geschichten und Witze.

*Soziale Entwicklung*
In den sozialen Beziehungen spielt die Gleichaltrigen-Gruppe eine wichtige Rolle. Das Kind verbringt viel Zeit in der Gesellschaft seiner Freunde. In der Regel halten Freundschaften aber nicht lange. In der Gruppe paßt es sich gerne dem Verhalten der anderen an. Es fällt ihm schwer, sich gegen die Gruppenmeinung zu stellen und macht deshalb nur das mit, was auch die anderen tun.

Im Umgang mit anderen Menschen unterscheidet es sehr genau zwischen Recht und Unrecht, Wahrheit und Irrtum, Tatsache und Einbildung.

Trotz dieser großen Bedeutung der Gleichaltrigen-Gruppe üben die Eltern weiterhin einen wichtigen Einfluß auf das Kind aus. In der Familie wird es versorgt, findet Schutz, Orientierung, emotionalen Rückhalt und Geborgenheit.

*Geistliche Entwicklung*
Im Rahmen seiner allgemeinen Wißbegierde ist das Kind auch offen für die Botschaft der Bibel. Hintergrundwissen zu biblischen Geschichten – wie Menschen der Bibel lebten, was sie anzogen, welche Berufe sie hatten usw. – findet es interessant. Der Glaube des Kindes ist in dieser Zeit oft noch ein „blinder" Glaube. Es hält das für wahr, was es von den Eltern, in der Schule oder auch in der Kinderstunde gehört hat. Erst langsam beginnt es nach Beweisen und Gewißheit zu forschen.

Durch Beobachtung seiner Mitmenschen und Auseinandersetzung mit ihrem Lebensstil bildet das Kind seine eigene Lebensstruktur. Dabei spielen Vorbilder eine besondere Rolle. Kinder haben aber ein feines Gespür dafür, ob unser Lebensstil und unser Glaube nur Fassade oder echt ist.

## 2. Zur besonderen Situation der Kinder in unserer Gesellschaft

Immer weniger Kinder wissen etwas von Gott oder Jesus Christus. Sie haben keine Ahnung von Kirche und christlichem Glauben. Begriffe wie Sünde, Buße, Kreuz, Glauben usw. sind für sie Fremdwörter.

Immer mehr Kinder öffnen sich für okkulte und spiritistische Praktiken bis hin zum Satanismus.

Die Zahl der dadurch psychisch geschädigten Kinder nimmt zu (Depressionen, Alpträume,...). Vielfach wird das Problem durch Schule und kirchliche Sektenbeauftragte verharmlost und dadurch die Hemmschwelle für Kinder herabgesetzt.

Jedes fünfte Grundschulkind in Deutschland ist in irgendeiner Form verhaltensauffällig. Immer mehr Kinder leiden unter erheblichen Konzentrationsmängeln, sind motorisch unruhig, aggressiv und gewalttätig, in ihrem sozialen Verhalten desorientiert.

Immer mehr Kinder und Jugendliche sehen keine Perspektive mehr für ihr Leben. Sie resignieren und verfallen der Hoffnungslosigkeit. Das gilt vor allem für Hauptschüler.

## 3. Was die Kinder brauchen, die in unsere Gruppen kommen

- Kinder brauchen Geborgenheit. Geborgenheit gibt Schutz, Sicherheit und Orientierung und festigt die Persönlichkeit.
- Kinder wollen beachtet und ernstgenommen werden.
- Kinder hören gerne Geschichten.
- Kinder wollen die Dinge sehen und begreifen. Ihr Denken ist handlungsorientiert und braucht die Anschauung.
- Kinder lieben die Abwechslung. Sie haben weniger Ausdauer und Konzentrationsfähigkeit als Erwachsene.
- Kinder brauchen Bewegung. Sie stecken voller Energie und können nicht lange still sitzen.

- Kinder brauchen Mitarbeiter, die
...von Jesus begeistert sind.
...die Kinder lieben und viel Verständnis für sie haben.
...die Bedürfnisse der Kinder erkennen und ernst nehmen.
...in ihrem Reden und Handeln glaubwürdig sind.
...die Botschaft der Bibel in die Sprache und Lebenswelt der Kinder übersetzen können.

*Dieter Velten*

# 1 | Jesus segnet die Kinder

**Text**

*Markus 10,13-16*

**Erklärungen zum Text**

Der Bericht ist in den drei synoptischen Evangelien (Matthäus, Markus, Lukas) zu finden. Einige Leute bringen Kinder zu Jesus. Diese bekamen damals nicht viel Beachtung, so daß die Handlung der Leute von großem Vertrauen zu Jesus zeugt. Die Jünger jedoch reagieren abweisend. Nach ihrer Meinung dürfen nur Erwachsene Zutritt zu Jesus haben, vielleicht weil sie scheinbar mehr von göttlichen Dingen verstehen. Jesus reagiert energisch auf das Verhalten seiner Jünger, da es in scharfem Gegensatz zu seinem Verhalten und Willen steht. Alle sollen Zutritt zu ihm haben. Es gelten keine Voraussetzungen wie Leistung, Reife, Intelligenz. Bei Jesus darf jeder empfangen. Kinder sind in der Regel bereit, sich beschenken zu lassen. Diese Eigenschaft können wir auf unser Verhältnis zu Jesus übertragen und in diesem Sinn von Kindern lernen (vgl. Mark. 10, 15 und Matth. 18,3).

*Personen:*
- Jesus und seine Jünger
- „sie" = Leute aus der Umgebung
- „Kinder" = es heißt nicht ausdrücklich „ihre" Kinder, also waren es wahrscheinlich eigene und fremde

*Ort:* in Judäa

*Zeit:* zwischen der 2. und 3. Leidensankündigung

*Begriffserklärungen:*
- *Reich Gottes:* Der hebräische Begriff „malkut" und der griech. Begriff „basileia" bezeichnen Königsherrschaft, Herrschaftsbereich. Dabei kann es sich sowohl um ein königliches Regieren als auch um ein räumliches Herrschaftsgebiet handeln. Das „Reich Gottes" umfaßt die Herrschaft über die ganze Welt. Darüber hinaus bezieht sich der Begriff auf Gottes Herrschaft im Leben des einzelnen Menschen, der sich diesem Herrn freiwillig unterstellt.

Das AT berichtet von Gottes Plan, seine Königsherrschaft auf Erden aufzubauen. Er erwählt sich dazu das Volk Israel. Durch Gottes Volk sollen alle anderen Völker Gottes Wesen kennenlernen. Der eigentliche Anbruch des Reiches Gottes (des „Himmelreiches") auf dieser Erde geschah jedoch durch das Kommen Jesu in die Welt. Er ist das Reich Gottes in Person („autobasileia"). So ist das Himmelreich mit ihm schon angebrochen und wird doch in der Vollendung erst durch Jesu Wiederkunft erfüllt.

# Jesus segnet die Kinder 1

- *Segen:* Die Bibel versteht unter Segen „die Zuwendung von göttlichem Heilsgut an Menschen, sei es unmittelbar durch Gott selbst oder durch den in der Macht Gottes handelnden Menschen" (Rienecker). Der Segen wird durch einen Zuspruch (evtl. mit Handauflegung) vermittelt. Ein verliehener Segen kann sich auf die Nachkommen und die Umwelt des Gesegneten erstrecken, im AT vielfach auch in Vermehrung und Gedeihen (Besitz, Kinder ... ). Im NT liegt der Schwerpunkt auf dem geistlichem Segen; die Auswirkungen im materiellen Bereich werden nicht mehr so betont. Wichtig: Es ist immer Gott selbst, der segnet. Wir, als seine Kinder und Gesegneten, sind Segensträger in dieser Welt, also Menschen, die Gottes Liebe und Barmherzigkeit konkret weitergeben.

**Schwerpunkte des Textes**

Alle Menschen dürfen zu Jesus kommen – auch die Kinder. Seine Liebe zeigt sich hier konkret darin, daß er sich Zeit für sie nimmt und sie segnet.

**Anmerkungen zur Situation des Kindes**

Das Thema mit der eindrücklichen Handlung kommt sowohl den Vorschul- als auch den Grundschulkindern sehr entgegen:
- Kinder stehen im Mittelpunkt der Geschichte. Mit diesen können sich die zuhörenden Kinder identifizieren.
- Erwachsene lehnen hier die Kinder ab, drängen sie fort, nehmen sie nicht ernst. Diese Erfahrung kennen Kinder auch.
- Indem Jesus sich den Kindern zuwendet, sich Zeit nimmt, sie liebevoll behandelt und beschenkt (mit Segen), erfüllt er ihre tiefsten Wünsche und Sehnsüchte. Angenommensein, Wertgeschätztsein, Geborgensein sind auch die Sehnsüchte unserer Kinder – ja aller Menschen. Beachte aber: In Anbetracht des vielfachen Mißbrauchs von Kindern sollte bei der Erzählung oder Vertiefung deutlich werden, daß man nur Jesus solch uneingeschränktes Vertrauen entgegenbringen sollte, weil er es nicht enttäuscht und nicht mißbraucht. Menschen können so tun, als hätten sie Kinder lieb („zärtlich sein"), und dabei Böses im Sinn haben. Jesus dagegen will nur unser Bestes.

**Lernziele**

☺ Jesus nimmt die Kinder genauso wichtig wie die Erwachsenen. Bei ihm ist jeder Mensch gleichwertig.
♡ Jesus nimmt sich Zeit für die Kinder. Er läßt sich nicht durch „wichtigere" Dinge abhalten, sich den Kindern zuzuwenden. – Die Kinder sollen erfahren: Es ist gut, wenn sich Mitarbeiter Zeit für uns nehmen.
✋ Vertrauen zu Jesus aufbauen und Wertschätzung an andere weitergeben.

# 1

Jesus segnet die Kinder

**Lernvers**

*Grundschulalter:*
Jesus sagt: Laßt die Kinder zu mir kommen und wehret ihnen nicht; denn solchen gehört das Reich Gottes (Mark. 10,14).

*Vorschulalter:*
Jesus sagt: Laßt die Kinder zu mir kommen (Mark. 10,14).

## Hinweise zur Durchführung

**Kinderstunde im Grundschulalter**

**Hinführung**

*Möglichkeit 1:*
Lied: „Ja, Gott hat alle Kinder lieb"
Ratespiel in Anlehnung an das Lied: Gegenstände werden gezeigt. Die Kinder raten, in welchem Land bzw. von welcher Bevölkerungsgruppe die entsprechenden Gegenstände und Kleidungsstücke getragen werden. Das Kind, das richtig rät, darf sich verkleiden bzw. bekommt die entsprechenden Gegenstände.
Eskimo: Mütze, Schal, Handschuhe, evtl. Mantel
Chinese: spitzer Hut mit Wollzopf
Afrikaner: Korb mit Bananen, Kokosnuß usw., viel Schmuck
Indianer: Stirnband mit einigen Federn geschmückt
Europäer: Sporthemd, Fußball
Zigeuner: buntes Tuch für Schultern, buntes Kopftuch

*Möglichkeit 2:*
Anspiel (Kinder oder Mitarbeiter) „Übersehen"
(siehe unter Arbeitsmittel)

**Hauptteil**

*Zu Einstiegsmöglichkeit 1:*
Wir wissen, daß Gott alle Kinder lieb hat, egal, welche Hautfarbe sie haben, wie sie sonst aussehen und sich verhalten. Woher ich das so genau weiß? Nun, dann hören wir doch mal: weiter mit Erzählvorschlag.

*Zu Einstiegsmöglichkeit 2:*
„Es ist doch nur ein Kind!" Habt ihr ähnliches auch schon erlebt? – Kinder berichten – Fast wäre es einigen Kindern auch so passiert. Aber... Hören wir mal, was die Mirjam, so nennen wir einfach mal eines der Kinder, uns zu erzählen hat: (hier evtl. Foliencollagen einsetzen)

14

# Jesus segnet die Kinder | 1

*Erzählvorschlag:*
Für jüngere Kinder im Grundschulalter kann auch der Erzählvorschlag für Vorschulkinder benutzt werden.
Ansonsten: Erzählung in Ich-Form und mit Rückblick

1. „Mutti, Mutti..." „Ja, Mirjam, wo kommst du denn her? Du strahlst ja aus allen Knopflöchern. Du, ich habe mit dem Essen auf dich gewartet." „Ich war doch mit einigen Kindern und Muttis und Vatis bei..." „Ich habe dir doch gesagt, daß du mir immer Bescheid geben sollst, wo du hingehst." „Aber Mutti, dazu hatte ich doch gar keine Zeit mehr. Sonst hätten wir ihn vielleicht verpaßt." „Wen hättet ihr verpaßt?" „Na, Jesus – und der war so freundlich zu uns." „Also, jetzt erzähl einmal der Reihe nach. Ich bin ja schon beruhigt, daß es Jesus war, anderen Menschen darfst du nicht einfach vertrauen." „Ich weiß, Mutti, Menschen machen nicht immer gute Sachen mit Kindern, aber Jesus kann ich wirklich vertrauen." „Und wie bist du jetzt zu ihm gekommen?"

2. „Also, ich wollte eben nach Hause, und da kamen mir ganz viele Kinder und auch Erwachsene entgegen. Esther, meine beste Freundin, war auch dabei. Sie hat mich gerufen: Komm mit, Mirjam... (Weiterschildern, wie sie ganz gespannt sind, die anderen Kinder anschauen: „Schmutzige Hände" – ob Jesus das Kind zum Waschen schickt? „Das Mädchen, das immer gleich weint" – ob Jesus sagt: Heul nicht soviel!? ...)

3. Ankunft bei Jesus, Vorfreude, dann Enttäuschung, denn: Die Freunde von Jesus sind unfreundlich zu den Kindern, wollen sie fortschicken... „Da hätten wir fast geweint. Das war so, als ob man sich auf den Geburtstag freut, und dann wird gar nicht gefeiert. Aber: Jesus ermahnt seine Jünger, wendet sich ganz freundlich den Kindern zu und sagt: „Laßt die Kinder..." (Lernvers)

4. Nun schildern, wie eins nach dem anderen zu Jesus geht. Und er schaut nicht auf die schmutzigen Hände, nimmt die Kinder in den Arm, läßt sich erzählen, hört zu.

„Zum Schluß legte Jesus uns seine Hand auf den Kopf. So wie seine Hand auf meinem Kopf lag, so soll Gottes Hand über mir sein. Er begleitet mich. Ich habe vergessen, wie man das nennt." Die Mutter erklärt es: „Segen..."

5. „Ich habe ein gutes Geheimnis (es gibt auch schlechte!) mit Esther zusammen: Ich habe den Herrn Jesus ganz lieb. Und das Schönste, er hat uns lieb. Alle hat er lieb!"

6. Sprechblasen auf Foliencollagen (oder OHP-Folie) ausfüllen: „Was ruft das Kind?"

# 1                          Jesus segnet die Kinder

**Vertiefung**
- *Lernvers:* Aufklappbare Männchen, auf denen Satzteile des Lernverses stehen.
- *Jesus liebt dich, so wie du bist.* Er sagt nicht: „Es ist doch nur ein Kind". Oder: „Es ist doch nur der schmutzige Nabal, der sich nie gründlich wäscht." Oder: „Die (Name, der nicht in der Gruppe vorkommt) ... die ständig Streit sucht ..." Alle brauchen Geborgenheit, Liebe, das Gefühl, ganz wertvoll zu sein.
- *Puzzlespiel* aus dem Logo „Jesus liebt Kinder"
Die Vorlage (siehe Arbeitsmittel) vergrößern, in entsprechender Anzahl vervielfältigen und in Puzzleteile zerschneiden. Die Kinder werden in Gruppen zu jeweils drei Personen eingeteilt. Welche Gruppe schafft es als erstes, das Puzzle wieder zusammenzusetzen?
- *„Jesus liebt Kinder"-Logo* für jedes Kind kopieren und von den Kindern bunt *ausmalen* lassen.
- Evtl. witziges *aufklappbares Buch* (siehe Arbeitsmittel): „Jesus liebt dich, so wie du bist."

**Kinderstunde im Vorschulalter**

**Hinführung**
Habt ihr schon einmal erlebt, daß Erwachsene sich vorgedrängelt haben? Ihr wärt eigentlich an der Reihe gewesen, aber sie haben gesagt: „Och, das Kind kann doch warten." Oder ihr wolltet etwas sehen, aber ein großer Mensch hat sich vor euch gestellt. Die kleine Mirjam hat so etwas Ähnliches erlebt, aber zum Glück ist es noch alles ganz gut geworden:

**Hauptteil**
*Erzählung* (Elemente ähnlich wie bei Grundschulkindern, aber fortlaufend und in der 3. Person erzählen):
1. Die kleine Mirjam spielt ganz schön im Sandkasten. Aber nach einer Weile denkt sie: „Jetzt muß ich aber nach Hause. Es ist so heiß, und die Mama wartet bald mit dem Essen auf mich." Sie steht auf, schüttelt den Sand aus ihrem Rock (Bewegung machen), reibt ihn sich von den Händen (Bewegung) und will nach Hause gehen.
    Aber – was ist denn das? Mirjam schaut (Bewegung). Das gibt es doch nicht! So viele Kinder kommen ihr entgegen und Muttis, ach, da ist ja die Tante Abigail mit ihrem Baby – und dort Esther, ihre beste Freundin. (Hände zum Trichter:) „Esther, hallo – wo wollt ihr alle denn hin?" Esther schreit und winkt (Bewegungen): „Komm mit, Mirjam, ich erzähl es dir!"

2. Unterwegs berichtet Esther, daß Jesus im Ort ist und sie alle zu ihm wollen. Weitererzählen von Spannung, Vorfreude, den Kindern,

Jesus segnet die Kinder | **1**

die alle dabei sind, weiter mit einfachen Worten wie Erzählvorschlag für Grundschulkinder.

### Vertiefung
- Wer weiß noch, was Jesus zu seinen Freunden, den Jüngern gesagt hat? – *Lernvers* in der gekürzten Fassung wiederholen.
- *Wir lernen zwei Sätze:* 1. Satz: „Jesus liebt auch mich" (auf sich selber zeigen); 2. Satz: „Jesus liebt auch dich" (auf jemanden zeigen, immer wieder auf andere zeigen).

Bist du groß oder bist du klein
Der Herr ruft alle Kinder
Es ist niemand zu groß
Immer wieder könnt ich singen
Ja, Gott hat alle Kinder lieb
Jesus liebt die kleinen Kinder
Jesus liebt Kinder

**Liedvorschläge**

### Lernvers
Ein Stück Papier wird mehrmals gefaltet, dann die Figur (siehe Abbildung) darauf zeichnen und anschließend ausschneiden. Auf die einzelnen Kinder, die nun eine Kette bilden, können jeweils Teile des Lernverses geschrieben werden.

**Arbeitshilfen**

# 1

Jesus segnet die Kinder

**Anspiel „Übersehen"**
*Personen: ein Kind, eine Verkäuferin, drei Kunden*

*Kind (liest Einkaufszettel der Mutter):* „6 Stück Obstkuchen, 2 Stück Schokoladentorte, 1 frisches Bauernbrot 1000g, 10 Brötchen."
Tritt in die Bäckerei: „Guten Tag!"
*Das Kind stellt sich an. Zwei Kunden sind vor ihm. Nach dem Kind kommt eine Frau mit einer Einkaufstasche hereingehastet. Als die Verkäuferin das Kind bedienen will, ruft die Frau dazwischen:*
*Frau:* „5 Mohnbrötchen!"
*Verkäuferin:* „Das Kind ist jetzt an der Reihe."
*Frau:* „Ach, ich habe es eilig. Das Kind kann doch warten. Es versäumt doch nichts."
*Verkäuferin:* „Wenn jeder so denken würde, dann stünde das Kind heute abend noch hier. Das ist ungerecht. Bitte, was möchtest du?"
*Kind (liest strahlend vor)*: „6 Stück Obstkuchen, 2 Stück Schokoladentorte..."
*Frau (kopfschüttelnd):* „Es ist doch nur ein Kind!"

**Büchlein: „Jesus liebt dich, so wie du bist"**
Lustige Bilder von Kindern (entweder aus Zeitschriften o.ä. ausschneiden und in ein kleines Heft einkleben oder selber lustige Kinderfiguren zeichnen)

**Vorlage für Puzzlespiel „Jesus liebt Kinder"**

Jesus segnet die Kinder

# 1

 **Faltspiel**
Jesus liebt nicht nur die „Braven".
Er liebt auch die „Eingebildeten" und die „Frechen".
Beide Teile des Leporellos vergrößern, ausschneiden und zu einem langen Streifen zusammenkleben und an den markierten Knickstellen falten (zickzack). Das Leporello für Mädchen befindet sich auf der nächsten Seite.
… Nun kann Kopf und Körper vertauscht werden. Dabei wird deutlich, daß es den typischen „Frechen" oder die typische „Brave" gar nicht gibt. Alle sind mal frech, mal eingebildet, mal lieb… und von Jesus geliebt.

# 1

Jesus segnet die Kinder

**JESUS LIEBT DICH**

**WIE DU BIST**

Jesus segnet die Kinder

**Foliencollagen**

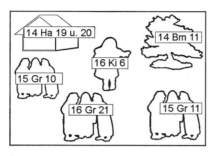

1

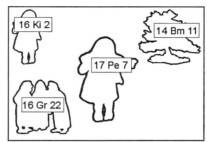

2

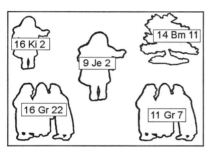

3

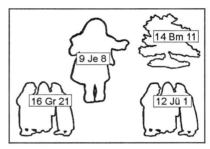

4

5

# 2 | Die Speisung der 5000

 **Text**

Markus 6,30-44

 **Erklärungen zum Text**

Diese Geschichte wird in allen vier Evangelien berichtet. Johannes 6 erwähnt noch andere Aspekte: Das Volk wollte Wunder sehen. Ein Junge hatte Fische und Brote dabei. Einzelne Jünger werden erwähnt. Das Volk will Jesus zum Brotkönig machen.

*Zu den einzelnen Versen:*

V. 30: Hier steht „Apostel" (= Gesandter) statt Jünger. Diese Bezeichnung nimmt Bezug auf die Aussendung der Jünger (Kap. 6,7-13). Sie kommen von ihrem Einsatz erfüllt und begeistert zurück und möchten Jesus alles erzählen.

V. 31.32: Jesus sieht den ganzen Menschen, auch die Ruhebedürftigkeit seiner Jünger. Sie sollen nicht pausenlos im Einsatz sein; der rechte Rhythmus von Arbeit und Ruhe ist wichtig.

V. 33: Das Volk, das das Boot wegfahren sieht, kann sich ausrechnen, wo Jesus und die Jünger an Land gehen werden. Sie brauchen Jesus für den ganzen Menschen: für die Kranken (Leib), für ihre Seele, die nirgends ankern kann (V. 34 Schafe, die keinen Hirten hatten), für ihren Geist, d.h. ihre Beziehung zu Gott (Predigt Jesu).

V. 34: Jesus sieht das Volk mit einem Blick voller Liebe. Als er ihre Orientierungslosigkeit, Schutzlosigkeit und Verzweiflung wahrnimmt, „drehen sich ihm die Eingeweide um – das Herz krampft sich zusammen" (wörtliche Übersetzung von „es jammerte ihn"). Sein barmherziges Mitleid führt zum ausführlichen Reden/Predigen.

V. 35.36: Am Abend weisen die Jünger Jesus auf den Hunger der Leute hin. Die Zuhörer selbst scheinen so gefesselt und aufnahmebereit gewesen zu sein, daß sie darüber ihre leiblichen Bedürfnisse vergessen haben.

V. 37.38: Die Jünger werden mit der Versorgung der äußeren Bedürfnisse beauftragt. Ihre Bereitschaft zeigt sich in dem Vorschlag, von ihrer gemeinsamen Kasse Brot zu kaufen. Der Taglohn eines Arbeiters betrug damals 1 Silbergroschen; 200 Silbergroschen hatten sie in der Kasse zur Verfügung. Jesus aber benutzt das ganz Wenige, was zur Verfügung steht: fünf Brote und zwei Fische.

V. 39.40: Jesus möchte Ordnung und kein Chaos; deshalb wird gut organisiert. In Gruppen zu je 100 und 50 Personen setzen sie sich auf das grüne Gras.

V. 41: Jesus dankt und gibt weiter. Er sieht auf zum Himmel – ein sichtbares Zeichen für seine Verbindung zum Vater. Er dankt für das Wenige! Jesus bricht die Brote. Das war damals so üblich. Gleichzeitig ist das ganze Geschehen ein Hinweis auf das Abendmahl

# Die Speisung der 5000

(Mark. 14,22-26; Luk. 24,30). Man achte auf den gleichen Wortlaut: nahm – dankte – brach's – gab's ihnen!

Jesus füllt die leeren Hände seiner Jünger. Wenn sie nichts mehr zum Weitergeben haben, können sie wieder zu Jesus gehen.
Vgl. Joh. 1, 16: „Aus seiner Fülle haben wir alle genommen Gnade um Gnade."

V. 42-44: Daß wirklich alle satt geworden sind, erkennt man an den zwölf Körben mit Resten. Gott gibt nicht geizig, sondern aus der Fülle. Diese Reste sollen nicht umkommen. So sammeln die Jünger in ihren Korb die übrigen Brocken.

*Sacherklärungen:*
Brot und Fisch: vollwertige Grundnahrungsmittel. Die Brote (aus Gerste oder Weizen) waren meist runde, flache Scheiben von ca. 30 cm Durchmesser. Sie ließen sich gut auseinander brechen.

*Ort:* See Genezareth. Das Ufer des Sees ist bergig. Die Leute saßen am Hang, Jesus stand unten. So konnten ihn alle gut hören.

*Zeit:* Um die Zeit des Passahfestes, im März/April („grünes Gras").

*Heilsgeschichtliche Linie:*
Vgl. Wunder der Speisung mit Wachteln und Manna in der Mosezeit (2. Mose 16); Speisungswunder durch Propheten (1. Kön. 17; 2. Kön. 4,38 ff.). Für die Endzeit erwartete man die Wiederkehr Elias. Jesu Speisungswunder sagt: Was die großen Propheten taten, wird durch Jesus weit übertroffen. So ist auch dieses Wunder ein Zeichen für die Messiaswürde Jesu.

Jesus ist der Herr auch über unseren Hunger. Er sieht die Bedürfnisse des ganzen Menschen und handelt mit erbarmender Liebe.

**Schwerpunkte des Textes**

Vor- und auch Grundschulkinder erfahren LIEBE zunächst durch die ganz konkrete Befriedigung ihrer leiblichen Bedürfnisse: Nahrung, Kleidung, warmes Zuhause ... So werden sie vordergründig verstehen können: Gott/Jesus ist lieb; denn er versorgt mit Essen. Bei Grundschulkindern kann die Liebe Jesu zu uns noch weiter erfahrbar gemacht werden: Jesus kennt alle unsere Bedürfnisse. Wir müssen uns unserer Wünsche und Sehnsüchte nicht schämen; Jesus sieht sie. Da er es gut mit uns meint, wird er sie so erfüllen oder nicht erfüllen(!), wie es für uns gut ist.

Vorschlag: Nicht auf Brot und Teilen den Schwerpunkt legen, sondern auf Jesu Liebe, die sich wieder einmal im „Zeit- und Zuwendung-Schenken" zeigt.

**Anmerkungen zur Situation des Kindes**

# 2

Die Speisung der 5000

 **Lernziele**

☺ Die Kinder erkennen, daß Jesus dem ganzen Menschen aus Liebe und Erbarmen heraus hilft (leiblich, seelisch und geistlich).
♥ Daß Jesus für den ganzen Menschen sorgt, können die Kinder hörend, sehend, schmeckend und durch feinmotorisches Arbeiten verinnerlichen.
✋ Das verinnerlichte Wissen von Gottes Fürsorge soll die Kinder zum Vertrauen Gott gegenüber und zur Fürsorge dem Nächsten gegenüber ermutigen.

 **Lernvers**

*Grundschulalter:*
Alle eure Sorge werft auf ihn; denn er sorgt für euch (1. Petr. 5,7).

*Vorschulalter:*
Er sorgt für euch (1. Petr. 5,7).

## Hinweise zur Durchführung

 **Kinderstunde im Grundschulalter**

**Hinführung**
*Einstiegsmöglichkeit 1:*
Erzählen: Kind kommt von Ausflug heim, will zu Hause alles erzählen. Die Eltern haben Besuch und keine Zeit. Das Kind ist enttäuscht.
Überleitung: Habt ihr schon einmal ähnliches erlebt? Den Freunden von Jesus ist es auch so ergangen.

*Einstiegsmöglichkeit 2:*
Was wünscht ihr euch für euer Leben?
Die Antworten von den Kindern zusammentragen lassen und an die Tafel, auf den Overhead o.ä. schreiben. Sortiert aufschreiben nach den Oberbegriffen Körper – Seele – Geist, ohne diese direkt zu nennen.
Micha hat jemanden kennengelernt, der unsere Wünsche und Sehnsüchte kennt und so – wie es gut für uns ist – erfüllt.

 **Hauptteil**
*Zu Einstiegsmöglichkeit 1:*
Erzählen, wie die Jünger müde, aber noch ganz erfüllt von allen Erlebnissen zu Jesus kommen. Dieser ist wieder ganz umlagert von hilfesuchenden und hörbereiten Menschen. Die Jünger sind sicher enttäuscht. Jesus sieht ihre Müdigkeit und Sehnsucht, mit ihm allein zu sein. Deshalb fährt er mit ihnen über See, an eine einsame Stelle. Aber – hören wir mal, ob sie wirklich zur Ruhe gekommen sind! – Weiter mit Anspiel (unter Arbeitsmittel) oder Erzählung mit Foliencollagen.

Die Speisung der 5000

# 2

*Zu Einstiegsmöglichkeit 2:*
Gleich das Anspiel spielen lassen.

**Vertiefung**
- Jesus sorgt für uns wie ein guter Hirte für seine Schafe. Was brauchten die Menschen in dem Bericht? Was gab er ihnen? – Wenn Einstiegsmöglichkeit 2 benutzt wird, ist es gut, auf die zusammengetragenen Wünsche einzugehen. Vergleich mit der Geschichte.
- *Lernvers:* „Körbe" mit Worten aus 1. Petr. 5,7 ordnen lassen (siehe Arbeitsmittel).

*Bei jüngeren Kindern evtl. mit Bewegung lernen:*
*Alle eure Sorge...* (Hände, die langsam nach unten drücken/niederdrücken) *...werft auf ihn...* (Hände schieben „Sorge" heftig nach vorn) *...denn er sorgt – für euch* (Hände heben vom Boden her langsam nach oben kommend hoch).

**Hinführung**
Die Kinder erstellen selbst das Bildmaterial für die Geschichte. Jedes Kind schneidet aus Pappe eine „Männchen-Schablone" aus. Die Schablone wird unter ein Blatt Papier gelegt. Nun kann das Kind mit einem Wachsmalstift die Schablone auf das Blatt durchreiben. Die Schablone kann nun unter dem Blatt ein kleines Stück weitergeschoben werden. So sind am Ende auf dem Bild viele Menschen zu sehen. Die Konturen dürfen sich ruhig überlappen. Die Bilder werden an der Wand zu einem einzigen großen Bild zusammengeklebt („5000 Menschen"). Außerdem können mit der Durchreibetechnik von den Kindern auch fünf Brote und zwei Fische, Jesus, die zwölf Jünger und zwölf Körbe erstellt werden.

**Kinderstunde im Vorschulalter**

**Hauptteil**
*Erzählung*
Einmal waren bei Jesus ganz viele Menschen (auf die gemalten Bilder zeigen). Ganz gespannt hörten sie ihm zu. Er erzählte ihnen von der Liebe und Fürsorge Gottes und vieles mehr. Nun aber knurrte ihnen ganz schön der Magen. Sie hatten Hunger! Nein, sie waren nicht zu arm, um Brot zu kaufen. Sie waren nur schon den ganzen Tag bei Jesus. Dabei hatten sie ganz vergessen, einzukaufen. Außerdem gab es in der Nähe gar kein Geschäft. Den Jüngern knurrte auch der Magen. „Die vielen Menschen hören so gespannt zu. Aber sie sind bestimmt hungrig. Wir wollen Jesus sagen, daß er sie wegschicken soll, damit sie sich etwas zu essen kaufen können."

# 2
## Die Speisung der 5000

Einer der Jünger geht zu Jesus hin. Er flüstert ihm ins Ohr: „Jesus, die Menschen sind schon den ganzen Tag hier und haben bestimmt Hunger. Schick sie weg, damit sie in den umliegenden Orten etwas zu essen kaufen können." Jesus sorgt gut für die Menschen. Natürlich hatte er auch schon ihren Hunger gesehen. Aber er hatte noch etwas Besonderes vor. „Gebt ihr den Menschen etwas zu essen." „Wir? Das geht doch gar nicht! Die vielen Menschen – da müßte ja jemand ein halbes Jahr arbeiten, um sie alle satt zu kriegen. Sollen wir von unserem Geld Brot kaufen? Aber ob das reicht?" „Schaut doch mal nach, wieviel Brot ihr habt!" „Ach, viel zu wenig!" Aber sie bringen Jesus doch das Wenige, das sie haben. „Fünf Brote und zwei Fische!" „Gut, nun sagt den Leuten, daß sie sich gruppenweise auf die Wiese setzen. Dann haben wir den besseren Überblick ..."

Die Geschichte wird nun ohne weitere „Ausschmückungen" bis zu Ende erzählt.

**Vertiefung**
- Ihr habt nun so gut zugehört wie die Leute damals. Wir wollen uns jetzt auch *in Gruppen setzen und essen*. (Hefebrot brechen, verteilen und essen)
- Jede Gruppe sagt nun den verkürzten *Lernvers*: „Er sorgt für uns."
- *Lied: „Gott ist so gut"* – dichten lassen, z.B. „Er sorgt für mich", „Er sorgt für dich", „Er sorgt für uns".

**Liedvorschläge**

Danke Jesus für dein Leben
Danke, danke
*Für Vorschulkinder:*
Für den goldnen Sonnenschein
Hände hab ich
Gott ist so gut

**Arbeitshilfen**

**Hefebrot (ge-)backen**
(Vorschulkinder)

**Malen**
*Bild* in Durchreibetechnik erstellt (Vorschulkinder): Schablonen, Papier, Wachsmalstifte, Scheren

Die Speisung der 5000 | **2**

 **Lernvers: Körbe**

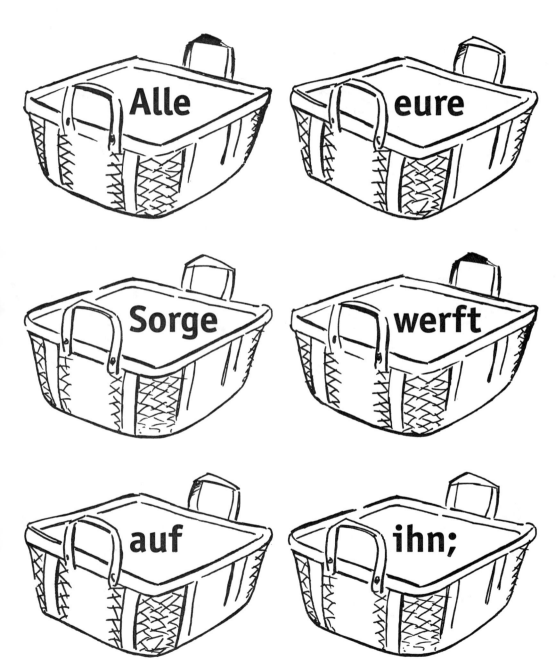

# 2

Die Speisung der 5000

Die Speisung der 5000

# 2

 **Anspiel**
*Brotvermehrung von drei Personen erzählt*

*Personen:*
*M: Micha, einer, der dabei war.*
*H: Henoch, ein Freund von ihm, den er nach dem Wunder trifft.*
*A: Andreas, ein Jünger, der dazukommt.*

H: Shalom, Micha!
M: Shalom Henoch!
H: Hallo Micha, du bist ja gar nicht richtig da. Du siehst aus, als wenn du mit deinen Gedanken wo ganz anders wärst.
M: Bin ich auch. Es ist alles so unbegreiflich, was ich heute erlebt habe.
H: Erzähl! Was ist denn passiert?
M: Ob ich das alles noch herkriege, weiß ich nicht, aber ich will es versuchen. Als ich heute in aller Frühe aus dem Haus ging, da sah ich, daß unsere ganze Stadt auf den Beinen war. Erst meinte ich, daß die alle nach Jerusalem zum Passahfest wollten, aber dann merkte ich, daß die gar kein Reisegepäck dabei hatten. Dann packte mich plötzlich mein Freund am Arm und zog mich mit. Er flüsterte: Komm mit, wir haben's rausgekriegt, wo er hinfahren will. Wer ist wohin gefahren, fragte ich ihn. Von wem redest du denn? Na, daß du das noch nicht spitz gekriegt hast, sagte er entrüstet. Ich rede von Jesus, der ist mitsamt seinen Jüngern in einem Schiff auf die andere Seite des Sees Genezareth gefahren. Einer hat gehört, daß sie sich dort ein wenig ausruhen wollen. Wenn wir uns beeilen und am Ufer entlanglaufen, sind wir genauso schnell dort wie die mit ihrem Schiff. Ich war fast ein wenig ärgerlich auf meinen Freund, der gar so getrieben hat. Aber dann dachte ich, wenn der Aram, der sonst nicht aus der Ruhe zu bringen ist, so voll Eifer ist, dann steckt da etwas Besonderes dahinter. Mit schnellen Schritten holten wir aus und waren auch schon im nächsten Ort. Von überall, aus allen Gassen strömten die Menschen herbei und schlossen sich dem Zug an. Das hatte sich wohl wie ein Lauffeuer herumgesprochen, wo der Aufenthaltsort Jesu sein sollte. Es war fast wie ein Wettlauf. Jeder wollte zuerst an der Bootsanlegestelle sein.

H: Ich dachte, dieser Jesus wollte mit seinen Jüngern Ruhe haben. Daß ihr euch das getraut habt!

M: Ja, weißt du, wir hatten inzwischen schon so viel über ihn gehört. Jetzt wollten wir ihn auch einmal von der Nähe kennenlernen. Und wir haben es geschafft. Bevor die Jünger das Boot festbinden konnten, waren wir schon da.

H: Da war Jesus sicher grantig, daß er gar nicht einmal mit seinen Jüngern allein sein konnte.

M: Nein, eben nicht. Ich vergesse nie, wie freundlich er uns angesehen hat. Seinen Jüngern hat es, denke ich, nicht so recht gepaßt. Aber Jesus stand da und schaute voll Liebe uns alle an. Besonders mitleidig hat er die vielen Kranken angesehen, die zwischen uns waren. Dann hat er für sie gesorgt, wie ein guter Arzt! Nur, daß er dazu keine Medikamente brauchte. Durch seine befehlenden Worte mußten die Krankheiten weichen.

H: Da wäre ich auch gerne dabeigewesen. Erzähl weiter!

M: Dann hat sich Jesus einen schönen Platz an einem Berghang ausgesucht. Von da aus konnten wir ihn alle gut sehen und hören. Und dann hat er zu uns gesprochen. Ich denke, es waren einige Stunden.

H: Ach, du liebe Zeit, gleich Stunden! Da hätte ich mich zu Tode gelangweilt.

M: Natürlich geht es mir sonst auch so. Aber Jesus hätte ich noch länger zuhören können. Die Zeit verging wie im Flug. Und plötzlich wurde es Abend, aber keiner wollte sich von Jesus trennen und nach Hause gehen. Keiner hat an seinen Hunger gedacht. In seiner Nähe fühlte man sich so wohl. Er hat uns gesagt, daß

## 2 — Die Speisung der 5000

wir einen guten Vater im Himmel haben, der auf uns wartet.

H: Aber irgendwann mußtet ihr ja doch nach Hause oder?

M: Da ist aber vorher noch etwas ganz Tolles passiert. Ich kann's noch nicht packen. Da gingen seine Jünger durch die Reihen und riefen: Setzt euch hin! Immer etwa 100 Leute zusammen. Alles war gespannt. Das war wie eine Festeinladung. Dabei hatten wir doch gar nichts zu essen mitgenommen. Von weitem sah ich, daß vorne bei Jesus etwas an Brot und Fischen war. Es war so wenig, daß ich es kaum erkennen konnte. Dann nahm es Jesus in die Hand, sah zum Himmel hoch, dankte seinem Vater im Himmel und brach das Brot auseinander. Dann reichte er es seinen Jüngern. Als ich die so durch die Reihen gehen sah, mit einer Hand voll Brot, mußte ich doch ein wenig schmunzeln. Das wollen die noch verteilen, dachte ich. Was ist das unter so vielen. Aber auf einmal war einer schon bei mir. Ich bekam ein ganzes Stück. Immer weiter wurde verteilt. Alle hatten genug und sind satt geworden. Wir haben nicht einmal alles geschafft. Da lagen noch Brocken herum. Jetzt kam wieder einer von den Männern und sammelte die herumliegenden Brocken in einen Korb.

H: Das ist wirklich unglaublich. Du, da hinten läuft gerade einer mit einem Korb.

M: Ja, das ist einer von den Jüngern, frag ihn doch einmal direkt. Ich muß unbedingt nach Hause und dort alles erzählen.

H: Hallo, ich hörte, daß Sie einer von den Jüngern Jesu sind.

A: Ja, das bin ich. Ich heiße Andreas.

H: Da wurde mir eben eine unglaubliche Geschichte erzählt. Ihr Korb bestätigt scheinbar, daß die wahr ist.

A: Ja, sie ist wahr. Ich bin noch voller Verwunderung und kann's nicht fassen. Wir haben schon sehr viel mit Jesus erlebt. Er hatte Kranke geheilt, den Sturm gestillt und anderes, aber so etwas war neu. Über 5000 Menschen hat er satt gemacht!

H: Ja, Micha sagte schon, daß nur ein wenig an Brot und Fischen da war. Wieviel war es denn genau?

A: Genau fünf Brote und zwei Fische. Wir dachten, wir müßten noch was dazu kaufen, aber dazu reicht unser Geld ja längst nicht aus. Wir haben Jesus geraten, daß er die Leute heimschickt, aber das wollte er nicht. Zwölf Körbe sind noch übrig geblieben nach der Speisung.

H: Das klingt ja so, als wäre Jesus ein Zauberer.

A: Das ist er gerade nicht. Ich habe etwas ganz Wichtiges gelernt. Jesus sorgt für uns so gut, wie ein guter Hirte für seine Schafe sorgt.

Die Speisung der 5000

 **Foliencollagen**

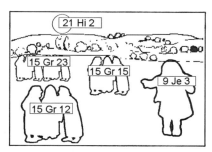

1 (Grundfolie Wiese)

2 (Grundfolie Wiese)

3 (Grundfolie Wiese)

4 (Grundfolie Wiese)

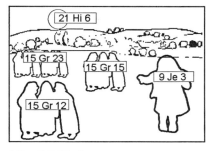

5 (Grundfolie Wiese)

6 (Grundfolie Wiese)

auf Folien selbst gemalt: 2 Brote, 5 Fische

# 3 | Zachäus

 **Text**

*Lukas 19,1-10*

 **Erklärungen zum Text**

Der Bericht findet sich nur im Lukas-Evangelium.

*Personen:*
• *Jesus:* Er wußte um sein nahes Ende. Die Leute umjubelten ihn wegen der Wunder, zugleich wurde der Widerstand der Pharisäer immer stärker. Trotz der großen Volksmenge sah Jesus den einzelnen, hier Zachäus. Jesus wendet sich ihm mit bedingungsloser Liebe zu. Indem diese Erwählung öffentlich geschieht, wird vor aller Augen demonstriert, was Liebe Gottes ist.

Das „Heute" (V. 9) verwandelt die Zeit in Heilszeit, die mit Jesus gekommen ist. Das „Muß" bedeutet: Was Jesus sagt und tut, steht unter dem göttlichen Willen und Plan.

• *Zachäus:* Abgekürzt von Zacharias = der Herr hat sich erinnert. Zachäus hat es wohl auf die übliche unehrliche Weise zu erheblichem Wohlstand gebracht. Von den Leuten verachtet und als Feind angesehen, hatte er nicht viel zu verlieren. Wahrscheinlich hatte er auf seiner Zollstation von den Vorübergehenden die Wundergeschichten Jesu gehört, vielleicht auch, daß Jesus die Zöllner nicht verachtete. In Zachäus erwachte die Sehnsucht, diesen Mann auch zu sehen (s. Text). Die unvoreingenommene Zuwendung Jesu löste spontan große Freude aus; in der Begegnung erkannte er auch die Schuld in seinem Leben. Er bekannte sie und wollte alles reichlich in Ordnung bringen.

Das Gesetz Mose schrieb vor: wer seine Sünde bekennt, zahlt außer der gestohlenen Summe noch ein Fünftel des Betrages (4. Mose 5,6.7). Zachäus gab viel mehr; durch Jesu Liebe wurde er zum Liebenden.

• *Volksmenge:* Sie ärgerten sich und murrten. Daß Jesus sich den Sündern zuwandte, war für das damalige Verständnis ein religiöser und politischer Skandal. Die Leute wollen das Recht, die Ordnung und gute Sitte verteidigen und erwarten für die Leistung Anerkennung. Jesus entlarvt diese Haltung als Sünde.

*Zeit:* Jesus auf dem Weg nach Jerusalem, auf seiner letzten Reise. Unmittelbar vor diesem Bericht hören wir von der Heilung des Bartimäus. Das wird sich herumgesprochen haben, so daß nun eine große Volksmenge ihn erwartete.

*Ort:* Jericho, eine besonders schöne Oasenstadt am Rande des Jordangrabens mit Palmen, Balsamstauden, Rosen, umgeben von Maulbeerbäumen; mit Amphittheater, Rennbahn und Wasserleitung.

Zachäus | **3**

*Begriffe:*
- *Zollwesen:* Der Staat verpachtete für eine bestimmte jährliche Summe die Einkünfte der einzelnen Gebiete an Zollpächter, die sie durch Unterbeamte (meist aus der einheimischen Bevölkerung) eintreiben ließen. Zachäus stand in leitender Stellung. Zollpächter und Beamte versuchten, sich zu bereichern; die festgesetzten Tarife wurden überschritten. Zolleinnehmer verloren die bürgerlichen Ehrenrechte, durften z.B. nicht als Zeugen vor Gericht auftreten. Da sie zudem im Dienst der heidnischen Besatzungsmacht standen und beruflich Kontakt mit Nichtjuden hatten, galten sie als religiös unrein (keine Gemeinschaft mit ihnen: Essen ... ). Als aus der Gemeinschaft des Volkes Gottes Ausgestoßene galten sie so als für das Reich Gottes Verlorene.
- *„Zöllner und Sünder"* ist im NT ein fester Begriff für Menschen, die Gottes Gesetz gewissenlos und fortgesetzt mißachteten.
- *Abrahams Söhne:* Gott hatte Abraham und seinen Nachkommen zugesagt, daß sie sein erwähltes Volk sein würden.
- *Menschensohn:* Jesus spricht oft von sich als dem Menschensohn. Dieses Wort bedeutet zunächst „Mensch"; bei Jesus ist es Ausdruck der Messiaswürde (Matth. 16,13; Dan. 7,13). Er ist der in Daniel 7 angekündigte Herrscher des Gottesreiches = Messias. Als solcher sucht er die Verlorenen.

Jesus, der Retter (Heiland) sucht die Verlorenen und begegnet ihnen, um ihnen Vergebung (Heil) zu bringen.

**Schwerpunkte des Textes**

- *Geld:* Hier haben Vor- und Grundschulkinder noch keine richtige Vorstellung. Durch den Hinweis, was man für bestimmte Summen kaufen kann, könnten wir das Ausmaß des Vergehens von Zachäus verdeutlichen.
- *Sünde und Vergebung:* Sind für Kinder noch abstrakte Begriffe. Die biblische Geschichte zeigt ein konkretes Vergehen auf. In diesem Alter können sie gut mitempfinden, wie z.B. einem Menschen zumute ist, der gestohlen hat. Auch die Sehnsucht nach Vergebung und die Erfahrung, daß alles wieder gut ist, kann gut nachempfunden werden.
- *Liebe:* Der Gedanke „keiner mag mich..." (niemand will mit mir spielen...) betrifft besonders stark die Erfahrungswelt des Kindes. Jesus verhält sich so ganz anders: voller Liebe ist er bereit zu vergeben. So weiß sich auch das Kind von ihm bedingungslos geliebt und angenommen. Es kann so auf andere zugehen, um Entschuldigung bitten, teilen.

**Anmerkungen zur Situation des Kindes**

# 3

Zachäus

 **Lernziele**

☺ Die Kinder sollen wissen, daß Jesus ohne Ansehen der Person den Menschen als Retter begegnet, der durch seine liebende Wertschätzung Einstellungen verändert, Schuld bewußtmacht und Vergebung gewährt.

♡ Die Kinder identifizieren sich in der Erzählung/im Spiel mit den verschiedenen Personengruppen der biblischen Geschichte und erleben so Gefühle der Abwehr, des Ärgers, der Verwunderung, der Freude mit, die sie in ihrem Alltag auch kennen. Sie erleben, daß Jesus dahinein kommt und Situationen und Gefühle verändert. Die Kinder sollen merken, daß es gut ist, beachtet zu werden.

✋ Die Kinder sollen das Angebot der Vergebung, verbunden mit dem Ruf in die Gemeinschaft mit Jesus, wie Zachäus bejahend beantworten. Sie sollen es lernen, andere Kinder wert zu achten, weil auch Jesus sie lieb hat.

 **Lernvers**

Jesus (der Menschensohn) ist gekommen, zu suchen und zu retten, was verloren ist (Luk. 19,10).

## Hinweise zur Durchführung

 **Kinderstunde im Grundschulalter**

 **Hinführung**

*Möglichkeit 1: Zöllnerspiel*

Zwei Kinder spielen Oberzöllner und Zöllner. „Früher hatten die Zöllner zwei Geldbeutel (zeigen). Einen, den großen, mußten sie an den Oberzöllner abliefern. Der lieferte den Zoll dann an die Soldaten des römischen Kaisers ab. Das Geld in dem kleinen Beutel (zeigen) durften sie behalten. Das war ihr Verdienst. Oft passierte es, daß der Zöllner zuviel verlangte. Nicht nur drei Geldstücke, sondern fünf oder gar sechs. Was zu viel war, steckte er in seinen kleinen Beutel. Die Leute waren verärgert. Dann konnte es aber passieren, daß aus dem Zollhäuschen auch der Oberzöllner herauskam, schaute den Leuten in die Taschen, Beutel, Körbe und verlangte noch einmal Geld. Die Leute sagten: „Die Zöllner sind Diebe und Räuber!"

Die Kinder werden aufgefordert, mit einem Korb o.ä. die Zollschranke zu passieren und aufzupassen, was der Zöllner und der Oberzöllner machen, wieviel Geld sie verlangen, ob es Grund zum Schimpfen gibt.

*Möglichkeit 2: Verfremdung der Geschichte*

„He, Frau, da draußen hat es geklopft!" „Ja, Mann, ich höre ja schon. Wer nur zu so später Stunde noch kommt?" „Vielleicht eines unserer Kinder. Sicher brauchen sie Brot für unsere Enkel. Hast du genug im

Haus?" „Ein wenig, du weißt doch, wie knapp wir dran sind." „Nun öffne doch, es klopft schon wieder." „Ich schau erst mal am Fenster." Frau schreit auf: „Nein, ich öffne nicht!" „Was ist denn los? Steht ein Räuber draußen?" „So kann man es auch nennen. Ein Obergauner, ein Lump..." (Frau und Mann überlegen, was Herr Z wohl will. Geld eintreiben? ... ) Nach dem dritten Klopfen lassen sie ihn endlich ein. „Was führt Sie zu so später Stunde noch hierher?" Z: „Dringend, tut mir leid, läßt mir keine Ruhe!" „Sicher eine Geldangelegenheit?" „Ja!" „Wir haben kein Geld." „Will keines, ich will Ihnen Geld bringen."

Herr Z erzählt, warum. Empörung, Nichtverstehen, Erstaunen bei dem Ehepaar. Sie erhalten statt der ergaunerten DM 100,- DM 400,- zurück.

„Aber, warum, warum das jetzt?" Herr Z geht ab. „Verstehst du das, Mann?" „Nein, warum tut er das?" „Seine Augen strahlten wie bei einem Kind. Er kam mir so verändert vor, wie ein neuer Mensch."

**Hauptteil**
*Zu Möglichkeit 1:*
Wir entdeckten: früher hatten die Zöllner zwei Geldbeutel. Was war mit großem Geldbeutel? usw. wiederholen.

Beim Spiel haben wir geschimpft. Was haben wir gesagt? Die Bibel berichtet auch von einem solchen Zöllner. Zachäus heißt er und war sogar Oberzöllner. Er lebte in Jericho ... (weitererzählen wie Erzählung zu Möglichkeit 2 / oder mit folgenden Erzählstufen, dabei Foliencollagen verwenden):
- Zachäus auf der Zollstation.
- Zachäus hört von Jesus.
- Zachäus sieht Jesus.
- Jesus im Haus des Zachäus.

*Zu Möglichkeit 2:*
„Er kam mir so verändert vor, wie ein neuer Mensch." Ja, was war denn mit Herrn Zachäus geschehen? Noch am Morgen dieses Tages sah es ganz anders aus: Mürrisch und unzufrieden räkelt er sich in seinem Bett. Er gähnt und streckt sich; dann kuschelt er sich wieder unter seine Decke. „Am liebsten liegenbleiben." Es ist doch jeden Tag dasselbe: unfreundliche Blicke und Worte unterwegs, keiner grüßt ihn – außer seine Kollegen am Zoll.

Weiter schildern, wie Zachäus sich in seinem großen schönen Haus das Frühstück zubereitet, seine schönen Kleider anzieht ...

Dann macht er sich auf den Weg. Hin und wieder stoßen sich auf der Straße ein paar Menschen an: „Schaut euch nur den Herrn

# 3

Zachäus an. Klein wie ein Schuljunge, aber das größte Haus, den größten Geldsack, die schönsten Kleider. Er ist der Kleinste in der Stadt, aber der größte Obergauner, Dieb und Räuber!" In unserer Stadt? Oh – es ist eine wunderschöne Stadt. Jericho, die Palmenstadt. Überall gedeihen schöne Blumen, Sträucher, Palmen und natürlich Maulbeerfeigenbäume. Ein herrlicher Duft durchzieht die Stadt, das sind die vielen Rosen. (Handelsstadt, Soldaten, Reisende, Einwohner selbst.)

An diesem Morgen also geht der gut gekleidete, reiche Mann, der doch eigentlich so einsam und traurig wie kaum jemand ist, durch die Straßen. Da sieht er plötzlich ein paar Leute beieinander stehen. Er lauscht auf das, was sie sich erzählen: ...Jesus kommt, der den Blinden geheilt hat, will ihn sehen.

(Weiter: Sehnsucht des Zachäus, ihn zu sehen; Versuch, über Menschen hinwegzuschauen; Menge schiebt ihn weg, macht nicht Platz, ...heute sind wir die Herren, ...soll doch an seinen Zoll gehen.)

„Ich will aber Jesus sehen. Unbedingt!" Seine Augen schauen umher und sehen einen Maulbeerbaum. „Ob ich da noch hoch komme? Bin ja kein kleiner Junge mehr!" Weitausladende Äste, kein Problem. Als keiner hinschaut, klettert er hoch. „Mensch, hier habe ich den besten Ausblick. Unten drängeln und schubsen sie sich, und ich sehe alles. Ich werde Jesus zuerst sehen!"

(Weiter: Zachäus beobachtet, wie Jesus näher kommt. Seine Sehnsucht wird ganz stark, dann aber erschrickt er, denn Jesus bleibt unter dem Baum stehen.)

„Zachäus, steig schnell herunter!" „Ich", denkt sich Zachäus, „ich?" Er klettert ganz schnell herunter, seine Freude ist riesengroß... „Ja, bitte, komm, ich freu mich..." Aber aus der Freude wird Scham. Er sieht sein großes Haus, das schöne Zimmer, das gute Essen, das er Jesus und seinen Freunden anbietet. Alles ist nicht ehrlich erworben. Er ist ein Dieb. Je länger er mit Jesus zusammen ist, um so stärker wird der Wunsch, alle Schuld, alles Böse loszuwerden. Er möchte noch einmal von vorn anfangen. Zachäus will wirklich zu Jesus gehören.

Gespräch Zachäus/Jesus:

„Jesus, ich muß dir etwas sagen." „Ja, Zachäus?" „Ich ... ich habe den Leuten immer zuviel Geld abgenommen." „Ich weiß, Zachäus." „Aber jetzt will ich es zurückgeben, vierfach."

Jesus sieht, daß Zachäus ein neues Leben mit ihm anfangen will. Er sieht, daß er die Schuld vergeben haben möchte, so daß alles wieder in Ordnung ist. „Zachäus, heute ist ein großer Tag für dich und deine Familie. Gott hat euch als seine Kinder wieder angenommen. Du warst ein verlorenes Kind und vom Weg abgekommen. Jetzt hast du wieder zurückgefunden. Du gehörst zu mir. Ich bin nämlich gekommen, Verlorene zu suchen und zu retten."

Draußen stehen die Leute und schimpfen: „Zu so einem geht Jesus ins Haus...!" Drinnen aber konnten sich alle richtig freuen, denn Zachäus hatte sich von Jesus suchen, retten und verändern lassen.

**Vertiefung**
Jesus sagt auch zu dir: „Christine, Florian ..., heute ist ein großer Tag für dich. Ich habe dich lieb. Ich nehme dich an. Ich vergebe dir, was dich drückt und was zwischen uns steht.

• *Lernvers mit Bewegungen:*
*Jesus* (hochzeigen)
*ist gekommen* (von oben nach unten mit rechter Hand fahren)
*zu suchen* (Hände suchend über Augen)
*und zu retten* (mit beiden Händen jemanden/etwas hochziehen)
*was verloren ist* (mit rechter Hand schnelle hastige Bewegung nach unten = Abgrund)

**Hinführung**
*Vereinfachtes Rollenspiel* (siehe Zöllnerspiel)

**Kinderstunde im Vorschulalter**

**Hauptteil**
*Erzählung*
( wie Grundschulkinder – Hauptteil, Möglichkeit 2)
„Mürrisch und unzufrieden..." (Sätze evtl. etwas vereinfachen, langsam mit entsprechenden Bewegungen erzählen: gähnen, räkeln, laufen, lauschen, klettern...)

**Vertiefung**
• Es empfiehlt sich, die *Geschichte* gleich *nachspielen* zu lassen. Danach kann das Lied „Zachäus war ein kleiner Mann" gelernt/ gesungen werden.
• *Dias von Kees de Kort* evtl. in der nächsten Stunde zeigen. Die Kinder können dann dazu erzählen. Lernvers mit Bewegungen (wie bei Grundschulkindern).

Zachäus war ein kleiner Mann   All meine Sünde         **Liedvorschläge**
Ich habe einen, der mit mir geht   Gott will mich und ich will ihn
Es ist niemand zu groß

# 3 Zachäus

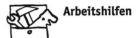 **Arbeitshilfen**

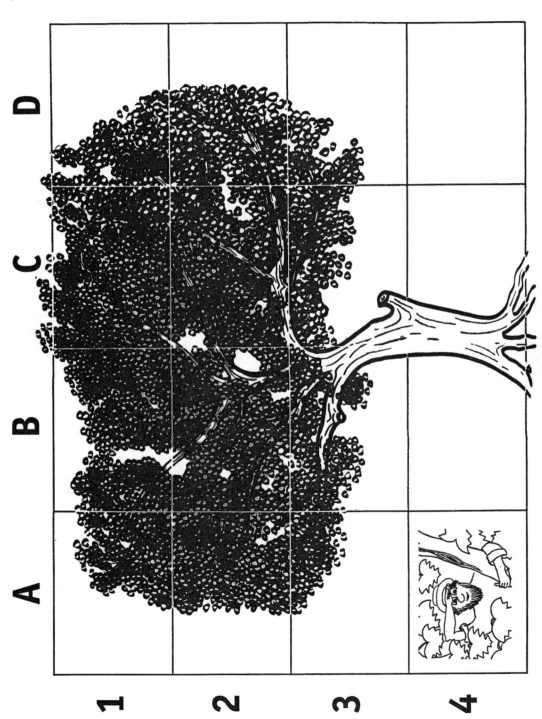

Zachäus | **3**

 **Ratespiel** *(siehe Abb. links)*
Wir malen einen großen Baum und teilen das Laubwerk (nicht Stamm) in Planquadrate ein (ein Quadrat etwa 20 x 20 cm). Die senkrechten Reihen bezeichnen wir mit A, B, C ...; die waagerechten mit 1, 2, 3... Zwei Mitarbeiter, die auf Stühlen stehen, halten nun eine Decke vor das Bild. Zachäus wird im Baum versteckt – z.B. im Planquadrat B 2. Das Bild von Zachäus kann mit einer Stecknadel versteckt werden. Ein Kind aus jeder Gruppe versucht nun, Zachäus zu finden, indem es (wie beim U-Boot-Versenken) z.B. D 3 sagt.

Wer Zachäus gefunden hat, erhält einen Punkt. Zachäus wird erneut versteckt. Anmerkung: Jüngere Kinder spielen vom Entwicklungspsychologischen her lieber ohne Wettbewerb – einfach um des Spielens willen.

**Buchtip: „Zachäus"**
von Kees de Kort aus der Reihe „Was uns die Bibel erzählt" (Württembergische Bibelanstalt, Stuttgart)

 **Foliencollagen**

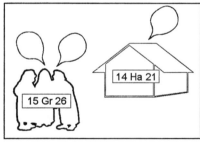

1

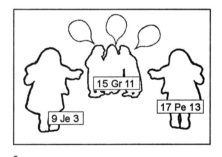

2

3

# 4 | Die Stillung des Sturmes

**Text**

*Markus 4,35-41*

**Erklärungen zum Text**

Die Fassung nach Markus (vgl. auch Matth. 8,23-27; Luk. 8,22-25) erhält den Vorzug wegen der anschaulichen Schilderung (wörtl. Rede, „Kissen", „Windwirbel").

*Personen:* Jesus und seine Jünger

*Zeit:* Ziemlich am Beginn seiner öffentlichen Wirksamkeit. Während Markus erwähnt, daß Jesus am Abend den Befehl gibt, ans andere Ufer zu fahren, fehlt bei Matthäus und Lukas die Zeitangabe. Bei Markus erfährt man auch etwas über die vorausgegangene Tätigkeit von Jesus: Wie so oft hat er lange zu den Menschen gesprochen. Dieses Reden hat ihn müde gemacht.

*Ort:* See Genezareth. Er ist von Bergen umgeben. Plötzlich auftretende Fallwinde, die von den Bergen herabstoßen, wühlen das Wasser auf und können meterhohe Wellen entstehen lassen. Selbst moderne Schiffe können heute noch auf dem See in Seenot geraten.

Alle drei Berichte in den synoptischen Evangelien erwähnen das überraschende Einsetzen des Sturms. Die Größe der Not, in der die Jünger gerieten, wird klar beschrieben. Die Naturgewalten brachten sie in Lebensgefahr. Trotz der Anwesenheit Jesu befanden sich die Jünger in allergrößten Schwierigkeiten. Hier wird deutlich, daß ein Nachfolger Jesu nicht von Schwierigkeiten verschont bleibt. Jesus nachzufolgen heißt nicht, bequeme Wege zu gehen. Die große Gefahr löst in den Jüngern Verwirrung und Angst aus. Nach vielem vergeblichen Mühen, mit eigener Kraft den Naturgewalten zu begegnen, wenden sie sich schließlich an Jesus und schreien ihm ihre Not zu. Dieser bleibt in der Geborgenheit und Ruhe. Er ist – in der Abhängigkeit seines himmlischen Vaters – Herr über die Mächte und Gewalten. Ein Wort genügt, um sie in die Schranken zu verweisen. Jesu Ermahnung – der leise Tadel – an seine Jünger darf sicher auch als Ermutigung zum Glauben verstanden werden, etwa so: „Ihr habt es doch gar nicht nötig, in panische Angst zu geraten. Ich bin doch da. Vertraut mir doch!"

**Schwerpunkte des Textes**

Jesus zeigt sich als der Herr (Christus, Kyrios) über die Gewalten der Natur und auch in der durch diese entstandenen panischen existentiellen Angst seiner Jünger.

Die Stillung des Sturmes | **4**

Kinder machen die Erfahrung existentieller Bedrohung auch in diesem Alter. Vor allem die Grunderfahrung der Angst ist stark vorhanden nicht nur Personen gegenüber, sondern auch hinsichtlich anonymer Mächte oder der Natur gegenüber (Unwetter, Stürme, Gewitter, Nacht). Sie fühlen sich den Bedrohungen allein ausgesetzt. Sie wissen – im günstigen Fall – auch um das Erleben des Geborgenseins durch die Nähe eines Menschen. Sie trauen in diesem Alter Erwachsenen viel zu, erfahren aber gerade auch bei Unwettern und anderen bedrohlichen Situationen, daß auch Erwachsenen Grenzen gesetzt sind. Die Kinder haben in diesem Alter, soweit sie bereits eine gewisse Grundlage christlicher Erziehung erhalten haben, ein natürliches Vertrauen zu Jesus. Dieses kann durch diese biblische Begebenheit verstärkt bzw. bei Kindern, die wenig wissen, geweckt werden.

**Anmerkungen zur Situation des Kindes**

☺ Die Kinder sollen lernen, daß Jesus auch in Ängsten durch Naturgewalten ihnen nahe ist und der Herr der Situation bleibt.
♡ Die Kinder sollen durch Erinnerung und Erfahrung Ängste und deren Auflösung spüren (s. Möglichkeit 1a).
🙏 Die Kinder rufen in der Angst den Herrn über alles Beängstigende an.

**Lernziele**

*Vorschulalter:*
Siehe, ich bin bei euch alle Tage bis an der Welt Ende (Matth. 28,20b).

**Lernvers**

*Grundschulalter:*
In der Welt habt ihr Angst; aber seid getrost, ich habe die Welt überwunden (Joh. 16,33b).

## Hinweise zur Durchführung

 **Hinführung**
*Möglichkeit 1:*
Einstieg durch ein Bild, das eine Angstsituation darstellt (s. Arbeitshilfen). Gespräch darüber.
Evtl. Überleitung bei konstanter Gruppe: Wir haben Jesus kennengelernt. Wir tragen zusammen, was wir wissen und was uns wichtig wurde. Heute lernen wir Jesus wieder von einer ganz anderen, aber sehr wichtigen Seite kennen.

**Kinderstunde im Grundschulalter**

*Möglichkeit 1a:*
Die Kinder befinden sich im abgedunkelten Raum evtl. unter einem Sprungtuch. Außerhalb beängstigende Musik/Sturmgeräusche. Nach

# 4

Die Stillung des Sturmes

einer Weile wird wieder Licht gemacht bzw. das Tuch weggezogen, sanfte und frohe Musik eingespielt. Die Kinder dürfen sich umarmen oder tanzen. Über die beiden Gefühle „Angst" und „Erleichterung" sprechen.

*Möglichkeit 2: Vorbereitung der „Mitmachgeschichte"*
Mit den Kindern – in Gruppen – Geräusche einstudieren: Vogelstimmen, Fröschequaken, „blub, blub, blub" (Fische), alle: Sturm, erst leise, dann lauter – plötzliche Stille

Mit den Kindern Bewegungen einstudieren: rudern, Sonne schickt Strahlen, Mond geht auf.

**Hauptteil**
*Zu Möglichkeit 1:*
Erzählung wie Möglichkeit 2, aber ohne Mitmachbewegungen und Geräusche.

*Zu Möglichkeit 2: Erzählung als Mitmachgeschichte*

Die Sonne schickt ihre letzten Strahlen (Bewegung). Der Berg Hermon liegt im roten Abendlicht da. Der Mond geht auf (Bewegung); die Dunkelheit naht. Jesus schaut die Menschen noch einmal voller Liebe an. Dann schickt er sie nach Hause. Die Menschen entfernen sich vom See. Sie unterhalten sich: „Schön war es, Jesus zu hören." „Ich habe viel gelernt." „Ich bin getröstet worden." Abendliche Stille breitet sich aus. Man hört nur noch ein paar Vögel singen: (Vögel), ein paar Frösche quaken (Frösche quaken) und die Fische muß man sich denken („blub-blub-blub").

„Kommt", sagt Jesus zu seinen Jüngern, „wir wollen ans andere Ufer rudern." Noch ist es warm. Die Jünger steigen mit Jesus ins Boot und rudern los (Bewegungen). Das andere Ufer ist noch lange nicht zu sehen, denn der See ist 21 km lang und 12 km breit (Ortsentfernung aus der Umgebung der Kinder nennen, so daß sie eine Vorstellung haben). Gleichmäßig rudern die Jünger. Bei dem gleichmäßigen Takt der Ruderer spürt Jesus seine Erschöpfung und Müdigkeit noch stärker. Er geht nach hinten ins Boot, legt seinen Kopf auf ein Kissen und ist im Nu eingeschlafen ... (Gespräch der Jünger: „Pst, er schläft ... anstrengender Tag"). „Schau mal, Andreas, diesen Unterschied! Siehst du Richtung Osten (zeigen), da sind die Berge braun und öde; siehst du westwärts, da sind sie fruchtbar und bewaldet." „Ja, ja, aber von dort kommen auch die Unwetter, die Stürme..." Dann schweigen die Männer wieder. Sie hören nur noch vom Ufer des Sees ein paar Vogelstimmen (Vogelstimmen), ein paar Frösche quaken (Frösche quaken) und die Fische müssen sie sich denken (blub-blub-blub). Jesus aber schläft ruhig hinten auf seinem Kissen.

Die Stillung des Sturmes | **4**

Was ist das? „Petrus, fühl doch mal – die Luft!" „Westwind!"
– Kinder: leise mit Sturm beginnen –
„Oh nein, Männer, macht euch auf etwas gefaßt. Es geht schon los!" Der Sturm kommt wie immer in rasender Geschwindigkeit. Und völlig unerwartet! Von Westen! Er wird immer stärker!
– Kinder: Sturm und einige rudern.–
„Los, rudert doch, daß wir ans andre Ufer kommen!" „Unmöglich, wir sind mitten auf dem See!" „Versucht es doch wenigstens!" „Aah, eine Welle!" Die Wellen werden immer höher... (Panik, hektische Betriebsamkeit schildern)

Dann: Mitten in dem Chaos und in ihrer Todesangst schauen sich die Jünger nach Jesus um. Wo ist er eigentlich? „Holt doch endlich Jesus!" Er schläft... Einige Jünger taumeln zu ihm. Von einer Seite des Schiffes auf die andere werden sie geschleudert. Rütteln Jesus, schreien: „Herr, wir gehen unter...!" Jesus steht auf, stellt sich hin und ruft in das Toben der See und des Sturms hinein: „Sei still! Schweig!"
– *Stille!!* –

Da legt sich der Sturm, und tiefe Stille breitet sich aus. Dann dreht sich Jesus zu seinen Jüngern. Die stehen kreidebleich und zitternd da. Wie die Standbilder, nur die Knie und Hände zittern noch. „Warum habt ihr solche Angst? Habt ihr denn gar kein Vertrauen zu mir?" Sie entdecken wieder einmal, was für einem mächtigen und vertrauenswürdigen Herrn sie nachfolgen. Und sie flüstern voller Respekt: „Was ist das für ein Mann?! Selbst Wind und Wellen sind ihm gehorsam!"

### Vertiefung
• *Zu Möglichkeit 1: Kurzes Gespräch über die Angst*
Berichte der Kinder oder Mitarbeiter, wie Jesus in der Angst geholfen hat. Jesus als den Vertrauenswürdigen herausstellen. Anhand des Lernverses über Angst sprechen, die bleibt und doch mit Jesus ertragen bzw. überwunden werden kann.

• *Zu Möglichkeit 2: Mit Jesus im Boot – da kannst du was erleben!*
Weil dieser Jesus nicht nur ganz Mensch war: müde und erschöpft, sondern auch ganz Gott war und ist. Ganz Gott – und der Schöpfer von Wind und Wellen. Dieser Schöpfer kann ihnen auch gebieten, und sogar die Naturgewalten müssen ihm gehorchen. Die Jünger „sitzen noch im Boot" – ganz durcheinander von all dem Erleben. Und wenn ich sie so „vor mir sehe", fallen mir Stürme in meinem Leben ein und große Ängste. Stürme, wo ich dachte: „Ich gehe unter, Herr, merkst du das nicht?" Aber Jesus war mitten im Boot, mitten im Sturm. – Erlebnis aus dem eigenen Leben erzählen. Er ist der Herr auch in den Stürmen unseres Lebens: Probleme in der Schule, Trauriges zu Hause, Streit ...

# 4

Die Stillung des Sturmes

- *Lernvers:* 1. Teil: Stürme und Ängste, Lernvers 2. Teil: Jesus ist da...
- *Abschlußgebet:* Sturmsituationen und Ängste zusammentragen lassen

 **Kinderstunde im Vorschulalter**

 **Hinführung**

Die Geschichte ist so anschaulich und packend, daß für die Kinder wirklich auf der Erzählung der Schwerpunkt liegen sollte. Wenn passend: Einstieg mit kurzem Gespräch über „Angst".

 **Hauptteil**

*Möglichkeit 1:*
Erzählung mit Bildern
(Dias von Kees de Kort oder Foliencollagen)

*Möglichkeit 2:*
Erzählung mit viel Gestik und Mimik, zeitweise von Kinder mitmachen lassen.

Jesus ist mit seinen Jüngern am See Genezareth. Viele Menschen haben ihm wieder zugehört. Nun schickt er sie nach Hause, denn es ist schon Abend geworden. Zu seinen Jüngern sagt er: „Kommt, wir fahren über den See an das andere Ufer." So steigen sie in das Fischerboot (mit Kindern in ein durch Stühle vorbereitetes Boot steigen). Sie rudern los (rudern). Jesus ist ganz arg müde und sucht sich einen gemütlichen Platz im Boot. Auf einem Kissen hinten im Boot schläft er ganz schnell ein. Aber was ist jetzt los?

Weitererzählen wie Erzählvorschlag für Kinder im Grundschulalter. (Gegenwart, kurze Sätze, viel wörtliche Rede!)

Oh nein, Männer, macht euch auf etwas gefaßt. Es geht schon los. Der Sturm kommt! ...usw. bis „Warum habt ihr denn solche Angst? Habt ihr gar kein Vertrauen zu mir?" Ja, nun merken die Jünger: „Jesus ist ein mächtiger Herr. Ihm können wir vertrauen."

 **Vertiefung**

Die Geschichte hat eine starke Aussagekraft. Sie braucht keine Erklärungen mehr. Es ist angebracht, sie selbst wirken zu lassen und mit einem Gebet zu schließen.

 **Liedvorschläge**

Am Ende, kein Ausweg
Bei Gott sind alle Dinge möglich
Steig ins Schiff des Lebens
Die Freunde, Herr, mit dir im Boot

Huuh, hörst du den Wind
Er hält die ganze Welt
Wenn der Sturm tobt

Die Stillung des Sturmes | **4**

**Dias**
*"Jesus und der Sturm"*: Kees de Kort, aus der Reihe „Was uns die Bibel erzählt" (Württembergische Bibelanstalt, Stuttgart) auch bei Evangelischen Medienzentralen auszuleihen.

**Arbeitshilfen**

**Quiz zur Geschichte**
Auf dem Tageslichtschreiber oder an der Tafel sind zwei Spalten aufgezeichnet. Innerhalb einer bestimmten Zeit muß ein Kind möglichst viele richtige Verbindungen schaffen. Danach kommt ein zweites Kind und macht Fortsetzung (wenn es vor der Tür gewartet hat, kann es auch die gleichen Aufgaben bekommen).

# Was gehört zu wem?

| | |
|---|---|
| *Jesus* | füllten das Schiff |
| *Jesus* | wurde still |
| *die Wellen* | laßt uns über den See fahren |
| *die Jünger* | schlief |
| *die Jünger* | bedrohte den Wind und die Wellen |
| *Jesus* | Meister, wir verderben |
| *das Meer* | weckten Jesus auf |
| *das Meer* | verstummte |
| *die Jünger* | wunderten sich |

### Spiele
Wasserschöpfen, Rudern, Einziehen der Segel, Festhalten im Sturm u.ä. wird von allen Kindern mimisch mit begleitenden Ausrufen wie „Hauruck" ausgeführt. Dabei ist wichtig, daß diese Tätigkeiten schnell wechseln und die Kinder bewußt nachempfinden, in welcher Hektik sich die Jünger befanden. Ein Mitarbeiter macht jeweils die Bewegungen vor.

### Dalli-Dalli
Die Kinder spielen wieder in zwei oder drei Gruppen. Je zwei Vertreter der Gruppe werden ausgewählt. Zwei aus einer Gruppe dürfen beginnen, die anderen warten vor der Tür.

Der Spielleiter sagt ein Stichwort wie: Angst oder Sturm. Innerhalb einer festgelegten Zeit sollen die Kinder nun abwechselnd so viele Begriffe nennen, die bei ihnen z.B. mit Angst zu tun haben, wie ihnen einfallen. Hat einer keine Idee, darf er auch ein Wort nennen, was schon gesagt wurde, damit der andere weitermachen kann und nicht wertvolle Zeit verlorengeht. Alle doppelten Begriffe, die innerhalb der selben Gruppe genannt wurden, werden zum Schluß abgezogen. Welche Gruppe hat zum Schluß die meisten Begriffe genannt?

### Bastelidee
Jedes Kind bastelt aus einem Schaschlikstab und einem Stück Papier eine Flagge. Auf die eine Seite dieser Flagge kann der Lernvers geschrieben, auf die andere eine Länderflagge gemalt werden.

Die Stillung des Sturmes

 **Bild eines ängstlichen Kindes**

# 4

Die Stillung des Sturmes

 „Jesus und der Sturm" (Ausmalbild)

Die Stillung des Sturmes

**Foliencollagen**

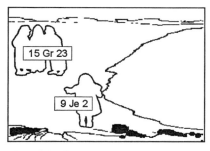

1 (Grundfolie Ufer)

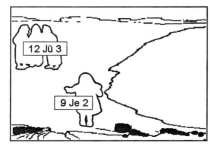

2 (Grundfolie Ufer)

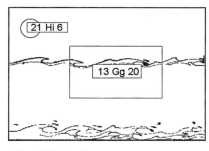

3 (Grundfolie Wasser)

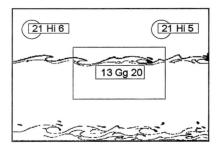

4 (Grundfolie Wasser)

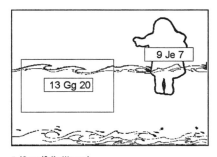

5 (Grundfolie Wasser)

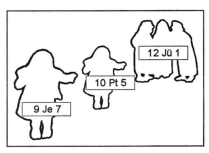

6 (ohne Folie)

4

49

# 5 | Fischer werden zu Menschenfischern

 **Text**

*Matthäus 4,18-22; 10,1-4*

 **Erklärungen zum Text**

Zum Verhältnis der beiden Texte in Matth. 4 und 10: Beim Jüngerwerden haben wir drei Vorgänge zu unterscheiden:
a) das erste Kennenlernen Jesu (wie in Joh. 1,35 ff.),
b) die Berufung der einzelnen,
c) die feierliche Auswahl der Zwölf als eine Art Einsetzung in ein endzeitliches Amt.

Während Matthäus das letztere erst in Kap. 10 erzählt, berichtet er in Kap. 4 die Berufung der einzelnen. Er läßt das erste Kennenlernen weg.

*Hinweise zu Matth. 4,18-22*

V. 18: Petrus wird von der Arbeit am Seeufer weg berufen. Das setzt ein Wirken und Wohnen Jesu am See voraus. Das Wort „gehen" ist ein sehr allgemeines Wort und bedeutet soviel wie „sich aufhalten", „wirken". Der See Genezareth wird hier als „Meer" bezeichnet (vgl. Bodensee als „Schwäbisches Meer"). Er ist 21 km lang und 12 km breit und paßt dreimal in den Bodensee. Schon beim ersten Kennenlernen am Jordan hatte Jesus dem Simon in prophetischer Weise den Zunamen „Kephas" (Fels, griech. Petros) gegeben. Petrus wird der Sprecher des Jüngerkreises und später ein Führer der Gemeinde in Jerusalem.

Andreas steht im Schatten seines Bruders. Nach Mark. 13,3 gehört er mit seinem Bruder und Jakobus und Johannes zum inneren Kreis der Zwölf. Im Johannesevangelium wird mehr von Andreas berichtet (Joh. 1,35 ff.; 6,8; 12,22).

V. 19: Das Wort Jesu an die Fischer hat zwei Grundelemente (siehe auch 1. Mose 12,1-3). Es besteht aus dem befehlenden Ruf und der Verheißung. Neben die Aufgabe tritt die Gabe. Wie bei Abraham geht es darum, daß Menschen aus dem alten Leben aufbrechen, um ein neues zu beginnen. Nach Jer. 16,16 sendet Gott zu Beginn der Heilszeit „viele Fischer" aus, die das zerstreute Israel „fischen" und ins verheißene Land zurückbringen sollen. So kommt nun in Jesu Wort zum Ausdruck: Jetzt ist der Beginn der Heilszeit, jetzt sollt ihr Mitarbeiter in Gottes Heilswerk werden.

Simon und Andreas sollen Fischer bleiben und werden. Ihre neue Aufgabe besteht nun darin, Menschen für Gott zu gewinnen. Die Menschenfischer-Verheißung erfährt ihre größte Weite im Missionsbefehl am Ende des Evangeliums: „Machet zu Jüngern alle Völker" (28,19).

Fischer werden zu Menschenfischern

V.20: Ohne Zögern folgen die Brüder Jesus. Zurück bleiben die Netze, die Familie, „Häuser, Brüder, Schwestern, Vater, Mutter, Kinder, Äcker" (Matth. 19,29). „Sie folgen ihm nach" hat einen allgemeinen Sinn. Sie ziehen mit Jesus, wirken mit Jesus, leiden mit Jesus, essen, hungern, freuen sich und trauern mit Jesus. Sein Lebensunterhalt wird auch ihr Lebensunterhalt. Seine Worte sind für sie verbindlich. Er wird in der Tat der Herr ihres Lebens (vgl. Matth. 19,27 ff.).

V.21: Mit Jakobus und Johannes begegnet uns das nach Petrus und Andreas bedeutendste Brüderpaar unter den Jüngern Jesu. Die Familie stand Jesus sehr nahe. Die Mutter begleitete Jesus gelegentlich auf seinen Wanderungen, war Zeugin der Kreuzigung (Matth. 27,66) und bat Jesus, er möge ihre Söhne zur Rechten und zur Linken in seinem Reich sitzen lassen (Matth. 20,20). Ihnen gab Jesus wie dem Simon einen Zunamen: griechisch Boanerges, zu deutsch „Donnersöhne" (Mark. 3,17). Nach seiner Verbannung auf die Insel Patmos starb er etwa 100 n. Chr. Jakobus wurde 44 n. Chr. von Herodes enthauptet (Apg. 12,1 f.). In V. 21 hat Jesus die beiden zur Nachfolge gerufen, als sie nach getaner Arbeit die Netze ausbesserten. Jakobus als der ältere wird zuerst genannt.

V.22: Im Gegensatz zu V. 21 ist hier das Verlassen des Vaters besonders vermerkt. Matthäus zeigt uns, daß Jesus vor der Familie Anspruch auf unsere Hingabe hat (vgl. 10,37; 19,29). Mit dem unmittelbaren Befolgen des Rufes Jesu hat für die vier Fischer ein neues Leben mit Gott und ungeahnte Möglichkeiten begonnen.

*Hinweise zu Matth: 10,1-4*
V.1: Nachdem er gebetet hatte (Matth. 9,38; Luk. 6,12) rief Jesus die 12 Jünger herbei, um sie unter einen gemeinsamen Auftrag zu stellen. Sie begleiten Jesus auf seinen Wanderungen bis zum Kreuz und werden – ohne Judas – die Zeugen des Auferstandenen. Sie sind die entscheidenden Vermittler der Lehre und Wundertaten Jesu und bilden den Kern und das oberste Leitungsgremium der frühesten Jerusalemer Gemeinde. Jesus sendet die Zwölf nun aus zum Predigen (Mark. 3,14; Matth. 10,7) und gibt ihnen göttliche Vollmacht, die stärker als die übermenschliche Macht der „unreinen Geister" ist. Nach Matthäus erhalten sie auch die Vollmacht, „alle Krankheit und alle Gebrechen" zu heilen. Jesus gibt hier seine eigene Vollmacht an seine Jünger weiter!

*Exkurs: Die Fischerei am See Genezareth*
Die Fischer nahmen eine angesehene, wenn nicht höhere soziale Stellung ein. Ihr Gewerbe war sehr geachtet (heute „Mittelschicht"). Denn sie steuerten einen wesentlichen Bestandteil zur Ernährung

bei und standen im Ruf, besonders fromm zu sein. Die Technik des Fischers ist sehr alt. Er benutzte die Metallangel aus Kupfer oder Eisen. Von den Netzen gab es fünf verschiedene Arten, von denen zwei in unserem Text vorkommen.

Das Wurfnetz (V. 18) ist ein kreisrundes Netz von etwa 4 m Durchmesser. Am äußeren Rand hat es zahlreiche Bleistücke, damit es schnell untersinken kann. Durch Werfen von Steinen ins Wasser werden die Fische angelockt, über die der Fischer am Ufer das Netz in weitem Bogen wirft. Die Fische werden einzeln durch die Maschen geholt und in die Netztasche gesteckt, die der Fischer auf dem Rücken trägt. Gewöhnlich sind es nur wenige Fische, die ein Wurf am Seeufer ergibt. Die Fische werden in kleinen aus Stein und Lehm erbauten Behältern aufbewahrt.

Das andere ist das Schlepp- bzw. Zugnetz, das Jakobus und Johannes vermutlich im Boot flicken (V. 21). Der Besitz dieses sehr teuren Netzes ist der Traum eines jeden Fischers. Deshalb wird es gern von einer Gruppe von Fischern (Brüder, Verwandte) gemeinsam gekauft. Das 200-250 m lange und 5 m breite Schleppnetz wird mit zwei Booten ins Meer ausgelegt. Das Netz liegt in dem einen Boot, das andere zieht es an einem Netzende ins Wasser. Ist das Netz ausgeworfen, fahren die Boote ans Ufer, wo dann die Fischer, meist 6-8 Mann, das Netz von beiden Seiten mit den Stricken ans Land ziehen und die gefangenen Fische einsammeln. Die Fischer tragen beim Fischen nur ein leichtes, kurzes Hemd, das noch nicht bis zum Knie reicht. Fischer, die mit dem Wurfnetz am Ufer fischen, sind vielfach ganz nackt. Nach mehreren Zügen mit dem Zugnetz setzen sich die Fischer ans Ufer und bessern ihre Netze aus, die beim Ziehen ans Land durch Streifen über Steine und Felsen zerrissen wurden.

Nach dem Fang werden die unreinen Fische, die keine Flossen und Schuppen haben (3. Mose 11,10-12), aussortiert und ins Wasser geworfen (Matth. 13,48), weil sie nicht an gläubige Juden verkauft werden können.

Die beste Fischzeit ist von Mitte Dezember bis Mitte April (Regenzeit).

**Schwerpunkte des Textes**

Jesus beruft Menschen, die seine Worte verkündigen und seine Taten weiterführen.

**Anmerkungen zur Situation des Kindes**

Kinder wissen sehr genau, daß sie Antwort geben müssen, wenn sie gerufen werden, besonders dann, wenn sie mit Namen angesprochen werden. Es gibt aber unterschiedliche Möglichkeiten, auf einen Ruf zu reagieren:

1. einfach überhören
2. mit Nein auf die gestellte Frage antworten und an der bisherigen Beschäftigung festhalten oder
3. mit Ja antworten und die Beschäftigung aufgeben oder zurückstellen und dem Ruf folgen.

Wichtig ist, daß Jesus den Jüngern bekannt war. Dies sollte den Kindern deutlich gesagt werden. Wir müssen besonders in dieser Zeit Kinder sehr davor warnen, sich Fremden anzuvertrauen.

Nur dort, wo absolutes Vertrauen besteht, kann man sich einem Menschen anvertrauen.

☺ Jesus hat sich seine Jünger berufen, das heißt, er hat sie ausgewählt und eingeladen, mit ihm zu leben und seine Worte weiterzusagen. **Lernziele**
♡ Es ist nicht immer einfach, Entscheidungen zu treffen. Es gibt Entscheidungen, die einem niemand abnehmen kann.
✋ Die Kinder sollen Jesus Antwort geben und dann selber zum Menschenfischer werden.

Jesus spricht: Folgt mir nach; ich will euch zu Menschenfischern machen (Matth. 4,19)! **Lernvers**

## Hinweise zur Durchführung

 **Hinführung**
*Frage an die Kinder:* „Wer von euch ist in einer Mannschaft?" (Fußball, Tennis, Turnverein usw.) „Wie bist du in diese Mannschaft gekommen?" (Geschickt durch die Eltern, eigener Wunsch, vom Mannschaftsleiter eingeladen usw.) „Was ist in dieser Mannschaft wichtig?" (Die Mannschaftskleidung, die Regeln, der Mannschaftsführer usw.)
„Was ist dir an dieser Mannschaft wichtig? (Gemeinsame Aktivitäten, sich mit anderen für die gleiche Sache einzusetzen usw.) **Kinderstunde im Grundschulalter**

 **Hauptteil**
Jakobus, einer der Söhne des Zebedäus erzählt die Geschichte selbst aus seiner Sicht. Er ist verkleidet mit Gummistiefeln, Pudelmütze und gelber Regenjacke. Über die Schultern trägt er ein Fischernetz.
*Er erzählt:*
Ja, da wundert ihr euch, mich hier zu sehen. Ich muß mich beeilen, Jesus und meine Freunde sind schon ein ganzes Stück voraus. Heute

## 5
### Fischer werden zu Menschenfischern

ist mir etwas ganz Großartiges passiert. In den letzten Wochen war es sowieso bei uns in Kapernaum schon ziemlich aufregend. Immer, wenn Jesus in die Stadt kam, liefen alle Leute zu ihm und wollten ihn hören. So nebenbei beim Flicken meiner Fischernetze habe ich ihn schon mehrmals reden gehört. Ja, manchmal bin ich sogar ein Stück mit ihm gegangen. Aber schließlich, dachte ich, kann ich doch meinen Vater mit der Fischerei nicht im Stich lassen. Auch mein Bruder und all die anderen Fischer redeten viel über Jesus. Sogar draußen auf dem Meer sprachen sie von ihm. Aber längst nicht alle glaubten an ihn. Nun, ich sitze heute morgen am Strand und mache wie jeden Tag meine Arbeit. Da plötzlich passiert es. „Johannes, komm und folge mir nach!" Ja, er hat meinen Namen gerufen. Darum wußte ich ganz genau, daß er mich meinte. Auch Jakobus, Simon und Andreas hat er gerufen.

„Ich brauche euch. Ich will euch zu Menschenfischern machen." Was Jesus wohl damit meint? Fische fischen, ja. Aber Menschen fischen? (erklären, siehe Anmerkungen bei Erklärungen zum Text und Tafeltext)

*Weitere Erzählschritte:*
- Ohne Zögern folgen sie Jesus nach und verlassen Arbeit und Familie. Sie sind bereit, mit Jesus zu leben und alles mit ihm zu teilen.
- Aus den vielen Menschen, die Jesus begleiten, wählt er 12 Männer aus, die immer bei ihm sein sollen. Sie bekommen auch den Auftrag, in die Dörfer und Städte zu gehen, um den Menschen von Jesus zu sagen und Kranke zu heilen. Sie dürfen also Menschenfischer sein.
- Jesus braucht heute auch Mitarbeiter, denn das Evangelium ist noch nicht allen Menschen verkündigt worden. Wie können wir mithelfen, daß das Evangelium verbreitet wird? Wie können wir Menschenfischer sein? (zur Kinderstunde einladen, anderen helfen, nicht nur an uns denken, von Jesus erzählen, ...)
- Dabei herausstellen, daß sie als Kinder am besten ihre Altersgenossen ansprechen können und Jesus sie gebrauchen will, daß andere durch sie den Weg zu ihm finden.

### Vertiefung
• *Lernvers* (Matth. 4,19): Den Spruch kann man auf verschiedene Möglichkeiten lernen: Spruch ohne Vokale an die Tafel schreiben; XX zwischen die einzelnen Buchstaben setzen; Bandwurm: ohne Abstand die Wörter aneinandersetzen.
• *Darüber nachdenken:* Was heißt Menschenfischer sein? Wie sieht das aus? Hat jemand schon eine Erfahrung in diese Richtung gemacht? (z.B. eingeladen in die Kinderstunde?) Wie war die Reaktion?

• *Fragen an die Kinder:*
- Wie kommt man in die Mannschaft Jesu? ( freiwillig, nach eigener Entscheidung)
- Welche Regeln gelten in der Mannschaft Jesu? ( ihm nachfolgen, das tun, was er möchte)
- Welche Erkennungsmerkmale hat die Mannschaft Jesu? (Liebe untereinander, die Gebote Gottes als Grundwerte im Leben achten, von der Vergebung leben)

Der Mitarbeiter erzählt, warum er gerne zur Mannschaft Jesu gehört.

### Hinführung
Wer von euch war schon einmal an einem See? Vielleicht habt ihr einen Ausflug gemacht oder sogar in den Ferien an einem See gewohnt. Dann habt ihr vielleicht auch Fischer beobachtet. Was meint ihr, was die morgens am Ufer so alles machen müssen, wenn sie nachts gefischt haben? – (Falls kein Kind solche Erfahrungen gemacht hat, selbst erzählen.)

**Kinderstunde im Vorschulalter**

### Hauptteil
*Die biblische Geschichte wird anhand der Foliencollagen erzählt.*

Zebedäus und seine Söhne sitzen am Ufer und flicken ihre Netze, bessern das aus, was in der Nacht kaputtgegangen ist.

Jesus kommt am See entlang und spricht mit Simon und Andreas. „Ich brauche euch. Ich will euch zu Menschenfischern machen." Was soll das bloß sein? Was meint Jesus wohl damit? Fische fischen, ja. Aber Menschen fischen? ....
- Sie gehen mit Jesus mit und kommen zu Jakobus und Johannes. Auch diese fordert er auf, mitzukommen. Auch sie sollen und können ihm helfen.
- Ohne Zögern folgen sie Jesus nach und verlassen Arbeit und Familie. Sie sind bereit, mit Jesus zu leben und alles mit ihm zu teilen.
- Aus den vielen Menschen, die Jesus begleiten, wählt er zwölf Männer aus, die immer bei ihm sein sollen. Sie bekommen auch den Auftrag, in die Dörfer und Städte zu gehen, um den Menschen von Jesus zu sagen und Kranke zu heilen. Sie dürfen also „Menschenfischer" sein.
- Jesus braucht auch heute Menschen, die anderen von ihm weitersagen. Ob ihr da auch schon mithelfen könnt? Wie können wir Menschenfischer sein? (zur Kinderstunde einladen, anderen helfen, nicht nur an uns denken, von Jesus erzählen, ...)

# 5

Fischer werden zu Menschenfischern

 **Vertiefung**

*Spiel „Fische angeln"* (siehe Arbeitshilfen). Auf den Fischen stehen Fragen zur Geschichte, die vom Leiter vorgelesen und von den Kindern beantwortet werden sollen. Fische anmalen.

 **Liedvorschläge**

Gott braucht nicht nur große Leute
Gott braucht Leute
Ich sing euch kein Lied von großen Leuten
Links, rechts, geradeaus
Der Herr ruft alle Kinder

**Arbeitshilfen**    **Spiele**

*Fische angeln*
Fische auf Tonpapier aufzeichnen, ausschneiden, je eine Büroklammer befestigen und mit einer magnetischen Angel fischen lassen. Das Angeln wird schwieriger, wenn die Fische in einem Karton liegen. Auf die Fische kann man auch Fragen zur biblischen Geschichte schreiben.

*Netze einholen*
Apfelsinennetze hängen an einem langen Bindfaden. Den Bindfaden auf einen Bleistift aufwickeln und so das Netz „einholen". Wer ist zuerst fertig?

*Zuordnungsspiel*
Die Namen der Jünger werden auf Pappkarton geschrieben und jeweils in zwei Teile geschnitten. Z.B. Pe/trus, And/reas, Jako/bus usw. Die Wortteile werden ungeordnet an die Flanelltafel gelegt. Die Kinder suchen die richtigen Namen.

*Namen raten*

Die Kinder werden in zwei Gruppen eingeteilt.
Von einem beliebigen Jüngernamen werden so viele Striche an die Tafel geschrieben, wie der Name Buchstaben hat.

Nun zählt der Mitarbeiter leise für sich das Alphabet auf. Wenn eines der Kinder „stop" ruft, trägt er den Buchstaben, den er gerade in Gedanken genannt hat, an der entsprechenden Stelle ein. Die Kinder raten, wie der Name heißt. Kommen sie nicht darauf oder fehlt der geratene Buchstabe im Namen, geht das Spiel in gleicher Weise weiter.

Welche Gruppe hat zuerst den Namen herausgefunden? Nun kann das Spiel mit einem anderen der Jünger fortgesetzt werden.

**Visuelle Darstellung**

Ein Fischernetz wird gezeichnet. Einige Kinder malen Fische in das Netz. Wenn von „Menschenfischern" die Rede ist, schreibt der Leiter Namen von Jungen und Mädchen in die Fische.

**Tafeltext**

Vergleiche Fischer – Menschenfischer

| Fischer | Menschenfischer |
|---|---|
| - geht dorthin, wo es Fische gibt: See, Ufer | - geht an den Ort, wo sich Menschen aufhalten |
| - Ausrüstung: Angel, Netz, Boot | - Ausrüstung: Wort Gottes, Kraft Gottes |
| - Fische gehören dem Fischer oder der Gruppe | - Menschen werden nur für Jesus gewonnen |

Für beide gilt: Geduld, Warten, Fang kann nicht erzwungen werden.

# 5

Fischer werden zu Menschenfischern

 **Fische zum Anmalen**

 **Foliencollagen**

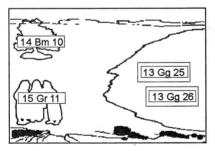

1 (Grundfolie Ufer)

Fischer werden zu Menschenfischern

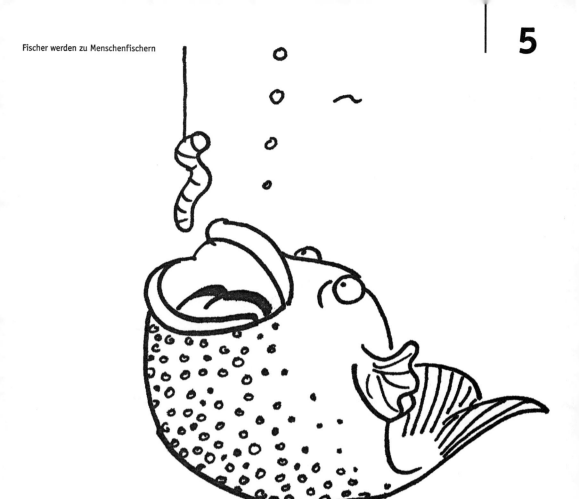

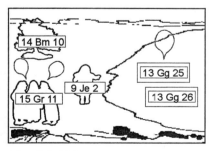

2 (Grundfolie Ufer)

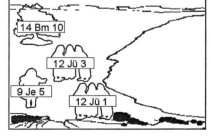

3 (Grundfolie Ufer)

# 6 | Ein Tag in Kapernaum

 **Text**  *Markus 1,21-39*

**Erklärungen zum Text**

Bei Markus folgt auf die Berufung der Jünger der Bericht über Jesu Tätigkeit in Kapernaum, worin ein Anknüpfungspunkt zur vorhergehenden Wocheneinheit unter dem Thema der Jüngerberufung liegt. Man beachte jedoch, daß es hier lediglich um die ersten vier Jünger Simon, Andreas, Jakobus und Johannes geht (Mark. 1,14 ff.). Vermutlich wohnte Jesus bereits in Kapernaum am See Genezareth, als er die Jünger in seine Nachfolge rief (Matth. 4,13). Es läßt sich somit auch eine Verbindung zur vorherigen Stunde aufgrund der Örtlichkeiten herstellen. In den Versen 21-28 wird davon berichtet, daß Jesus am Sabbat mit seinen Jüngern in die Synagoge von Kapernaum geht.

Dort predigt er so vollmächtig, daß seine Zuhörer erschrecken (s. Matth. 7,28-29), denn sie merken das Reden Gottes. Durch seine Lehre und durch die Heilung eines Besessenen macht Jesus von sich reden. Auch heute ist die Existenz dämonischer Mächte eine Realität, die für jeden Menschen, wobei die Kinder nicht auszuschließen sind, eine Gefahr bilden. Auch in unserer Zeit gibt es viele Formen dämonischen Einflusses (z.B. Aberglaube, Astrologie). Der Vers 24 macht deutlich, daß Dämonen um die Macht Jesu wissen, denn er ist auch der Sieger über diese Mächte. Trotzdem – will man frei von ihnen werden, so ist das ein nicht zu unterschätzender Kampf.

In den Versen 29-31 geht es um die Heilung der Schwiegermutter Simons. Nachdem Jesus mit den Jüngern die Synagoge verlassen hat, kehren sie bei Simon ein, wo Jesus von der Krankheit der Schwiegermutter erfährt. Welche Krankheit hier genau gemeint ist („das Fieber"), erscheint an dieser Stelle unwichtig. Was zählt ist, daß Jesus sie heilt und sie dann Jesus und den Jüngern dient.

Mit dem Abend, wenn die Sonne untergegangen ist, ist der Sabbat beendet. Die Verse 32-34 berichten davon, wie sich die Menschen nun aufmachen und zu Jesus gehen. Vorher hätten sie gegen das Gebot der Sabbatheiligung verstoßen. Markus schreibt jetzt nicht mehr von der Wirksamkeit Jesu anhand konkreter Fälle, sondern er spricht allgemein von der Heilung vieler Kranker und Besessener.

Die Verse 35-39 machen klar, daß Jesu „eigentliches" Werk aus der Verkündigung der mit ihm anbrechenden Gottesherrschaft besteht. Deswegen zieht er weiter in die nächsten Städte, wo er predigt und Besessene heilt.

Jesu schöpft seine Kraft, seine vollmächtige Verkündigung aus dem Gebet zu seinem Vater. Dazu nützt er die frühe Morgenstunde

# 6

Ein Tag in Kapernaum

in der Einsamkeit. Als die Menschen zu ihm eilten, hatte er von seinem Vater schon Klarheit für die nächsten Schritte erhalten.

Der gesamte Text macht deutlich, daß Jesus von unsauberem Geist befreit und von Krankheiten heilt. Indem er das tut, wird seine Vollmacht als Sohn Gottes deutlich. In ihm ist der Schöpfer und der Herr über alles gegenwärtig.

Jesus beweist seine Vollmacht als Sohn Gottes, indem er predigt, heilt und betet.

**Schwerpunkt des Textes**

„Der Tag in Kapernaum" nach Markus enthält sehr viel (zu viel, deshalb festlegen, worauf man den Schwerpunkt legen will), was man den Kindern weitergeben könnte. Da aber Kinder nur beschränkt aufnahmefähig sind und heute oft mit Informationen überfüttert werden, müssen hier bewußt Schwerpunkte gesetzt werden. Es geht nicht darum, alle Punkte des Textes gründlich zu erarbeiten, sondern die Person Jesu durch die drei Aspekte (predigen, heilen, beten) herauszustellen. Besonders verantwortlich sollte von der Besessenheit gesprochen werden, von der im Text die Rede ist. Für Kinder ist es äußerst schwierig, die Bedeutung dieses Phänomens zu erfassen. Manche werden es möglicherweise für eine von vielen Krankheiten halten. Ältere, kritische Kinder regieren vielleicht mit ungläubigem Kopfschütteln, wenn sie etwas von einem „unsauberen Geist" hören. Wichtig ist, daß den Kindern nicht Angst eingejagt wird, sondern das Nahesein Jesu, seine Stärke und Allmacht herausgearbeitet wird. Im Gegensatz zur Besessenheit können sich Kinder unter Krankheiten mehr vorstellen. Für den Mitarbeiter ist hier ein Ansatzpunkt gegeben, mit den Kindern ins Gespräch zu kommen bzw. ihnen aufgrund der eigenen Erfahrungen manches zu verdeutlichen. Dabei ist auf den besonderen Signalcharakter der neutestamentlichen Heilungsgeschichten zu achten, die nicht einfach in unsere Situation übertragen werden können. Evtl. kann man in diesem Zusammenhang auf die positiven Möglichkeiten der Medizin hinweisen, die Christen dankbar in Anspruch nehmen können.

**Anmerkung zur Situation des Kindes**

☺ Die Kinder sollen wissen, daß Jesus alles kann und ihm nichts zu schwer ist, weil er der Sohn Gottes ist.
♡ Die Kinder sollen erfahren, daß sie für andere wichtig sind.
✋ Die Kinder sollen ermutigt werden, mit ihren persönlichen Anliegen zu Jesus zu kommen.

**Lernziele**

Jesus lehrte in ihren Synagogen und predigte das Evangelium von dem Reich und heilte alle Krankheiten (Matth. 4,23).

**Lernvers**

## Hinweise zur Durchführung

*Praktische Hinweise zur Vorbereitung*
Die Kinderstunde steht unter dem Motto „Krankenhaus/Arzt". Da die Kinder immer wieder auch „Doktor" spielen, sollte dies in dieser Kinderstunde den äußeren Rahmen bilden. Der Raum ist „krankenhausmäßig" bzw. „arztmäßig" dekoriert. Es sollten genügend Binden, Spritzen, Kinderscheren, Kinderstetoskop usw. vorhanden sein. Vielleicht ist auch etwas Gips beschaffen für ein paar Gipsschienen.

**Kinderstunde im Grundschulalter**

**Einstieg**
Begrüßung in der Arztpraxis – Der Leiter kommt als Arzt verkleidet.

*Kurzes Gespräch:* Was bringen die Kinder mit Arzt, Krankenhaus usw. in Verbindung? Welche eigenen Erfahrungen haben sie schon gemacht? *Gesprächsziel:* Krank zu sein ist unangenehm. Wenn man krank ist, wünscht man sich nichts sehnlicher, als wieder gesund zu sein. Aber es ist gut zu wissen, daß der Arzt und die Krankenschwestern helfen wollen, daß man wieder gesund wird.

Während alle noch im Wartezimmer sitzen und auf ihre „Behandlung" warten, wird die biblische Geschichte erzählt:

*Schwerpunkte (mit Hilfe der Foliencollagen erzählen):*
• *V. 21-22: Jesus lehrt*
Er erzählt den Menschen von seinem Vater im Himmel, der alle Menschen lieb hat und der möchte, daß alle Menschen einmal bei ihm im Himmel sind (Jesus ist Menschenfischer, im Anklang an Lektion 5).

*Zwischenfrage:* Was hat Jesus den Menschen gepredigt? (Einen Satz oder eine Geschichte.) Was ist daran so besonders und aufregend? „Jesus ist Gottes Sprachrohr." Durch ihn spricht Gott zu uns, denn in ihm ist er selbst da.

• *V.23-28: Jesus heilt den Besessenen*
Frage bei Älteren: Was ist ein „unsauberer Geist"?
Für die Gesprächsführung gilt es, folgende Ziele vor Augen zu haben:
a) Dämonische Mächte sind eine Realität, die für jeden eine Gefahr bilden.
b) Der Geist des Bösen und der Sünde steckt in jedem Menschen, aber Jesus befreit davon.

Bei den Jüngeren Geschichte einfach weitererzählen. Bei der Erklärung bzw. Umschreibung des Besessenen („Einer, der immer das tat, was der Teufel wollte") aufzeigen, daß jeder Mensch von Gott getrennt ist durch die Sünde.

Ein Tag in Kapernaum | **6**

- *V.29-34: Jesus heilt die Schwiegermutter des Petrus und viele Kranke, die sie zu ihm bringen.*

Jesus kehrt mit seinen Jüngern bei Petrus ein. Er hört von der Krankheit der Schwiegermutter und heilt sie. Aus Dankbarkeit dient sie ihnen. Am Abend, als der Sabbat vorüber ist, kommen die Leute und bringen ihre Kranken zu Jesus. Dort sind sie an der richtigen Adresse. Zu Jesus darf man immer kommen. Und auch mit allem.
*Gespräch:* Warum macht Jesus heute nicht alle gesund? – Der Sinn von Krankenhäusern und der Medizin.

- *V.35-39: Jesus sucht die Stille, um zu beten.*

Am nächsten Morgen zieht Jesus sich zurück in die Stille. Was tut Jesus nur zu so früher Stunde? Er sucht sich einen einsamen Platz und betet zu seinem Vater. Im Gebet bekommt er Wegweisung, Übersicht, Kraft und Vollmacht. Morgens schon mit Gott reden, das wollen wir von Jesus lernen. Da kommt Petrus mit einigen Leuten zu Jesus gelaufen: „Komm zurück, Herr Jesus!" rufen sie, „denn alle Menschen in der Stadt suchen dich!" Jesus aber schaut vom Gebet auf und sagt: „Laßt uns in die nächsten Städte gehen, daß ich dort auch das Reich Gottes bekannt mache, denn dazu bin ich gekommen." So kann er mit seinen Jünger dann wieder weiterziehen, um anderen Menschen „zu helfen".

*Spiel: Krankenhaus/Arztpraxis*
Die Kinder werden eingeteilt in Patienten, Arzthelfer/innen, Ärzte und Ärztinnen, so daß jeder eine Rolle hat. Die Patienten werden dann ordnungsgemäß verarztet.

*Dias über Krankenhausarbeit in einem Missionsland*
Z.B. einige Dias aus der Diaserie „Klinikarbeit in Shantikutir"
(20 Minuten, zu entleihen bei: Öffentlichkeitsarbeit der Liebenzeller Mission, Postfach 1240, 75375 Bad Liebenzell)

 **Vertiefung**
- *Der Arzt verschreibt ein Rezept* (Lernvers, siehe Arbeitshilfen). Doch es ist schwierig, dies zu entschlüsseln.
- Die Kinder legen für sich *Karteikarten* an, ähnlich wie sie in einer Arztpraxis geführt werden. Darauf schreiben die Kinder ihre ganz persönlichen Anliegen oder auch Gebetsanliegen der Fürbitte.

# 6

Ein Tag in Kapernaum

 **Kinderstunde im Vorschulalter**

 **Hinführung**

Auf dem Tisch stehen einige Häuser aus Bausteinen, mitten im Kreis auch eine Kirche.
*Gespräch:* Welche Gebäude habe ich hier aufgebaut?
Wer war schon einmal in einer Kirche? Bei welcher Gelegenheit?

 **Hauptteil**

Während der Erzählung wird die „Bausteinstadt" weiter aufgebaut und die Geschichte mit Bausteinfiguren gespielt.
Jesus war auch manchmal in einer Kirche. Eines Tages kommt er nach Kapernaum, so heißt die Stadt, die ich hier aufgebaut habe.

Mit seinen Freunden geht er in die Kirche und erzählt den Menschen dort von seinem Vater im Himmel...

Nach dem Gottesdienst besucht Jesus mit seinen Freunden Simon und Andreas, die in Kapernaum wohnten und Brüder waren, deren Familie.

Als sie an ihrem Haus ankamen, machte ihnen niemand die Tür auf. Es war alles ganz still... Was war wohl geschehen?

Simon sagte: „Wundert euch nicht, daß euch niemand begrüßt und sich um euch kümmert. Meine Schwiegermutter, die das sonst macht, ist sehr krank. Sie hat hohes Fieber."...

Früher gab es wenig Ärzte und kaum Medizin. Deshalb sind viele Kranke gestorben. Jesus geht zu der Schwiegermutter des Simon. Er schaut sie an. Nimmt ihre Hand, setzt sie im Bett auf und spricht mit ihr...

Und dann wurde die Schwiegermutter gesund ganz ohne Medizin....

Die Geschichte bis zum Schluß erzählen: Dank der Schwiegermutter, Heilung der anderen Kranken, Gebet Jesu...

 **Vertiefung**

Jesus lebt heute nicht mehr sichtbar unter uns. Trotzdem kann er uns helfen. Er schenkt uns gute Ärzte, Medizin, liebe Menschen, die sich um uns kümmern... Und er ist selbst unsichtbar bei uns...

 **Liedvorschläge**

Durch Israel zog kreuz und quer
Ich staune, ich staune,
Vergiß nicht zu danken

Ein Tag in Kapernaum

# 6

 **Rätsel / Spiel**

**Arbeitshilfen**

*Beruferaten*
Zwei Gruppen spielen gegeneinander. Wer zuerst das Lösungswort (Kapernaum) nennt, hat gewonnen.
 Der Spielleiter nennt jeweils einem Vertreter der beiden Gruppen einen Beruf und die Zahl eines Buchstabens in diesem Wort. Die Kinder spielen ihrer Gruppe den Beruf jeweils pantomimisch vor. Wird er erraten, schreiben sie sich den Buchstaben auf, dessen Zahl genannt wurde. Wurden alle Berufe geraten und die entsprechenden Buchstaben vermerkt, dann ergibt sich aus der richtigen Reihenfolge der Buchstaben das Lösungswort: Kapernaum.
*Berufe:* **K**ellner – 1. Buchstabe, **A**rzt – 1. Buchstabe, **P**astor – 1. Buchstabe, L**e**hrer – 2. Buchstabe, Di**r**igent – 3. Buchstabe, Gärt**n**er – 5. Buchstabe, **A**nstreicher – 1. Buchstabe, **U**hrmacher – 1. Buchstabe, **M**aurer – 1. Buchstabe.

*Lernvers*
Wer kann den Text entschlüsseln?
JESUSLEHRTEINIHRENSYNAGOGENUNDPREDIGTEDAS
EVANGELIUMVONDEMREICHUNDHEILTEALLEKRANKHEITEN

*Lückentext*
Wenn ihr die fehlenden Wörter in die richtige Reihenfolge bringt, erfahrt ihr, was Jesus getan hat:
\_ \_ \_ \_ \_ kam mit seinen Jüngern in das Haus des Simon und Andreas mit Jakobus \_ \_ \_ Johannes. Und die Schwiegermutter Simons lag darnieder und hatte das Fieber; und alsbald sagten sie ihm von ihr. Da trat er zu ihr, faßte sie bei der Hand und richtete sie auf; und das Fieber verließ sie, \_ \_ \_ sie diente ihnen. Am Abend aber, als die Sonne untergegangen war, brachten sie zu ihm alle Kranken und Besessenen. Und die ganze Stadt war versammelt vor der Tür. Und er \_ \_ \_ \_ vielen \_ \_ \_ \_ \_ \_ \_, die mit mancherlei Gebrechen beladen waren, und trieb viele böse Geister aus und ließ die Geister nicht reden; denn sie kannten ihn. Und am Morgen, noch vor Tage, stand er auf und ging hinaus. Und er ging an eine einsame Stätte und \_ \_ \_ \_ \_ \_ dort. Simon aber und die bei ihm waren, eilten ihm nach. Und als sie ihn fanden, sprachen sie zu ihm: Jedermann sucht dich. Und er sprach zu ihnen: Laßt uns anderswohin gehen, in die nächsten Städte, daß ich auch dort predige; denn dazu bin ich gekommen. Und er kam und \_ \_ \_ \_ \_ \_ \_ \_ in ihren Synagogen in ganz Galiläa und trieb die bösen Geister aus.

# 6
Ein Tag in Kapernaum

**Bilderrätsel – Ein Tag in Kapernaum**
Auf einer Reise kann man viel erleben. Was das Wichtigste war auf der Reise Jesu nach Kapernaum, erfährst du, wenn du das folgende Rätsel löst:

Ein Tag in Kapernaum

**Foliencollagen**

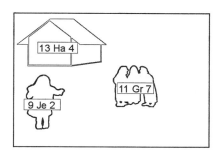

1

2

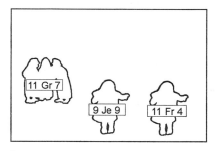

3

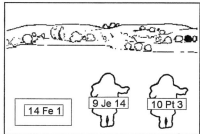

4 (Grundfolie Wiese)

*Lösung:* Und Jesus lehrte in ihren Synagogen, predigte das Evangelium und heilte alle Krankheiten

6

67

# 7 | Bartimäus – Jesus hilft und heilt

**Text**  Markus 10,46-52

**Erklärungen zum Text**

V.46: Jesus ist auf dem Weg nach Jerusalem. Er weiß, daß dieser Weg zum Leiden und Sterben führt. Die Heilung des Blinden ist die letzte Heilungsgeschichte im Markusevangelium. Bartimäus wird durch diese Begegnung mit Jesus zu einem seiner Nachfolger. Sehr wahrscheinlich war er eine bekannte Person, da er mit Namen genannt wird: Bar-Timäus = Sohn des Timäus.

Jericho, ca. 8 km westlich des Jordans, gilt als die älteste Stadt der Erde. Durch Quellen ist dort eine fruchtbare Oase mit Palmenhainen entstanden. Herodes der Große baute sich hier eine prächtige Winterresidenz. Zur Zeit Jesu waren in Jericho römische Soldaten stationiert. Von Jericho an beginnt der Aufstieg nach dem ca. 24 km entfernten Jerusalem. Beim Herausgehen aus der Stadt kommt Jesus, begleitet von seinen Jüngern und einer großen Menschenmenge an dem Blinden vorüber, der bettelnd am Wege sitzt.

V.47: Als Bartimäus hört, daß der Vorüberziehende Jesus ist, fängt er an, ihn zu rufen: Jesus, du Sohn Davids... Dieses Rufen setzt voraus, daß er Jesus kennt und ihm vertraut. Es bringt gleichzeitig die messianische Hoffnung der Juden zum Ausdruck. „Sohn Davids" bedeutet Messias, der König aus dem Stamme Davids, der verheißene König Israels. Jesus läßt sich hier zum ersten Mal öffentlich so nennen. Obwohl Bartimäus blind ist, erkennt er Jesus als den Messias. Die Schriftgelehrten und Mächtigen des Volkes dagegen sind für diese Wahrheit blind.

V.48: Bartimäus läßt sich durch die „Sehenden" nicht zurückhalten. Er rechnet fest mit der heilenden Kraft Jesu. Gerade der Versuch der Menge, ihn daran zu hindern, läßt ihn nur noch lauter schreien. Vertrauensvoll wie ein Kind ruft er anhaltend weiter und wendet sich hilfesuchend an Jesus.

V.49: Jesus hört das zuversichtliche, dringliche Bitten des Blinden und läßt ihn zu sich rufen.

V.50: Bartimäus läßt alles, was ihn hindert, zurück und läuft zu Jesus.

V.51: Obwohl Jesus weiß, was Bartimäus will, fragt er ihn nach seinem Anliegen. Damit gibt er ihm Gelegenheit, sein Vertrauen und seinen Glauben öffentlich auszusprechen. Bartimäus redet Jesus mit „Rabbuni" an. Diese Anrede sagt dasselbe aus wie Rabbi, geistlicher Lehrer, bringt aber mehr Ehrfurcht und Innigkeit gegenüber dem Angeredeten zum Ausdruck.

V.52: Jesus weist auf den Glauben des Bartimäus hin. Dieser Glaube hat ihm innerlich und äußerlich Heil gebracht. Er kann sehen, und er folgt Jesus nach.

# 7

Bartimäus – Jesus hilft und heilt

Jesus hört unsere Bitten. Unser Vertrauen in ihn wird nicht enttäuscht. Der Glaube an Jesus macht sehend.

**Schwerpunkte des Textes**

Kinder in diesem Alter haben nur sehr wenig oder gar keine Erfahrung mit blinden Menschen. Wir müssen ihnen helfen, sich in die Situation eines Blinden hineinzuversetzen – sein Empfinden, seine Erfahrung, kein Licht, keine Farben, nichts, alles dunkel, auf die Hilfe anderer Menschen angewiesen (siehe hinführende Spiele und Einstiegsgeschichte.) Wundergeschichten werden in diesem Alter meist kritiklos und ohne Vorbehalte angenommen. Wichtig: Klar den Unterschied zwischen Märchen und erlebten biblischen Geschichten herausstellen.

Auch in diesem Alter kennen Kinder schon Situationen, wo sie sich allein und hilflos vorkommen, wo sie dringend Hilfe von anderen brauchen. Bei ihren Eltern haben sie hoffentlich erlebt, daß diese sie hören, wenn sie Hilfe brauchen, daß diese für sie da sind. Die Bartimäus-Geschichte bietet sich nun an, deutlich zu machen, daß Gott noch viel besser hört, wenn wir Hilfe brauchen. Er wartet darauf, daß wir uns ihm zuwenden, daß wir ihn im Gebet um Hilfe bitten, ihm aber dann auch den Dank geben, wenn er geholfen hat.

**Anmerkung zur Situation des Kindes**

☺ Die Kinder sollen wissen, daß sie mit jeder Not zu Jesus kommen können. Äußerlichkeiten spielen bei Jesus keine Rolle.
♡ Nicht sehen können ist schlimm, aber es gibt noch andere Möglichkeiten der Wahrnehmung. Die Blindheit, Jesus nicht zu erkennen, ist am tragischsten.
✋ Die Kinder sollen es lernen, ihre Sorgen und Not Jesus zu sagen, auch, wenn sie ihn nicht sehen.

**Lernziele**

Rufe mich an in der Not, so will ich dich erretten, und du sollst mich preisen (Psalm 50,15).

**Lernvers**

# 7
Bartimäus – Jesus hilft und heilt

## Hinweise zur Durchführung

 **Kinderstunde im Grundschulalter**

 **Hinführung**
Spiele, die dem Kind die Situation eines Blinden verständlicher machen:
- Jakobinchen, wo bist du (siehe Arbeitshilfen),
- zwei Blinde werden geführt (angewiesen auf Hilfe anderer),
- Gegenstände mit verbundenen Augen ertasten,
- blind etwas malen.

 **Hauptteil**
*1. Stadt, in der der Blinde wohnt.*
Jericho, ohne Namen zu nennen, beschreiben: flache Häuser, Palmen, sehr warm,...(während des Erzählens zeichnen auf OHP oder Tafel; alternativ mit Foliencollagen erzählen).

Aber der Sohn vom alten Timäus konnte das alles nicht mehr sehen. Ich weiß nicht, durch was er blind wurde. Es muß schon viele Jahre her sein. Aber seither hat sich sein Leben ganz verändert. Er kann nicht mehr arbeiten, Freunde haben ihn verlassen... Vielleicht saß er oft einsam und traurig irgendwo im Schatten eines Baumes. Vielleicht habt ihr auch schon Situationen erlebt, wo ihr traurig und allein ward. (Aufzählen lassen!)

*2. Tagesablauf*
Meistens saß er draußen vor der Stadt und bettelte. Er war ganz auf die Hilfe von mitleidigen und mitfühlenden Menschen angewiesen, die Verständnis für seine Lage hatten. Er fühlte die Sonnenstrahlen, den Wind..., roch den Duft der Blumen..., hörte die Vögel singen, Getrampel von einem Esel oder wenn jemand vorbeilief: ein Kind schnell und flink; ältere Menschen langsam schlürfend, vielleicht mit einem Stock...(aus der Erlebniswelt der Kinder).

*3. Jesus kommt.*
Eines Tages hört er ganz viele Menschen kommen. Was ist los? Wo kommen die alle her, wo gehen sie hin ...? He, halt, sagt doch, was passiert ist...? – Kinder Vermutungen äußern lassen.

Jesus von Nazareth kommt. Jesus von Nazareth – von dem hat er doch schon gehört:... Ja, richtig. Immer wieder hatte er etwas aufgeschnappt von diesem Jesus. So, daß im Laufe der Zeit dieser Sohn des Timäus zu der Einsicht kam: Dieser Jesus ist der versprochene Messias. Wenn der doch nur einmal hier vorbeikommen würde. Der würde mich nicht links liegen lassen. Der würde mich hören. Und jetzt wird dieser Wunsch Wirklichkeit. Da schreit er los: Jesus, du Sohn Davids, hilf mir, hilf mir! – Sohn Davids erklären (siehe Erklärungen zum Text).

Bartimäus – Jesus hilft und heilt

*4. Jetzt oder nie!*
Die Leute ärgern sich. Sei doch still, wir können Jesus nicht mehr verstehen, eh – du störst uns, halt den Mund... Was hättet ihr jetzt gemacht? Passiert das auch heute, daß Menschen andere hindern, zu Jesus zu kommen? Bartimäus denkt: Jetzt oder nie. Das ist meine einzige Chance. Und er schreit und ruft noch viel lauter...? Was?
*5. Begegnung mit Jesus.*
Jesus hört, bleibt stehen, läßt ihn zu sich rufen... Bartimäus springt auf, läßt alles liegen (Mantel, Obergewand, Überwurf, vielleicht Geld, einen Stock...). Er läuft in die Richtung, aus der er die Stimme Jesu gehört hat. Dann steht er vor ihm – vielleicht hat er Herzklopfen – ist aufgeregt... Er hört seine Stimme – die Stimme Jesu, und seine Frage gilt ihm – ihm ganz allein: „Was willst du, daß ich dir tun soll"? Stellt euch vor, Jesus würde euch so fragen: Du, was willst du von mir? Was würdet ihr ihm antworten? Um Bartimäus und Jesus ist es ganz still geworden. Erwartungsvoll und gespannt sehen sie von einem zum anderen. Und dann kommt leise die Bitte: Ich möchte wieder sehen können. In dieser Bitte liegt so viel Vertrauen, so viel Hoffnung, als wollte er sagen: Wenn mir jemand helfen kann, dann bist du es. Bitte hilf mir. Habt ihr auch schon einmal so gebetet: Du, Herr Jesus, bitte hilf mir? Jesus sieht den Blinden an. Er sieht seinen Glauben, spürt sein Vertrauen und sagt zu ihm: Weil du so fest an mich glaubst, sollst du sehen können.

Stellt euch vor: Bartimäus merkt, es wird wieder hell, er sieht Farben, Menschen... Er sieht Jesus und weiß, er ist mein Retter, mein Helfer, mein Heiland.
Er hat nur noch einen Wunsch – immer bei Jesus zu bleiben. Jesus ist ihm das Wichtigste geworden. Er hat erfahren: Jesus hört mich. Zu ihm kann ich mit allem kommen. Er läßt mich nicht im Stich.

**Vertiefung**
• *Mögliche Fragen zur Vertiefung:*
Können wir heute auch so fest an Jesus glauben?
Kann Jesus heute auch noch helfen? Wie und wann?
Gott hilft oft anders, als wir denken. Wo könnte Jesus uns gebrauchen, daß wir Menschen in Not helfen?
• *Lernvers:* Rufe mich an in der Not...
• *Gebetsgemeinschaft* (wenn möglich, je nach Zusammensetzung der Gruppe): Gebetsanliegen konkret aufzählen lassen. Wer will, darf nun für eines dieser Anliegen beten (laut oder leise – beide Möglichkeiten offen lassen).

# 7

Bartimäus – Jesus hilft und heilt

 **Kinderstunde im Vorschulalter**

 **Hinführung**

Spiele, die dem Kind die Situation eines Blinden verständlicher machen:
- Was hörst und spürst du, wenn deine Augen geschlossen sind?
- Unter einem Tuch Gegenstände ertasten lassen.
- Ein Kind, das seine Augen geschlossen hat, durch den Raum führen (Vertrauen und angewiesen sein auf andere).

 **Hauptteil**

*Erzählung:*

Als Jesus mit seinen Jüngern Jericho verließ, folgten ihm viele Menschen. Sie wollten noch mehr von ihm hören...

Am Straßenrand sitzt der blinde Bartimäus. Er kann nicht arbeiten und hat auch niemanden, der für ihn sorgt, deshalb sitzt er da und hält seine Hand auf, wenn er Schritte hört von Leuten, die an ihm vorbeikommen. Er bettelt um Geld oder um etwas zum Essen. Sonst wird er kaum beachtet....

Doch an diesem Tag ist mehr los. Als er hört, daß Jesus vorbeikommt, fängt er an, ganz laut zu rufen: „Jesus, hilf mir!"

Die anderen Menschen, die Jesus zuhören, werden ganz ärgerlich und befehlen ihm, still zu sein. „Stör nicht, Jesus hat keine Zeit für dich!" sagen sie... Bartimäus aber ruft noch viel lauter: „Jesus, hilf mir!" Da bleibt Jesus stehen und sagt: „Ruft ihn her!" Sie laufen gleich zu dem Blinden und sagen ihm: „Hab nur Mut! Steh auf! Jesus ruft dich!"

Bartimäus läuft sofort zu Jesus. Der fragt ihn: „Was soll ich für dich tun?"

Der Blinde antwortet: „Herr, ich möchte wieder sehen können."

„Geh nur!" antwortet Jesus. „Dein Vertrauen zu mir hat dir geholfen!" Da konnte Bartimäus wieder sehen. Aus Freude darüber folgte er Jesus auf seinem Weg.

 **Vertiefung**

Wofür können wir Jesus um Hilfe bitten?

 **Liedvorschläge**

Freude über Freude
Mein Gott ist so groß
Gottes Liebe ist so wunderbar
Gott will hören
Ich sehe die Wolken
Hände hab ich, um zu geben

Bartimäus – Jesus hilft und heilt

 **Spiele**

**Arbeitshilfen**

*Suchspiel*

Das leere Feld wird für die Kinder auf eine Tafel oder einen Tageslichtschreiber gezeichnet. Die Kinder müssen nun durch Nennen der einzelnen Felder (z.B. A1 oder E5) herausfinden, wo sich die Buchstaben befinden. Die gefundenen Buchstaben werden eingetragen, leere Felder durch ein X gekennzeichnet. Wer kann zuerst sagen, wie der Bibelvers heißt?

|    | A | B | C | D | E | F | G | H |
|----|---|---|---|---|---|---|---|---|
| 1  |   |   |   |   |   |   |   |   |
| 2  |   |   |   |   |   |   |   |   |
| 3  |   |   |   |   |   |   |   |   |
| 4  |   |   |   |   |   |   |   |   |
| 5  |   |   |   |   |   |   |   |   |
| 6  |   |   |   |   |   |   |   |   |
| 7  |   |   |   |   |   |   |   |   |
| 8  |   |   |   |   |   |   |   |   |
| 9  |   |   |   |   |   |   |   |   |
| 10 |   |   |   |   |   |   |   |   |

*Lösung (für den Mitarbeiter)*

|    | A | B | C | D | E | F | G | H |
|----|---|---|---|---|---|---|---|---|
| 1  | D | I | C | H |   |   | A | N |
| 2  |   | I | N |   | I | C | H |   |
| 3  |   |   |   | R | U | F | E |   |
| 4  | D | E | R |   | U | N | D |   |
| 5  | E | R | R | E | T | T | E | N |
| 6  |   | D | U |   | W | I | L | L |
| 7  | N | O | T |   |   | S | O |   |
| 8  |   | S | O | L | L | S | T |   |
| 9  | M | I | C | H |   |   |   |   |
| 10 | P | R | E | I | S | E | N |   |

# 7

Bartimäus – Jesus hilft und heilt

 **Spiele**

*Jakobinchen, wo bist du?*
Kinder bilden einen Kreis, gehen dann – je nach Platz – einige Schritte zurück. Zwei Kindern werden die Augen verbunden. Sie stehen in der Mitte des Kreises (Jakob und Jakobinchen). Auf die Frage „Jakobinchen, wo bist du?" muß Jakob sein Jakobinchen fangen. Gelingt es ihm, muß nun Jakobinchen Jakob fangen. Dieses Spiel macht den Kindern sehr viel Freude und kann mehrmals mit anderen Kindern wiederholt werden.

*Anschleichen*
Ein Kind setzt sich mit angewinkelten Knien in die Kreismitte. Unter die Knie wird nun ein Schlüsselbund gelegt. Ein Kind aus dem Kreis darf sich nun vorsichtig anschleichen und muß versuchen das Schlüsselbund zu nehmen, ohne daß das sitzende Kind etwas merkt.

Falls dieses Spiel mit verbundenen Augen zu schwer ist, kann es auch so gespielt werden, daß nur das Kind in der Kreismitte die Augen verbunden hat.

*Riechtest*
Auf dem Tisch stehen mehrere Joghurtbecher, in denen sich verschiedene Gewürze, Tees o.ä. befinden. ( Z.B. Pfefferminze, Kamille, Senf, usw.) Nacheinander sollen die Kinder mit verbundenen Augen möglichst viele dieser Dinge nur durch Riechen erkennen. Dabei hält ihnen der Mitarbeiter jeweils den Becher unter die Nase. Damit die Gegenspieler keine Vorteile haben, warten sie vor der Tür, bis sie an der Reihe sind. – Wer hat zum Schluß am meisten richtig erkannt?

 **Foliencollagen**

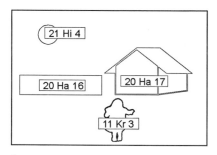

1

# Bartimäus – Jesus hilft und heilt | 7

**Visuelle Hilfen**
*Lernvers in Blindenschrift*

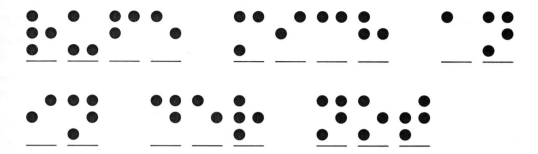

*Alphabet*

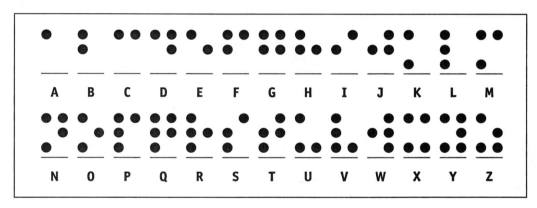

*Lösung:* Rufe mich an in der Not

2

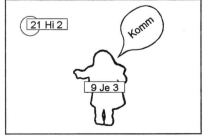

3

# 8 | Die Hochzeit zu Kana

**Text**

Johannes 2,1-12

**Erklärungen zum Text**

*Zeit:* Am Anfang seiner Wirkungszeit wurde Jesus mit seinen Jüngern zu einer Hochzeit eingeladen. Die Verwandlung von Wasser in Wein in Kana war Jesu erstes Wunder (besser: Zeichen = Hinweis auf seine Macht und Herrlichkeit).

*Ort:* Kana lag in Galiläa wahrscheinlich einige Kilometer nördlich von Jesu Heimatstadt Nazareth entfernt und war die Vaterstadt Nathanaels (Joh. 21,2).

*Personen:*
• *Jesu Mutter:* Mangelnde Vorräte bei einer Hochzeit galten im Orient als entsetzliche Schmach. Maria schilderte ihrem Sohn diese notvolle Lage. Ihr Vertrauen in die Möglichkeiten „ihres" Gottessohnes verließ sie nicht (Vers 5).
• *Jesus:* Er antwortete seiner Mutter scheinbar sehr schroff. Der Ausdruck „Was geht's dich an, was ich tue" war damals eine übliche Redewendung, die Jesus gebrauchte, um ein Mißverständnis aufzudecken: Maria sorgte sich um den fehlenden Wein. Jesus aber war gekommen, um als das Lamm die Sünde der Welt zu tragen. Diesbezüglich war er nicht mehr als Sohn verfügbar. Die Zeit, den Menschen seinen Auftrag zu verdeutlichen, war noch nicht da. Trotzdem setzte Jesus durch sein Wunder ein Zeichen dafür.
• *Jünger:* Andreas, Johannes, Philippus und Nathanael waren auf jeden Fall schon von Jesus berufen (Joh. 1). Ihnen half die Offenbarung der schöpferischen Macht Jesu zum Glauben.
• *Speisemeister:* Er fungierte als eine Art Zeremonienmeister, der für den ordnungsgemäßen Verlauf des Festes und auch für die Verpflegung zuständig war. Er wurde fachlicher Zeuge des Wunders, ohne sich dessen bewußt zu sein.
• *Hochzeitsgäste:* Von ihnen wird nichts weiter berichtet. Es ist aber anzunehmen, daß allerhand Leute beisammen waren.

*Sacherklärungen:*
• *Wasserkrüge:* Sie standen bereit zur Erfüllung der jüdischen Reinigungsvorschriften. Einmal diente das Wasser zum Füßewaschen beim Betreten des Hauses. Zum anderen wurde das Wasser zum Händewaschen benötigt. Strenggläubige Juden wuschen die Hände nicht nur zu Beginn der Mahlzeit, sondern auch zwischen den einzelnen Gängen. Das Fassungsvermögen eines Kruges beträgt 80 bis 120 Liter (ein Maß = 39 Liter).

Die Hochzeit zu Kana | **8**

- *Hochzeit:* Die Feierlichkeit dauerte meist eine Woche. Am ersten Tage brachte der Ehemann seine Braut ins Hochzeitshaus. Der Zug wurde begleitet mit lautem Singen, Rufen und Tanzen. Die Braut trug eine kleine Krone und ihren ganzen Schmuck. Auch der Bräutigam war festlich geschmückt (Girlande).

Jesus, der Sohn Gottes und Herr über alles, zeigt seine Macht und Herrlichkeit.

**Schwerpunkt des Textes**

Kleine Kinder neigen zu magischem Denken. Möglicherweise sehen sie Jesus als den großen Zauberer. Um das abzuwehren, muß Jesus als der ganz andere, einmalige, als Sohn des lebendigen Gottes vorgestellt werden. Schlichtes Berichten über das Wunder ohne Effekthascherei und unsere eigene Ehrfurcht vor Jesus werden das bewirken. Die Festfreude, hervorgerufen durch Jesu Größe und Herrlichkeit, soll in dieser Stunde dominieren.

**Anmerkungen zur Situation des Kindes**

☺ Jesus, der Sohn Gottes, zeigt uns seine Macht und Herrlichkeit.
♡ Jesus nimmt unsere Nöte ernst. Mit ihm ist es schön.
✋ Das Kind soll Jesus vertrauen.

**Lernziele**

Jesus offenbarte seine Herrlichkeit. Und seine Jünger glaubten an ihn (Joh. 2,11).

**Lernvers**

## Hinweise zur Durchführung

 **Einstieg**
Zwei Kinder werden gebeten, sich festlich anzuziehen (Mädchen: weißes Kleid, Gardine als Schleier – Junge: Anzug und Fliege). Im Raum ist eine festliche Tafel aufgebaut (Blumen, Trinkbecher, Gebäck). Den „Festsaal" darf mit Ausnahme des „Brautpaares" vorher keiner betreten. Die Kinder stellen sich vor der Tür in Zweierreihe auf und kommen mit einer Polonäse herein. Jeder nimmt an der Tafel Platz, das „Brautpaar" in der Mitte. Zur Begrüßung wird eine Tischrede gehalten, anschließend gemeinsam gesungen (z.B. „Singt und tanzt"). Danach geht der Leiter mit einem Krug mit Saft zum Bräutigam, flüstert ihm etwas ins Ohr und erklärt dann allen Anwesenden, daß der Saft sehr knapp ist und jeder deshalb nur eine kleine Kostprobe bekommt. Diese wird gemeinsam getrunken. Nun beginnt der Leiter mit der Geschichte:
Wie peinlich, wenn man Gäste hat und die Getränke reichen nicht aus – besonders dann, wenn es warm ist und alle großen Durst haben…

**Kinderstunde im Grundschulalter**

# 8

Die Hochzeit zu Kana

**Hauptteil**
(Zur Erzählung werden die fünf Bilder gezeigt – siehe Arbeitshilfen)

*1. Jesus wird zu einer Hochzeit eingeladen*
Hochzeit – ein großes Fest mit vielen Gästen. Alle freuen sich mit dem Brautpaar. Maria wird eingeladen und auch Jesus mit seinen Freunden. Die Menschen essen, erzählen miteinander, singen ....

*2. Eine peinliche Situation (Bild 1)*
Viel Schönes und Gutes gibt es zu essen und zu trinken. Die Gäste sollen sich wohl fühlen. Da bemerkt Maria, wie der Speisemeister aufgeregt zum Bräutigam läuft. Der Wein ist alle. Vielleicht sind noch mehr Gäste gekommen, als erwartet. Für den Bräutigam eine notvolle Situation.

*3. Maria greift ein (Bild 2)*
Maria erzählt ihrem Sohn von der Not. Sie vertraut dem Sohn Gottes. Scheinbar wird sie von Jesus barsch abgewiesen. Aber Jesus will sagen: Wann ich als Gottes Sohn handele, bestimmst du nicht. Trotzdem rechnet Maria damit, daß Jesus jetzt etwas unternimmt.

*4. Jesus weist an (Bild 3)*
Was Jesus anordnet, ist komisch... Die Diener tun es trotzdem. Sie füllen die Wasserkrüge und lassen den Speisemeister kosten.

*5. Der Speisemeister bestätigt das Wunder (Bild 4)*
Er ist verantwortlich für die Speisen und Getränke. Er ahnt nicht, daß er jetzt etwas probiert, was soeben noch Wasser war. Er kennt sich aus und bestätigt das Getränk als ausgezeichneten Wein. Sofort informiert er den verwunderten Bräutigam. Die Gäste haben von dem Wunder nichts bemerkt. Sie können nun den sehr guten Wein genießen, nicht, um sich zu betrinken, sondern um ein gutes Fest zu erleben.

*6. Die Jünger glauben an Jesus (Bild 5)*
Die Freunde Jesu haben mitbekommen: Ein Wunder ist passiert. Ihr Herr hat das getan. Er ist ein mächtiger guter Meister. Er ist Gottes Sohn. Bei ihm wollen sie bleiben. An ihn glauben sie.

Nach der Geschichte bekommen alle Kinder ihren Becher voll eingeschenkt (Limonade z.B.). Nun ist für alle genug da. Es wird auch noch mal Gebäck nachgereicht. Alle dürfen zulangen.

Die Hochzeit zu Kana

## Vertiefung

Als Jesus mit seinen Freunden Hochzeit feierte, haben sie nicht nur ein schönes Fest erlebt, sondern etwas an Jesus entdeckt. Im Raum hängen aufgeblasene Luftballons (mindestens für jedes Kind einer). In zehn Luftballons ist je ein Zettel mit einem Wort des Lernverses. Immer ein Kind darf einen Luftballon zerplatzen lassen. Danach wird der Lernvers zusammengesetzt. Den Kindern erklären: So wie jetzt die Luftballons zerplatzten, kann ein schönes Fest wieder vorbei sein (alles aufgegessen, der Alltag kehrt wieder ein ...). Aber bei den Jüngern bleibt etwas übrig, was die Erinnerung an das schöne Hochzeitsfest überdauert: Sie entdecken, wie herrlich Jesus ist, und glauben an ihn.

Wir zeigen noch einmal die fünf Bilder der Geschichte. Zu jedem Bild wird eine Sprechblase gemalt und ein Satz hineingeschrieben (Vorschläge der Kinder verwenden), der in der dargestellten Szene gesprochen wird. Dann könnten die Bilder noch ausgemalt und im Raum aufgehängt werden.

**Kinderstunde im Vorschulalter**

## Einstieg

wie bei den Grundschulkindern.

## Hauptteil

Die Geschichte mit Spielfiguren nachspielen.
Mit einfacheren Worten erzählen.

## Vertiefung

Die Szenenbilder werden von den Kindern ausgemalt.

Mein Gott ist so groß
Wer die richtigen Augen hat
Immer wieder könnt ich singen
Lobe den Herrn, meine Seele
Hallelu, hallelu

**Liedvorschläge**

# 8

Die Hochzeit zu Kana

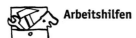 **Arbeitshilfen**     **Bilder zur Geschichte**

1

Die Hochzeit zu Kana

# 8

Die Hochzeit zu Kana

4

5

Die Hochzeit zu Kana

 **Spiele**

*Getränke testen*
Sechs verschiedene Krüge enthalten sechs verschiedene Getränke (z.B. Tee, Cola, Apfelsaft, Limonade, Malzkaffee, Milch). Einige Kinder warten vor der Tür und werden einzeln hereingeholt, um von jedem Getränk einen Schluck zu kosten. Wer kann alle Getränke erraten?

*Schätzspiel*
Ein großer mit Wasser gefüllter Krug steht auf dem Tisch. Alle Kinder dürfen schätzen, wieviel Becher Wasser dieser Krug faßt. Das Wasser wird in Becher abgefüllt. Die Kinder zählen laut mit. Wer hat am besten geschätzt?

*Erinnerung/Hausaufgabe*
Jedes Kind bekommt einen Plastikbecher mit nach Hause, auf dem der Lernvers steht (mit Folienstiften vor der Stunde von Mitarbeitern draufgeschrieben). – Wer wird in der nächsten Kinderstunde den Lernvers auswendig aufsagen können?

 **Foliencollagen**

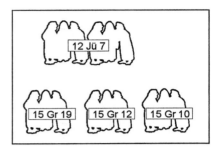
1

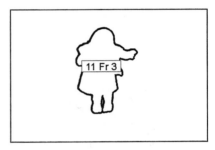
2

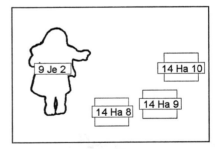
3

# 8

Die Hochzeit zu Kana

 **Memory**
(vergrößern und zweimal kopieren)

Die Hochzeit zu Kana

# 9 | Das Scherflein der Witwe

**Text**

*Lukas 21,1-4*

**Erklärungen zum Text**

*Textzusammenhang:* Mit dieser Geschichte enden die Berichte über Jesu Auftreten im Tempel von Jerusalem (Luk. 19,45 – 21,4). Nach den harten Auseinandersetzungen mit seinen Gegnern (Hoher Rat, Schriftgelehrte, Pharisäer und Sadduzäer) strahlt diese Begebenheit Ruhe aus. Nachfolgend berichtet Lukas über Jesu Abschiedsreden und seine Leidensgeschichte.

*Sacherklärungen und Personen*
• *Gotteskasten:* Im Vorhof der Frauen, der für alle Juden zugänglich war, standen 13 trompetenförmige Geldgefäße. Die Gaben waren für die Erhaltung des Tempels und für die Gottesdienste bestimmt. Wahrscheinlich stand an jedem Gotteskasten ein Priester, dem die Summe der Gabe laut genannt wurde.
• *Scherflein:* Das ist die kleinste Kupfermünze zur Zeit des Neuen Testamentes (griechisch: Lepton). Nach heutigem Wert entsprechen zwei Scherflein einem Pfennig. Das war die kleinste erlaubte Gabe im Tempel.
• *Witwe:* Sie war damals unversorgt und auf die Hilfe anderer angewiesen. Das Gesetz verpflichtete alle Juden, sich dieser Menschen anzunehmen. Die Urgemeinde sorgte in besonderer Weise für die Witwen (Apg. 6,1-7).
• *Opfer:* Das Opfer wird hier auf finanzielle Gaben beschränkt. Aber Jesus weitet den Opferbegriff grundsätzlich aus. Für ihn umfaßt Opfer den gesamten Lebensvollzug aus Gottvertrauen ohne Rückversicherung.

**Schwerpunkt des Textes**

Jesus bewertet ein Opfer im Verhältnis zu dem, was der Geber noch übrig behält.

**Anmerkungen zur Situation des Kindes**

Kleine Kinder haben nur wenig Vorstellung vom Wert des Geldes. Sie haben kaum Erfahrungen im selbständigen Umgang mit Geld. In den meisten Fällen bekommen die Kinder das Dankopfergeld für die Kinderstunden von ihren Eltern. Auch die Zusammenhänge von Verdienst und Ausgaben für den Lebensunterhalt sind ihnen ungenügend bekannt und nicht einsichtig. Mit dieser Geschichte soll ihnen erklärt werden, daß Jesus auch etwas zum Geld sagt und wie er den Wert einen Opfers bemißt. Die Kinder sollen ermutigt werden, eigenes Geld für das Reich Gottes zur Verfügung zu stellen, auch aus Mitteln ihres Taschengeldes oder der Sparbüchse. Wo ein Dankopfer in der Kinderstunde nicht üblich ist, wäre diese Geschichte ein Anlaß, es einzuführen. Eine Sammlung für ein konkretes Ziel (den ei-

# Das Scherflein der Witwe 9

genen Verband dabei nicht vergessen) in den nächsten Stunden könnte hilfreich sein. Wichtig: Es geht uns nicht in erster Linie darum, viel Geld zu sammeln, sondern um das Üben des Opferns.

☺ Jesus bewertet unsere Opfer nicht nach ihrem finanziellen Wert.
♡ Opfern gehört zu unserem Leben als Christen. Es ist schön, beschenkt zu werden und anderen etwas zu schenken.
✋ Das Kind soll das Opfern praktisch üben im Rahmen seiner Möglichkeiten.

**Lernziele**

Einen fröhlichen Geber hat Gott lieb (2. Kor. 9,7).

**Lernvers**

## Hinweise zur Durchführung

 **Hinführung**
Der Mitarbeiter zeigt den Kindern einen Pfennig, einen Zehnmarkschein und einen Hundertmarkschein. Gespräch darüber. Unterschiedlichen Wert verdeutlichen: Was kann man jeweils dafür kaufen? Welche Geldstücke/-scheine hättest du am liebsten in deiner Sparbüchse? Weshalb? Welche Geldstücke/-scheine würdest du verschenken können?

**Kinderstunde im Vor- und Grundschulalter**

Wir hören jetzt die Geschichte, wie Jesus erklärt, daß für ihn manchmal ein Pfennig mehr wert ist als 100 Mark.

 **Hauptteil**
Erzählung mit Foliencollagen:

*1. Wie Jesus die Leute beim Opfern beobachtet.*
Jesu ist mit seinen Jüngern im Haus Gottes, im Tempel. Er hat mit verschiedenen Menschen gesprochen und ihnen erklärt, was Gott will. Nun sitzt er in der Nähe der Dankopferkästen. Jesus beobachtet, wie die Besucher des Gottesdienstes dort ihr Geld spenden. Sie sagen dem Priester, der danebensteht, laut, wieviel sie geben für den Tempel und für den Gottesdienst und damit eigentlich für Gott. Jesus hört die Summen und wie das Geld in den Opferkasten fällt.

*2. Wie die Reichen viel geben.*
Jesus sieht viele reiche Leute an den Opferkästen. Man erkennt sie an ihrer kostbaren Kleidung. Diese Leute spenden viel Geld. Man merkt es ihnen an, daß sie auf ihre Gaben stolz sind. Die Geldstücke, die sie opfern, sind aus Gold oder Silber. Der Priester freut sich. Mit diesen großzügigen Spenden können Arbeiten am Tempel oder

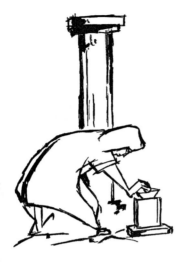

Ausgaben für den Gottesdienst bezahlt werden. Wie gut, daß es solche Leute gibt, die viel geben können.

*3. Wie eine arme Frau scheinbar wenig gibt.*
Viele Münzen werden in den Gotteskasten eingeworfen, wertvolle Gold- und Silbermünzen, aber manchmal auch nicht so wertvolle Kupfermünzen. Eine Frau steht jetzt am Opferkasten. Jesus hat sie längst bemerkt. Sie ist nicht vornehm gekleidet wie die reichen Leute. An ihrer einfachen Kleidung erkennt man: Sie ist eine arme Witwe. Ihr Mann ist gestorben, und nun muß sie allein für sich und vielleicht auch für ihre Familie sorgen. Manchmal geben ihr liebe Menschen etwas Geld und helfen ihr damit. Aber viel hat sie nicht. Das wenige Geld, was sie hat, reicht manchmal kaum für das, was sie jeden Tag zum Leben braucht. Ihr Leben ist nicht leicht. Manchen Tag weiß sie nicht, wo sie das nötige Essen und Trinken herbekommt. Aber Gott hat ihr immer wieder geholfen. Das weiß diese arme Frau. Und dafür dankt sie Gott immer wieder. Sie ist trotz ihrer Not eine dankbare Frau, auch wenn sie nicht viel hat. Nun ist diese Frau zum Gottesdienst gegangen. Sie geht nicht einfach an den Opferkästen vorbei. Sie bleibt stehen und opfert. Die Summe, die sie dem Priester nennt, ist sehr gering. Zwei kleine Kupfermünzen gibt sie. Die sind etwa soviel wert wie bei uns ein Pfennig. Das ist die geringste Summe, die man im Tempel überhaupt opfern darf. Aber mehr hat diese Frau nicht. Auch zu Hause hat sie kein Geld mehr.

Diese arme Witwe gibt alles Geld, was sie besitzt. Es ist überhaupt nicht viel. Aber sie gibt es gern. Sie gibt es für Gott, den sie liebt und auf den sie sich verläßt.

Jesus hat das alles sehr genau beobachtet. Jetzt sagt er laut zu seinen Jüngern und allen andern, die dort stehen: „Habt ihr das gehört? Diese Frau hat mehr gegeben als all die anderen, die auch geopfert haben!" „Wieso das denn?" denken da seine Zuhörer und du wahrscheinlich auch. Wie kann das sein, daß diese winzige Summe mehr wert ist als jede große Gabe? Jesus erklärt ihnen das: „Die anderen haben etwas gegeben von ihrem Überfluß. Das heißt, sie haben noch Geld bei sich und noch viel mehr zu Hause. Damit können sie noch sehr viel für sich kaufen. Diese Frau aber hat alles gegeben, was sie besitzt. Sie hat jetzt nichts mehr, womit sie sich etwas kaufen kann.

Wenn ein Reicher von seinem Reichtum etwas abgibt, auch wenn es noch so viel ist, ist er trotzdem nicht so arm dran wie diese Frau. Sie muß sich nun ganz auf Gott verlassen, weil sie nichts mehr hat, von dem sie leben kann. Das ist ein echtes Opfer."
So ist das also: Jesus sieht beim Geben immer auch, was wir noch für uns haben. Er bewertet unser Gottvertrauen und schätzt deswegen auch ganz kleine Gaben sehr hoch ein. Wir wollen uns das merken mit

Das Scherflein der Witwe | **9**

unserem Lernvers: Einen fröhlichen Geber hat Gott lieb! (einprägen)
*Methodischer Hinweis:* 10 symbolische Geldstücke aus Pappe herstellen, auf deren Rückseite je eine Silbe des Lernverses steht (siehe Arbeitshilfen).

**Vertiefung für Größere**
• Wir stellen das Verhalten und die Bewertung eines Reichen und der Witwe gegenüber (siehe *Tafelbild*).
Variante: Das Bild kann auch als Flanelltafel- oder Overhead-Puzzle (12 Teile) vorbereitet und beim vertiefenden Durchdenken der Geschichte zusammengesetzt werden.

• *Opfer praktizieren:* Wir haben einen besonderen Dankopferbehälter vorbereitet, der in den nächsten Kinderstunden aufgestellt wird, und überlegen mit den Kindern gemeinsam, wofür wir sammeln (der Mitarbeiter macht Vorschläge). Vielleicht bietet sich zeitlich dafür auch das in manchen Verbänden gesammelte Kinderdankopfer an. Wir überlegen gemeinsam mit den Kindern, wie sie auf gute Weise zu Opfergeld kommen können (Teil vom Taschengeld, Verzicht auf Eis, Einnahmen für bestimmte Arbeiten, vielleicht auch ein gemeinsamer Einsatz des Kinderkreises, Basar von Bastelarbeiten ...). Dabei behutsam vorgehen, damit die Kinder nicht mit der Botschaft nach Hause gehen: Wir müssen in der nächsten Kinderstunde viel Geld mitbringen.

• *Vorschlag für größere Kinder:* Überlegt bis zur nächsten Kinderstunde, welche Dienstleistungen ihr anbieten könntet. Sprecht mit euren Eltern darüber. Zur nächsten Kinderstunde werden dann Zettel mit Angeboten beschrieben und mit Namen und Anschrift des Anbieters versehen. Diese Zettel werden im Gemeinschaftsraum ausgehangen. Besucher der Gemeinschaftsstunde können davon Gebrauch machen. Sie werden genau über diese Aktion informiert und gebeten, den Kindern als Dank für ihre Hilfe in einem verschlossenen Umschlag einen Geldbetrag mitzugeben, den die Kinder ungeöffnet in ihren gemeinsamen Dankopferbehälter geben. Das Ergebnis wird später in einer Gemeinschaftsstunde bekanntgegeben.

• *Mögliche Angebote der Kinder auf den Zetteln:* Übernehme eine Woche lang Einkäufe. Helfe eine Stunde bei der Gartenarbeit. Wir kommen zu fünft zu Ihnen und singen einige Lieder. Ich putze Ihr Fahrrad. Ich putze 5 Paar Schuhe. Helfe bei der Obsternte. Ich besuche Sie mit dem Kassettenrecorder und lasse Sie einige Lieder hören. Ich komme zu Ihnen zum Kaffeetrinken (für mich bitte Kakao) und bringe Ihnen selbstgebackenen Kuchen mit...

# 9

Das Scherflein der Witwe

 **Lieder**
Vergiß nicht zu danken dem ewigen Herrn
Eins macht mich froh
Die Familie Gottes ist so groß
Gott braucht nicht nur große Leute
Gottes Liebe ist so wunderbar

 **Arbeitshilfen**    **Ausmalbild**
*(Kopiervorlage)*

**Einen fröhlichen Geber hat Gott lieb (2. Kor. 9,7).**

Das Scherflein der Witwe

# 9

**Kopiervorlage: Lernvers**
Kopieren, einmal falten, Vorder- und Rückseite zusammenkleben und die fertigen Pfennige ausschneiden.

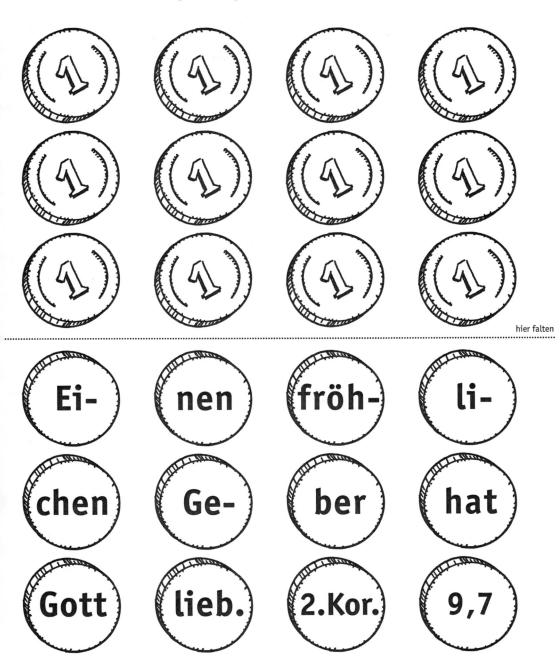

hier falten

# 9

Das Scherflein der Witwe

 Tafelbild

| ein Reicher | eine arme Witwe |
|---|---|
| **SPENDE** ||
| $100, $20, $50 | 1, 1 |
| **VERMÖGEN** ||
| $20, $50, $1000, $500, $200, $100 | 1, 1 |
| **DAVON GEGEBEN** ||
| 170 | 2 |
| **UNSERE BEURTEILUNG** ||
| viel, kann gut gebraucht werden | nicht viel, hilft wenig |
| **JESU BEURTEILUNG** ||
| hat einen Teil vom Überfluß gegeben | hat alles gegeben (das letzte Geld) |
| **GRUND DES GEBENS** ||
| Ansehen bei Menschen | Vertrauen, Dank und Liebe zu Gott |

Das Scherflein der Witwe

# 9

 **Spiel**

*Dankopfer zählen*
Auf einem Tablett liegen verschiedene Geldstücke; darüber eine Decke. Einige Kinder müssen nacheinander das Geld zählen, indem sie es unter der Decke mit den Fingern ertasten. Wer stellt die Summe am genauesten fest?

 **Foliencollagen**

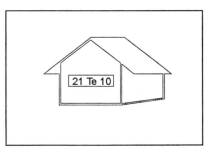

1

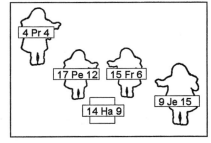

2

3

# 10 | Pharisäer und Zöllner

**Text**

*Lukas 18, 9-14*

**Erklärungen zum Text**

*Beachte:* Das Gleichnis läßt den Zuhörer nicht unbeteiligt, sondern zieht ihn in das Geschehen mit hinein. Es stellt ihn letztlich vor die Entscheidung für oder gegen das Reich Gottes und Jesus und will zur Überprüfung und nötigenfalls zur Änderung bisherigen Verhaltens führen.

V.9: Die jüdische (pharisäische) Theologie macht die Werkgerechtigkeit zur Voraussetzung für die Zugehörigkeit zu Gott. D.h. wer die Forderungen der Gesetze Gottes erfüllt, ist angenommen von Gott. Dieser Irrtum verdrängt durch Vertrauen in die eigenen Leistungen das Vertrauen auf Gott. Es kommt zur Anmaßung, fromm zu sein. Man hält sich für eine bessere Sorte Mensch. Und aus dieser Selbstgerechtigkeit folgt der lieblose, verachtende Umgang mit anderen, die nicht dieses Leistungsniveau erreichen.

V.10: Pharisäer und Zöllner – größere Gegensätze gibt es nach jüdischem Denken nicht. Danach ist der eine der Gerechte und Gottgefällige, der andere der Sünder und Gottferne. Zöllner wurden nicht in die pharisäische Gemeinschaft aufgenommen (Mark. 2,13-17). Die beiden im Gleichnis kommen entweder zu den offiziellen täglichen Gebetsstunden oder zum privaten Gebet in den Tempel.

V.11-12: Der Pharisäer betet entsprechend jüdischer Sitte stehend mit zum Himmel erhobenem Blick und nach oben ausgebreiteten Händen. Er betete bei sich selbst. Sein Selbstvertrauen wird zum Selbstgespräch. Der fromm formulierte Dank ist gepaart mit Verachtung anderer („Spitzbuben, Betrüger, Ehebrecher"). Seine Leistung ist beeindruckend: Vorschrift war, einmal im Jahr fasten am großen Versöhnungstag. Er aber enthält sich zweimal pro Woche von Speise und Trank. Letzteres ist in dem heißen Lande besonders beschwerlich. Obwohl Korn, Öl und Most bereits vom Hersteller verzehntet werden, will er sichergehen und gibt von allem den Zehnten. Gegen diese religiöse Leistung ist an sich nichts einzuwenden, wohl aber gegen den pharisäischen Irrtum, der da meint auf diese Weise mit Gott im reinen zu sein.

V.13: Der Zöllner (einer, der die Leute übers Ohr haut) steht von fern. Vielleicht ist er nur bis in den äußeren Vorhof der Heiden gegangen. Seine äußere Haltung ist keine geläufige Gebetshaltung, sondern bringt seine Selbsteinschätzung zum Ausdruck: Ich bin verloren. Er kann nur im Sinne von Psalm 51,3+19 an Gottes Gnade appellieren. Er verweist nicht auf das, was er hat, sondern bittet um das, was er nicht hat.

# 10

Pharisäer und Zöllner

V.14: Jesus stellt klar: Der Zöllner ist gerechtfertigt vor Gott, denn entscheidend für unsere Rettung ist nicht, was wir für Gott sind, sondern wie Gott zu uns ist, nämlich gnädig. Allein darauf können wir bauen und nicht auf unser Verdienstkonto oder auf unsere Reuehaltung.

Gott nimmt den an, der sich ihm mit seiner Schuld anvertraut und sich darauf verläßt, daß Gott gnädig ist.

**Schwerpunkt des Textes**

Das moralische Denken und Erleben des Kindes entspricht mehr der Haltung des Pharisäers: gut sein wird belohnt, böse sein wird bestraft – deshalb muß ich möglichst gut sein. Für die Entwicklungsstufe des Kindes ist das normal. Wehe aber, wenn es zur geistlichen Grundhaltung eines Menschenlebens wird. Dann haben wir kaputte Existenzen, die nie zu einem erleichternden Leben aus der Gnade finden. Deshalb stellen wir mit diesem Gleichnis behutsam, aber doch sehr bewußt geistliche Weichen. Die Kinder sollen entdecken lernen: Es kommt darauf an, wie Gott zu uns ist!

**Anmerkungen zur Situation des Kindes**

☺ Es ist entscheidend, wie Gott zu uns ist. Zu ihm kann ich kommen, wie ich bin.
♡ Es tut gut, wenn man angenommen wird, obwohl man nicht alles richtig macht.
✋ Das Kind soll üben, Gott um Vergebung zu bitten.

**Lernziele**

Gott, sei mir Sünder gnädig (Luk. 18,13)!

**Lernvers**

## Hinweise zur Durchführung

**Hinführung**
*1. Möglichkeit*
Kurzes Beispiel über Angeben oder Petzen (siehe Beispielgeschichten). Anschließend Gespräch darüber mit dem Ergebnis: Angeber und Petzer sind unbeliebt. Sie wollen sich nur einschmeicheln.

**Kinderstunde im Vorschul- und Grundschulalter**

*2. Möglichkeit*
Einen Blumenstrauß mitbringen. Weshalb verschenkt man einen Blumenstrauß? – Dank, Ehre, Anerkennung ... Wem von uns könnte man jetzt wohl einen Blumenstrauß schenken? – Vorschläge und Begründung von den Kindern. Würdest du auch jemand einen Blumenstrauß schenken, der Böses getan hat (Beispiele)? – Weshalb nicht?

95

# 10
Pharisäer und Zöllner

Fazit: So ist das oft im Leben: Gutes wird belohnt und anerkannt und Schlechtes wird angeprangert. Heute hören wir eine Geschichte, in der der schlechte Mensch besser wegkommt als der gute!

 **Hauptteil**

Da stehen sie. Und das schon stundenlang. Sie reden und reden und reden. Es ist irgendwo in Galiläa. Jesus ist eigentlich auf dem Weg nach Jerusalem. Aber plötzlich waren sie da, diese Pharisäer. Es sind Männer, die sich unheimlich gut auskennen in der Bibel. Vieles können sie auswendig aufsagen, und sie strengen sich sehr an, danach zu leben. Sie wollen nicht so sein wie die schlechten Menschen, die Diebe, Betrüger und Ehebrecher. Nein – sie wollen Gott gefallen. Sie meinen, wenn sie alles richtig machen, dann müßte Gott mit ihnen zufrieden sein. Sie sind stolz auf ihre Bemühungen, Gott zu gehorchen. Zweimal in der Woche fasten sie. Den ganzen Tag nichts essen und trinken – das soll mal erst einer nachmachen. Vor allem bei der Hitze im Sommer ist das gar nicht einfach. Und sie geben den zehnten Teil von allem, was sie einnehmen, für Gott. Sie wollen nicht nur alles für sich selber behalten. Gott soll selbstverständlich bekommen, was ihm zusteht. Und das nicht zu knapp! Wenn nur die anderen Menschen es auch so genau nehmen würden mit Gottes Ordnungen!

Jesus hört, wie sie so reden und stolz sind auf ihre Leistungen. Er schüttelt den Kopf. „Nein", sagt er, „so ist das nicht, daß ihr vor Gott stolz sein könntet auf eurer Tun. Hört zu. Ich will euch eine Geschichte erzählen, die euch deutlich macht, worauf es ankommt bei Gott. Zwei Männer gehen in den Tempel, weil sie dort beten wollen. Der eine ist ein Pharisäer wie ihr. Der andere ist ein Zöllner, ein Betrüger, der die anderen übers Ohr haut. Zwei ganz unterschiedliche Menschen stehen vor Gott und beten. Der Pharisäer streckt seine Hände empor und blickt nach oben, so wie ein richtiger Jude betet. Es ist, als spräche er zu sich selber: Gott, ich danke dir, daß ich nicht so habgierig, unehrlich und verdorben bin wie die anderen Leute, zum Beispiel dieser Zolleinnehmer da! Ich faste zweimal in der Woche und gebe dir den Zehnten von allen meinen Einkünften.

Ganz anders betet der Zöllner. Er traut sich gar nicht recht vor. Er steht irgendwo in einer Ecke. Er wagt es nicht, seine Augen zum Himmel zu richten. Er steht da mit gesenktem Kopf. Er weiß, daß er nicht gut ist. Plötzlich schlägt er mit der Faust an seine Brust. Voller Verzweiflung kommt es aus ihm heraus: Gott sei mir Sünder gnädig! Er hat nichts, worauf er vor Gott stolz sein könnte. Aber er weiß: Gott will mir helfen. Gott will mir vergeben."

Pharisäer und Zöllner | **10**

Jesus schaut seine Zuhörer der Reihe nach an. Dann sagt er: „Wißt ihr, wer von den beiden Männern vor Gott richtig ist? – Nicht der Pharisäer, der stolz auf seine guten Taten ist, sondern der Zöllner, der weiß: Gott hat mich lieb und will das Böse, das ich getan habe, vergeben. Merkt euch das und richtet euch danach!"

Visuelle Darstellung während der Erzählung (Flanellbild/Tafelbild/Foliencollagen) siehe unter Arbeitshilfen.

### Vertiefung

- *Bild von einem Sportler*, der Platz 1 bis 3 einnimmt, zeigen und Kopie den Kindern als Ausmalbild mitgeben (siehe Arbeitshilfen).
- *Gespräch (Grundschulkinder):* Was ist falsch am Verhalten des Pharisäers? – Nicht, daß er vorbildlich lebt, sondern, daß er stolz ist auf seine Leistung und die anderen verachtet, die nicht so gut sind wie er. Er hat noch nicht entdeckt: Vor Gott kommt es nicht auf das an, was ich leiste, sondern auf das, was Gott für mich tut (vergeben, gnädig sein). Wißt ihr noch, was der Zöllner betete?
- *Lernvers einprägen.* Das ist ein Gedanke aus Psalm 51.
Mit größeren Kindern diesen Psalm in ihrer Bibel aufschlagen und in Auswahl lesen.
- *Mit kleineren Kindern lernen wir das Gebet:*
Hab ich Unrecht heut getan, sieh es, lieber Gott, nicht an! Deine Gnad und Christi Blut machen allen Schaden gut.
- *Wir singen:* Danke, ich kann Vergebung finden, danke, ich darf um Gnade flehn. Danke, gedenkest du der Sünden, könnt ich nicht bestehn. (nach Melodie Dankelied)

All meine Sünden nahm Jesus mir ab  
Es ist niemand zu groß  
Stopp! Und laß dir sagen  
Vergiß nicht zu danken  
Ich bin erlöst durch Christi Blut  
Gott ist die Liebe

**Liedvorschläge**

# 10

Pharisäer und Zöllner

 **Arbeitshilfen**    **Vertiefungsbild**

**„Wohin mit meiner Schuld"**

Anregung: Die sieben Bilder einzeln an die Kinder verteilen und erläutern lassen: Was machen wir mit dem, was wir falsch gemacht haben (Schuld)? Bild 1-6 machen wir oft. Aber nur Bild 7 ist die Erleichterung. (Abb. siehe nächste Seite)

Pharisäer und Zöllner

# 10

# 10

Pharisäer und Zöllner

**Kopiervorlage zur Geschichte**
(auch als Vorlage für Flanellbild)

Pharisäer und Zöllner

 **Foliencollagen**

10

1

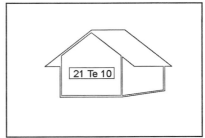
2

3

4

# 11 | Zacharias und Elisabeth

 **Text**  *Lukas 1,5-25. 57-66*

 **Erklärungen zum Text**

Der Arzt Lukas ist der einzige Evangelist, der ausführlich über die Geburt Jesu in Verbindung mit der Geburt Johannes des Täufers berichtet. Dabei will er den Zusammenhang mit dem Heilsplan Gottes für die Welt herausstellen. Beide Geburten zeigen gewisse Parallelen: Sowohl Zacharias und Elisabeth als auch Josef und Maria wird die Geburt ihres Sohnes durch denselben Boten Gottes vorausgesagt. Bei beiden wird auch der Name bestimmt, und bei beiden ist die Geburt physisch gesehen ein Wunder.

V.5: Herodes, König von Judäa (Herodes der Große), regierte 37-4 v. Chr. Er galt als gewalttätiger Herrscher.

• *Zacharias:* „Der Herr gedenkt", Priester von der Ordnung Abia. Er entstammte dem Geschlecht Aarons, also dem eigentlichen Priestergeschlecht. Die Einteilung der Priesterordnung geht auf König David zurück. Es gibt 24 Ordnungen, und die Abteilung Abias stand an achter Stelle der Rangordnung. Jede Priesterabteilung hatte zweimal im Jahr für je eine Woche den Dienst im Tempel zu versehen. Der Einsatz der einzelnen Priester wurde dabei durchs Los entschieden. Die Entscheidung nahm man als von Gott an. Den begehrten Dienst im Heiligtum durfte also nur der Priester verrichten, den das Los dafür erwählte.

• *Elisabeth:* „Gott hat geschworen", Frau des Zacharias. Auch sie war aaronitischer Abstammung, was für ein Priester-Ehepaar als besonderer Vorzug galt.

V.6: „Fromm vor Gott und in allen Geboten und Satzungen des Herrn untadelig" zeigt, daß sich dieses Ehepaar bemühte, einen guten und vorbildlichen Lebenswandel vor Gott und Menschen zu führen. Diese vorbildlichen Eltern hat sich Gott erwählt zu Trägern der Verheißung und als Erzieher des Wegbereiters seines Sohnes. Das Kommen des Messias in diese Welt bedeutet die lange vorausgesagte Heils- und Gnadenzeit für die ganze Menschheit. Nach Gottes Plan sollte Johannes der Täufer diese Zeit einleiten, und dabei benutzte Gott diese Eltern.

• *Wohnungen der Priester:* Die vornehmen Priester, die den Adel bildeten, wohnten in Jerusalem; die anderen an verschiedenen Orten in der Nähe. Zacharias und Elisabeth wohnten im Gebirge Judäas.

V.7: Elisabeth war unfruchtbar. Kinderlosigkeit wurde im Judentum als großes Unglück, als Schande, sogar als göttliche Strafe angesehen (1. Mose 30,23; Jes. 4,1; Luk. 1,25). Zacharias und Elisabeth hatten sehr um einen Sohn gebetet, mit zunehmendem Alter jedoch die Hoffnung aufgegeben, daß Gott ihre Bitte noch erfüllen würde.

Zacharias und Elisabeth

V.8: „Tempel des Herrn", Ausdruck, der die Heiligkeit des Platzes hervorhebt.

• *Räucheropfer:* Nur der dienende Priester durfte das Heiligtum betreten. Das Räucheropfer dort darzubringen, bedeutete für einen Priester ein einmaliges Erlebnis. Dieses Opfer gehörte zu den unblutigen Opfern. Dabei wurde ein Gemisch aus verschiedenen Harzen und Spezereien auf dem Räucheraltar verbrannt. Zugleich mit dem wohltuenden Geruch des Räucherwerks sollten die Gebete zu Gott emporsteigen. Es bestand die Vorschrift, daß zur Stunde des Räucherwerks sowohl die Gemeinde im Vorhof als auch das Volk im Lande seine Anliegen vor Gott bringen sollten. Dabei mußten die Beter außerhalb Jerusalems ihr Angesicht in Richtung dieser heiligen Stadt wenden. Wenn der Priester das Räucheropfer dargebracht hatte, fiel er beim Räucheraltar nieder, um als Vermittler die Gebete des Volkes und seine eigenen vor Gott zu bringen. Danach trat er an den Zaun, der Heiligtum und Vorhof voneinander trennte, und segnete dort das wartende Volk.

V.11: „Ein Engel des Herrn" stand zur rechten Hand am Räucheraltar. „Rechte Hand" bedeutet, daß Auftrag und Vollmacht Gottes hinter dem Engel standen.

• *Engel:* bedeutet Bote, Gesandter. Das Aussehen der Engel ist unwichtig, wichtig ist ihre Botschaft. Sie sollen Menschen den Willen Gottes durch Worte und Handlungen mitteilen. Im NT werden Engel in entscheidenden Situationen der Heilsgeschichte eingesetzt. Die Engel sind Geisteswesen ohne Geburt und Tod. Ein Engel, der im besonderen Auftrag Gottes handelt, wird vielfach „Engel des Herrn" genannt.

| | |
|---|---|
| Gott erfüllt seine Verheißungen auch gegen unsere Vorstellungen. | **Schwerpunkt des Textes**  |

*Grundschulalter:*
Im Leben der Kinder spielen Wünsche eine große Rolle. Sie selbst haben Wünsche, die möglichst schnell erfüllt werden sollen. Längere Zeit auf etwas zu warten, fällt ihnen sehr schwer. Aber auch an die Kinder werden Wünsche und Erwartungen herangetragen. Nicht immer sind sie zur Erfüllung dieser Wünsche in der Lage.

**Anmerkungen zur Situation des Kindes**

*Vorschulalter:*
Die Kinder im Vorschulalter können kaum über den Lebenskreis der Familie hinausschauen. Eine Familie kennen sie. Da können wir die Kinder abholen. Der Wunsch von Zacharias und Elisabeth nach einem Kind ist ihnen verständlich. Jedes Kind hat Wünsche. Auch solche, die unerreichbar scheinen. Diese Erfahrung kann für uns der Einstieg in die Erzählung sein.

# 11

Zacharias und Elisabeth

 **Lernziele**
☺ Vertrauen auf Gott lohnt sich, auch, wenn es manchmal lange dauert, bis wir es erfahren.
♡ Es ist schön, wenn ein Wunsch erfüllt wird.
✋ Die Kinder sollen überlegen, wem sie einen Wunsch erfüllen können.

 **Lernvers**
Des Herrn Wort ist wahrhaftig, und was er zusagt, das hält er gewiß (Psalm 33,4).

## Hinweise zur Durchführung
Zum besseren Verständnis für die Kinder suchen wir Abbildungen vom Tempel und von Priestern.

 **Kinderstunde im Vor- und Grundschulalter**

**Hinführung**
1. Beispielgeschichte: „Markus und die Motorradausstellung"
Die Familie sitzt am Frühstückstisch. „Was machen wir am Wochenende?" fragt Markus. „Am Sonnabend muß ich den ganzen Tag arbeiten", sagt der Vater, „aber am Sonntag fahre ich mit dir zur Motorradausstellung." Markus strahlt, denn er interessiert sich sehr für Motorräder. „Mensch Vati, du bist super." Markus zählt die Tage bis zum Sonntag. Als er am Sonntagmorgen in die Küche kommt, ist nur die Mutter da. „Wo ist denn Vati?" fragt Markus. „Vati ist noch einmal ins Büro gefahren, er will aber bald wiederkommen." Den ganzen Vormittag über wartet Markus, aber sein Vater kommt nicht. Erst am Nachmittag kommt der Vater zurück. „Vati, wir wollten doch zur Motorradausstellung", sagt Markus. „Das habe ich ja ganz vergessen", antwortet bestürzt der Vater. Markus geht traurig in sein Zimmer.
Der Vater hat den Wunsch von Markus einfach vergessen. Ob Gott unsere Wünsche auch vergißt?

*2. Jeder hat Wünsche.*
Wir lassen einige Kinder ihren größten Wunsch erzählen. Oft sind aber die größten Geschenke die, mit denen man gar nicht gerechnet hat. Heute hören wir von einem Mann und einer Frau. Ihnen hat Gott einen Wunsch erfüllt, als sie schon gar nicht mehr darauf gewartet haben.

 **Hauptteil**
*(mit Foliencollagen erzählen)*
Ein Mann kommt von den Bergen Judäas herab, um nach Jerusalem zu wandern. Er trägt eine besondere Kleidung. Die Leute, die ihm begegnen, verneigen sich ehrfürchtig vor ihm. Es ist der alte

# 11

Zacharias und Elisabeth

Priester Zacharias (evtl. Bild eines Priesters zeigen, Landkarte für Wegbeschreibung, Tempel, Gesetz, Priester erklären).

Er hat diese Woche Tempeldienst, aber nicht allein. Unterwegs treffen sie noch andere. Sie gehören alle zur gleichen Priesterabteilung. Sie teilen sich die Dienste auf. Es gibt vieles zu tun: Gottesdienste vorbereiten; wenn geopfert wird, ist auch viel sauberzumachen, Leuchter sind zu putzen, Ordnungsdienst zu verrichten und anderes. Für das Räucheropfer wird nur einer gebraucht, der durch das Los dazu bestimmt wird. Das kann einem Priester höchstens einmal im Leben zufallen. Er darf dann in das Heiligtum gehen, um auf dem Räucheraltar die Harze und Gewürze im Feuer zu verbrennen und stellvertretend für die ganze Gemeinde, die draußen betet und wartet, die Gebete vor Gott zu bringen. Zacharias betet aber nicht nur im Tempel zu Gott. Mit seiner Frau Elisabeth führen sie auch zu Hause ein vorbildliches Leben im Glauben. Treu halten sie sich an Gottes Wort und die Gebote. Das können andere Leute bestätigen. Aber eines verwunderte sie alle: dieses fromme Ehepaar hat keine Kinder. Immer wieder haben Zacharias und Elisabeth um ein Kind gebeten. Jetzt sind sie alt geworden und haben die Hoffnung auf die Erhörung ihrer Gebete aufgegeben.

Das Los für das Räuchern fällt auf Zacharias. Er will gern diesen Dienst tun. Wie schon sein ganzes Leben lang will er auch heute, an diesem besonderen Ort, Gott bitten: Schicke uns bald den Messias, den Erlöser, den du, Herr, uns so lange schon versprochen hast. Es ist soweit, der Gottesdienst kann beginnen. Draußen ist die Gemeinde zusammengekommen. Ehrfürchtig betritt Zacharias den Raum des Heiligtums. Gott hatte versprochen, hier ganz nahe zu sein. Da steht der Räucheraltar. Zacharias schüttet die verschiedenen Spezereien und Harze auf die glühenden Kohlen. Beim Verbrennen strömt ein angenehmer Geruch aus, der mit dem Rauch aufsteigt. Jetzt wissen die Menschen, die draußen im Vorhof warten: Nun kann ich zu Gott beten, und so, wie der wohlriechende Rauch aufsteigt, sollen auch meine Gebete zu Gott dringen und ihm angenehm sein. Dann fällt der Priester neben dem Altar nieder und bittet Gott um die Erhörung aller Gebete des Volkes und seiner eigenen. Zacharias ist allein im Raum, doch er weiß: Gott ist mir hier ganz nah.

Plötzlich, als Zacharias aufschaut, sieht er, daß er doch nicht allein ist. Rechts neben dem Räucheraltar steht eine besondere Gestalt. Zacharias erschrickt. Er merkt sofort: Das ist kein gewöhnlicher Mensch, das ist ein Bote Gottes, ein Engel (evtl. Erklärung über Engel einfügen). Der Engel bringt Zacharias eine Freudenbotschaft. Gott hat seine Gebete erhört. Er wird einen Sohn bekommen. Aber Zacharias kann das nicht glauben. Er möchte gern ein Zeichen von dem Boten Gottes. Der Engel sagt: „Du wirst stumm sein." Als Zacharias seinen Mund öffnet, um noch einmal zu beten, kommt kein Wort heraus. Er merkt: Ich bin wirklich stumm. Was mir der Bote Gottes sagte, waren wirklich die Worte des lebendigen Gottes. Ob er sich geschämt und wegen seiner Sünde um Vergebung gebeten hat? Doch jetzt glaubt Zacharias, daß alles genauso eintreffen wird, wie ihm der Engel im Auftrag Gottes verkündigte.

Draußen im Vorhof warten die Leute. Ungeduldig schauen sie immer wieder zur Tür, die ins Heiligtum führt. Warum erscheint der Priester so lange nicht? Endlich kommt Zacharias. Er sieht ganz verstört aus. Er öffnet seinen Mund, doch kein Wort kommt heraus. Er kann nur die Hände zum Segnen heben. Obwohl die Menschen nicht wissen, was geschehen war, fragen sie nicht und gehen nachdenklich nach Hause.

Inzwischen ist ein knappes Jahr vergangen. Es ist eingetroffen, was der Bote Gottes gesagt hatte, Elisabeth hat einen Jungen bekommen. Eine Woche nach seiner Geburt soll er nach jüdischer Sitte im Tempel in die Gemeinschaft des Gottesvolkes aufgenommen werden. Das ist ein Fest. Viele Verwandte und Freunde sind gekommen. Nun soll der Junge seinen Namen bekommen. Er wird doch sicher auch Zacharias heißen. Aber der Vater schüttelt den Kopf. Er bittet um eine Tafel. Darauf schreibt er den Namen: Er soll Johannes heißen. Alle blicken ihn verwundert an. Plötzlich kann Zacharias wieder sprechen. Er erklärt ihnen, wie es zu diesem Namen gekommen ist, und dankt Gott dafür.

Obwohl Zacharias und Elisabeth schon nicht mehr mit der Erfüllung ihres Wunsches gerechnet haben, hat Gott den Wunsch nicht vergessen. Er schenkt ihnen ein Kind.

**Vertiefung**
- Wir lösen mit den Kindern das *Kreuzworträtsel* (siehe Arbeitshilfen) zur Geschichte.
- *Vorschulalter:* Pantomimische Darstellung der Geschichte. Wie zeigt Zachäus, daß er essen, trinken, schlafen usw. möchte?
- Mit den Kindern einen *Wunschzettel* zu Weihnachten gestalten.

**Liedvorschläge**

Vater, ich will dich preisen
Das Wort des Herrn
Gott hört mich, wenn ich bete

Zacharias und Elisabeth

# 11

 **Spiele**

**Arbeitshilfen**

*Für Kleinere:*
- Pantomimische Darstellung der Geschichte: Darstellendes Spiel: z.B. wie zeigt Zacharias, daß er schlafen, essen, trinken möchte usw.
- Mein rechter Platz ist leer

*Für Größere:*
- Pantomimische Darstellung der Geschichte
- Gewürze durch Riechen erraten

 **Kreuzworträtsel**

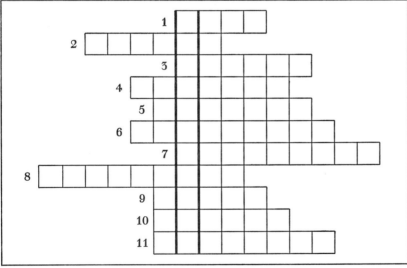

Die richtigen Antworten der Reihe nach eingesetzt ergeben innerhalb der stärkeren Linien von oben nach unten gelesen den Auftrag des Johannes.

Lösung: Wegbereiter

| | | |
|---|---|---|
| 1 | Was durfte Johannes nicht trinken? | *Wein* |
| 2 | Wie wird er noch genannt? | *Täufer* |
| 3 | Was hielten seine Eltern „untadelig"? | *Gebote* |
| 4 | Welchen Namen hatte der Bote Gottes? | *Gabriel* |
| 5 | Wie hieß der König, der damals regierte? | *Herodes* |
| 6 | Wie hieß die Hauptstadt des Landes? | *Jerusalem* |
| 7 | Wie hieß die Mutter des Johannes? | *Elisabeth* |
| 8 | Wie hieß sein Vater? | *Zacharias* |
| 9 | Was wurde er infolge seines Ungehorsams? | *Stumm* |
| 10 | Wo diente Zacharias Gott? | *Tempel* |
| 11 | Was hatte er für einen Beruf? | *Priester* |

# 11

Zacharias und Elisabeth

 **Wunschzettel für Weihnachten**
*(Kopiervorlage)*

Zacharias und Elisabeth

 **Foliencollagen**

1

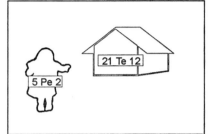
2

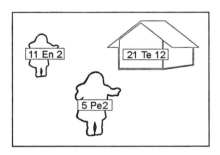
3

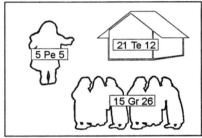
4

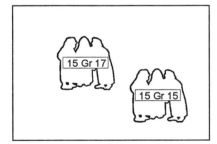
5

# 12 | Die Ankündigung der Geburt Jesu

**Text**     Lukas 1,26-56

**Erklärungen zum Text**

V.26: „Im sechsten Monat": hier ist der sechste Schwangerschaftsmonat Elisabeths gemeint.
- *Engel:* siehe Erklärung zu Luk. 1,5-25 (Zacharias und Elisabeth)
- *Nazareth:* ein unbedeutender Ort in Galiläa. In der Nähe von Nazareth führte die große Handelsstraße von Damaskus nach Ägypten vorbei.

V.27: Maria: Sie wird nach dem damals üblichen Heiratsalter etwa 14-15 Jahre alt gewesen sein. Sie war verlobt mit Joseph, einem Nachkommen des Königs David.

V.28: Die Anrede „Begnadete" ist kein Hinweis auf die Sündlosigkeit der Maria. Durch diese Anrede sagt ihr der Engel, daß sie vor Gott angenehm geworden ist.

V.31: Der Name „Jesus" war ein damals üblicher Name und bedeutete „Gott (Jahwe) hilft". Die Botschaft des Engels erinnert an die Verheißung, die Gott seinem Volk etwa 700 Jahre zuvor durch den Propheten Jesaja gegeben hatte (Jes. 9,5+6). Nun sollte der versprochene Retter kommen, auf den die Juden damals so sehnlich warteten.

V:34: Marias Frage: „ Wie soll das zugehen?" war kein Zweifel, sondern die Bitte um Erklärung. Es war ein unerhörtes Wunder, daß im Leib der Maria ein Kind zu wachsen begann, ohne daß sie die Ehe mit Josef vollzogen hatte. Die Erklärung des Engels war knapp: „Gott selbst wird durch seinen Heiligen Geist dieses Wunder vollbringen. Deshalb ist dieses Kind heilig, es ist Gottes Sohn."

V.36: Durch den Hinweis auf Elisabeths Schwangerschaft in ihrem hohen Alter wollte der Engel Maria zeigen, daß bei Gott wirklich nichts unmöglich ist. Die Antwort Marias zeigt, wie bereitwillig sie sich unter Gottes Willen stellte.

V.42: Ehe Maria etwas erzählt hatte, erfuhr Elisabeth von Gott selbst durch eine besondere Bewegung ihres Kindes im Mutterleib und durch den Heiligen Geist, was den Anlaß zu Marias Besuch gegeben hatte. Sie nannte das werdende Leben im Leib der Maria ihren Herrn.

V.46 ff.: Maria konnte über Gottes Führung nur staunen. Sie ließ sich von Elisabeth mit hineinnehmen in das Lob Gottes. Marias Worte erinnern uns an die Worte des Alten Testamentes, besonders an den Lobgesang der Hanna in 1. Sam. 2,1-10.
- *Verheißung:* Eine Verheißung ist eine von Gott gegebene verbindliche Zusage, die dem Menschen in seiner Not Rettung und Heil verspricht.

Die Ankündigung der Geburt Jesu

# 12

Die Geburt des Messias wird angekündigt. Gott wählt für die Geburt seines Sohnes eine unbekannte Jungfrau aus. Er beginnt mit Jesus etwas Neues.

**Schwerpunkt des Textes**

*Grundschulalter:*
Kinder leiden oft unter der jeweiligen Situation. Veränderung scheint oft unmöglich. Mit Jesus beginnt Gott etwas ganz Neues. Die Kinder dürfen lernen: es muß nicht alles bleiben, wie es ist. Erneuerung ist erfahrbar. Gott selbst schenkt Veränderung. Ihm dürfen wir vertrauen.

**Anmerkungen zur Situation des Kindes**

*Vorschulalter:*
Für Kinder im Vorschulalter ist es häufig eine bekannte Situation, wenn die Mutter noch ein Baby bekommt. Jesus ist jedoch ein besonderes Baby. Die Kinder sollen verstehen, daß Gott mit Jesus eine großartige Absicht hat und daß er darum auch einen außergewöhnlichen Weg wählt, um Jesus zur Welt zu bringen. Gott erwählt zur Erfüllung seines Planes die unbedeutende Maria. Für ihn ist jedes Kind wichtig.

☺ Gott erfüllt seine Versprechen. Mit Jesus beginnt er etwas ganz Neues.
♡ Es ist gut, wenn man sich auf Versprechen anderer verlassen kann.
✋ Durch Jesus können auch wir uns verändern. Was will ich anders machen?

**Lernziele**

Des Herrn Wort ist wahrhaftig, und was er zusagt, das hält er gewiß (Psalm 33,4).

**Lernvers**

## Hinweise zur Durchführung

- Den Raum adventlich schmücken.
- Lernvers auf Pappstreifen schreiben.

**Hinführung**
*Aus Ton oder Knete etwas Sinnvolles herstellen.*
So, wie wir aus diesem Klumpen Ton oder Knete etwas Neues gemacht haben, so schenkt auch Gott etwas Neues. Wie das geschehen kann, hören wir jetzt.

**Kinderstunde im Grundschulalter**

### Die Ankündigung der Geburt Jesu

◇ **Hauptteil**
*(mit Foliencollagen erzählen)*

In einer kleinen Stadt lebt ein junges Mädchen. Sie ist verlobt mit einem Mann, der zu den Nachkommen des Königs David gehört. Doch diesem Mann merkt man nicht an, daß seine Vorfahren Könige waren. Das ist schon so lange her. Nur ab und zu sagt noch einer der Juden: „Als David König über Israel war, da ging es unserem Volk noch gut." Und dann erinnert man sich, daß Gott seinem Volk versprochen hat, einen Erlöser zu schicken. Einer der Nachkommen Davids soll einmal das Volk aus aller Not erretten. Doch jetzt sieht es so aus, als hätte Gott vergessen, was er vor vielen hundert Jahren versprochen hatte. Maria ist froh, daß auch ihr Verlobter nach dem Willen Gottes leben will. Sie will für ihn eine gute Ehefrau sein. Aber noch bevor sie Hochzeit feiern, bekommt Maria Besuch. Ein Bote Gottes, ein Engel, steht plötzlich vor ihr.

Der Engel begrüßt Maria. Natürlich erschrickt sie sehr. Noch mehr verwundert sie seine Botschaft. Maria kann es sich nicht vorstellen, ein Kind zu bekommen. Gott hat es doch so eingerichtet, daß Babys auch einen Vater haben. Sie ist ja noch nicht Josephs Frau. Wer soll denn der Vater des Kindes sein? „Sage mir doch bitte, wie das geschehen soll." Der Engel antwortet: „Maria, in deinem Körper soll etwas Wunderbares geschehen, etwas, das es noch nie vorher gegeben hat: der Heilige Geist wird in dir ein Baby heranwachsen lassen, das keinen menschlichen Vater hat. Es wird der Sohn des lebendigen Gottes sein, der Retter, den Gott schon so lange versprochen hat." Weiter erzählt der Engel: „Stell dir vor, Elisabeth bekommt auch ein Kind, obwohl sie doch schon eine alte Frau ist. Niemand hätte gedacht, daß sie noch ein Kind haben würde, und nun ist sie schon im sechsten Monat. Bei Gott ist nichts unmöglich." Maria kann nur staunen, daß ausgerechnet sie die Mutter des versprochenen Retters werden soll. Sie weiß nicht, wie ihr Leben weitergehen wird, aber sie vertraut Gott. So, wie es der Engel gesagt hat, soll es geschehen.

Wenn man etwas Besonderes erlebt hat, möchte man gerne mit jemandem reden. So ergeht es auch Maria. Sie muß unbedingt mit jemandem reden, der sie verstehen kann. Sie wird ihre Verwandte Elisabeth besuchen. Dazu muß sie den weiten Weg nach Juda zurücklegen. Als sie dort ankommt, gibt es eine herzliche Begrüßung. Elisabeth weiß durch den Geist Gottes, daß das Kind, das in Maria zu wachsen beginnt, der versprochene Retter ist. Sie freut sich, weil sie dadurch neu entdeckt: Auf Gottes Wort kann man sich verlassen. Was er verspricht, das hält er auch. Maria staunt. Woher weiß Elisabeth das alles? Wie wunderbar ist doch der lebendige Gott. Er hat

Die Ankündigung der Geburt Jesu | **12**

wirklich ein Wunder an ihr getan. Sie wird die Mutter des versprochenen Retters werden. Dafür muß sie Gott loben. In überschwenglicher Freude beginnt sie, Gott ein Loblied zu singen. Maria bleibt noch drei Monate bei Elisabeth. Sie ist froh, daß sie mit Elisabeth über alles reden kann. Besonders froh ist sie darüber, daß Gott sein Versprechen erfüllt. Auf ihn kann man sich wirklich verlassen.

### Vertiefung
- *Video:* „In der Nacht von Bethlehem" auszugsweise zeigen (erschienen im Hänssler-Verlag)
- *Spiele* (siehe Arbeitshilfen)
- Am Schluß geben wir den Kinder das *Versprechen*, daß es in der nächsten Kinderstunde eine *Überraschung* gibt.

### Einstieg
Ein Kind verspricht, nach dem Spielen die Spielsachen wieder einzuräumen. Obwohl die Mutter das Kind schon öfter deswegen ermahnt hat, läßt das Kind die Spielsachen liegen.
*Über folgende Fragen mit den Kindern reden:*
Habt ihr schon einmal etwas versprochen und dann nicht eingehalten? Oder umgekehrt, jemand hat euch etwas versprochen und es dann nicht eingehalten? Wie habt ihr reagiert? Könnt ihr euch vorstellen, daß es jemanden gibt, der jedes Versprechen einhält? Die Geschichte, die wir heute hören, berichtet von einem großen Versprechen, das Gott gibt, und von einem jungen Mädchen, das dem Versprechen Gottes vertraut.

**Kinderstunde im Vorschulalter**

### Hauptteil
In der Stadt Nazareth lebte ein junges Mädchen mit Namen Maria. Sie war verlobt mit Josef. Josefs Urururur-großvater war der König David. Schon als David König war, warteten die Menschen darauf, daß Gott einen Retter schicken würde, der sie von ihrer Not befreit und ihnen hilft. Gott hatte das versprochen. Aber es sah so aus, als hätte Gott sein Versprechen vergessen.

Eines Tages ging die Tür zu Marias Zimmer auf. Ein Engel kam zu ihr herein und sah sie freundlich an. Maria fürchtete sich, doch der Engel sprach zu ihr: „Hab keine Angst. Gott hat dich lieb. Er hat mit dir etwas Wichtiges vor. Du sollst einen Sohn zur Welt bringen. Diesem sollst du den Namen Jesus geben. Man wird ihn den Sohn Gottes nennen, und du, Maria, sollst seine Mutter sein." Maria wundert sich. Jedes Baby braucht doch einen Vater. Aber sie ist doch noch gar nicht mit Josef verheiratet. Wer soll denn der Vater sein?

# 12

Die Ankündigung der Geburt Jesu

Sie sagt: „Wie soll das denn geschehen?" Der Engel sagt: „Gott wird das durch seinen Heiligen Geist bewirken. Vertraue ihm! Stell dir vor: Elisabeth bekommt auch ein Kind, obwohl sie schon so alt ist. Bei Gott ist nichts unmöglich. Er hält sein Versprechen." Maria glaubt dem Engel. Sie vertraut Gott.

Maria war innerlich ganz aufgewühlt von diesem Erlebnis. Sie mußte mit jemandem darüber reden. Aber mit wem? Wer würde ihr glauben? Wie gut, daß der Engel von Elisabeth geredet hatte. Zu ihr will sie gehen. Schnell packt sie alles ein, was sie für die Reise braucht. Dann wandert sie über die Berge zu Elisabeth. Als Elisabeth Maria sieht, weiß sie, daß auch Maria ein Kind bekommt und daß dieses Kind der versprochene Retter ist. Sie sagt zu Maria: „Du darfst dich freuen, weil Gott dich auserwählt hat, die Mutter des Sohnes Gottes zu sein." Maria freut sich darüber so, daß sie Gott ein Lied singt. Obwohl sie nur ein einfaches Mädchen war, hat Gott sie gebraucht. Sie hat erkannt: Für Gott sind alle wertvoll, die ihm vertrauen. Das Kind, dessen Mutter ich sein darf, wird der Freund der Armen und Kleinen sein. Maria blieb noch einige Zeit bei Elisabeth. Dort fühlte sie sich wohl, weil Elisabeth sie verstand.

**Vertiefung**
- Was unterscheidet Jesus von anderen Babys?
- Wer ist der Papa von Jesus?
- Warum freut sich Maria so?

**Liedvorschläge**

Es ist Advent
Ein Lichtlein brennt
Sieh, dein König kommt
Gott braucht nicht nur große Leute

Die Ankündigung der Geburt Jesu

 **Spiele**   **Arbeitshilfen**

*Vorschulalter:*
- Maria auf der Reise: z.B. Ich packe meinen Koffer mit...
- Ich sehe was, was du nicht siehst.
- Ziehe durch, ziehe durch, durch die goldne Brücke

*Grundschulalter:*
- Spiele, in denen Namen vorkommen,
  z.B. Telegramm schicken; Persönlichkeiten erraten.
- Maria und Elisabeth haben sich etwas erzählt,
  z.B. Wörter durch Flüstern weitersagen.
- Wortkette bilden.

**Fensterbild: Maria und Elisabeth**
*Benötigtes Material:*
Weißes Seidenpapier oder Pergamentpapier für den Hintergrund, Seidenpapier in verschiedenen Farben, Schere, Klebstoff, evtl. Fotokarton für den Rand.

# 12

Die Ankündigung der Geburt Jesu

**Merkversscheibe „Gottes Versprechen"**
Die beiden Teile evtl. vergrößern, ausschneiden und mit einer Klammer zusammenstecken.

Die Ankündigung der Geburt Jesu

 **Foliencollagen**

1 (Grundfolie Haus / Schwarzer Balken)

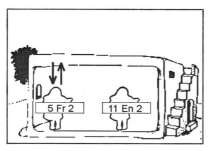

2 (Grundfolie Haus / Pfeile nach oben)

3 (Grundfolie Haus / Pfeile zwischen Personen)

# 13 | Jesus, der Heiland ist da

**Text**

*Lukas 2,1-20*

**Erklärungen zum Text**

*Vorbemerkung:* Die Weihnachtsgeschichte wird mit Nüchternheit und dem Blick für die irdische Wirklichkeit vom Evangelisten Lukas (Arzt von Beruf) erzählt. Steuerverordnung, reisende Menschen, Platzmangel, Futtertrog und Windeln sind Kennzeichen der Weihnacht – nicht Palast oder soziale Fürsorge. Wir haben keine schöne, heimelige Geschichte vor uns und sollten sie deshalb nicht phantasievoll verniedlichen. In der Weihnachtsgeschichte kommt ein tiefer, stiller Ernst mit großer, überfließender Freude zum Ausdruck. Wegen der Sünde und Gottlosigkeit des Menschen (auch der Frommen!) wurde Weihnachten. Durch die Liebe und Treue Gottes, die uns „Leben und volle Genüge" schenkt, ist Weihnachten ein sehr frohes Fest.

*Inhalt und Zusammenhang:* Thematisch steht die Weihnachtsgeschichte im Zeichen von Verheißung und Erfüllung.

*Zeitlicher Hintergrund:* Lukas hat seinen Bericht mit dem großen Weltgeschehen jener Zeit verknüpft (Vers 1-3). Die Namen Augustus und Quirinius binden die Erzählung in den Raum der menschlichen Geschichte ein zu einer bestimmten Zeit und an einen bestimmten Ort.

*Begriffs- und Sacherklärung:* Schätzung: Kaiser Augustus ließ ein neues Steuersystem einführen. Dazu war eine Volkszählung nötig. Jeder Bürger mußte seinen Geburtsort aufsuchen und in Listen erfaßt werden. Die Steuerabgabe pro Kopf belief sich auf der Einkommenssumme von etwa 90 Arbeitstagen. Dazu kamen hohe Geldabgaben an den eigenen Landesverwaltungsapparat (in Israel an Herodes).

*Personen:*
• *Kaiser Augustus:* Regierungszeit – 31 v. Chr. - 14 n. Chr.
Regierungssitz: Rom, Hauptstadt des Römischen Reiches. Es umfaßte den damals bekannten Erdkreis von Spanien bis an die Grenze des Iran, von England bis Äthiopien
• *Quirinius (auch cyrenius):* Verwaltungsbeamter für die syrische Provinz, war verantwortlich für reibungslosen Ablauf der Zählung, hatte Randale zu verhindern.
• *Josef:* weitläufig verwandt mit König David, Bauhandwerker (Zimmermann, Schreiner)
• *Maria:* Gott hatte sie berufen, um durch sie seinen Plan zu verwirklichen. Ihr Gehorsam wurde ihr und uns zum Segen.
• *Hirten:* hatten liebevoll für Tiere zu sorgen, waren Wind und Wetter ausgesetzt, mußten Wasser- und Weideplätze suchen, Tiere –

z.B. Schafe – vor Dieben und Raubtieren schützen. Verlorene Tiere mußten ersetzt werden, sehr geringes Einkommen.
- *Engel:* Boten Gottes
- *Heiland:* Jesus als Heiland rettet die Welt aus Sündenschuld und Hoffnungslosigkeit (Luk. 1,78 ff.). Heiland Gottes – Jesus – heilt Sünde und schenkt neues, ewiges Leben. Dieses Heil vollbringt er am Kreuz von Golgatha – an Stelle des Sünders (an meiner Stelle!) Das Kind in der Krippe und der Mann am Kreuz ist der verheißene Retter, der Heiland der Welt (Apg. 4,12).

*Orte:*
- *Nazareth:* kleines Dorf in Galiläa
- *Bethlehem:* 7 km südlich von Jerusalem

Nazareth und Bethlehem sind ca. 140 km voneinander entfernt.

Gott löst seine Verheißungen ein – Jesus, der Heiland wird geboren. Gott wird Mensch in dem Kind in einer Futterkrippe.

**Schwerpunkte des Textes**

Vielen Kindern wird ein Versprechen gegeben. Oftmals müssen sie mit der Enttäuschung des Nichteinlösens fertig werden. Kinder nehmen die Aussagen als Tatsache auf. Sie empfinden, mit welcher inneren Haltung erzählt wird. Kinder halten viel von Geschenken, nehmen gerne Geschenke an und schenken auch selber gerne.

**Anmerkungen zur Situation des Kindes**

Weihnachten ist für Kinder ein besonderes Fest – ein Fest der Lichter und der Geschenke. Die Kinderstunde kann deutlich machen, daß die eigentliche Freude an Weihnachten nicht in den Geschenken der Menschen, sondern in dem Geschenk Gottes – seinem Sohn – begründet ist.

☺ In dem Kind in der Krippe wird Gott selbst Mensch.
♡ Über Geschenke darf man sich freuen, vor allem über das Geschenk Gottes: Jesus kam für alle Menschen (Bevölkerungsschichten vom hohen Wohlstand bis in tiefe Armut – König bis Hirte).
✋ Wo und wie kann ich aus Freude über Gottes Geschenk auch anderen eine Freude machen?

**Lernziele**

Wir haben gesehen und bezeugen, daß der Vater den Sohn gesandt hat als Retter der Welt (1. Joh. 4,14).

**Lernvers**

# 13  Jesus, der Heiland ist da

## Hinweise zur Durchführung

 **Kinderstunde im Grundschulalter**

**Hinführung**

*Möglichkeit 1*

Erinnerung an das Versprechen der letzten Kinderstunde. Gespräch über Versprechen, z.B.: Werden Versprechen immer eingelöst? Habt ihr schon einmal etwas versprochen? Habt ihr euer Versprechen eingelöst? Warum oder warum nicht? Muß man ein Versprechen immer gleich wahr machen? Manchmal dauert es etwas länger, bis man dazu in der Lage ist. Versprechen der letzten Kinderstunde unbedingt einlösen!

*Möglichkeit 2*

Einen vorbereiteten Geschenkkarton öffnen. In dem Karton befindet sich eine Zeitung. Sie wird herausgeholt. Dabei erklären wir den Kindern, daß es früher noch keine Zeitung gab, sondern die Menschen von Ort zu Ort gingen, um Botschaften zu vermitteln.

Aus der Zeitung lesen wir den Anfang der Weihnachtsgeschichte vor (V. 1-3), etwa so:

„AUFRUF DES KAISERS AUGUSTUS

Alle Menschen in meinem Reich müssen aufgeschrieben werden. Ich will wissen, wie viele Menschen zu meinem Kaiserreich gehören. Jeder soll in die Stadt gehen, aus der seine Familie stammt. Zögert nicht! Laßt euch eintragen!"

**Hauptteil**

*Erzählvorschlag*

Eines Tages hören Maria und Josef diese Neuigkeit. Der Kaiser will also alle Leute in Listen eintragen lassen. Maria und Josef überlegen: Da müssen wir aber eine weite Reise machen! (aus dem Geschenkkarton eine vereinfachte Landkarte – vergrößert – holen und mit den Kindern die Entfernung von Nazareth nach Bethlehem erklären. (Mit ähnlichen, bekannten Entfernungen vergleichen z.B. von Erfurt bis Hof sind es ca. 140 km oder von Stuttgart bis Mannheim ca. 140 km oder von Rostock bis Lübeck ca. 120 km.)

So packen Maria und Josef ihre Sachen zusammen – auch für das Baby mußte etwas eingepackt werden. Es soll bald geboren werden. Ein Auto oder einen Zug gibt es nicht. Sie müssen zu Fuß gehen. Für Maria ist es nicht so einfach, denn ihr Baby kommt bald.

*(Mit Foliencollagen weitererzählen)*

Endlich kommen sie in Bethlehem an. „Wo sollen wir schlafen?" „Josef, ich bin so müde von dem langen Weg." Maria und Josef finden eine Herberge (Hotel). Sie fragen: „Können wir hier wohnen?"

Jesus, der Heiland ist da | **13**

„Nein, nein, liebe Leute", sagt der Besitzer, „das ganze Haus ist schon belegt. Ihr seid ja nicht die einzigen, die in unsere Stadt wandern mußten." „Aber wo sollen wir nur bleiben? Wir können doch nicht draußen schlafen. Meine Frau bekommt ein Kind. Es kann jeden Moment geboren werden", sagt Josef. Der Besitzer der Herberge erwidert: „Du hast recht. Ihr braucht einen Platz. Laß mich mal überlegen .... Kommt mit!" Er führt die beiden zu seinem Stall. Und dort bekommt Maria ihr Kind. Jesus ist geboren! Der Retter für das Volk Israel, der Retter für alle Menschen. Gott hat sein Versprechen erfüllt.

Daß Jesus geboren ist, ist das Schönste, was jemals passiert ist! Gott hat uns damit ein großes Geschenk gemacht. Das wissen zu der Zeit aber nur Maria und Josef. Es sollen aber noch viele, ja alle Menschen davon erfahren.

Nicht weit von Bethlehem entfernt übernachten Hirten mit ihren Schafen. Diesen Hirten will Gott die frohe Nachricht bringen: Jesus, der Retter ist geboren! Wer soll es aber den Hirten erzählen?

Gott schickt wieder einen Boten aus dem Himmel, einen Engel, wie damals bei der Ankündigung der Geburt Jesu, als ein Engel Gottes Botschaft ausrichtete. Der Engel bringt etwas von Gottes Licht mit. Die Hirten erschrecken sehr. „Habt keine Angst", sagt der Engel. „Ich erzähle euch etwas Wunderschönes. Was ich euch sage, wird euch ganz viel Freude machen, euch und allen Menschen: Heute ist für euch der Retter geboren, der Heiland, der Sohn Gottes!" Da wußten die Hirten sofort Bescheid. Das ist der Retter, den Gott schon vor langer Zeit versprochen hat. Jetzt hat Gott sein Versprechen erfüllt. Der Engel sagt den Hirten noch mehr: „In Bethlehem ist das Kind geboren worden. Ihr könnt es erkennen: Es ist ein kleines Kind. Seine Mutter hat es in Windeln gewickelt und in eine Futterkrippe gelegt."

Auf einmal ist der Engel nicht mehr allein. Viele Engel loben Gott, daß er seinen Sohn zu den Menschen geschickt hat. „Gott im Himmel wird geehrt", rufen und singen sie. Die Engel sagen noch mehr: „Die Menschen, die Gott lieben, bekommen Frieden. Ehre sei Gott in der Höhe und Frieden auf Erden bei den Menschen, die Gott lieben." Wunderschön ist das! Wie die Engel Gott loben! So etwas erleben sie das erste Mal. (Hier evtl. mit den Kindern singen: Christ ist geboren... – Lied auf Pappe geschrieben, aus Geschenkkarton nehmen.) Dann ist es wieder still und dunkel. Die Engel sind nicht mehr da.

Die Hirten sagen sich: „Laßt uns nach Bethlehem gehen und sehen, was da passiert ist." Sofort gehen sie los und finden tatsächlich alles so vor, wie der Engel gesagt hat. Sie erzählen Maria und Josef ihr Erlebnis mit dem Engel. Die Hirten sehen sich das Kind – den Heiland – an, voller Freude. Auf dem Rückweg erzählen sie allen

Leuten, was sie erlebt und gesehen haben. Sie erzählen von dem Engel und dem Kind, und die Leute wundern sich.

Maria merkt sich alles gut, was ihr die Hirten eben erzählt haben. Sie denkt lange darüber nach und freut sich sehr. Die Hirten kehren zu ihren Schafen zurück. Sie sind tief in ihren Herzen froh über dieses Erlebnis und loben Gott dafür.

**Vertiefung**
- Wenn man besonders froh ist, macht man auch gerne andere froh. Deshalb kann an dieser Stelle für jedes Kind eine *Kleinigkeit aus dem Geschenkkarton* verteilt werden.

- *Nachspielen der Geschichte mit Verkleiden:*
Utensilien aus Karton holen, auch Fotoapparat (überlegen, ob Papierbilder oder Dias gemacht werden sollen),
Rollen verteilen (jedes Kind sollte einen Platz im Weihnachtsspiel bekommen) und Kinder verkleiden:
- Maria: bunten Umhang
- Josef: Hut, Stock, kariertes Hemd, Gürtel, Umhängetasche
- Kind: evtl. Puppe
- Krippe: Stroh hineinlegen
- Herbergsbesitzer: Hemd, Gürtel
- Engel: weiße Laken, evtl. Kerzen, Gürtel oder Band
- Hirten: einfache Gewänder, Hut, Stock
- Leute: brauchen sich nicht verkleiden
- Schafe: Plüschschafe oder Schafe aus Pappe und Watte anfertigen

Die Rollen kurz durchsprechen

Folgende Szenen darstellen und fotografieren:
1. Maria und Josef unterwegs
2. Herbergssuche
3. Maria und Josef und das Kind im Stall
4. Hirten und Schafe am Feuer auf dem Feld
(Kerzen oder mit Lichterkette imitiertes Lagerfeuer)
5. Engel bei den Hirten (Erschrecken der Hirten)
6. Viele Engel bei den Hirten
7. Hirten beraten
8. Hirten im Stall
9. Hirten im Gespräch mit anderen Leuten
10. Maria denkt nach
11. Frohe Hirten auf dem Rückweg

# 13

Jesus, der Heiland ist da

*Hinweis:* Die Fotografien können wie folgt verwendet werden:
• Vorschlag 1: Dias werden in der Weihnachts-Gemeinschaftsstunde der ganzen Gemeinde vorgeführt oder im Weihnachtsgottesdienst.
• Vorschlag 2: Farbbilder werden zu Leporelloalben verarbeitet und den Kindern mitgegeben. Die Bilder können auch als Geschenke an die Kinder weitergegeben werden.

**Hinweise für die Erzählung:**
1. Die Geschichte kann mit Spielfiguren oder Handpuppen erzählt werden. Z.B. anhand des „Bibelbilderbuches", Teil 3 der Deutschen Bibelgesellschaft, Zeichnungen von Kees de Koort erzählen.

**Kinderstunde im Vorschulalter**

2. Die Geschichte wird in einem Stall mit echter Krippe und Stroh darin erzählt und dargestellt. Ein Hirte (Mitarbeiter verkleidet) kommt und holt die Kinder mit einer Laterne ab. Die Kinder kennen den Weg nicht und sind gespannt, was sie erwartet.
Die einzelnen Personen berichten im Stall, was sie erlebt haben:
Maria und Josef: Ankündigung der Geburt Jesu, lange, schwierige Reise, überfüllte Herbergen...
Hirten: Erlebnis auf dem Feld mit den Engeln.
Alle freuen sich über das Kind in der Krippe: Gott hat endlich sein Versprechen eingelöst, der Retter ist geboren.
In der Krippe befinden sich Geschenke für die Kinder

**Vertiefung**
Wir gehen wieder mit den Kindern zurück. Die Kinder erzählen, was sie erlebt haben, oder malen Bilder dazu.

Ich freu mich auf die Weihnachtszeit
Christ ist geboren
Freude, große Freude leuchtet aus der
Der Heiland ist geboren

**Liedvorschläge**

# 13

Jesus, der Heiland ist da

 **Arbeitshilfen**

 **Bastelvorschlag**
*Tannenbaummobile*
Das Mobile besteht aus Stern-, Engel- und Baummotiven.

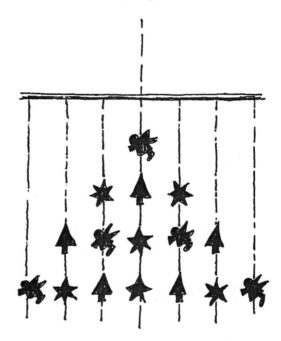

Die Motive werden auf ein Stück Karton übertragen und ausgeschnitten.
Zu einer Figur gehören immer zwei Teile, weil der Aufhängefaden später dazwischen geklebt werden muß. Insgesamt brauchen wir 10 Engel, 12 Sterne und 10 Bäume.
Die doppelten Formen werden so angeordnet, daß sich die Form eines Weihnachtsbaumes ergibt (siehe Abbildung). Zum Aufhängen brauchen wir 7 Fäden von 1,20m Länge und einen etwa 80 cm langen Stab.

Jesus, der Heiland ist da | **13**

**Palästina zur Zeit Jesu**
*(Kopiervorlage)*

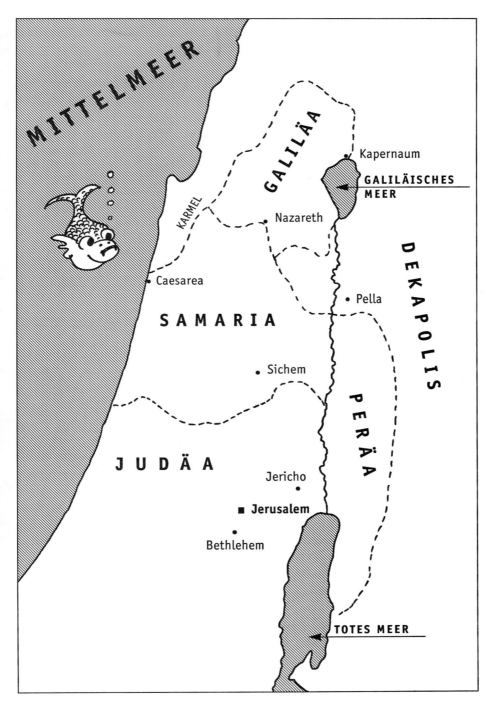

# 13

Jesus, der Heiland ist da

 **Ausmalbild**

Jesus, der Heiland ist da

**Foliencollagen**

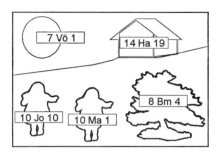

1 (Landschaft zeichnen)

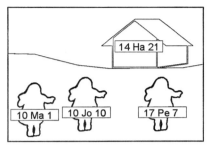

2 (Landschaft zeichnen)

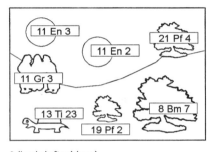

3 (Landschaft zeichnen)

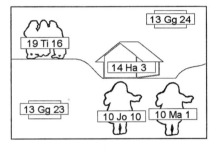

4 (Landschaft zeichnen)

# 14 | Jesus in seinem Vaterhaus

**Text**

Lukas 2,41-52

**Erklärungen zum Text**

*Textzusammenhang:* Die Bibel berichtet nur wenig über Jesu Kindheit. Neben dem Bericht von der Anbetung der Weisen und der anschließenden Flucht nach Ägypten ist dies hier die einzige Überlieferung. Bis zu seinem öffentlichen Auftreten ist Jesus der Zimmermannssohn aus Nazareth, der seinen Eltern untertan ist.

*Sacherklärungen*
- *Passahfest:* Es war ein hoher jüdischer Feiertag, der an den Auszug aus Ägypten erinnern soll. Daran schließen sich die Tage der ungesäuerten Brote an (7 Tage).
- *Tempel:* Der Tempel war der Ort, wo Gott angebetet wurde. Hier gab es auch Versammlungsräume, in denen das Gesetz erklärt wurde.
- *Tagesreise:* Eine Tagesreise für Familien war ein Fußmarsch von ca. 20 bis 30 km.

*Erklärungen zu den einzelnen Versen:*

V.41: Jeder fromme und erwachsene Jude war verpflichtet, die großen Feste (Passah, Pfingsten, Laubhüttenfest) in Jerusalem zu besuchen. Nur Minderjährige, Kranke, Alte und Sklaven waren davon ausgenommen.

V.42: Mit 13 Jahren war nach Vorschrift der Rabbiner ein Junge zur Erfüllung des Gesetzes und zur Wallfahrt zum Tempel verpflichtet. Fromme Eltern nahmen ihre Kinder schon vor Vollendung des 13. Lebensjahres mit in den Tempel, um sie an die Beachtung des Gesetzes zu gewöhnen.

V.43: Die Eltern blieben die ganze Woche in Jerusalem. Das war keine feste Vorschrift, aber gute Sitte.

V.44-45: Aus Sicherheitsgründen reisten die Festpilger in Scharen oder Dorfgemeinschaften. Jerusalem hatte ca. 50 000 Einwohner. Zum Passahfest kamen ca. 100 000 Pilger dazu. Das erschwerte das Suchen.

V.46: Unter den Schriftgelehrten fühlte Jesus sich wohl. Er ist kein Wunderkind: sitzend, hörend, fragend wie ein lernbegieriger Schüler. Er war hier zu Hause. Ungewöhnlich ist, daß ein Zwölfjähriger so bei Gesetzeslehrern gefunden wird.

V.47: Jesu Fragen und Antworten erregen Erstaunen, da ja Kinder in diesem Alter sonst noch unterrichtet werden.

V.48-49: Der versteckte Vorwurf der Mutter lautet: Ungehorsam. Jesu Antwort darauf war keine Entschuldigung, kein Zugeständnis, sondern er wies seine Eltern darauf hin, wo sein Platz war. Jesus sprach nicht von unserem Vater, sondern von „in meines Vaters Haus".

# 14

## Jesus in seinem Vaterhaus

V.50: Diesen Konflikt haben Jesu Eltern in seiner Tiefe noch nicht verstanden. Das konnte bei der Bedeutung des Elternhauses im Judentum auch gar nicht anders sein.

V.51: Jesus – Mensch, aber doch Gottes Sohn – ging mit seinen Eltern zurück nach Nazareth und war ihnen gehorsam, er wurde nicht schuldig am 4. Gebot.

V.52: Jesus durchlief alle Entwicklungsstufen wie jedes Kind. Das blieb so bis zu seinem öffentlichen Auftreten etwa im 30. Lebensjahr.

Jesus sucht als der Sohn Gottes die Nähe seines himmlischen Vaters. Er war aber auch seinen irdischen Eltern untertan.

**Schwerpunkte des Textes**

Bei Vorschulkindern muß berücksichtigt werden, daß Grundlagen gelegt werden müssen, d.h., wir können nicht auf Begriffe der biblischen Geschichte aufbauen, die außerhalb der täglichen Erfahrungswelt der Kinder liegen. Begriffe wie Jerusalem, Tempel/Kirche, Tagesreise, Transportmittel von heute und damals, Gesetzeslehrer oder Pharisäer müssen erklärt und mit den Kindern erarbeitet werden. Kinder in diesem Alter haben keine Vorstellung, welches Ereignis diese Reise für Jesus war. Außerdem soll Jesus als Vorbild hervorgehoben werden, wie er nach Gott fragt und sein Wissensdurst keine Grenzen kennt.

**Anmerkung zur Situation des Kindes**

☺ Jesus ist der Sohn des himmlischen Vaters. Deshalb ist er gerne in seinem Haus (Tempel). Die Kinder sollen lernen, daß Christen dort ihren Platz haben, wo Gottes Wort verkündigt wird.
♡ Das Kind soll erfahren, daß es unter Gottes Wort und in Gemeinschaft mit anderen Christen schön ist.
✋ Das Kind soll ermutigt werden, kontinuierlich zur Kinderstunde zu kommen.

**Lernziele**

Wißt ihr nicht, daß ich in meines Vaters Haus sein muß (Lukas 2,49)?

**Lernvers**

## Hinweise zur Durchführung

 **Hinführung**
Wart ihr schon mal verreist oder im Urlaub? – Wo? (Kinder erzählen lassen.) Evtl. Bilder aus Reiseprospekten vom Meer, von den Bergen u.a. bereithalten und damit die Antworten der Kinder zusammenfassen. Sicherlich seid ihr mit dem Auto (Zug, Flugzeug) gereist. Ist einer von euch in den Urlaub gelaufen?

**Kinderstunde im Grundschulalter**

# 14

## Jesus in seinem Vaterhaus

*Überleitung:* Heute erzähle ich eine Geschichte von einem Jungen. Er heißt Jesus und wohnt in Nazareth. Er ist 12 Jahre alt. Seine Eltern nehmen ihn mit auf eine große Reise. Das Reiseziel: Jerusalem. Dort gibt es wie bei uns auch Gemeindehäuser oder Kirchen. Man nennt sie Synagogen. In Jerusalem steht das wertvollste Gotteshaus der Juden. Es heißt „Tempel". Wenn ein Junge 12 Jahre alt ist, darf er wie die erwachsenen Männer im Gottesdienst aus Gottes Wort vorlesen und öffentlich beten.

Bild des Tempels zeigen und erklären. Der Tempel in Jerusalem ist ein ganz besonderes Gotteshaus. Gott hat gesagt: „In diesem Haus will ich wohnen. Der Tempel soll meine Wohnung sein." Deshalb haben die Leute den Tempel auch ganz besonders schön hergerichtet. Viele Gegenstände sind mit Gold überzogen. Einmal im Jahr sollte jeder Israelit zu einem großen Fest in den Tempel kommen: zum Passahfest. Dort wollen alle miteinander feiern, daß Gott gut zu den Israeliten ist und war. Sie wollen auch daran denken, daß er sie viele Jahre vorher aus Ägypten errettet und in ihr schönes Land gebracht hat. Jeder Israelit freut sich auf dieses große Fest, weil es ein besonderes Fest ist. Und jedes Kind freut sich darauf, einmal im Jahr nach Jerusalem zu wandern. Die Jungen sind besonders aufgeregt, wenn sie schon 12 Jahre geworden sind. Dann dürfen sie nämlich am Gottesdienst der erwachsenen Männer teilnehmen.

### Hauptteil

Jesus muß zu Fuß reisen. Kein Auto, Zug oder Flugzeug gibt es. Man muß laufen, nur ganz wenige reiche Leute haben einen Esel. Für Jesus ist dies die erste große Wanderung zu Fuß. Die Reise geht von Nazareth bis Jerusalem. Man muß ca. 5-7 Tage laufen. Es ist ganz schön heiß, die Straße staubig, es ist ihm zum Stöhnen zumute, aber das Ziel – Jerusalem – ist ja so verlockend. Es soll so toll sein.

*1. Jerusalem als Urlaubsziel.* Jedes Jahr reisen die Eltern dorthin. Immer haben sie Jesus von dieser schönen Stadt erzählt, in der ganz viel von Gott erzählt und gebetet wird. Jetzt darf er mit. „Da will ich nicht stöhnen", denkt Jesus. „Außerdem sind wir bald dort, hat Vater gesagt." Endlich von weitem sieht man auf einer Anhöhe etwas leuchten: Jerusalem! „Schau, schau, da vorne ist Jerusalem", ruft Maria. Jesus freut sich. Am liebsten würde er vorlaufen. Aber er bleibt bei seinen Eltern, Maria und Josef.

*2. Jerusalem und der Tempel.* Puh, die Stadtmauer ist erreicht. „Oh, ist das toll", ruft Jesus. „Super, ganz toll. Mutti, gehen wir gleich zum Tempel?" Wißt ihr, was man in der Kirche/Tempel macht?

Singen, Beten, mit Gott sprechen, in der Bibel lesen und ganz viele Fragen darf man den (Gesetzes-)Lehrern stellen.

*3. Jesus im Tempel.* Tatsächlich, bald gehen sie in den Tempel. Jesus kann es kaum noch erwarten, dieses schöne Haus zu sehen. Er staunt über die vielen Leute, die sie dort antreffen. „Mutti, so viele Leute kommen zum Fest nach Jerusalem!" Eine ganze Woche lang sind Jesus und seine Eltern immer wieder im Tempel zum Singen, Bibellesen, Beten. Jesus ist begeistert, von den Leuten, die von Gott erzählen, und der schönen Atmosphäre. Zum Schlafen möchte er den Tempel gar nicht verlassen.

*4. Maria und Josef suchen Jesus.* So kommt es, daß das Fest dem Ende zugeht. Viele Leute reisen ab. Auch Maria und Josef machen sich auf den Heimweg. Sie vermuten ihren Sohn etwas weiter vorne bei den Kindern aus ihrem Dorf. Bis zum Abend fanden sie Jesus nicht. Alle anderen Kinder sind inzwischen zu ihren Eltern gekommen. Da werden Maria und Josef unruhig. Sie beginnen, Jesus zu suchen. Bei allen Wanderern fragen sie: „Habt ihr unseren Sohn gesehen?" „Leider nein." „Nein." Immer wieder müssen sie „Nein" hören. Sie gehen nach Jerusalem zurück und suchen ihn drei Tage lang. Endlich, im Tempel finden sie ihn.

*5. Jesus stellt viele Fragen.* Jesus sitzt mitten unter den Gesetzeslehrern und stellt ganz viele Fragen über seinen Vater im Himmel. Die Leute staunen, daß er schon so viel von Gott weiß. Auch Maria und Josef wundern sich. Maria geht zu Jesus hin und sagt: „Wir suchen dich schon drei Tage lang. Hast du nicht gemerkt, daß wir nach Nazareth zurückgegangen sind?" Jesus sagt zu seinen Eltern: „Wißt ihr nicht, daß ich eigentlich da sein soll, wo von meinem Vater im Himmel geredet wird?"

Maria und Josef haben wohl nicht daran gedacht, daß Jesus ihnen von Gott geschenkt wurde. Jesus geht gehorsam mit seinen Eltern nach Hause nach Nazareth. Maria muß lange darüber nachdenken, was ihr Sohn da gesagt hat. Es war ein schönes Erlebnis für Jesus, im Hause seines Vaters zu sein. Sind wir auch gerne dort, wo von Gott und Jesus erzählt wird?

*Methodischer Hinweis:* Die Geschichte kann auch unter dem Motto „Wenn Schuhe erzählen könnten" von zwei Mitarbeitern gestaltet werden, die sich als „Sandalen Jesu" über seine Reise unterhalten.

### Vertiefung

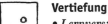

- *Lernvers:* Jedes Kind bekommt auf den Rücken ein Wort (oder Wortgruppe oder Silbe – je nach Gruppengröße). Nun müssen sich die Kinder in die richtige Reihenfolge ordnen (mit Zeitvorgabe). Bei vielen Kindern kann man auch in zwei Gruppen als Wettspiel einteilen, oder die Kinder, die kein Wort haben, sortieren die Wörter zum richtigen Satz.

# 14 | Jesus in seinem Vaterhaus

• *Wo ist Gott zu Hause?*

John arbeitet seit mehreren Wochen als Küsterjunge in einer großen Kirche mitten in der Stadt. Morgens muß er die Kirche aufschließen, tagsüber den Park vor der Kirche in Ordnung halten und abends die Kirche wieder zuschließen. Die Arbeit macht ihm Freude. Mit dem Pfarrer kommt er gut aus, und außerdem sieht er eine Reihe von Leuten, die sich von Zeit zu Zeit in der Kirche zurückziehen. Jeden Abend beobachtet er, wie ein älterer Mann fast zwei Stunden still in der Kirche sitzt. Das Gesicht des Mannes ist voller Falten, aber er hat noch eine frische Farbe. Der alte Mann redet kaum mit John. Nur, wenn er abends die Kirchentür zuschließt, verabschiedet er sich höflich von ihm. John beobachtet dies nun schon über mehrere Wochen. Eines Abends geht er auf den älteren Mann zu und spricht ihn an: „Entschuldigen Sie meine Frage. Warum kommen Sie jeden Abend in die Kirche? Haben Sie denn keinen Menschen, zu dem Sie gehen können?" Der alte Mann hält für einen Moment inne, dann fängt er an zu erzählen: „Mein Junge, in meinem Leben war ich schon bei vielen Menschen. Ich war jahrelang Kapitän auf einem großen Schiff. So habe ich die ganze Welt kennengelernt. Es gibt kaum ein Land, kaum eine Stadt, die ich nicht kenne. Jetzt, im Alter, bin ich froh, daß es etwas ruhiger ist. Während meines Lebens habe ich kaum Zeit für Gott gehabt. Ich war immer zu beschäftigt. Jetzt freue ich mich darüber, daß ich jeden Abend nachdenken und dort hingehen kann, wo ich Gott treffe. Denn wer weiß, wie lange ich noch lebe, und dann werde ich sowieso bei Gott sein." John weiß erst nicht, was er antworten soll. Dann stellt er dem alten Kapitän eine Frage: „Herr, ist es wirklich so, daß ich Gott nur in der Kirche treffen kann? Ist er nicht auch dort, wo Menschen wohnen? Wenn ich jemandem helfe, ist dann Gott nicht auch bei mir?" Der alte Mann runzelt die Stirn und antwortet zögernd: „Vielleicht hast du recht, mein Junge. Ich werde über das nachdenken, was du gesagt hast. Gute Nacht!" Der alte Mann verabschiedet sich von John und geht nach Hause. Am nächsten Abend kommt er etwa eine halbe Stunde später. Am Tag darauf kommt wieder später als gewöhnlich in die Kirche. Wieder geht John auf ihn zu und fragt: „Warum sind Sie die letzten beiden Abende später gekommen?" Der alte Mann lacht ihn an und sagt: „Mein Junge, du hast recht. Gestern und vorgestern habe ich noch am Abend bei unserem kranken Nachbarn hineingeschaut und habe ihm die Kohlen hochgetragen. Du hast wirklich recht: Gott ist auch dann da, wenn wir Menschen helfen. Ich denke, Gott ist sowohl in der Kirche als auch unter den Menschen zu Hause. Es kommt nur darauf an, daß wir ihn an beiden Orten treffen. (Gottfried Bormuth)

Jesus in seinem Vaterhaus

# 14

 **Hinführung**
Foto des Gemeindehauses oder der örtlichen Kirche zeigen. Gespräch über dieses Gebäude:
- Welches Gebäude ist das?
- Wann kommen wir darin zusammen?
- Was machen wir hier?
- Was machen die Erwachsenen hier?
- Wann kommt ihr gerne hierher, wann nicht?

*Überleitung (siehe Grundschulalter)*

**Kinderstunde im Vorschulalter**

**Hauptteil**
*Erzählstufen*
Zu den einzelnen Erzählstufen mit Figuren (Lego o.ä.) und Häusern (aus Pappe oder von Modelleisenbahn eine Kirche einbeziehen als Tempel) und auch Bäumen spielen.
1. Die Eltern gehen mit Jesus in den Tempel. Jesus ist 12 Jahre alt geworden. Erklärung, wie das Passahfest gefeiert wird: Lamm im Tempel schlachten lassen, gemeinsam essen, Gottesdienst feiern.
2. Nachdem das Fest vorbei ist, begeben sich alle Leute auf den Heimweg, so auch die Eltern von Jesus.
3. Josef und Maria vermissen ihren Sohn Jesus und suchen nach ihm.
4. Die Eltern gehen besorgt zurück.
5. Jesus unterhält sich im Tempel mit den Lehrern.
6. Die Eltern finden Jesus im Tempel.
7. Jesus erklärt seinen Eltern, warum er im Tempel geblieben ist: Das ist doch das Haus meines himmlischen Vaters. Hierher gehöre ich doch.
8. Sie gehen nach Nazareth zurück. Maria denkt darüber nach, warum Jesus gerne im Tempel ist.

Die Spielfläche schon vor der Kinderstunde aufbauen. Figuren groß genug wählen.

**Vertiefung**
Für jedes Kind eine Kopie bereithalten „Wie finden Maria und Josef zu Jesus?" und dazu die Kinder erzählen lassen, warum Jesus nicht gleich mit seinen Eltern mitgegangen ist.

| | | **Liedvorschläge**  |
|---|---|---|
| Vater, ich will dich preisen | Wie kann man jung sein | |
| Lies die Bibel, bet jeden Tag | Alles ist so schön | |
| Das wichtigste Buch auf der Erde | Wo zwei oder drei (für Große) | |
| Die Bibel kommt von Gott (für Kleine) | | |

# 14

Jesus in seinem Vaterhaus

 **Arbeitshilfen**

 **Spiele**
Suchspiele z.B. Blinde Kuh

 **Rätsel**
*Wie finden Maria und Josef zu Jesus?*

Jesus in seinem Vaterhaus

 **Tempel**

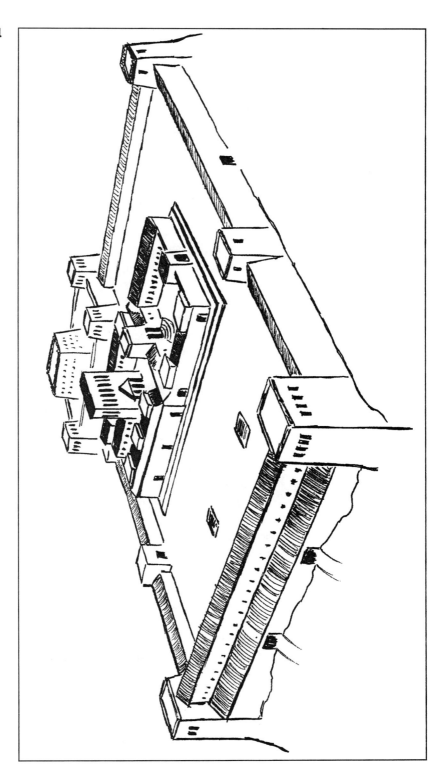

# 15 | Jesu Einzug in Jerusalem

**Text**

*Matthäus 21,1-11*

**Erklärungen zum Text**

Mit dieser Geschichte beginnt der Leidensweg Jesu. Jesus geht diesen Weg nicht willenlos, sondern ganz bewußt. Darin erfüllt er die Schrift. Der Ablauf der Ereignisse ist in allen Evangelien gleich, während die zahlreichen einzelnen Begebenheiten, Worte und Taten Jesu zuvor in den Evangelien durchaus verschieden angeordnet sind. Alles zielt jetzt auf die letzte Wegstrecke hin. Darum müssen wir auch jeden Abschnitt in seiner Zielsetzung auf das Kreuz hin verstehen. Der Einzug Jesu in Jerusalem ist der erste Schritt auf dieser letzten Wegstrecke ans Kreuz. Scheinbar hat diese Geschichte zunächst nichts mit der Passion zu tun. Und doch wird gerade der tiefe Zusammenhang in doppelter Weise darin deutlich.

1. Jesus reitet auf einem Esel ein. Der Einzug eines königlichen Siegers geschah stets auf einem Pferd, mit einem königlichen Herold und Fanfarenbläsern vorausgehend. Diese Geschichte weist nun denselben Rahmen eines königlichen Einzuges auf, jedoch inhaltlich ins Gegenteil verkehrt: Statt eines Pferdes ist es ein Esel – also ein Lasttier. Ein Tier, das ihm nicht einmal selbst gehört, sondern nach Gebrauch wieder abgegeben werden muß. Ein König ohne Krone, ohne Schwert, ohne Glanz. Statt kostbarer Teppiche sind es die einfachen Gewänder der Pilger. Statt Fanfaren die schreiende Menge der Jünger und des Volkes.

2. Der Hinweis auf die Prophetenstelle Sach. 9,9 verdeutlicht, daß Jesus hier die alttestamentliche Verheißung erfüllt. In diesem Text ist deutlich die heilsgeschichtliche Linie zu erkennen. Denn alttestamentliche Weissagungen deuten auf den Messias als Lastenträger hin. Die Erfüllung dieser Verheißung geschieht durch die Passion Jesu. In der Zukunft wird Jesus nicht mehr in dieser Niedrigkeit, sondern für alle sichtbar als der König der Könige, der Herr aller Herren wiederkommen, vor dem sich alle Knie beugen werden.

*Begriffserklärung:*
- *Betphage:* Der Ort liegt am Ölberg in der Nähe von Bethanien, jedoch näher an Jerusalem, am Osthang des Ölberges. Die Stadt wurde zum Bezirk der Stadt Jerusalem gerechnet.
- *Ölberg:* Er befindet sich 1 km östlich von Jerusalem, von der Stadt durch das Kidrontal getrennt. Vom Ölberg aus hatte man einen prächtigen Blick auf die Stadt, vor allem auf den Tempel. Nach Sach. 14,4 ist es der Ort, von dem aus das Ende seinen Anfang nehmen wird.
- *Tochter Zion:* Damit ist die Stadt Jerusalem gemeint
- *Hosianna:* Ursprünglich war das ein Hilferuf und bedeutet: Hilf doch (Psalm 118,25)! Hosianna besitzt die gleiche Sprachwurzel wie der Na-

# Jesu Einzug in Jerusalem    15

me Jesus (Jeschua). Es ist der Ruf nach dem rettenden Handeln Jesu.
- *Sohn Davids:* Sohn Davids ist der Inbegriff der Messiaserwartung. Jesus wird hier eindeutig als messianischer König angesprochen.

Jesus geht bewußt seinen Leidensweg und erfüllt damit die Schrift.

**Schwerpunkte des Textes**

Die Kinder haben zu solch einer Geschichte, in der Jesus der „strahlende Jesus" ist, leicht einen Zugang. Aber gerade darin liegt die Gefahr, das Wesentliche zu übersehen. Daß es sich bei dem Einzug in Jerusalem um einen entscheidenden Schritt auf dem Leidensweg Jesu handelt, werden die Kinder nicht ermessen können. Deshalb muß eine vordergründige Darstellung vermieden werden, die sich in der Erzählung erschöpft oder den „strahlenden Jesus" in den Mittelpunkt stellt. Von daher würde zunächst naheliegen, beim Einstieg die Leidensankündigung mit hineinzunehmen und für das „Muß" des Leidensweges ein erstes Verständnis zu wecken. Das gilt auch für die falsche Messiaserwartung des Volkes und der Jünger damals.

**Anmerkungen zur Situation des Kindes**

☺ Jesus zog nicht wie ein König, sondern eher wie ein Bettler in Jerusalem ein. Das Volk machte sich damit über ihn lustig. Aber Gott hatte diesen untersten Weg für seinen Sohn vorgesehen.
♡ Es tut weh, verspottet und verlacht zu werden. Dabei fällt es schwer, stillzuhalten und sich nicht zu wehren. Besonders dann, wenn die Erniedrigung stellvertretend für andere erduldet wird.
🙏 Im Gebet kann das Kind Jesus für seinen Leidensweg danken.

**Lernziele**

Siehe, dein König kommt zu dir, ein Gerechter und ein Helfer (Sach. 9,9).

**Lernvers**

## Hinweise zur Durchführung

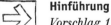 **Hinführung**
*Vorschlag 1:* Die Kinder stellen dar, was alles geschehen muß, wenn zu Hause wichtiger Besuch erwartet wird. Hausputz, Kuchenbacken, besondere Leckereien einkaufen usw. Die Spannung und die Vorfreude auf den Besuch soll deutlich werden.

**Kinderstunde im Grundschulalter**

*Vorschlag 2:* Verschiedene Utensilien liegen bereit (z. B. Rucksack, Krone, Teppich, Schmuck, alter Mantel usw.). Damit sollen die Kinder einen aus ihrer Mitte zum König schmücken. Dabei werden sie sicher die Kostbarkeiten verwenden und wohl in Gelächter ausbrechen, wenn der „König" den alten Mantel anzieht.

 **Hauptteil**
*Erzählstufe 1*

Jesus ist mit seinen Jüngern auf dem Weg durch das Land. Viele Leute sind bei ihm. Sie hören gerne auf ihn und sind beeindruckt von seinen Taten, denn sie haben schon viel mit ihm erlebt. (Von den Kindern einiges aufzählen lassen und auf der Tafel unter NT notieren.) Nun ist Jesus mit seinen Jüngern auf dem Weg nach Jerusalem. (Auf einer Landkarte von Israel kann den Kindern der Weg vom See Genezareth durch das Jordantal, vorbei an Jericho nach Jerusalem gezeigt werden; s. Lektion 14, Arbeitshilfen).

Die Jünger freuen sich auf Jerusalem, denn diese Stadt ist faszinierend, weil...: (von den Kindern aufzählen lassen):
- Tempel, Tempelplatz,
- viele Menschen,
- das jährliche Passahfest,
- die Lieder und Gottesdienste usw.

Die Freude wird laut geäußert, doch heimlich unterhalten sich einige der Jünger: „Ihr wißt doch, daß die Schriftgelehrten und Pharisäer Jesus nach dem Tode trachten. Sie sind ganz eifersüchtig wegen seiner Taten und behaupten, er würde Gott lästern." Mitten auf dem Weg nach Jerusalem bleibt Jesus stehen und erklärt seinen Jüngern: „Wenn wir jetzt nach Jerusalem gehen, wird es anders sein als sonst. Dieses Mal wird es ein ganz entscheidender Weg sein. Ich werde nämlich in Jerusalem von den Ältesten des Volkes, den Hohenpriestern und Schriftgelehrten gefangengenommen werden. Sie werden mich verhören und schließlich übel plagen und kreuzigen. Ich werde jedoch am dritten Tage von den Toten wieder auferstehen."

Die Jünger sind sprachlos. Schweigend gehen alle weiter. Sie spüren, wie ernst es Jesus meint und wie schweigsam er ist. Sie verstehen es aber überhaupt nicht. – Je näher sie nach Jerusalem kommen, desto weniger denken sie daran, und die Freude bricht wieder durch.

*Erzählstufe 2*

Sie wandern von Jericho nach Jerusalem. Auf der Höhe des Ölberges werden sie einen prächtigen Blick nach Jerusalem haben. Als sie fast oben auf dem Ölberg sind, schickt Jesus zwei Jünger voraus in den kleinen Flecken Bethphage. Den Kindern wird der Auftrag Jesu geschildert, die Ausführung durch die Jünger und das Staunen der anderen Jünger.

*Erzählstufe 3*

Den Blick vom Ölberg nach Jerusalem beschreiben oder mit Bildern verdeutlichen. Den Zuhörern wird nun der Weg vom Ölberg durch das Kidrontal nach Jerusalem geschildert.

# 15

Jesu Einzug in Jerusalem

*Erzählstufe 4 (Foliencollagen)*
Jesus sitzt auf dem Esel und zieht in Jerusalem ein. Das Volk jubelt. Alle sind der Überzeugung, daß jetzt der Befreier von der Unterdrückung durch die Römer da ist. An dieser Stelle kann der Lernvers eingefügt und laut mit den Kindern gerufen werden.

**Vertiefung**
- *Frage an die Kinder:* „Ist Jesus ein König?" Der Einzug eines richtigen Königs in der Antike und das Kommen Jesu wird verglichen (siehe Arbeitshilfen: Tabelle).
- *Lernvers:* Mit Figuren aus den Farbfolien für Tageslichtschreiber oder mit Skizzen (siehe Arbeitshilfen) wiederholen und einprägen.

**Hinführung**
*Vorschlag 1:* Aus Zeitschriften wird auf einer großen Pappe eine Collage aus Bildern zusammengestellt, die mit dem Besuch eines Königs oder einer Königin zu tun haben, z.B. schöne Kleider, gutes Essen, prächtige Blumen, roter Teppich, viele Leute, geschmückte Straßen, viel Polizei, teure Autos usw. Für alle Vorbereitungen für einen hohen Besuch braucht man viel Zeit, und alles muß gut bedacht sein.

**Kinderstunde im Vorschulalter**

*Vorschlag 2:* Frage an die Kinder: „Was würdest du tun, oder was könnten wir alle gemeinsam tun, wenn die Königin von England nächste Woche zu uns zu Besuch käme?" Mögliche Antworten der Kinder: Kuchen backen, Lieder einüben, Theater spielen, schön anziehen, den Raum putzen und schmücken usw.

**Hauptteil**
Erzählen der Geschichte mit den Foliencollagen (Born-Verl.). Die Geschichte kann auch mit Bildern aus dem Buch von Kees de Kort oder den Dias desselben Künstlers erzählt werden. Titel der Dias: „Jesus in Jerusalem" (Deutsche Bibelgesellschaft).

**Vertiefung**
Wir basteln einen Esel. – Wenn der Esel erzählen könnte, auf dem Jesus in Jerusalem eingezogen ist!

Herr der Herren  
Wer ist der König des Dschungels  
Jesus kam für dich

Eins macht mich froh  
Sing mit mir ein Halleluja

**Liedvorschläge**

# 15

Jesu Einzug in Jerusalem

 **Arbeitshilfen**   **Tafelbild**

| Wie ein König einzog | Wie Jesus einzog |
|---|---|
| weißes Pferd | Esel |
| Teppiche | Kleider |
| Herold | Jünger |
| Fanfaren | Gesang der Leute |
| Zuschauer | viele Leute |
| Läßt sich als Sieger feiern | Kommt als der verheißene Retter, Lastträger |

 **Spiele**

*Die Reise nach Jerusalem*

*Audienz beim König:*
Ein Spieler (der König) geht vor die Tür. Zwei Stühle werden so nebeneinandergestellt, daß zwischen ihnen der Platz für einen Stuhl frei bleibt. Eine Decke bedeckt nun beide Stühle und versteckt die Stuhllücke. Auf die Stühle setzt sich je ein Spieler, nur die getarnte Lücke bleibt frei. Der Hinausgeschickte wird hereingerufen, nach einer kurzen Begrüßungsrede wird ihm sein Platz zwischen den beiden „Dienern" zugewiesen. Sobald er sich hinsetzt, stehen die beiden anderen auf. Der „König" setzt sich so in die Lücke und holt sich durch die darunter stehende Wasserschüssel ein nasses Hinterteil. Das Gelächter ist groß.

Jesu Einzug in Jerusalem

**Lernvers**

**Siehe, dein**

**König**

**kommt zu dir**

**ein Gerechter und ein Helfer**

# 15

Jesu Einzug in Jerusalem

**Bastelvorschläge**

*1. Häuser aus Schachteln kleben, dazu einen Esel aus Toilettenpapierrollen.* Die leeren Rollen werden mit grauer Farbe bemalt. Aus Tonpapier stellt man dazu Kopf und Ohren her und klebt sie an die Rollen. Für den Schwanz werden Wollreste verwendet und die Beine aus Holzstückchen gebastelt.

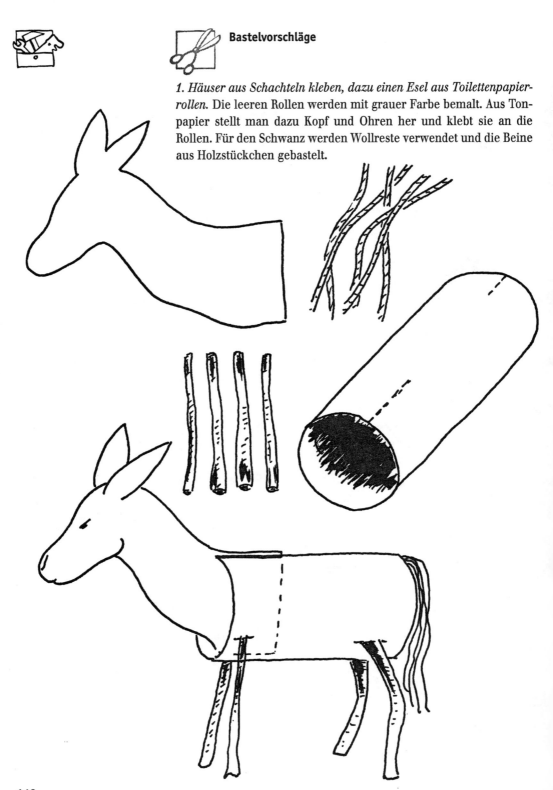

# 15

Jesu Einzug in Jerusalem

2. *Einen Esel aus grauem Tonpapier herstellen.* Den Esel kopieren, auf Pappe aufkleben und ausschneiden (= Schablone).

Jedes Kind faltet sein Papier einmal, und mit Hilfe der Schablone können dann die Umrisse auf das Tonpapier gezeichnet werden.

Die Kinder lassen das Papier gefaltet und schneiden den halben Esel aus. Die Beine werden etwas länger geschnitten, damit sie später, nach innen umgeknickt, für Standfestigkeit sorgen. Einen Schwanz kann man mit Wollfaden innen am Knick ankleben.

Nach dem Anmalen (Augen, Nüstern usw.) muß noch der Kopf nach unten geknickt werden. Fertig!

 **Foliencollagen**

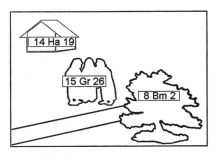

1 (Weg zeichnen)

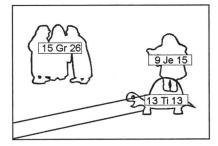

2 (Weg zeichnen)

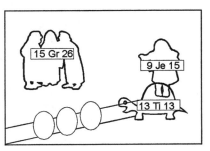

3 (Weg und Palmwedel zeichnen)

# 16 | Gethsemane

**Text**

*Matthäus 26,31-56*

**Erklärungen zum Text**

Vers 31-35: Voraus ging der Einzug Jesu nach Jerusalem. Die Jünger hatten Jesus als den umjubelten König erlebt. Die Leidensankündigung war vergessen, verdrängt, auf jeden Fall nicht verstanden. In dieser Nacht wird ihnen der Weg Jesu zu einer großen Anfechtung. Aus Furcht rennen sie auseinander. An den Worten des Petrus ist zu erkennen, wie wenig er den Weg Jesu versteht.

Vers 36-46: Die Schwachheit des Gottessohnes an dieser Stelle ist eines der größten Geheimnisse des Evangeliums. Der, der alle Macht hat, steht nun zitternd und zagend vor seinen Jüngern. Daran wird deutlich, daß auch Jesus sich den Weg des Gehorsams erkämpfen mußte. Es handelt sich hier um die Erfüllung der Schrift, „denn die Stunde war da" (V. 45.54.56), aber ohne Kampf ist das nicht möglich. Dabei geht es aber nicht darum, daß Jesus auf die Erlösung der Menschen verzichten will. Sein dringlicher Ruf an den Vater gilt der Frage, ob denn sein Weg ans Kreuz und in die Gottverlassenheit der einzige Weg sei. Die bittere Stunde wird dadurch erschwert, daß seine Jünger ihn äußerlich und innerlich alleinlassen und in der Anfechtung erliegen. Zugleich wird deutlich, welche Kraft aus einem echten Gebetsringen hervorgeht: Jesus steht von dem Kampf auf, befreit von der Angst, mit einem ganzen JA zum Gehorsamsweg bis zum Tode (Phil. 2,8). Er weiß sein Leben in der Geborgenheit des Vaters und in der Gewißheit göttlicher Erfüllung. Dieses „Ja, Vater" ist das tiefe Geheimnis eines Leidensweges.

• *Gethsemane:* Die wörtliche Bedeutung ist „Ölkelter". Benannt ist dieser Platz wahrscheinlich nach einer Ölpresse, die in einer Höhle im Garten war. Ein Garten am Fuß des Ölberges, dicht am Weg von Jerusalem nach Bethanien. Jesus hat hier öfter mit seinen Jüngern Rast gemacht.

• *Kelch:* Es war üblich, daß der Hausvater den Becher füllte und ihn an die Familienmitglieder oder Gäste weitergab. So wurde das Weiterreichen des Bechers zum Bild für Lebensführung und Schicksal. Wie der Hausvater den Becher weiterreicht, so bestimmt Gott das Geschick der Menschen. In Gethsemane fleht Jesus den Vater an, ihm den Kelch des Leidens und Sterbens zu ersparen, sofern es sein Wille ist.

*Die heilsgeschichtliche Linie:*
Bei dieser Geschichte geht es auf keinen Fall um eine menschliche Tragödie, sondern „die Stunde ist da", Gottes Zeitpunkt ist eingetreten. „Es erschien ihm aber ein Engel vom Himmel und stärkte ihn"

(Lukas 22,43). Die notwendige Hilfe und Stärkung liegt nicht in uns, sondern sie kommt von außen, von Gott.

Vers 47-50: Der Kuß war als Zeichen vereinbart worden, um zu verhindern, daß Jesus entkommen könnte oder daß einer seiner Jünger gefangengenommen werden würde. Der „Judas-Kuß" ist seit dieser Stunde der Ausdruck für die abscheulichste Heuchelei, denn dieser Verrat geschah mit dem Zeichen inniger Liebe und Freundschaft. Auch die listige Strategie Satans wird bei dieser Begebenheit sehr deutlich. Er braucht für seine Aktivitäten die Dunkelheit der Nacht. Seine Macht beweist er durch die große Schar Soldaten mit Schwertern und Stangen bewaffnet. Es war zum Teil die Tempelpolizei, also Diener der Hohenpriester und Pharisäer (Joh. 18,3), die übrigen waren römisches Militär. Nach dem Bericht des Johannes handelt es sich dabei um eine Kohorte, die aus 500 Mann bestand (römische Scharen). Die Angst des Judas und der überzogene Einsatz der Soldaten zeigt, daß sie Jesus als gefährlichen Menschen vor den Römern darstellen wollen, beweist aber zugleich ihre wirkliche Ohnmacht gegenüber Jesus. Damit wird das Wort, das Jesus vor Pilatus aussprach, vorbereitet: „Mein Reich ist nicht von dieser Welt" (Joh. 18,36).

Nur Johannes berichtet, daß der dreinschlagende Jünger Petrus war. Das Verhalten des Petrus zeigt die „menschliche Reaktion." Die göttliche Reaktion auf Macht und List Satans sehen wir bei Jesus.

Gott ist nicht immer zu verstehen, aber er versteht uns.

**Schwerpunkt des Textes**

Kinder können gut nachvollziehen, daß es eine große Gemeinheit ist, auf einen einzelnen mit einer großen Schar von Gegnern loszugehen. Ebenso der Verrat eines besten Freundes, der plötzlich auf der „anderen Seite" steht, ist für die Kinder gut vorstellbar. Vielleicht haben manche Kinder an dieser Stelle selbst schon Erfahrungen gemacht. Sie wissen auch, daß List und Tücke mit der Dunkelheit gut zu verbinden ist. Aus Kriminalfällen im Fernsehen wird ihnen das tagtäglich vorgeführt. Und auf Gewalt mit Gewalt zu reagieren sind ebenfalls für die Kinder tägliche Erlebnisse. So wird es ihnen nicht schwerfallen, den Petrus in der Situation im Garten Gethsemane zu verstehen. Aber um so schwieriger wird es für die Kinder sein, den Leidensweg Jesu zu begreifen. Vom Erzähler ist an dieser Stelle viel Einfühlungsvermögen gefordert.

Im wesentlichen geht es bei dieser Geschichte nicht um die äußere Handlung, sondern um das darin enthaltene Evangelium: Gott ist stärker als alle Macht der Welt. Die Geschichte darf darum

**Anmerkungen zur Situation des Kindes**

# 16 Gethsemane

auf keinen Fall so beendet werden, als würde es sich hier um eine menschliche Katastrophe der Ungerechtigkeit handeln. Sondern Jesus weiß sich aufgrund des Gebetskampfes in den Händen des Vaters.

**Lernziele**

☺ Auch Jesus hat Angst erlebt und seinen Vater angefleht, ihm diesen schweren Weg zu ersparen, wenn Gott es will. Darum versteht Jesus uns genau, wenn wir in Situationen sind, wo die Angst regiert.
♡ Es ist gut, in Angstsituationen nicht allein zu sein. Das Gebet gibt gerade in schweren und unbegreiflichen Augenblicken und Zeiten Hilfe und Kraft.
✋ Das Kind soll ermutigt werden, alle Ungerechtigkeit, Angst und Zweifel mit Jesus zu besprechen.

**Lernvers**

Wachet und betet, daß ihr nicht in Anfechtung fallt! Der Geist ist willig, aber das Fleisch ist schwach (Matthäus 26,41).

## Hinweise zur Durchführung

**Kinderstunde im Grundschulalter**

**Hinführung**
*Vorschlag 1:*
Die Kinder erzählen aus ihrem Erfahrungsbereich von Gemeinheiten wie Verrat und Gewalt. Dabei sollte der Leiter darauf achten, daß die Beiträge kurz sind und nicht vom Thema abschweifen.

*Vorschlag 2:*
*Bildbetrachtung (siehe Arbeitshilfen)*
Das Bild „Gethsemane" wird für jedes Kind vervielfältigt oder auf Folie kopiert. Die Kinder sollen sich zu folgenden Punkten äußern:
- Wen erkennst du auf dem Bild?
- Was fällt dir an den Gesichtern auf?
- Was entdeckst du an der Haltung von Jesus?
- usw.
Danach findet ein Austausch über die Beobachtungen der Kinder statt.

**Hauptteil**
*Erzählstufe 1 (V. 31-35)*
Es wird nicht notwendig sein, alle Details zu erzählen: Den Kindern soll klar werden, daß Selbstüberhebung in Stunden der Anfechtung nicht trägt.

Gethsemane | **16**

*Erzählstufe 2 (V. 36-46)*
Dieser Abschnitt sollte schlicht und knapp erzählt werden, so wie es der biblische Bericht selbst macht. Ernst und eindrücklich sollten die Worte des Erzählers sein, seine Stimme ruhig und ohne viel Effekte. Die Stärkung durch das Gebet soll deutlich werden, die Jesus im Gespräch mit seinem Vater erfährt. Die Geborgenheit, die ihn umgibt, die Ruhe, mit der er auf die Jünger zugeht, die Gewißheit, wie es jetzt weitergehen wird.

*Erzählstufe 3 (V. 47-56)*
Es empfiehlt sich, zwischen den einzelnen Erzählstufen kein Gespräch einzuschalten, es sei denn, daß von den Kindern spontane Fragen kommen. Ein vertiefendes Gespräch bietet sich eher am Schluß an. Das Anrücken der Tempeldiener und des römischen Militärs darf gerne drastisch geschildert werden. Dadurch kommt auch der Kontrast zu dem Verhalten Jesu deutlich zum Ausdruck. Die Person des Judas sollte nicht ausgemalt, sondern nur knapp beschrieben werden. Insgesamt wird an dieser Stelle der Erzählung der deutliche Gegensatz zwischen dem Handeln der Menschen und der Reaktion Jesu herausgearbeitet.

### Vertiefung

• *Bildbetrachtung bei Hinführung Vorschlag 1 (siehe Arbeitshilfen):* Mögliche Fragen: Was fällt dir an den Gesichtern der Soldaten und Jünger im Vergleich zu Jesus auf? Womit sind die Soldaten bewaffnet, was setzt Jesus dagegen ein? Welche Körperhaltung nehmen die Soldaten ein? Wie steht Jesus da? u. ä.

• *Gespräch:* Aufbrechende Fragen der Kinder aufgreifen und beantworten.
Wie ging Jesus in den Garten? Wie kam er aus dem Garten?
Die Antworten in einer Tabelle gegenüberstellen.
Wie handelten die Menschen? Wie reagierte Jesus
(ebenfalls Antworten in einer Tabelle gegenüberstellen).

• *Gebetsgemeinschaft:* Gebetsanliegen sammeln. In welchen Schwierigkeiten stehen die Kinder? Es könnte für kranke Klassenkameraden gebetet werden oder für Menschen, die in Not sind, vielleicht für einen Vater, der Arbeit sucht usw. Jeder könnte auch ein kurzes Gebet aufschreiben.

# 16

Gethsemane

 **Kinderstunde im Vorschulalter**

 **Hinführung**

*Vorschlag 1:*
Wiederholung der Geschichte vom Einzug in Jerusalem, wo Jesus als König gefeiert wurde. Nun ist die Stimmung ins Gegenteil umgeschlagen. Sogar einer seiner engsten Mitarbeiter begeht eine riesige Gemeinheit! Es ist eine echte Kriminalgeschichte.

*Vorschlag 2:*
Die Kinder berichten zu folgenden Punkten aus ihren Erfahrungen mit dem Gebet.
- Gott kann ich zu jeder Tageszeit sprechen.
- Aus dem Gebet bekomme ich Kraft.
- Gott hört mich, auch wenn ich ihn nicht sehe.
- Mit Gott kann ich über alles reden.

 **Hauptteil**

Ein Mitarbeiter der Kinderstunde hat sich verkleidet und spielt den Petrus. Er berichtet vom Aufenthalt im Garten und seinem Versagen bei der Fürbitte. Dabei erwähnt er auch, daß der Judas nicht da war, geht aber im Augenblick nicht weiter darauf ein. Plötzlich im Dunkeln Schatten von Gestalten, das Rasseln der Schwerter, feste Schritte und, er traut seinen Augen nicht, da ist der Judas. Petrus berichtet auch von seinem Ärger und der Wut gegenüber Judas und den Soldaten und freut sich, daß er es ihnen gezeigt hat. Ein Volltreffer war es, als er dem Soldaten das Ohr abschlug. Aber, was war das, Jesus fand das gar nicht gut, sondern half dem Soldaten noch und heilte das Ohr wieder. Jetzt kann Petrus sehr gut schildern, daß Jesus so ganz anders handelt, als er es tun würde. Jesus weiß um seinen Weg und hat durch das Gebet Kraft von Gott bekommen. Am Ende erzählt Petrus von seiner Angst und daß plötzlich alle seine Kollegen verschwunden waren. Aber er will wissen, was jetzt mit Jesus geschieht, und verschwindet.

 **Vertiefung**

Die Kinder wiederholen die Geschichte mit der Kulisse und den Personengruppen „Jesus im Garten Gethsemane" (siehe Arbeitshilfen).

 **Liedvorschläge**

Gott will hören  
Am Ende kein Ausweg  
Gott hört mich

Mein Gott ist so groß  
Wenn einer sagt  
Keinem von uns ist Gott fern

Gethsemane | **16**

**Kopiervorlage: Lernvers**
Die Worte sind in einem Wortsalat durcheinandergeschüttelt und werden in die richtige Reihenfolge gebracht.

**Arbeitshilfen**

Wachet und betet, daß ihr nicht in Anfechtung fallt! Der Geist ist willig, aber das Fleisch ist schwach.
Matthäus 26,41

 **Spiele**

*Plätze wechseln*
Alle sitzen im Kreis. Jeder hat seine ausgezählte Nummer. Einer steht mit verbundenen Augen in der Mitte. Dieser ruft zwei Nummern auf. Nun versuchen diese beiden genannten Spieler an dem mit den verbundenen Augen vorbeizukommen und ihre Plätze zu tauschen. Der andere muß versuchen, einen der beiden zu fangen. Wenn es ihm nicht gelingt, versucht er es noch einmal, indem er zwei andere Nummern nennt. Wer gefangen wird, muß dann in den Kreis, und das Spiel beginnt von vorne. Natürlich muß es für dieses Spiel ganz still im Raum sein.

*Geheimpolizei*
Die Spieler sitzen im Kreis, und von einem Stuhl zum anderen ist etwa 1m Platz. Unter 20 Spielern werden ca. 4-5 zu Geheimpolizisten ernannt. Für die anderen sind sie aber äußerlich nicht erkennbar. Ein Spieler ist nun „Peppi" der Räuber. In die Kreismitte wurde ein Taschentuch ausgebreitet. Das muß „Peppi" jetzt entfernen und so schnell wie möglich sich aus dem Stuhlkreis entfernen. Nun ist es die Aufgabe der Geheimpolizei, den Räuber noch im Stuhlkreis zu fangen. Ist der Räuber aber geschickt, täuscht er die Geheimpolizei erst, um herauszufinden, wo sich etwas regt, damit er an günstigen Stellen entwischen kann.

# 16

Gethsemane

**Szenenbild**
Jesus im Garten Gethsemane

Gethsemane

## 16

**Jesus im Garten Gethsemane**

Anhand der Skizze wird gemeinsam mit den Kindern eine Kulisse des Gartens angefertigt. Die Personengruppen sind bereits vom Leiter vorbereitet.

Kulisse und Personengruppen dienen als Hilfe beim Erzählen und sind gleichzeitig ein Wandbild zur Erinnerung.

Zum anderen können die Personengruppen zur Vertiefung und Wiederholung der Erzählung benutzt werden, indem die Kinder die wichtigsten Gespräche und Begebenheiten erzählen. Eine weitere Hilfe ist das Einfügen von Sprech- und Gedankenblasen.

151

# 17 | Die Verleugnung des Petrus

**Text**

*Matthäus 26, 69-75*

**Erklärungen zum Text**

*Parallelstellen:*
Markus 14, 66-72; Lukas 22, 56-62; Johannes 18, 17.25-27
Es ist hilfreich, die Parallelstellen mit zu bedenken, da die anderen Evangelisten einzelne Begebenheiten ausführlicher und anschaulicher berichten.

*Begriffe:*
• *Verleugnen:* Es bedeutet, eine persönliche Beziehung zu jemandem zu verneinen oder zu bestreiten. Das Motiv des Verleugnens ist fast immer Menschenfurcht, Angst vor dem Urteil anderer, Angst vor Spott und Verfolgung. Jesus verleugnen heißt, die Beziehung zu ihm zu bestreiten, sich von Jesus zu distanzieren.
• *Bekennen:* Öffentlich sich zu jemand stellen, ihn bejahen. Bekenntnis zu Jesus heißt, ja sagen zu Jesus, ihn als persönlichen Herrn bezeugen. Das geschieht durch Wort und Tat.

*Personen:*
• *Petrus:* Petrus stammte aus der Fischerstadt Bethsaida, am Ostufer des Jordans. Von Beruf war er Fischer. Später wohnte er mit seiner Familie in Kapernaum, bis Jesus ihn in seine Nachfolge rief. Durch sein Temperament und seine Begeisterungsfähigkeit stand er im Jüngerkreis oft im Vordergrund und übernahm die Führerrolle (Matth. 16,15.16; Matth. 19,27; Joh. 6,67). Er gehörte mit Johannes und Jakobus zu den drei Jüngern, die Jesus besonders nahestanden (Matth. 17,1.26.37; Luk. 8,51). Ein paar Stunden vor der Gefangennahme Jesu beteuerte er Jesus seine Bereitschaft, ihn nie zu verlassen, ja, für ihn und mit ihm zu sterben.

*Zum Text:*
Verse 69-71: Das höhnische Wort der Magd hat Petrus überrascht und verwirrt. Zunächst versucht er, sich aus der Affäre zu ziehen, indem er so tut, als verstehe er nicht, was die Magd will. Es wird ihm jedoch zu gefährlich, und er versucht so schnell wie möglich diesen ungemütlichen Ort zu verlassen.

Vers 72: Petrus fühlt sich in die Enge getrieben und leugnet seine Zugehörigkeit zu Jesus. Um die Glaubwürdigkeit seiner Aussage noch zu unterstreichen, versichert er mit einem Schwur: „Ich kenne diesen Menschen nicht."

Vers 74: Er fängt an, sich zu verfluchen und zu schwören: „Ich kenne diesen Menschen nicht." Und alsbald kräht der Hahn. Da fällt es dem Petrus wie Schuppen von den Augen, er hat sein Wort nicht

# Die Verleugnung des Petrus | 17

gehalten. Verstärkt wird dieses tiefe Erschrecken noch im Bericht des Lukas (22,61): „Da wandte sich Jesus um und sah Petrus an." Was mag in diesem Augenblick in Petrus vorgegangen sein? Als er sich erkennt, bricht alles in ihm zusammen, sein Selbstbewußtsein, sein Selbstvertrauen, seine Selbstsicherheit. Er hat Jesus wirklich lieb. Sein Versprechen war ernst gemeint. Er wollte wirklich zu Jesus halten, alles für ihn einsetzen. Aber dann hat er es doch nicht geschafft.

Bekennen ist schwer. Auch Jünger Jesu können fallen. **Schwerpunkt des Textes**

Bei unserem Text geht es um das Versagen des Petrus. Kinder, auch die jüngeren, können diese Situation sehr gut nachempfinden. Sie machen selber immer wieder diese Erfahrungen, wenn sie ihr Versprechen gegenüber den Eltern und Freunden nicht einhalten können. Auch in der Nachfolge Jesu erleben sie es ähnlich wie Petrus. **Anmerkung zur Situation des Kindes**

Viele Kinder haben Jesus wirklich lieb. Aber wenn dann die anderen in der Schule, im Kindergarten oder auch die Freunde oder Geschwister darüber lachen, schämen sie sich und sind lieber still. Diese Erfahrung machen übrigens nicht nur Kinder, sonder auch wir als Erwachsene. Es hat also nichts damit zu tun, wie lange jemand in der Nachfolge Jesu steht, um so seinen Herrn und sich selbst zu enttäuschen. Wichtig ist, den Kindern deutlich zu machen, daß Jesus uns kennt und weiß, wie wir uns fühlen. Er kennt unsere Angst, verspottet und ausgelacht zu werden. Trotzdem liebt er uns und läßt uns nicht einfach stehen. Im Gegenteil, er will uns helfen, mutig und treu zu sein.

☺ Selbst die Jünger, die jeden Tag mit Jesus zusammen waren, fürchteten sich, ihren Glauben an Jesus in schwierigen Situationen zu bezeugen, obwohl Petrus es seinem Herrn fest versprochen hatte. **Lernziele**
♡ Es ist enttäuschend, wenn ein guter Freund sein Versprechen nicht hält. Aber noch deprimierter fühlt man sich, wenn man selbst eingestehen muß, daß man versagt hat.
✋ Das Kind ermutigen, seinen Glauben zu bekennen und auch auf Ablehnung und eigenes Versagen gefaßt zu sein.

Wer mich bekennt vor den Menschen, den will ich auch bekennen vor meinem himmlischen Vater (Matth. 10,32). **Lernvers**

# 17 | Die Verleugnung des Petrus

## Hinweise zur Durchführung:

 **Kinderstunde im Grundschulalter**

 **Hinführung**
*Vorschlag 1*
Spiel: „Dalli, Dalli" über das Leben des Petrus
Die Kinder werden in zwei oder mehr Gruppen eingeteilt. Zu einem Stichwort müssen sie schnell ein anderes nennen, das zu Petrus paßt.
z.B. Boot – verlassen, Sturm, Fischer usw.
od. Sturm – Jesus, Angst, Stille usw.
Die Gruppe, die in der verfügbaren Zeit die meisten richtigen Stichworte nennt oder aufschreibt, hat gewonnen.

*Vorschlag 2:*
Frage an die Kinder: „Was würdet ihr sagen, wenn ich euch heute etwas verspreche und es am Ende nicht halte?" Mögliche Antworten der Kinder: Lügner, Betrüger, Schuft, das ist gemein, dir glaube ich nichts mehr usw. Gespräch mit den Kindern: „Hast du schon einmal jemand enttäuscht, weil du dein Versprechen nicht halten konntest?" Die Kinder und auch der/die Leiter der Gruppe erzählen von ihren Erfahrungen.

 **Hauptteil**
*(mit Foliencollagen erzählen)*
1. Es ist Nacht – zwei Männer schleichen durch die Stadt. Im Schatten der Bäume und Häuser bleiben sie hin und wieder stehen, um zu lauschen. Sie flüstern miteinander... Einer der beiden zeigt auf eines der vornehmen Häuser der Stadt: „Dort sind sie. Sie bringen ihn zu Kaiphas. Den kenne ich, da können wir hinein." Der andere zögert. „Komm endlich. Ich mache das schon. Du willst doch sonst immer der erste sein."

2. Aus nächster Nähe – im Hof des Palastes: Es ist kalt – ein Feuer brennt – Soldaten wärmen sich – sie unterhalten sich über den Gefangenen – Petrus mischt sich unter sie. „Nur nicht auffallen, nur nicht erkannt werden", denkt er.

3. Gefährliche Situation: Eine Magd fragt: „Bist du nicht auch einer von denen?" – Petrus schrickt zusammen und murmelt vor sich hin: „Quatsch, ich weiß gar nicht, wovon die spricht", und etwas lauter zu den Umstehenden: „Wißt ihr, was die will?" Keine Antwort. „Ob ich nicht doch verschwinden soll?"
Die Situation wird gefährlich. Das Herz klopft Petrus bis zum Hals. Angst schnürt ihm die Kehle zu. Langsam steht er auf und geht

# Die Verleugnung des Petrus

auf die Tür zu. „Eh, gehörst du nicht auch zu diesem Jesus?" Mit diesen Worten versperrt ihm eine andere Magd den Weg. „Ich, wie kommst du denn auf so was? Ich kenne den Gefangenen überhaupt nicht. Ich schwöre, wirklich nicht!" Einer der Männer schaut ihn nachdenklich an: „Und ich hätte schwören können, ich hätte dich heute nacht bei ihm in Gethsemane gesehen." – Was nun? Petrus weiß keine Antwort. Die Zunge klebt ihm am Gaumen. Der Mund ist wie ausgetrocknet. Dann schreit er plötzlich los: „Seid ihr denn alle verrückt geworden? Ich kenne diesen Menschen nicht. Wie könnt ihr so etwas behaupten? Niemals, ich habe nichts zu schaffen mit so einem." Schweigend starren ihn die anderen an. In der Ferne kräht ein Hahn. Petrus fährt zusammen. Alles erscheint ihm auf einmal wie ein schrecklicher Traum. „Was habe ich getan? Ich habe ihn verraten, und er hat es gewußt. Er hat mich gewarnt. Vor ein paar Stunden war es." Petrus sieht die Situation wieder ganz deutlich vor sich:
Auf dem Weg nach Gethsemane hatte Jesus zu ihm gesagt: „Heute nacht werdet ihr mich alle verlassen." Wie konnte Jesus nur so etwas sagen? Wie hatte er sich gekränkt gefühlt: „Nein, Herr, niemals, andere vielleicht, aber ich nicht. Nie werde ich dich verlassen. Ich werde für dich kämpfen. Ich würde sogar für dich sterben, wenn es sein müßte." Wie traurig hatte ihn Jesus da angesehen: „Petrus, auch du – noch ehe der Hahn heute nacht kräht, wirst du mich dreimal verleugnen." – Und jetzt – es war genau so gekommen, wie er es gesagt hatte: Wie konnte ich nur? Ich wollte für Jesus sterben – und jetzt? Petrus sieht zu der gefesselten Gestalt hinüber. Da dreht sich Jesus zu ihm um und schaut ihn an. Nicht vorwurfsvoll – nicht verachtend, als wollte er ihm sagen: „Siehst du Petrus, deine Kraft war doch schwach, dein Mut zu klein, du hast versagt; aber Petrus, vergiß nicht, was ich euch immer gesagt habe: Gerade für solche bin ich gekommen. Petrus, ich habe dich noch immer lieb."

4. Das war zuviel für Petrus. Er konnte seine Tränen nicht mehr zurückhalten: „Weg von hier – nur weg." Und Petrus lief hinaus und weinte bitterlich.

 **Vertiefung**
*Gespräch mit den Kindern* über Verleugnen, Bekennen, eigene Erfahrungen und Erlebnisse.
Hier dürfen wir den Kindern Mut machen, daß Jesus uns genauso kennt wie den Petrus und um Stunden und Augenblicke weiß, in denen es uns ähnlich geht wie ihm; aber auch, daß Gott uns auch dann noch lieb hat, wenn wir versagen, daß er uns vergibt und uns helfen will, ihm treu zu sein.

# 17 | Die Verleugnung des Petrus

 **Kinderstunde im Vorschulalter**

 **Hinführung**
*Vorschlag 1:*
Memoryspiel über das Leben Jesu

*Vorschlag 2:* Aus dem eigenen Erleben berichten. Den Kindern für diese Stunde ein Versprechen abnehmen, z. B. daß niemand dazwischenredet.

 **Hauptteil**
Erzählung aus der Sicht des Petrus, aus eigener Betroffenheit. Der Erzähler verkleidet sich entsprechend.

 **Vertiefung**
Die Kinder an ihr Versprechen am Anfang erinnern.
Keiner hat es mit Absicht nicht eingehalten. Trotzdem sind sie angenommen und geliebt. Falls der Leiter am Anfang ein Versprechen gegeben hat, gilt es nun, dies einzulösen.

 **Liedvorschläge**

Eins macht mich froh          Ich bin glücklich
Kindermutmachlied             Sei ein lebendger Fisch
Was nichts gilt

 **Arbeitshilfen**      **Spiele**

*Ich liebe meinen Freund mit D*
Alle Mitspieler sitzen im Kreis. Der Spielleiter beginnt und wirft einem in der Runde einen Tennisball zu und sagt so schnell wie möglich: „Ich liebe meinen Freund mit D!" Der Ballfänger muß nun blitzschnell eine Eigenschaft nennen, die mit D beginnt, z.B. dumm. Dann wirft er den Ball weiter. Selbstverständlich können auch andere Buchstaben ins Spiel gebracht werden. Wichtig ist, daß die Antworten sehr schnell kommen. Fällt dem Ballfänger nicht sofort etwas ein, muß er ein Pfand geben oder bekommt mit verknoteten Taschentüchern von seinen Nebensitzern so lange Prügel, bis er eine Antwort geben kann. Schwierige Buchstaben kann man auch zu Beginn des Spieles streichen oder eine Buchstabenauswahl treffen.

*Die böse Sieben*
Alle Spieler sitzen im Kreis und zählen von 1-100 laut. Dabei sagt jeder immer nur eine Zahl. Kommt aber in der Zahl eine Sieben vor,

Die Verleugnung des Petrus

muß er brrrr sagen und darf die Zahl nicht aussprechen.(7, 17, 27 37 usw.) Es zählen aber auch diese Zahlen, die durch 7 teilbar sind wie z.B. 14, 21, 28 usw. Paßt ein Spieler nicht auf, muß er ein Pfand geben. Wichtig ist dabei, daß schnell gezählt wird.

*Memoryspiel: Leben Jesu*
Die Memory-Karten werden auf einem Tisch ausgebreitet (linke Seite 1 – 12, rechte Seite 13 – 24). Zwei Gruppen werden gebildet. Gruppe 1 wählt auf der rechten Hälfte eine Zahl aus. Der Leiter liest die Frage auf der Rückseite vor. Nun versucht Gruppe 1, das passende Kärtchen auf der rechten Seite zu finden. Stimmt die Antwort nicht, werden die Kärtchen zurückgelegt, und Gruppe 2 ist an der Reihe. Wird die richtige Antwort gefunden, erhält die Gruppe einen Punkt, die Kärtchen werden herausgenommen, und das Spiel geht weiter.

*Das Hahnspiel*

Als Petrus den Hahn krähen hörte, fiel ihm wieder ein, was Jesus gesagt hatte. Helfen uns die Hähne auch, uns noch an die Geschichte zu erinnern? Ein Spielplan wird auf einem Plakatkarton nach der Abbildung angefertigt. Mitspielen können 2-6 Kinder. Jeder bekommt ein „Mensch-ärgere-dich-nicht-Männchen" in einer anderen Farbe. Durch Würfeln dürfen die Figuren weiter gesetzt werden. Neben dem Spielplan liegt ein Stapel mit Ereigniskarten. Bleibt ein Kind mit seiner Figur auf dem Hahn stehen, muß es die oberste Ereigniskarte nehmen und die darauf stehende Frage beantworten. Weiß es die Antwort nicht, muß es drei Schritte rückwärts gehen. Wer ist zuerst am Ziel?

Mögliche Fragen für die Ereigniskarten könnten sein:
- Wie hieß der Garten, in dem Jesus festgenommen wurde?
- Was war das Erkennungszeichen des Verräters?
- Welcher Jünger hat Jesus verraten?
- Wie oft hat Petrus Jesus verleugnet?
- Womit waren die Soldaten bewaffnet?
- Zu welcher Tageszeit wurde Jesus festgenommen?
- Mit wem wollte Jesus vor seiner Festnahme ganz alleine sein?
- Welches Tier hörte Petrus am frühen Morgen?
- An welches Versprechen erinnerte sich Petrus, als der Hahn krähte?
usw.

*(Abbildungen für „Das Hahnspiel" und „Memoryspiel: Leben Jesu" siehe folgende Seiten)*

# 17

Die Verleugnung des Petrus

 **Memoryspiel: Leben Jesu**

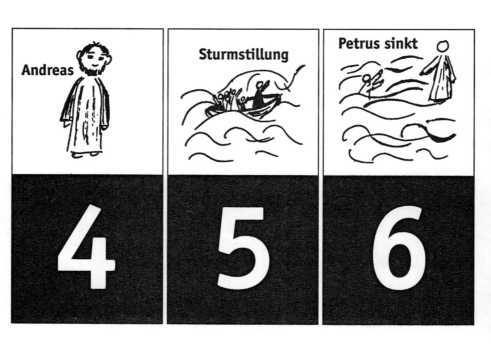

Die Verleugnung des Petrus

# 17

# 17

Die Verleugnung des Petrus

| Petrus stammte aus der Fischerstadt ... | Der Bruder von Petrus hieß ... | Petrus war von Beruf ... |
|---|---|---|
| **13** | **14** | **15** |

| Petrus war verheiratet und wohnte bei seinen Schwiegereltern (bei den Eltern seiner Frau). In welcher Stadt? | Als Jesus Petrus in die Nachfolge rief, sagte er ... | Bei welcher Begebenheit schrie Petrus: „Herr, hilf mir!"? |
|---|---|---|
| **16** | **17** | **18** |

Die Verleugnung des Petrus

# 17

| Jesus heilte viele Kranke in Kapernaum. Darunter war jemand aus Petrus' Verwandtschaft. Wer? | Was machte Petrus, als die Soldaten Jesus gefangennehmen wollten? | Wo wurde Jesus gefangengenommen? |
|---|---|---|
| **19** | **20** | **21** |

| Was taten seine Jünger und auch Petrus, als Jesus von den Soldaten abgeführt wurde? | Bei einer seiner ersten Begegnungen mit Jesus erlebt Petrus ein großes Wunder. Welches? | Bei welcher Gelegenheit erlebte Petrus die Macht Jesu über die Naturgewalten? |
|---|---|---|
| **22** | **23** | **24** |

# 17

Die Verleugnung des Petrus

 **Das Hahnspiel**

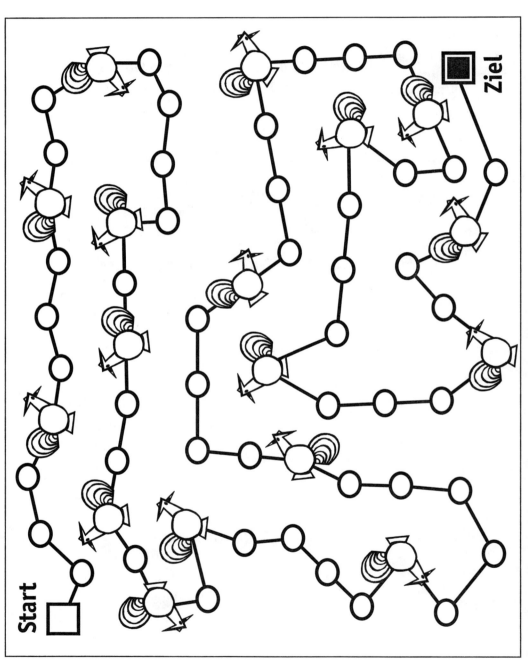

Die Verleugnung des Petrus

# 17

 **Foliencollagen**

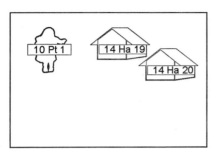

1

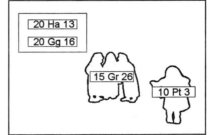

2

3

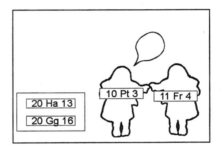

4

5

**Vorlage für Ereigniskarten**

**(Das Hahnspiel)**

# 18 | Die Kreuzigung Jesu

**Text**

*Matthäus 27,15-56*

**Erklärungen zum Text**

*Geschichtlicher Hintergrund*

Zur Zeit Jesu herrschte der römische Kaiser Herodes Antipas. Pontius Pilatus war Prokurator und hatte die militärische Macht, die Gerichtsbarkeit über Leben und Tod und die Finanzverwaltung. Während seiner Amtszeit hatte er nur geringes Ansehen bei den Juden. Er war bestechlich und schreckte vor Gewalt nicht zurück. Die Juden hatten von ihrem Recht, sich beim Kaiser über ihn zu beschweren, schon einmal Gebrauch gemacht. Das erklärt auch seine Haltung im Prozeß. Er ist von der Unschuld Jesu überzeugt und will das Todesurteil verhindern. Aber er wagt es nicht, gegen den Willen des Volkes und deren Führer zu entscheiden. Aus Angst, die Gunst der Juden und damit auch die des Kaisers zu verlieren, handelt er gegen seine eigene Meinung (Joh. 19,12).

Vers 15: Pilatus sucht eine Gelegenheit, das Todesurteil abzuwenden. Es war damals üblich, zu solchen Festtagen (Passah) einen Gefangenen freizulassen.

Vers 16: Nach Markus 15 war Barabbas Mitglied einer Aufstandsbewegung. Während einer Revolte hatte er einen Mord begangen und saß deshalb im Gefängnis.

Vers 22: Die Kreuzigung war die härteste Strafe und wurde bei verschiedenen Völkern angewendet (Esra 6,11). Die Juden benutzten diese Methode der Todesstrafe nicht, sondern wendeten die Steinigung, den Tod durchs Schwert oder die Verbrennung an. An das Holz hängten sie die Leichname nur als Zeichen dafür, daß dieser Getötete von Gott verflucht sei (5. Mose 21,22). Bei den Römern wurde die Kreuzigung für die schlimmsten Verbrecher angewendet. Diese Strafe war so entehrend, daß sie einem römischen Bürger nicht angetan werden durfte, sondern nur für Sklaven, Straßenräuber, Aufrührer und geächtete Kriegsgefangene in Frage kam. Die zur Kreuzigung Verurteilten mußten zuerst die Geißelung über sich ergehen lassen und dann ihr Kreuz selber zum Richtplatz tragen. Dieser lag außerhalb der Stadt an einer belebten Straße. Die Verurteilten wurden entkleidet und, nachdem man ihnen einen Rauschtrank gegeben hatte, an das Kreuz genagelt. Durch die Römer wurde die Kreuzigung auch in Palästina eingeführt. Die Leichname mußten nach jüdischem Gesetz vor dem Abend abgenommen werden (Gal. 3,13; 5. Mose 21,23). Der Gegeißelte am Kreuz wird als der Verhaßte angesehen, der zur Stadt hinausgeworfene Kreuzträger, als der von der Welt und von Gott Verworfene, Verachtete und Verfluchte.

# 18 Die Kreuzigung Jesu

Vers 24: Pilatus versucht, die Verantwortung für die Verurteilung Jesu von sich abzuwälzen. Bei seiner symbolischen Handwaschung handelt es sich um eine jüdische Sitte, die auf ein Gesetz Moses zurückgeht (5. Mose 21,1-9).

Vers 32: Cyrene liegt im heutigen Libyen, in Nordafrika. Dort lebten viele Juden. Simon könnte als Festpilger in Jerusalem anwesend gewesen sein. Jerusalem war aber auch der Ort, an den viele Juden aus der Zerstreuung zurückkehrten. Nach Apg. 2 waren das Menschen aus dem persischen Reich, aus Nordafrika, aus dem griechisch-hellenistischen Raum und aus Rom. Manche Ausleger vermuten, daß Simon nicht in einer näheren Beziehung zu Jesus stand, da er während der Verurteilung Jesu auf dem Felde war. Andere meinen, Simon sei nur vom Feld gekommen, weil er während des Festes außerhalb der Stadt übernachtet habe. Bedeutsam ist, daß Simon von weither Jesus hilft, während Simon Petrus, der Jesus bis zum Tode folgen wollte, nicht zur Stelle war.

Vers 33: Golgatha bedeutet Schädelstätte. Dieser Ort hatte seinen Namen daher, weil es sich um einen auch sonst benutzten Platz für Hinrichtungen handelte, an dem die Schädel und Gebeine der Hingerichteten lagen, denen ein Begräbnis verweigert worden war. Hinrichtungen mußten nach jüdischem Gesetz immer außerhalb der Stadt vollzogen werden (4. Mose 15,35; 1. Kön. 21,13; Apg. 7,56). Es bedeutete gleichzeitig die Ausschließung aus der menschlichen Gesellschaft (Hebr. 13,12). Golgatha lag außerhalb der Tore von Jerusalem und nahe bei der Stadt (Joh. 19,20; Matth. 27,32; Mark. 15,20).

Vers 34: Das hebr. Wort für Galle kann auch mit Wermut übersetzt werden. Markus sagt: „Sie gaben ihm Myrrhe gemixt mit Wein" (Mark. 15,23) als Betäubungstrank. Jesus wies diesen Rauschtrank zurück, weil er bewußt sterben wollte.

Vers 35: Für die Soldaten war die Kreuzigung eine Routinearbeit. Nach römischer Sitte wurde das Kreuz von vier Soldaten bewacht, die unter den Befehlen eines Hauptmannes standen. Die Kleidung der Verurteilten fiel den römischen Kriegsknechten zu. Der Rock Jesu schien den Soldaten zu schade zu sein, um ihn in vier Stücke aufzuteilen. So kamen sie auf das Los- und Würfelspiel (Joh. 19,24). Damit erfüllte sich die Vorhersage aus Psalm 22,19.

Vers 36: Die Soldaten bewachten die Kreuze, um ein vorzeitiges oder ungesetzliches Abnehmen des Gekreuzigten zu verhindern.

Vers 37: Meistens hing man dem Verurteilten die Schrifttafel schon auf dem Weg zum Richtplatz um den Hals. Nach der Hinrichtung wurde sie dann am Kreuz befestigt. Nach Joh. 19,19 ff. hatte Pilatus diese Überschrift in hebräischer, griechischer und lateinischer Sprache schreiben lassen. INRI ist lateinisch die Abkürzung

# 18 | Die Kreuzigung Jesu

von: Jesus Nazarenus, Rex Judaeorum (Jesu aus Nazareth, König der Juden).

Vers 38: Die beiden Männer neben ihm sind nach Lukas 23,41 zu recht verurteilte Übeltäter, wie einer der beiden auch selbst zugab. Auch hierin erfüllt sich die Prophetie aus Jes. 53,12b.

Vers 40: Dieses Wort, das Jesus in Joh. 2,19 ff. an die Juden richtet, ist immer falsch verstanden worden. Im Prozeß (Matth. 26,61) wurde es als Anklage benutzt. Jesus wollte damit sagen (Joh. 2,21 ff.), der alte Tempel hat ausgedient, der alte Ort der Sündenvergebung hat keine Bedeutung mehr. Der neue Ort der Sündenvergebung ist die Person des Auferstandenen. Zum Gottesvolk gehört ab jetzt nicht mehr der, der sich an Jerusalem und den Tempel hält, sondern der sich an den neuen Tempel, Jesus Christus selbst hält. Jesus widersteht selbst in dieser qualvollen Situation der Versuchung, seine Gottessohnschaft unter Beweis zu stellen und vom Kreuz herabzusteigen.

Vers 43: Die Spötter höhnen Jesus mit den Worten der Feinde des Messias aus Psalm 22,9, so daß die dortige Weissagung dadurch ganz buchstäblich erfüllt wird.

Vers 45: Die Sonnenfinsternis dauerte etwa von 12.00 Uhr bis 15.00 Uhr, also während einer Zeit, wo die Sonne am höchsten steht und der Tag am hellsten leuchtet. Es kann aber keine gewöhnliche Sonnenfinsternis gewesen sein, da das Osterfest zur Zeit des Vollmondes gefeiert wird. Die ganze Natur, der ganze Kosmos ist mit in das Geschehen eingeschlossen. Denken wir auch an das umgekehrte Zeichen, den hellen Schein bei der Geburt Jesu.

Vers 46: Diese Anfangsworte zum 22. Psalm klingen wie ein Aufschrei. Das Schlimmste ist, daß Gott selber ihn im Stich lassen mußte. 2. Kor. 5,21: „Denn Gott hat den, der von keiner Sünde wußte, für uns zur Sünde gemacht." Jes. 53,6: „Aber der Herr warf alle unsere Sünden auf ihn." Er hat unsere Schuld auf sich genommen; das bedeutet Trennung von Gott. Er hat Gericht und Strafe für uns getragen.

Vers 50: Von Lukas wissen wir, daß es die Worte waren: „Vater, in deine Hände befehle ich meinen Geist." Mit einem Gebet auf den Lippen stirbt Jesus.

**Schwerpunkt des Textes**

Gottes Sohn stirbt am Kreuz für die Sünden aller Menschen.

**Hinweise zur Situation des Kindes**

Diese Lektion stellt für den Mitarbeiter eine große Herausforderung dar. Es geht um das zentrale Geschehen unseres Glaubens und darf auf keinen Fall verschwiegen werden. Auch, wenn es sehr grausam ist, was Jesus erleiden mußte, darf es jüngeren Kindern nicht verschwiegen werden. Auf das Wie kommt es an. Auf gar keinen Fall

# Die Kreuzigung Jesu | 18

darf die Kreuzigung blutrünstig geschildert werden. Auch grausame Abbildungen sind hier fehl am Platze. Vielmehr geht es darum, die Einsamkeit Jesu und die Gottverlassenheit in seiner großen Not herauszustellen, weil er total unschuldig war. Älteren Kindern wird die Geschichte aus dem Religionsunterricht bekannt sein. Auch bei diesem Geschehen sollte darauf hingewiesen werden, daß der Tod am Kreuz nicht die Endstation Jesu war, sondern daß er lebt.

☺ Der Tod Jesu war keine Panne. Jesus ging den von Gott gewählten Weg der Verlassenheit, um die Schuld der Menschen zu sühnen.
♡ Es ist schrecklich, von seinen besten Freunden verlassen und mit Angst und Schmerzen allein zu sein.
✋ Die Kinder ermutigen, Jesus für sein Opfer zu danken.

**Lernziele**

So sehr hat Gott die Welt geliebt, daß er seinen eigenen Sohn gab, damit alle, die an ihn glauben, nicht verloren werden, sondern das ewige Leben haben (Joh. 3,16).

**Lernvers**

## Hinweise zur Durchführung

 **Hinführung**
*Vorschlag 1:*
Das Bild des Centurio (siehe Arbeitshilfen) wird den Kindern vorgelegt und dann kurz erklärt, wer er war. Von dem Hauptmann stammt der Satz: „Dieser Mensch ist wirklich Gottes Sohn." Wie kommt der Hauptmann als Heide zu dieser Erkenntnis?

**Kinderstunde im Grundschulalter**

*Vorschlag 2:*
Wenn es sich um Kinder handelt, die mindestens zehn Jahre oder älter sind, könnte man evtl. Bilder des Isenheimer Altars auswählen und mit den Kindern darüber ins Gespräch kommen, z.B.: Was bedeutet der lange Zeigefinger des Johannes oder was hat das Lamm mit dem Kreuz auf diesem Bild zu tun? usw. Die Bilder gibt es als Dias in den Medienstellen.

**Hauptteil**
Die Geschichte wird (anhand der Foliencollagen) aus der Sicht des Centurio erzählt:
„Es war ein weiter Weg vom Palast des Pilatus bis vor die Stadt. Es war sehr warm an diesem Tag. Der Verurteilte, den sie Jesus nannten, war am Ende seiner Kraft. Der Kreuzesbalken war einfach zu

# 18 — Die Kreuzigung Jesu

schwer für ihn. Man hatte ihn fürchterlich zusammengeschlagen. Sein Gesicht war blutüberströmt von der Dornenkrone, die man ihm auf den Kopf gedrückt hatte. Jeder sah, daß er nicht mehr konnte. Da kam ein Fremder vorbei. Er wurde gezwungen, das Kreuz des Verurteilten zu tragen. Als die Sonne hoch am Himmel stand, war unser Auftrag erledigt. Drei Kreuze standen auf dem Hügel Golgatha, das von Jesus in der Mitte. Links und rechts von ihm hingen zwei Verbrecher. Es war schon grausam, sich vorzustellen, daß die schweren Körper nur durch Nägel an den Holzbalken festgehalten wurden. Schmerzen, Qualen, Spott und Verachtung konnten Jesus nicht davon abhalten zu beten. Ungewöhnlich, was er betete! „Vater, vergib ihnen, denn sie wissen nicht, was sie tun!" Meinte er die Soldaten, die unter dem Kreuz um seinen Rock würfelten? Bei den Männern, die unter dem Kreuz standen und zum Teil noch spotteten, waren auch fromme Juden. Waren sie wirklich überzeugt davon, daß es richtig war, was sie diesem Mann antaten?

Einer der beiden Todesgenossen rief Jesus spöttisch zu: „Wenn du Christus bist, so hilf dir selbst und uns." Jesus aber blieb still. Er ließ sich dadurch nicht herausfordern... Da rief der Verbrecher auf der anderen Seite: „Fürchtest du dich auch nicht vor Gott? Uns beide trifft die Strafe zu Recht, aber dieser hat nichts Unrechtes getan." Dann schaute er zu Jesus und sagte in bittendem Ton: „Herr, denke an mich, wenn du in dein Reich kommst." Herr – ja, das war die richtige Anrede für diesen Mann in der Mitte. Herr – nicht Verbrecher. Und was tat Jesus?

Ich habe es genau beobachtet. Er kümmerte sich nicht um das, was die Leute unter dem Kreuz redeten; aber auf die Bitte des Mannes neben ihm ging er ein. Ihm antwortete er: „Wahrlich, ich sage dir, heute wirst du mit mir im Paradies sein!"

Unter dem Kreuz standen auch einige Frauen. Die Mutter Jesu war auch dabei, außerdem einer seiner Jünger. Mehr als still weinen und trauern konnten sie auch nicht. Wieder redete Jesus. Diesmal sprach er mit seiner Mutter: „Frau, das ist jetzt dein Sohn", und sein Blick wies auf Johannes hin. Dann sah er den Jünger an und sagte: „Das ist jetzt deine Mutter." Eine tiefe Liebe sprach aus seinen Worten und Blicken. Ein mit Essig getränkter Schwamm sollte dem Sterbenden in seinen Qualen ein wenig Linderung bringen. Doch Jesus lehnte ab. In allem, was er tat und sagte, war er einfach anders.

Inzwischen war es drei Uhr nachmittags. Der Himmel verfinsterte sich, ja es wurde richtig dunkel. Die Luft war unerträglich. Angst schnürte mir das Herz zusammen. Dann zerriß ein lauter, angstvoller Schrei die Stille. Jesus war es, der so schrie: „Eli, Eli lama asabthani." („Mein Gott, mein Gott, warum hast du mich verlassen?") Das ging einem mitten durchs Herz.

Die Kreuzigung Jesu | **18**

**Einschub:**
In dieser schrecklichen Stunde konnte Jesus nicht mehr „Vater" sagen. Aber er sagte „Mein Gott". Alles schreckliche Leiden hatte er still ertragen. Als sein Rücken von den Striemen blutig geschlagen wurde, als die Dornen sich in seinen Kopf bohrten, als die Nägel in seine Hände und Füße drangen, hörte man keinen Schmerzenslaut. Er hatte alles ertragen. Aber nun schrie er seine Not hinaus. Gott hatte sich von ihm zurückgezogen, das war das Schrecklichste. Jesus war allein, belastet mit deiner und meiner Schuld, beladen mit der Schuld der ganzen Welt. Er hat sie stellvertretend getragen und mit seinem Sterben dafür gesühnt. Das ist nicht zu begreifen, aber er hat es getan. Er rettete unser Leben von dem Todesurteil, das eigentlich an uns vollstreckt werden müßte.

Die Zeit schien nicht weiterzugehen. Jesus sprach mit ruhiger Stimme: „Es ist vollbracht." Dann folgten seine letzten Worte: „Vater, in deine Hände befehle ich meinen Geist!" Dann starb er. Da starb kein Verlierer – da starb ein Sieger! In diesem Augenblick geschahen eigenartige Dinge. Zur Dunkelheit kam jetzt noch ein Erdbeben hinzu. Sogar Gräber haben sich aufgetan, wie wir später erfuhren. Und im Tempel zerriß der Vorhang, der das Heiligtum von dem Allerheiligsten trennte. In unserem rauhen Alltag als Soldaten waren wir schon einiges gewohnt. Aber was ich hier erlebte, überstieg alles Vorherige. Ich war erschüttert und beeindruckt zugleich. Mochten andere von diesem Jesus von Nazareth denken, was sie wollten. Für mich stand und steht fest: Dieser Mann ist Gottes Sohn!

**Vertiefung**
*Visuelle Darstellung:*
Jesus – der einzige Weg ( siehe Arbeitshilfen)

**Hinführung**
*Vorschlag 1:*
Frage an die Kinder: Wo gibt es überall Kreuze?
- auf Berggipfeln
- in den Kirchen auf dem Altar
- auf Kirchtürmen
- als Halsketten
- in Gemeindehäusern
- auf dem Friedhof
- an Hauswänden von manchen Häusern
- in der Schule usw.

Frage: Welche Bedeutung haben die Kreuze?

**Kinderstunde im Vorschulalter**

169

*Vorschlag 2:*
Gespräch: Wer ist schon einmal bestraft worden für etwas, was er gar nicht getan hat? Wie kam es dazu? Wurde die Sache später klargestellt? Hat dir jemand beigestanden? Wie hast du dich gefühlt, als du die ungerechte Strafe bekamst?

**Hauptteil**

Das Gespräch zwischen dem Hohenpriester und den Ältesten wird dargestellt (mit verteilten Rollen vortragen). Sie beschließen, Jesus zu töten:

„Jetzt reicht es mir aber. Dieser Jesus behauptet doch tatsächlich, er sei Gottes Sohn."

„Ja, er übertreibt es wirklich. Er redet von Dingen, die keiner versteht, und trotzdem laufen ihm alle nach."

„Es muß ein Ende mit ihm haben. Wir müssen ihn töten."

„Dafür bin ich auch! Wir bringen ihn zu Pilatus. Er soll die Strafe über ihn verhängen."

Sie bringen ihn zu Pilatus (kurz sein Amt beschreiben). Sie tragen ihre Anklage vor und bitten ihn, die Strafe zu genehmigen. Pilatus verhört Jesus und merkt, daß er unschuldig ist. Er bittet das Volk zu entscheiden...

„Wollt ihr Jesus oder Barabbas?"

Die Leute schreien: „Barabbas, Barabbas." Pilatus kann es nicht fassen. Sie wollen den Schwerverbrecher freilassen. Er fragt: „Was hat Jesus denn getan?"

Aber das Volk schreit nur noch lauter: „Barabbas, Barabbas."

Nun muß Pilatus auch zu seinem Wort stehen. Er gibt Barabbas frei und gibt die Genehmigung für den Tod Jesu. Die Soldaten nehmen Jesus mit. Sie verspotten ihn. Vor der Stadt mußte er an einem Kreuz sterben...

**Vertiefung**

Jesus hatte nichts Böses getan. Aber er hat sich trotzdem bestrafen lassen – für mich und für dich...

*Puzzle* (siehe Arbeitshilfen)

**Liedvorschläge**

Für mich gingst du nach Golgatha
Gott ist die Liebe
Es gibt jemand, der deine Lasten kennt
All meine Sünde nahm Jesus mir ab
Jesus kam für dich
Ich bin erlöst

Die Kreuzigung Jesu

 **Bild eines römischen Centurio**  **Arbeitshilfen**

# 18

Die Kreuzigung Jesu

**Puzzle für kleinere Kinder**
*Jesus wird verurteilt und verspottet*
Das Puzzle wird vervielfältigt und auseinandergeschnitten. Die Kinder setzen es zusammen, kleben es auf eine Pappe und malen es an.

Die Kreuzigung Jesu

# 18

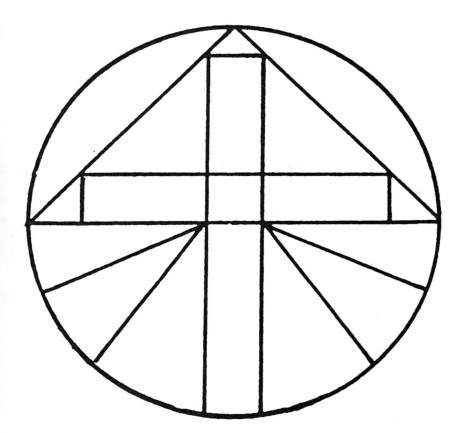

**Kopiervorlage: Puzzle für ältere Kinder**
*Dreieck-Kreuz-Kreis*

Die Puzzleteile kopieren und vergrößern. Die Teile des Dreiecks von zwei Kindern zusammensetzen lassen. Zwei andere Kinder legen mit den restlichen Teilen einen Kreis um das Dreieck. Wieder zwei andere versuchen, aus dem Kreis nun Teile so herauszunehmen, daß vom dunklen Hintergrund her ein Kreuz entsteht.

*Erklärung:*
Dreieck = Zeichen für Gott
Dreieck im Kreis = Gott kam in Jesus zu uns Menschen
Kreuz im Kreis = Jesus starb für die Welt, für uns.

**Vorlage für OHP-Folie**

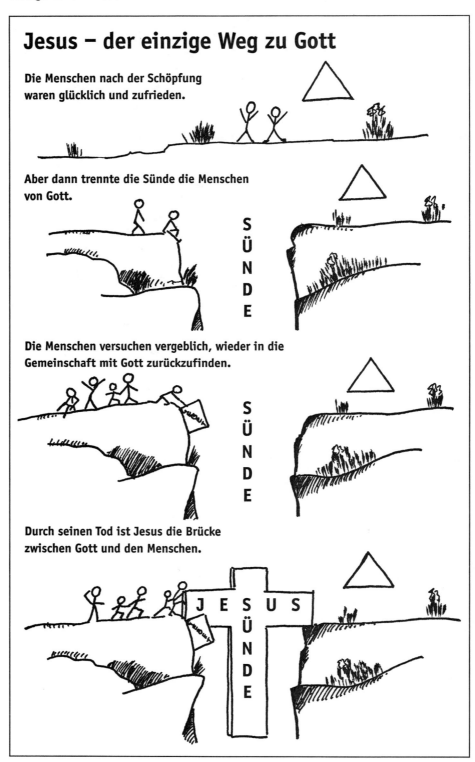

Die Kreuzigung Jesu

**Foliencollagen**

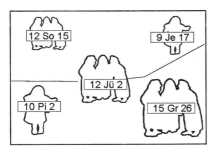

1 (Gebäude zeichnen)

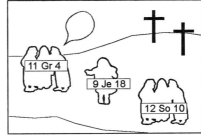

2 (Landschaft zeichnen)

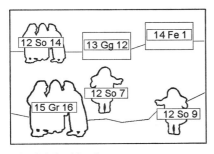

3 (Landschaft zeichnen)

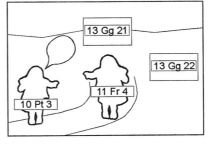

4 (Landschaft zeichnen)

18

175

# 19 | Die Auferstehung Jesu

**Text**

Matthäus 28,1-15

**Erklärungen zum Text**

Vers 1: Die beiden Frauen, die bereits bei der Grablegung Jesu dabei waren (Kap. 27,61), kommen früh am Morgen zum Grab.

Verse 2-4: Die eigentliche Auferweckung Jesu kann nicht beschrieben werden. Wie ein Sieger setzt sich der Engel auf den abgewälzten Stein (V.2). Engel und Erdbeben signalisieren, daß es um ein endzeitliches Geschehen geht. Gottes Ewigkeit bricht in die vergehende Welt des Todes ein. Die den Toten bewachen sollen, sind wie tot. Und der Tote, den sie bewachen, geht ins Leben.

Verse 5-6: Die Frauen werden von dem Engel angesprochen. Zuerst wird ihnen die Furcht genommen (Lukas 2,10). Die eigentliche Botschaft ist: Der Gekreuzigte „ist nicht hier, er ist auferstanden, wie er gesagt hat". Die Ankündigungen und Verheißungen haben sich erfüllt (Kap. 12,40; 16,21), auch die Verheißungen im AT.

Verse 7-8: Die Frauen werden zu den ersten Evangelistinnen. Auf Galiläa hatte Jesus seine Jünger schon früher hingewiesen (Kap. 26,32). Furcht und große Freude kennzeichnen den Weg der Frauen weg vom Grab (Joh. 20,20; Mark. 16,8). Doch auf der Freude liegt der besondere Ton. Aus ihr heraus können sie Boten an die Jünger werden.

Verse 9-10: „Freuet euch", so lautet genau übersetzt der Gruß Jesu. Die Frauen umfassen seine Füße – der Auferstandene ist kein Geist (Luk. 24,39ff.) Das Niederfallen ist die Form der Königshuldigung (Kap. 8,2; 20,20): Sie beten ihn an (V. 17). Jesus wiederholt den Auftrag des Engels. „Meine Brüder" – das ist der Würdename der Jünger Jesu; obwohl sie in der Stunde des Leidens und Sterbens versagt haben, verstößt er sie nicht, sondern wendet sich ihnen neu zu (Ps. 22,23; Joh. 20,15 ff.; Hebr. 2,11).

Verse 11-15: Nicht nur die Frauen gehen weg vom Grab, sondern auch die Soldaten. Auch sie sind Boten von der Auferstehung Jesu, doch führt ihr Bericht zu ganz anderen Konsequenzen. Weil nicht wahr sein kann, was nicht wahr sein darf, finden die Führer des Volkes eine Lösung. Die Sorge der Soldaten, daß Pilatus sie zur Rechenschaft ziehen könnte, wird von den „Ältesten" zerstreut. So nehmen die Kriegsknechte das Geld. Mit Geld hatten die Juden Jesus in ihre Gewalt bekommen (Kap. 26,14-16), mit Geld wollen sie ihn und seine Sache für immer unmöglich machen. Aber alle Mittel der Macht und Gewalt, Geld, Lüge und Verleumdung können den Weg des Evangeliums von Karfreitag und Ostern nicht aufhalten. – ... „bis auf den heutigen Tag". Noch zur Zeit der Abfassung des Evangeliums gab es die in Vers 13 genannte Darstellung der Ereignisse als Abwehr der christlichen Verkündigung.

# 19

Die Auferstehung Jesu

*Begriffe und Personen*
- *Sabbat:* Der Sabbat wird in Israel als Ruhetag zur Erinnerung an den siebten Schöpfungstag gefeiert. Gott hatte diesen Tag geheiligt und gesegnet (1. Mose 2,2.3). Bereits in urchristlicher Zeit begannen die Christen, anstelle des Samstags den Sonntag zu feiern, als Auferstehungstag Jesu, als Erinnerung an die Neuschöpfung Gottes, als Freudentag über den Sieg Jesu Christi.
- *Grab:* Die Gräber lagen in der damaligen Zeit außerhalb der Ortschaften in Höhlen, oft umgeben von einem Garten oder aber auch auf dem Feld. Jesus wurde im Grab des Joseph von Arimathia in der Nähe von Golgatha beigesetzt (Kap. 27,57-61). Der Eingang war niedrig und mit einem Rollstein abgeschlossen.
- *Engel:* Sie sind Boten Gottes. Gott gebrauchte immer wieder Engel, um Botschaften an Menschen weiterzugeben oder um in bestimmte Geschehnisse einzugreifen. Sie kommen im Alten wie auch im Neuen Testament an den entscheidenden Punkten der Heilsgeschichte vor. In ihnen kommt der lebendige Gott selbst zum Zug.
- *Maria Magdalena:* Ihr Beiname weist auf ihren mutmaßlichen Heimatort Magdala (Kap. 15,29) an der Westseite des Sees Genezareth hin. Jesus hatte sie von siebenfacher dämonischer Gebundenheit befreit (Luk. 8,2). Sie gehörte zu den treuesten Jüngerinnen (Luk. 8,3). Sie ist eine der Frauen, die unter dem Kreuz Jesu standen (Kap. 27,56). Das Johannesevangelium berichtet eine besondere Erscheinung des Auferstandenen vor der weinenden Maria, die er mit Namen anredet (Joh. 20,11-18). Die andere Maria (V. 1) war nach Mark. 16,1 die Mutter des Jakobus.

**Schwerpunkt des Textes**

Jesus ist leibhaftig auferstanden und lebt.

**Anmerkungen zur Situation des Kindes**

Die Kinder wissen, daß ein toter Mensch nie mehr reden kann und auch nicht wiederkommt. Auch, wenn man diesen Menschen sehr geliebt hat, ist es unmöglich, ihn wieder zum Leben zu erwecken. Manche Kinder haben in ihrer eigenen Familie oder im Bekanntenkreis Todesfälle erlebt oder davon gehört. So ist die Auferstehung Jesu auch für sie total unfaßbar, und sie werden vielleicht den Bericht der Auferstehung kritisch hinterfragen. Es geht bei dieser Geschichte nicht um ein intellektuelles Verstehen des tatsächlichen Geschehens, sondern um das Bezeugen des Außergewöhnlichen. An dieser Geschichte wird die Macht Gottes, die alle menschlichen Möglichkeiten übersteigt, besonders deutlich. Er hat sogar Macht über den Tod und damit ganz bestimmt auch über die Sünde und alles Böse.

# 19

Die Auferstehung Jesu

**Lernziele**

☺ Menschenunmögliches und Unvorstellbares ist für Gott kein Problem. Er ist der Herr sogar über den Tod.
♡ Es ist gut zu wissen, daß es einen Stärkeren an meiner Seite gibt. Es gibt niemand Stärkeren als Gott.
✋ Weil Jesus lebt, ist er auch heute für uns da. Diese gute Nachricht muß weitergesagt werden.

**Lernvers**

Der Herr ist wahrhaftig auferstanden (Lukas 24,34).

## Hinweise zur Durchführung

**Kinderstunde im Grundschulalter**

**Hinführung**
*Vorschlag 1:*
Verschiedene Bilder von unterschiedlichen Gräbern werden zum Einstieg gezeigt und mit den Kindern über die Bedeutung von Gräbern gesprochen. Vielleicht ist es sogar möglich, einen Besuch auf einem nahegelegenen Friedhof zu machen. Ein Bild vom geschlossenen Felsengrab gibt die Überleitung zum Grab Jesu.

*Vorschlag 2:*
An einer Tafel wird Golgatha mit den drei Kreuzen skizziert. Gemeinsam tragen die Kinder zusammen, was hier an Karfreitag geschehen war. Obwohl die Jünger von Jesus auf seinen Tod hingewiesen worden waren, konnten sie nicht fassen, was mit ihrem Herrn geschehen war. Sie hatten keine Hoffnung mehr und lebten in großer Angst. Alles schien aus zu sein.

**Hauptteil**
*(mit den Foliencollagen erzählen)*

1. Zu den Menschen, die über den Tod Jesu sehr traurig waren, gehörte auch Maria. Sie hatte in besonderer Weise die Hilfe Jesu erfahren (Luk. 8,2), deshalb empfindet sie nun auch besonderen Schmerz (Joh. 20,11). Sie bereitete Salben zu, um nach damaliger Sitte dem Toten die letzte Ehre zu geben (Luk. 24,1).

2. Während die Frauen noch unterwegs waren, geschah plötzlich ein großes Erdbeben. Der Boden unter ihren Füßen bewegte sich... Die Wächter vor dem Grab fielen um. Sie fielen sogar in Ohnmacht, als ein Engel vom Himmel herunterkam und den schweren Stein vom Grab wegwälzte...

3. Als die Frauen vor dem leeren Grab ankamen, wurden sie noch trauriger, weil der Leichnam Jesu nicht mehr da war. Maria weinte

Die Auferstehung Jesu | **19**

(Joh. 20,11). Ihre Traurigkeit aber wurde in Freude verwandelt, als ihr der Engel die frohe Botschaft brachte, daß Jesus auferstanden war und lebte. Die Frauen sollten diese einzigartige Nachricht als erste den Jüngern überbringen. Als sie sich auf den Weg machten, begegnete ihnen Jesus persönlich. Sie konnten ihn anfassen und sich überzeugen, daß er es wirklich war und daß er lebte. Maria zitterte vor Angst und ganz großer Freude. Sie hatte es mit eigenen Augen gesehen und mit ihren Händen betastet: Gott hat Jesus von den Toten auferweckt. Ein außergewöhnliches, einzigartiges Erlebnis. Das kann nur Gott. Er ist Schöpfer und auch der Neuschöpfer.

4. Als die Wächter den Hohenpriestern berichteten, was sie erlebt hatten, erschraken auch diese. Mit einer Lüge versuchten sie die Auferstehung Jesu zu verheimlichen. Die Osterbotschaft paßt nicht in unsere Welt, deshalb versucht man sie zu verdrängen. Bis heute ist das nicht anders. Wer aber wie Maria dem auferstandenen Jesus begegnet, der weiß, daß er wirklich lebt, und kann sich darüber freuen.

### Vertiefung
*Lernvers:* Ein Felsengrab mit dem großen Stein malen und darauf den Vers schreiben. Dann wird das Bild zerschnitten. Die Kinder setzen es als Puzzle wieder zusammen.

### Hinführung
Die Kinder erzählen von Todesfällen und Beerdigungen, die sie selbst miterlebt haben. Sie berichten von der Traurigkeit, den vielen Blumen und Kränzen, dem Pastor und der Rede, vom offenen Grab, dem Sarg usw. Hilfe bei diesem Gespräch könnte das Buch sein: „Großvater und ich" (Brunnen Verlag). Tod und Beerdigung sind immer etwas Endgültiges. Darum können wir die Jünger und die Freunde Jesu gut verstehen.

**Kinderstunde im Vorschulalter**

### Hauptteil
Hilfe! Ein Gespenst! Das dachten die Frauen zuerst, als sie zu dem leeren Grab kamen und der Engel ihnen begegnete... Die Geschichte kann weiter aus der Sicht der Maria Magdalena erzählt und dargestellt werden. Die einzelnen Erzählschritte können wie bei den Grundschulkindern eingeteilt werden.

### Vertiefung
Die Kinder malen selbst ein *Bild* zur Geschichte.

# 19

Auferstehung Jesu

 **Liedvorschläge**
Der Herr ist auferstanden
Freud, Freud
Immer wieder könnt ich singen
Kommt und seht, das Grab ist leer
Links, rechts, geradeaus
Sing mit mir ein Halleluja

 **Arbeitshilfen**    **Spiele**

*Wer ist der Stärkste?*
Die Kinder stellen sich nebeneinander in einer Reihe auf und strecken ihren stärksten Arm aus. Den anderen Arm legen sie auf den Rücken. Auf die flache Hand des ausgestreckten Armes wird ein Liederbuch oder eine Bibel gelegt. Wer kann am längsten so aushalten, ohne daß das Buch herunterfällt oder der Arm abgestützt wird?

*Buchdrucker-Stafette*
Die Spieler werden in zwei oder mehr Gruppen eingeteilt. Für jede Gruppe liegen auf einem Tisch die gleichen Buchstaben bereit. Jeder einzelne Buchstabe steht auf einem extra Blatt Papier. Die Spieler stellen sich in etwa 20 Meter Entfernung des Buchstabentisches in Staffeln auf. Der Spielleiter ruft nun ein Wort, z.B.: Stein. Das Wort ist zugleich Startzeichen für die ersten Spieler jeder Gruppe. Schnell laufen sie zu den Buchstaben, legen das S an die Tischkante, laufen zurück, geben dem nächsten Spieler einen Schlag auf die Hand. Der zweite läuft los, legt neben das S das T usw. Die Gruppe, die zuerst das entsprechende Wort richtig zusammengesetzt hat, ist Sieger.
Weitere Worte aus der Geschichte könnten sein:
Frauen / Morgen / Grab / Angst / lebt / laufen / zwei / Boten usw.

Auferstehung Jesu

 **Idee für einen Ostergarten**

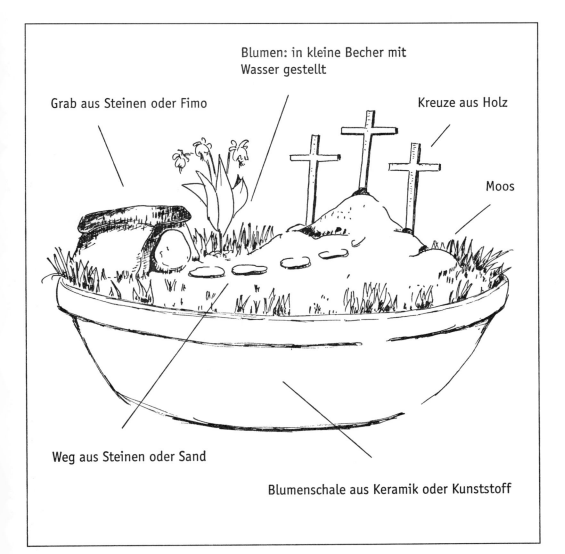

# 19 | Auferstehung Jesu

 **Beispielgeschichte**

*Jonathans Ei*

Jonathan Förster war körperlich und geistig leicht behindert zur Welt gekommen. Als er zwölf Jahre alt war, ging er mit viel jüngeren Kindern zusammen in eine Klasse. Es hatte den Anschein, daß er einfach nicht lernen konnte. Oft brachte er seine Lehrerin Doris Müller schier zur Verzweiflung, wenn er sich auf seinem Stuhl hin und her wand, vor sich hinstierte und dabei grunzende Geräusche von sich gab. Es gab allerdings auch Augenblicke, in denen Jonathan klar und deutlich sprach – gerade so, als sei ein Lichtstrahl in die Dunkelheit seines Gehirns gedrungen. Die meiste Zeit jedoch empfand es Doris als ausgesprochen unbefriedigend, Jonathan zu unterrichten.

Eines Tages rief sie seine Eltern an und bat sie zu einem Gespräch in die Schule. Als das Ehepaar in dem leeren Klassenraum schweigend vor ihr saß, sagte Doris: „Jonathan gehört eigentlich in eine Sonderschule. Es ist nicht fair ihm gegenüber, daß er immer mit viel jüngeren Kindern zusammen sein muß, die keine Lernprobleme haben. Schließlich ist er drei Jahre älter als alle seine Mitschüler!" Herr Förster antwortete: „Frau Müller, es gibt hier in der Nähe keine derartige Schule. Für Jonathan wäre es ein furchtbarer Schock, wenn wir ihn aus seiner gewohnten Umgebung herausnehmen müßten. Ich weiß, daß es ihm hier in dieser Schule sehr gut gefällt."

Nachdem beide gegangen waren, saß Doris noch lange auf ihrem Platz am Fenster und starrte hinaus auf den neugefallenen Schnee. Einerseits empfand sie Mitleid mit den Försters. Schließlich hatten sie nur dieses eine Kind, und das war unheilbar krank. Aber andererseits war es einfach nicht zu verantworten, Jonathan in dieser Klasse zu lassen. Außer ihm hatte sie ja noch 14 andere Kinder zu unterrichten, für die seine Anwesenheit nur eine ständige Ablenkung bedeutete. Außerdem – er würde sowieso nie lesen und schreiben lernen. Warum also sollte

# Auferstehung Jesu

sie sich noch länger abmühen und ihre Zeit an ihn verschwenden?

Während Doris so über die ganze Situation nachdachte, wurde sie plötzlich von einem starken Schuldgefühl überfallen. „O, Gott", sagte sie halblaut, „ich sitze hier und klage, während meine Probleme doch gar nichts sind im Vergleich zu denen dieser Familie! Bitte hilf mir, mehr Geduld mit Jonathan zu haben!"

Von nun an gab sie sich alle Mühe, Jonathans Geräusche und seine stierenden Blicke zu übersehen. Der Frühling kam, und die Kinder unterhielten sich angeregt über das bevorstehende Osterfest. Doris erzählte ihnen die Geschichte von der Auferstehung Jesu. Um den Gedanken des neuen Lebens zu unterstreichen, gab sie jedem Kind ein großes Plastikei. „Hört zu", sagte sie, „ich möchte, daß ihr das Ei mit nach Hause nehmt und es morgen wieder mitbringt – mit etwas darin, was neues Leben zeigt. Habt ihr mich verstanden?" „Na, klar, Frau Müller!" riefen die Kinder begeistert – alle, außer Jonathan. Er hörte aufmerksam zu. Ob er wohl begriffen hatte, was sie über den Tod und die Auferstehung Jesu gesagt hatte? Und verstand er, welche Aufgabe sie den Kindern gestellt hatte?

Am folgenden Morgen stürmten die Kinder aufgeregt in den Klassenraum, um den großen Weidenkorb auf dem Tisch der Lehrerin mit den mitgebrachten Plastikeiern zu füllen. Aber erst nach der Mathematikstunde durften die Eier geöffnet werden. Im ersten Ei befand sich eine Blume. „O ja", sagte Doris, „eine Blume ist wirklich ein Zeichen neuen Lebens. Wenn die ersten grünen Spitzen aus der Erde ragen, wissen wir, daß es Frühling wird." Ein kleines Mädchen in der ersten Reihe winkte heftig mit der Hand. „Das ist mein Ei, Frau Müller, das ist meines!" rief sie dabei laut. Das nächste Ei enthielt einen Plastik-Schmetterling, der richtig lebensecht aussah. Doris hielt ihn in die Höhe. „Wir wissen alle, daß aus einer häßlichen Raupe ein wunderschöner Schmetterling wird. Ja, auch das ist ein Zeichen für neues Leben." Die kleine Judith lächelte stolz und sagte: „Das ist von mir, Frau Müller." Als nächstes fand Doris einen Stein, mit Moos bewachsen. Sie erklärte der Klasse, daß Moos ebenfalls ein Beweis für Leben sei. Willi aus der letzten Reihe meldete sich zu Wort. „Mein Papa hat mir beim Suchen geholfen", verkündete er strahlend.

Doris öffnete nun das vierte Ei – es war merkwürdig leicht – und holte tief Luft: Das Ei war leer! „Das ist bestimmt Jonathans", dachte sie. „Natürlich hat er nicht verstanden, was er damit machen sollte. Und weil sie ihn nicht in Verlegenheit bringen wollte, legte sie dieses Ei, ohne ein Wort zu sagen, beiseite und griff nach dem nächsten. Da meldete sich plötzlich Jonathan: „Frau Müller", sagte er, „wollen Sie denn nicht über mein Ei sprechen?" Verwirrt gab Doris zurück: „Aber Jonathan, dein Ei ist ja leer!" Er sah ihr offen in die Augen und meinte leise: „Ja, aber das Grab Jesu war doch auch leer!"

Eine ganze Weile sprach niemand ein Wort. Dann fragte die Lehrerin: „Jonathan, weißt du denn, warum das Grab leer war?" „O ja", gab er zur Antwort, „Jesus wurde getötet und ins Grab gelegt. Aber dann hat ihn sein Vater wieder lebendig gemacht!"

Die Pausenglocke schrillte. Während die Kinder aufgeregt nach draußen auf den Schulhof stürmten, saß Doris wie betäubt da und hatte Tränen in den Augen. Dieser zurückgebliebene, rätselhafte Junge hatte die Wahrheit der Auferstehung besser verstanden als alle anderen Kinder.

Drei Monate später war Jonathan tot. Die Leute, die in die Friedhofskapelle kamen, um von dem Entschlafenen Abschied zu nehmen, wunderten sich nicht wenig: Oben auf dem Sarg waren 15 leere Eierschalen zu sehen.

*Iris Weber*

# 19 | Auferstehung Jesu

 **Die Frauen am leeren Grab**

Auferstehung Jesu

 **Foliencollagen**

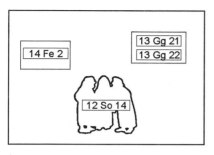
1

2

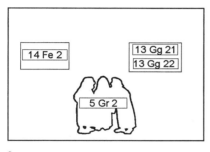
3

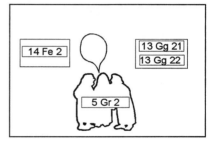
4

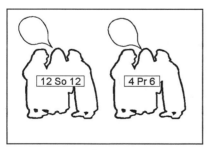
5

# 20 | Abraham: Berufung und Glaube

**Text**

*1. Mose 12,1-9*

**Erklärungen zum Text**

Mit der Abrahamsgeschichte (ca. 2000 Jahre vor Chr.) beginnt ein neuer Abschnitt in der Geschichte der Menschheit. Nach der Urgeschichte (1. Mose 1-11) erwählt nun Gott einen Menschen, damit beginnt die Geschichte des Volkes Gottes in dieser Welt. Abraham gehörte zu den Nachkommen Sems (1. Mose 11,10 ff.) und war ein Sohn Terachs aus Ur in Chaldäa (11,27-29).

Ur war damals eine hochtechnisierte Stadt mit über 20.000 Einwohnern, die nicht nur über befestigte Stadtmauern verfügte, sondern in der es auch Wasserleitungssysteme, zweistöckige Häuser, eine großen Hafen und einen gewaltigen Palast gab. Das Stadtbild wurde aber beherrscht von dem Tempel der Mondgottheit.

Von hier aus zog die Familie Abrahams in Richtung Kanaan und kam bis nach Haran (V31+32). Nun begann Gottes eigene Geschichte mit dem 75jährigen Abraham. Er wird 175 Jahre alt. (Er heißt zwar noch Abram, doch wir sollten bei den Kindern schon den Namen Abraham verwenden, um Verwirrungen zu vermeiden.) Abraham wird in der Bibel immer wieder herausgehoben, weil mit seiner Berufung die Geschichte Israels und damit auch die der Gemeinde Jesu beginnt. Er wird „Vater des Glaubens" und „Freund Gottes" genannt. Neben den Hinweisen im AT (Jes. 41,8; Josua 24,2-3; 3. Mose 26,42) ist es auch interessant, welches Zeugnis ihm die Apostel ausstellen (Apg. 7,2-7; Hebr. 11,8-19; Jak. 2,20-24; Röm. 4,2-11; Gal. 3,7-18) und was Jesus über ihn sagt (Joh. 8,56-58).

*Begriffe:*
- *Eiche More (12,6):* Orakelbaum der heidnischen Kanaaniter

*Personen:*
- *Sarai/Sara (Fürstliche/Fürstin):* Frau Abrahams, sie ist unfruchtbar. Erst mit 90 Jahren bekommt sie ein Kind. Sie stirbt mit 127 Jahren.
- *Lot:* Neffe Abrahams, später wohnhaft in Sodom
- *Kanaaniter:* Bewohner des von Gott an Abraham verheißenen Landes, Götzendiener

*Orte:*
- *Ur in Chaldäa:* Man nimmt an, daß es im unteren Mesopotamien, am südöstlichen Euphrat liegt. Von Ur bis Haran waren es ca. 1300 km.
- *Haran:* Eine wichtige Handelsstadt im nordwestlichen Mesopotamien. Terach wird dort mit seinen Leuten seßhaft und stirbt dort.
- *Kanaan:* Land westlich des Jordans, Wohnort der Kanaaniter

# 20

Abraham: Berufung und Glaube

- *Sichem:* Ort auf dem Gebirge Ephraim. Von Haran bis Sichem sind es ca. 900 km.
- *Bethel (Haus Gottes):* eine kanaanäische Stadt, in der ein heidnisches Heiligtum stand.
- *Ai (Steinhaufen, Ruinenberg):* kanaanitische Königsstadt östlich von Bethel.

*Zu den Versen:*

V.1: Gott spricht: Gottes Reden ist wie immer, so auch hier, seine gnädige Zuwendung zu den Menschen, die er nicht aufgegeben hat.

V.2-3: Fünfmal wird hier vom „Segnen" gesprochen. Gott will in das Leben dieses Menschen eingreifen, bei ihm sein und ihn behüten. Abrahams Leben und sein Glaubensweg haben grundlegende Bedeutung für die ganze Menschheit.

V.4: Abraham gehorcht. Dies ist Gottes Wille auch noch heute: Gehorsam.

V.5: Es waren nicht nur drei Personen, sondern Abrahams Knechte, Mägde und Tiere, die loszogen, um in das verheißene Land zu kommen.

V.7: Gott verheißt das Land nicht Abraham, sondern seinen Nachkommen.

V.8: Abraham wird nun nicht seßhaft, sondern er führt ein Nomadenleben. Dieses Leben ist bestimmt von Zelt und Altar.

Gott spricht; er ruft zum Glauben und zur Tat (Horchen und Gehorchen).

**Schwerpunkt des Textes**

Die Welt Abrahams damals und die des Kindes heute unterscheiden sich gewaltig. Ebenfalls widerspricht der unbedingte Gehorsam Abrahams völlig dem heute vielfach vertretenen Idealbild, alles müsse zuerst hinterfragt und für gut befunden werden. Die wichtigen Worte Berufung – Glaube – Gehorsam sind sicher sehr schwer zu erfassen und begreiflich zu machen. Viele verstehen unter „Glauben" nur ein ungeprüftes Fürwahrhalten irgendwelcher Aussagen. Beim Erzählen ist es deshalb wichtig, an den Erlebnisbereich des kindlichen Vertrauens zu erinnern. Dort, wo gegenseitiges Vertrauen in die Liebe und Zuwendung des anderen herrscht, kann ich gehorchen, weil ich weiß, daß das, was der andere will, immer gut für mich ist.

Gerade hier muß die familiäre Situation der Kinder beachtet werden. Leben sie in Familien, in denen Vertrauen möglich ist, oder nicht?! Hier muß ihnen deutlich gemacht werden, daß Menschen enttäuschen können, aber Gott Vertrauen nie enttäuschen wird. Um deutlich zu machen, was es für Abraham hieß, alles zu verlassen,

**Anmerkungen zur Situation des Kindes**

# 20

Abraham: Berufung und Glaube

müssen wir die Kinder auf Dinge hinweisen, die sie gerne haben und von denen sie sich schwer trennen könnten (z.B. tolles Zimmer, Freunde usw.).

Den Vorschulkindern müßte deutlich erklärt werden, daß sie Gottes Reden heute durch andere Menschen hören, weil sie selbst noch nicht die Bibel lesen können.

 **Lernziele**

☺ Gott erwartet von uns Vertrauen.
♡ Es ist gut, jemandem vertrauen zu können.
✋ Wer Gott vertraut, der tut, was Gott sagt, auch wenn vieles dagegen spricht.

 **Lernvers**

*Grundschulkinder:*
Ohne Glauben (Vertrauen) ist es unmöglich, Gott zu gefallen.
(Hebräer 11,6)

*Vorschulkinder:*
Des Herrn Wort ist wahrhaftig, und was er zusagt, das hält er gewiß.
(Psalm 33,4)

## Hinweise zur Durchführung

 **Kinderstunde im Grundschulalter**

 **Hinführung**

Die Kinder sollen gemeinsam überlegen und sich darüber austauschen, was es heißt umzuziehen. Vielleicht ist ein Kind in der Gruppe, das schon einen Umzug erlebt hat. Evtl. ist ein Kind von einem anderen Land nach Deutschland gezogen (z.B. Aussiedlerkind).
- Freunde verlassen
- Was muß unbedingt mit, was kann ich nicht mitnehmen

Evtl. kann hier ein Spiel gemacht werden: Ich packe mein Kinderzimmer. Das erste Kind nennt einen Gegenstand, dann wiederholt das zweite Kind den Gegenstand des ersten und nennt einen eigenen usw.

Die Kinder sollen erkennen, daß es nicht leicht ist, aus einer gewohnten Umgebung wegzuziehen in ein Land, einen Ort, den man nicht kennt. Es bedeutet Abschied nehmen und darauf vertrauen, daß es am neuen Ort gut wird.

 **Hauptteil**

Geschichte in folgenden vier Abschnitten erzählen:
(mit Schaubild, siehe Arbeitshilfen)

# Abraham: Berufung und Glaube

## 1. Die Stadt der Mondanbeter

Hier muß man auf Kap. 11 zurückgreifen und deutlich machen, daß die Familie Abrahams eine ganz normale Familie in der gewaltigen Stadt Ur in Chaldäa war (Landkarte). Es war eine große moderne Stadt, in der aber niemand etwas von Gott wissen wollte. Riesengroß war der Tempel der Mondgöttin, zu der alle Menschen hier beteten.

Aus diesem Gebiet zieht nun die Familie Abrahams (namentlich genannt werden: Abrams Vater Terach, Sarai, seine Frau, und sein Neffe Lot) nach Haran (ca. 1300 km. Entfernungsvergleich: Von der Nordsee ans Mittelmeer, Gefahren der Wüstenwanderung), um dort zu leben. Es ist eine sehr große und reiche Familie, der es auch in Haran gutgeht. Aber auch hier dient man den Götzen und fragt nicht nach dem lebendigen Gott. Abrahams Vater Terach stirbt.

## 2. Gott bricht sein Schweigen

Gott spricht ganz persönlich zu einem einzigen Menschen. Abraham war nicht besser als andere Menschen. Gott hat einen Auftrag für ihn:
- Gehe aus deiner Verwandtschaft und deines Vaters Haus in ein Land, das ich dir zeigen werde.
- Ich will dich segnen, d.h. dir gut sein.
- In dir sollen alle Völker gesegnet sein.

Nun kann ein Gespräch eingeschaltet werden, in dem es um das Reden Gottes geht: Spricht er auch heute noch zu uns? Wie können wir heute erfahren, was Gott will? Antworten: Bibel, Predigt, Kinderstunde.

## 3. Abraham zieht aus

Abraham vertraut Gott und seinem Wort, darum ist er gehorsam. Viele Schwierigkeiten türmen sich auf, denn keiner weiß, wohin die Reise geht. Es muß klar herauskommen, daß nur Gott das Ziel der Reise kennt und Abraham sich ihm ganz einfach anvertrauen, d.h. glauben muß. Wie haben wohl die Verwandten reagiert? Abraham mußte sich entscheiden zwischen dem, was Gott gesagt hatte, und dem, was die Verwandten sagten (evtl. Schaubild verwenden, s. Arbeitshilfen, oder mit Foliencollagen erzählen).

## 4. Das Ziel erreicht

Nach ca. 900 km bei Sichem im Land Kanaan angekommen, leben Abraham, Sara und sein Neffe Lot zuerst als Fremde in einem unbekannten Land. Doch Abraham weiß und Gott sagt es ihm ganz neu zu: Es ist das versprochene, das verheißene Land. Darum wird er sehr dankbar. Er baut Gott einen Altar und betet zu ihm. Der Altar macht deutlich: Dieses Land gehört Gott und mein Leben auch. Er zieht noch nach Bethel und baut dort noch einen Altar. Er lebt mit seiner Familie als Nomade im Zelt. Was Gott wohl noch mit ihm vorhat?

**Vertiefung**

Die Geschichte bietet sich direkt zum *gemeinsamen Spielen* an. An diesem Spiel sollten möglichst alle Kinder beteiligt sein. Vier Szenen nach den vier Punkten der Erzählung werden dargestellt. Dazu gehören verschiedene Gruppen: die Nachbarn Abrahams in Haran, seine große Familie, die Leute in Kanaan, die ihn verwundert empfangen. Der Befehl Gottes kann von einem Kind wörtlich aus der Bibel vorgelesen werden (neue Übersetzung). Am Ende baut Abraham mit herumliegenden Steinen (Kartons) einen Altar, auf dem dann der Lernspruch (s. Arbeitshilfen) sichtbar wird.

In einem *abschließenden Gespräch* soll noch einmal darauf eingegangen werden, wie wichtig es ist, dem Wort Gottes zu vertrauen, auch wenn die Mehrheit sich dagegenstellt. Abraham glaubte Gott – dies ist eine Aufforderung, ihm auch heute zu glauben. Gott hat seine Verheißungen wahr gemacht. Sein Sohn Jesus Christus gehört zu den Nachkommen Abrahams. Durch ihn hat Gott alle Menschen gesegnet und ihnen die Möglichkeit zu einem neuen Leben angeboten.

**Kinderstunde im Vorschulalter**

*(Ergänzungen):*

**Hinführung**

*Material:* Knete in verschiedenen Farben; Landkarte auf Tapete o. Packpapier, evtl. Tiere und Personen von Playmobil oder Lego o.ä.

Wenn genügend Zeit vorhanden ist, können die Kinder die Personen, Tiere und Gegenstände, die für das Erzählen der Geschichte benötigt werden, selbst aus Knete herstellen. Wir sagen ihnen, was wir heute brauchen: Opa, älterer Mann, ältere Frau, jüngerer Mann, Knechte, Mägde, Schafe, Rinder, Steinbrocken usw. Die einzelnen Kinder fragen, was sie modellieren wollen. Die Kinder, die nicht modellieren wollen, dürfen auf der Landkarte malen. Das Meer und die Flüsse müssen blau werden, die Städte rot, bei Ur muß ein Tempel, bei Sichem ein Baum gemalt werden.

Die Personen und Dinge so verwenden, wie sie die Kinder herstellen. Es gibt keine guten und schlechten Knetkunstwerke, sie sind einfach verschieden.

Ist keine Zeit für das Modellieren, verwenden wir zum Erzählen Spielfiguren.

Abraham: Berufung und Glaube

# 20

 **Erzählung**

Siehe Kinderstunde im Grundschulalter, Hauptteil. Dazu einige Hinweise für die Vorschulkinder:

*1. Die Stadt der Mondanbeter*
Die Figuren werden von den Kindern in die Stadt Ur gestellt. Wir benennen sie dabei, damit die Kinder wissen, wer welche Person darstellt. Wir erzählen von der Situation in Ur und vom Umzug nach Haran. Die Figuren wandern nach Haran.

*2. Gott bricht sein Schweigen*
Nun redet Gott. Der Abrahamfigur kleben wir zwei große Ohren aus Knete an, denn Abraham hört, daß Gott redet. Redet Gott auch heute? Wie kann ich ihn hören?

*3. Abraham zieht aus*
Abraham tut, was er gehört hat. Dies ist gar nicht so einfach. Wir können die Kinder daran erinnern, wie schwer es ist, z.B. auf die Eltern zu hören und zu tun, was sie sagen.

Schwerpunkt: Was ich von Gott gehört habe, das muß ich tun, denn er weiß, was gut für mich ist. Die Figuren machen sich auf den Weg nach Kanaan.

*4. Das Ziel erreicht*
Altar in Sichem und Bethel mit Knet-Steinbrocken bauen. Abraham hört nochmals Gottes Zusagen. Was Gott noch mit ihm vorhat? Das hören wir das nächste Mal.

 **Vertiefung**

Wir lernen den Lernvers mit Bewegungen. (Schwerpunkt: Hören auf Gott, der redet)

Des Herrn (wir zeigen mit der rechten Hand nach oben) Wort (rechte Hand hinter das rechte Ohr, hörend nach oben) ist wahrhaftig (linke Hand zur Faust ballen und mit linkem Fuß auf den Boden stampfen), und was er (mit linker Hand nach oben zeigen) zusagt (linke Hand hinter linkes Ohr), das hält er gewiß (linke und rechte Hand halten einander).

Sollte noch genügend Zeit sein, dürfen die Kinder mit den Knetfiguren die Geschichte noch einmal nachspielen.

| | | |
|---|---|---|
| Geh, Abraham geh | Sei ein lebendger Fisch | **Liedvorschläge**  |
| Ich will auf das Leise hören | Lies die Bibel | |
| Dein Wort ist meines Fußes Leuchte | | |

# 20

Abraham: Berufung und Glaube

 **Arbeitshilfen**  Lernvers mit Symbolen (Vorschulkinder): *Psalm 33,4*

**Des Herrn Wort ist wahrhaftig, und was er zusagt, das hält er gewiß.**

 **Schaubild: Abraham verläßt seine Heimat**

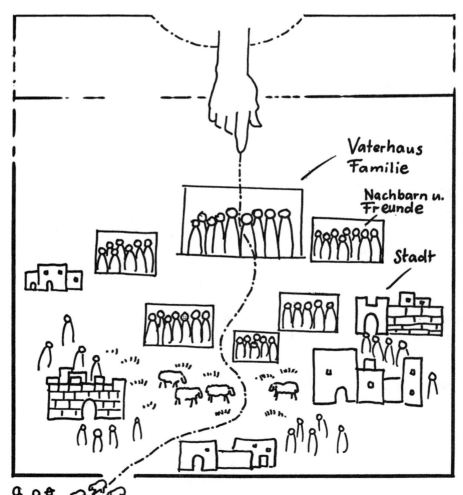

Abraham: Berufung und Glaube

# 20

**Landkarte**
Diese Landkarte auf Packpapier oder Tapete vergrößern.

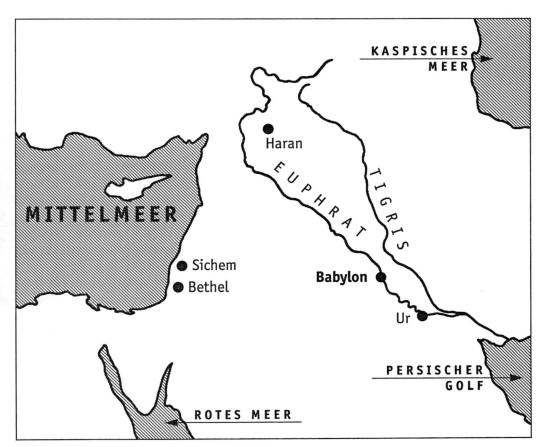

**Foliencollagen**

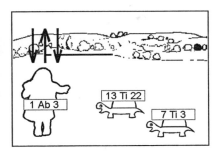

1 (Grundfolie Wiese / Pfeile zeichnen)

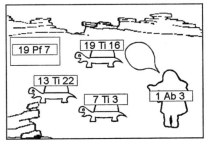

2 (Grundfolie Wüste)

# 21 | Abraham und Lot

**Text**  1. Mose 13,1-18

**Erklärungen zum Text**

Nachdem Abraham äußeren Umständen gehorchend nach Ägypten gezogen war, kommt er nun wieder zurück nach Bethel. Er und sein Neffe Lot waren sehr reich geworden (V. 2 u.5). Sie leben als Nomaden unter den Kanaanitern und Perisitern (V. 7) und sind von deren Weide- und Wasserplätzen abhängig. So bleibt es nicht aus, daß es zwischen den Hirten dieser beiden Männer zum Streit um die Wasserstellen und Weideplätze kommt.

Abraham, der Mann Gottes, kann nicht in Unfrieden mit seinen Nächsten leben. Er sucht das Gespräch mit Lot. Er will, daß sie sich trennen, da es mit den großen Herden nicht möglich ist, zusammen zu bleiben. Abraham läßt Lot aussuchen, welches Land er möchte. Er macht keinen Gebrauch davon, daß er der ältere ist und somit eigentlich selbst festlegen könnte, wer was bekommt.

Lot sucht sich das Jordantal aus, es ist wasserreich, fruchtbar, wie der Garten Eden oder wie Ägypten, aus dem sie gerade zurückgekommen waren.

Abraham bleibt das Hügelland, das Gebirge. Gott belohnt Abrahams Demut und den Verzicht auf das bessere Land, indem er seine Verheißungen (12,2.7) bestätigt und auf ewig erweitert (V. 14-16).

Lot hat bei seiner Wahl nicht nach Gott gefragt, er sucht sich das Land aus, das ihm am meisten bringt. Vermutlich bemerkt er bei seiner Entscheidung noch gar nicht, welche Folgen dies hat. Im Jordantal liegen Sodom und Gomorra. Die Bewohner „waren böse und sündigten wider den Herrn".

Lot wohnt schließlich in Sodom, Abraham zieht in die Nähe von Hebron und baut wieder einen Altar für Gott.

*Personen:*
- *Abraham:* Abraham ist zwischen 75 (12,4) und 86 (16,16) Jahre alt
- *Lot:* Sohn Harans, Abrahams Bruder Haran stirbt in Ur in Chaldäa, Lot zieht mit Terach und der ganzen Verwandtschaft mit nach Haran, nach Terachs Tod zieht er mit Abraham nach Kanaan. Er ist der Stammvater der Moabiter und Ammoniter. In 2.Petr 2,7 ff. wird er als Gerechter bezeichnet, der unter dem gottlosen Wandel der Leute von Sodom leidet.
- *Kanaaniter:* Sie sind Nachkommen von Noahs Enkel Kanaan, ein Sohn Hams. Ihr Geschlecht war sehr zahlreich und breitete sich von Sidon im Norden bis Sodom/Gomorra im Süden aus. Ausgrabungen um die Stadt Beer-Seba haben gezeigt, daß dieses Gebiet von Bauern besiedelt wurde, die Vieh züchteten und Werkzeuge herstellten.
- *Perisiter:* Ihre Herkunft ist unklar.

# Abraham und Lot

*Orte:*
- *zwischen Bethel und Ai:* dies liegt im Gebirge, von dort hatte man einen guten Überblick ins Land. Dort hatte Abraham vor seiner Reise nach Ägypten schon „gezeltet".
- *Sodom/Gomorra:* Die genaue Lage der lasterhaften Städte Sodom und Gomorra, die Gott mit Feuer und Schwefel zerstörte (Kap. 19), hat die Forscher immer wieder interessiert. Manche vermuten, daß sie unter dem Wasser des Toten Meeres liegen.
- *Zoar:* Diese Stadt liegt am Südende des Toten Meeres.
- *Hain Mamre bei Hebron:* Südlich von Bethel. Auf dem Kamm der zentralen Bergkette, wo die Hügel sanft nach Beer-Seba abfallen. Hebron ist eine der ältesten Städte Palästinas. Abraham kauft hier die Höhle Machpela von dem Hethiter Ephron (1. Mose 23). Um diese Höhle, in der Sara, Abraham, Isaak, Rebekka, Jakob und Lea begraben wurden, entstand der neue Ort Hebron. Der Hain (Therebinthen-Bäume) Mamre liegt 3 km nördlich von Hebron.

Abraham will keinen Streit, er sucht die Einigung und überläßt Lot den Vorteil, das Land auszusuchen.

**Schwerpunkt des Textes**

*Grundschulkinder:*
Kinder kennen Streit aus ihrem Alltag, mit Geschwistern, in der Schule, mit Nachbarn. Sie hören in den Nachrichten von Kriegen. Wir sollten in dieser Lektion den Kindern deutlich die Ursachen von Streit herausstellen – „Jeder will für sich das Beste, Egoismus". Der Schwerpunkt sollte aber dabei liegen, die Möglichkeiten aufzuzeigen, Konflikte positiv zu bewältigen – „Versöhnung, Einigung, Nachgeben".

**Anmerkungen zur Situation des Kindes**

*Vorschulkinder:*
Vorschulkinder sind meist noch nicht in der Lage, Konflikte mündlich auszutragen und über die genauen Ursachen von Streit zu reden. Sie kennen Streit, wollen aber im allgemeinen in Harmonie leben. Sie können deshalb Streit sehr schnell vergessen und wieder miteinander spielen. Sie brauchen gute Geschichten, in denen Konflikte positiv gelöst werden. Beispiele aus dem Leben der Mitarbeiter sind für sie ebenfalls sehr wertvoll.

☺ Wer auf Gott vertraut, muß nicht immer das Beste haben.
♡ Es ist schön, keinen Streit zu haben und mit anderen friedlich zusammenzuleben.
✋ Die Kinder sollen am Beispiel des Abraham lernen, Streit zu schlichten. Dies geschieht durch Einigung oder auch Nachgeben und Verzicht.

**Lernziele**

# 21

Abraham und Lot

**Lernvers**

*Grundschulkinder:*
Soweit es irgend möglich ist und von euch abhängt, lebt mit allen Menschen in Frieden. (Römer 12,18 nach Hoffnung für alle)

*Vorschulkinder:*
Zanket nicht auf dem Weg. (1. Mose 45,24b)

## Hinweise zur Durchführung

**Kinderstunde im Grundschulalter**

### Hinführung

Wir gestalten mit den Kindern die Landschaft Kanaan mit Bethel, Ai, Hebron auf dem Gebirgsrücken (wenig Wasserstellen, wenig Gras) westlich des Toten Meeres und das Jordantal mit dem Toten Meer und Zoar (sehr fruchtbare Gegend). Dazu müssen wir den Kindern die landschaftlichen Verhältnisse erklären.

Die Kinder wählen lassen, mit welcher Farbe die Landschaften dargestellt werden sollen.

Material: Tücher/Stoffreste: braun, grün, blau, weiß; Wolle: blau, schwarz; Zeitungspapier *(siehe Arbeitshilfen: Skizze und Anleitung)*

### Hauptteil

*Erzählen:*
Abraham und sein Neffe Lot sind aus Ägypten zurückgekommen, dort waren sie, weil es in Kanaan Hungersnot gab. Nun sind sie wieder in Bethel. Dort hatte Abraham Gott einen Altar gebaut. Hier betete er zu Gott und brachte wieder Opfer. Inzwischen waren sie sehr reich geworden, d.h. sie hatten große Viehherden mit aus Ägypten gebracht, z.B. Schafe...

Nun dürfen die Kinder in zwei Gruppen (für Lot und für Abraham) aus dem Zeitungspapier (evtl. für eine Gruppe braunes Papier nehmen) die Schafe knäulen und sie bei den Wasserstellen auf dem Gebirgsrücken in die Nähe von Ai und Bethel legen. Es sollen sehr viele Tiere sein, denn Abraham und Lot hatten einen großen Besitz.

*Situation:* Es wird zu eng, es ist zu wenig Gras, zu wenig Wasser da.

Da sind auch noch die Tiere der Kanaaniter und Perisiter, die in dieser Gegend wohnen...

*Folge:* Streit zwischen den Hirten Lots und Abrahams um die Wasserstellen und Weideplätze. Die beiden Kindergruppen sollen diesen Streit nun nachspielen. Was haben die sich wohl zugerufen? Kinder sollen sich anschreien oder beschimpfen (wichtig: freiwillig, wer nicht streiten will, schaut zu, nicht alle Hirten haben gestritten).

# Abraham und Lot

Abraham will nicht, daß zwischen seinen Leuten und Lots Leuten Streit ist. Er muß mit Lot darüber reden, damit die Sache geklärt wird.

Er macht Lot den Vorschlag, sich zu trennen, nicht mehr in der gleichen Gegend wohnen zu bleiben. Von Bethel aus hatten sie einen guten Überblick über das Land. Lot konnte wählen, entweder das Jordantal mit den saftigen grünen Wiesen oder das karge Gebirge, auf dem sie sich jetzt befanden. Abraham überläßt Lot die Wahl, obwohl er als sein Onkel der ältere ist.

Kinder sollen entscheiden. Was würden sie nehmen, wenn sie an Lots Stelle wären? Natürlich die saftigen Wiesen im Jordantal, die bis Zoar am Südende des Toten Meeres gingen.

Die Kinder sollen Lots Schafe ins Jordantal bringen. Lot siedelt sich in Sodom an. Die Leute dort waren als böse bekannt, sie fragten nicht nach Gott und seinen Geboten. Diesen Nachteil nimmt Lot wegen des guten Landes in Kauf.

Und wie ergeht es nun Abraham?

Er hatte doch Lot die Wahl gelassen. War er nun der Dumme? Oder meint ihr, Gott hat nun auf dem Gebirge saftige Wiesen wachsen lassen? Nein. Doch zuerst war einmal Ruhe eingekehrt, die Ursache der Streitereien war beseitigt worden. Doch der Segen Gottes sah ganz anders aus. Gott sprach zu Abraham:...

V. 14-18 in neuer Übersetzung oder eigenen Worten vorlesen.

Gott wiederholt sein Versprechen, das alles Land, das Abraham vom Gebirge aus sehen kann, seinen Nachkommen gehören wird, und zwar für immer. Das war ein großartiges Versprechen von Gott. Abraham wußte, was Gott verspricht, das hält er auch.

Abraham zieht mit seinen Leuten und den Herden in die Nähe von Hebron, Hain Mamre. Dort baut er Gott einen Altar und betet Gott an. Er war Gott sehr dankbar. Warum wohl? Er hat doch bei der Einigung mit Lot das Schlechtere bekommen, oder? Nein. Er hatte nun Frieden und eine enge Beziehung zu Gott und eine tolle Verheißung. Lot dagegen hatte zwar saftige Weiden, aber er lebte in gefährlicher Nähe mit Leuten, die nichts von Gott wissen wollten. Ob das wohl gutgeht?

**Vertiefung**

• Mit den Kindern darüber sprechen, was wir von Abraham lernen können: Streit kommt vor, doch wir können ihn verhindern bzw. die Ursache beseitigen. Für Abraham bedeutete dies nachzugeben, dem Lot das bessere Teil zu überlassen, nicht egoistisch zu sein. Wir können Streit vermeiden, wenn wir lernen, auf das zu

verzichten, was andere auch gerne möchten, oder uns absprechen, wer wann, was bekommt: z.B. bei Spielsachen.
• *Überleitung zum Lernvers:* Streit kann zu Krieg führen, das Gegenteil von Krieg ist Frieden. Gott will, daß wir in Frieden miteinander leben.
• *Lernvers lernen* (siehe Arbeitshilfen)
Jesus möchte mir helfen, in Frieden mit den anderen zu leben. Wenn ich also Streit habe, dann darf ich ihn bitten, uns zu helfen, den Streit zu beseitigen. Er kann mir helfen nachzugeben, auch wenn ich meines Erachtens im Recht bin.

 **Kinderstunde im Vorschulalter**

*(Ergänzungen)*

 **Hinführung**
*Eine oder zwei Streitszenen vorspielen, z.B.:*
Material: zwei große Malblätter, Buntstifte, kleiner Tisch.
Zwei Kinder (von Mitarbeitern gespielt) wollen an einem Tisch malen. Doch ihre Blätter sind so groß, daß nicht beide gleichzeitig Platz haben. Sie stoßen sich immer wieder gegenseitig vom Tisch, bis sie schließlich gegenseitig auf dem Bild des andern wütend mit Farbstiften kreuz und quer malen.

Material: Bauklötze, Eisenbahn aus Holz o.ä.
Zwei Kinder (von Mitarbeitern gespielt) im Spielzimmer. Eines will mit Bauklötzen eine riesengroße Burg bauen, das andere die Eisenbahn aufbauen. Sie bauen Rücken an Rücken, so daß eines dem anderen mit den Füßen das Bauwerk immer wieder zerstört, bis sie schließlich mit den Bausteinen aufeinander werfen.

 **Hauptteil**
*Erzählung*
Karte von Lektion 13 verwenden, fehlende Orte ergänzen. Evtl. wieder mit Knetfiguren oder auch mit Holzspielklötzen, die zu Menschen und Tieren werden, beim Erzählen die Geschichte auf dem Plan spielen.
*Oder:* Geschichte mit Folien-Figuren erzählen (siehe Arbeitshilfen)
   Abraham hatte auch einmal Streit mit seinem Neffen Lot. Wie es dazu kam, will ich euch heute erzählen.
Geschichte erzählen:
- Situation: Streit der Hirten
- Abraham möchte keinen Streit, überläßt die besseren Weiden Lot, obwohl Gott ihm das Land zugesagt hat.

# Abraham und Lot 21

- Gott segnet Abraham, er soll viele Nachkommen haben, diese sollen das ganze Land für immer besitzen.
- Abraham hatte begriffen, wer den Frieden mit den Menschen sucht, wird von Gott mit einem Leben beschenkt, das Freude macht, weil Gott dafür sorgt, daß dieses Leben gelingt.
- Lot suchte sich eigensinnig das Beste aus und beachtete nicht, daß er ganz in die Nähe von bösen Leuten kam, die ihm das Leben mit Gott schwermachten.

**Vertiefung**

• Diesen Streit, den wir euch am Anfang vorgespielt haben, kennt ihr von zu Hause auch, oder? Was könnten die beiden „Kinder" von Abraham lernen?

Wenn wir bereit sind, nachzugeben und nicht immer unseren Vorteil zu suchen, will Gott uns mit schöneren Dingen beschenken bzw. uns helfen, mit Benachteiligungen zu leben.

• *Spielszenen* vom Anfang nochmals aufgreifen und nochmals spielen, mit folgendem Verlauf (evtl. von älteren Kindern spielen lassen):

Zu Spielszene 1: Streit – Ein Kind läßt das andere wählen, willst du zuerst malen, dann mach ich etwas anderes, oder umgekehrt.

Zu Spielszene 2: Streit – Ein Kind fragt das andere, ob es bauen will, dann würde es etwas anders machen.

Eventuell kann man auch beide Szenen miteinander verbinden. Als Einigung spielt das eine Kind dann mit den Bauklötzen und das andere malt, danach wechseln sie die Plätze.

• *Lernvers* (mit Bewegungen): Zanket nicht (eine Hand will zuschlagen, die andere hält sie zurück oder mit der Hand den Mund zuhalten) auf dem Wege (auf der Stelle gehen).

Wir möchten Lieder singen  **Liedvorschläge**
Wie die Sonne, so hell
Wie kann man jung sein
Laßt uns miteinander

# 21

Abraham und Lot

 **Arbeitshilfen**    **Spiele**

- Die Kinder spielen die Geschichte mit Knetfiguren oder anderen Figuren nach.
- Die Kinder überlegen sich eigene Streitszenen aus ihrem Alltag und spielen sie nach. Dann überlegen sie, wie sie diesen Streit klären können.

Beispiele: Sitzplatz im Schulbus; neues Spielgerät im Kindergarten; Streit um schöne Tasse beim Frühstück; Streit beim Fußballspielen: Wer darf ins Tor bzw. muß ins Tor; Streit um Kuchenstücke beim Kindergeburtstag; usw.

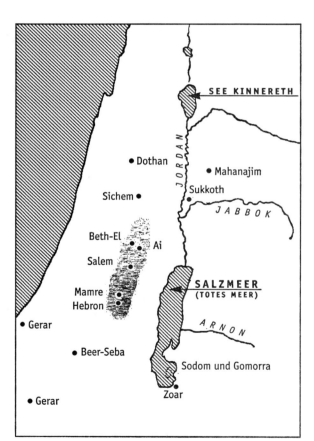

**Landschaftlicher Hintergrund**
*Gestaltungsanleitung:*
Für den Gebirgszug westlich des Jordantales und des Toten Meeres benötigen wir Schuhe von den Kindern, die wir dann mit einem braunen Tuch bedecken. Darauf werden mit blauen Fetzen oder mit der Wolle ganz wenige Wasserstellen angedeutet. Einige grüne Fetzen deuten Gras an. Mit weißen Stücken werden die Orte Bethel, Ai und Hebron gekennzeichnet. Das Jordantal wird mit dem grünen Stoff ausgelegt und darauf mit der blauen Wolle und den blauen Stoffstücken der See Genezareth, der Jordan und das Tote Meer gelegt. Mit den weißen Stoffstücken werden die Städte Sodom, Gomorra und Zoar gelegt.

Abraham und Lot

# 21

 **Bilderrätsel**

*Lösung:*
1. Fisch
2. Reh
3. Igel
4. Eule
5. Dackel
6. Elefant
7. Nilpferd
8. Hase
9. Affe
10. Löwe
11. Tiger
12. Eichhörnchen
13. Nashorn

*Lösungswort:*
FRIEDEN HALTEN

# 21

**Szenenbild: Abraham und Lot**
Abraham und Lot schauen von einem Berg auf das Land,
das sie unter sich aufteilen wollen.

Abraham und Lot

 **Lernvers mit Symbolen**
*Röm. 12,8 in eigenen Worten*

 **Foliencollagen**

**Wenn es irgendwie möglich ist**
(Hand an die Stirn legen und nachdenken über „irgendwie")

**und von euch abhängt,**
(auf sich selbst zeigen)

**lebt mit allen Menschen**
(auf die anderen Kinder zeigen)

**in Frieden.**
(den anderen Kindern die Hand geben)

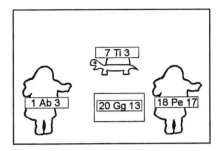

1

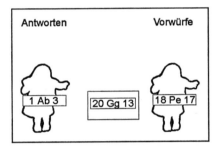

2 (Vorwürfe und Antworten notieren)

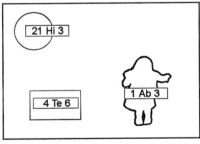

3

# 22 | Des Herrn Besuch bei Abraham

**Text**

1. Mose 18,1-15

**Erklärungen zum Text**

Durch die Beschneidung (Kap. 17) in den Bund mit Gott aufgenommen, wurde Abraham bald darauf gewürdigt, den Herrn mit zwei Engeln in seinem Zelt aufzunehmen und gastlich zu bewirten. Diese neue Gotteserscheinung hatte den doppelten Zweck: Einmal sollte sie Sara im Glauben an die Verheißung, daß sie noch in ihrem Alter einen Sohn bekommen wird, stärken; zum andern sollte Abraham von dem Gericht erfahren, das Gott für Sodom und Gomorra geplant hatte. Wir befassen uns hier mit dem ersten Zweck des Besuches.

V.1: Um die Mittagszeit vor seinem Zelt im Hain Mamre sitzend,

V.2-3: sieht Abraham, als er aufblickt, unerwartet drei Männer in einiger Entfernung vor sich stehen, nämlich Gott (Jahwe V. 13) und zwei Engel (19,1); alle drei in menschlicher Erscheinung. Weil er in dem einen sofort den Herrn (Adonai d.h. Gott) erkennt, bittet er sie mit ehrfurchtsvoller Verbeugung, nicht bei ihm vorüberzugehen. Sie sollen sich von ihm als seine Gäste bewirten lassen.

V.4: Sie sollen sich unter dem Baum vor dem Zelt niederlassen (auf die Arme gestützt niederlehnen). Ihnen sollen die Füße gewaschen werden (dies wurde üblicherweise vor dem Essen gemacht).

V.5: das Herz stärken, d.h. durch Essen und Trinken sich erquicken, „denn eben deshalb (um mir Gelegenheit zu geben, euch gastlich aufzunehmen) seid ihr bei eurem Knechte vorübergekommen".

V.6 ff.: Als die drei Männer die freundliche Einladung angenommen haben, ließ Abraham nach der noch heute bei Beduinenscheichs üblichen Sitte schnellstens von seiner Frau Sara aus drei Maß (ca. 20 L. bzw. Kannen) Feinmehl Aschkuchen (auf heißem Stein gebackene runde, ungesäuerte Scheibenkuchen) backen. Er suchte selbst ein zartes Kalb aus und ließ es schlachten und von einem Knecht zubereiten. Dies brachte er dann zu ihnen mit Butter und Milch. Er bediente die Gäste (blieb stehen), die sich das Mahl schmecken ließen. Das Essen dieser himmlischen Wesen war kein Scheinessen, sondern sie hatten die Leiblichkeit angenommen, wie es auch bei Jesus nach seiner Auferstehung war. Er aß gebratenen Fisch vor seinen Jüngern (Luk. 24,41 ff.). Es ist ein Wunder, das wir physisch nicht erklären können.

V.9-15: Während der Mahlzeit fragten die drei nach Sara. Auf die Antwort, daß sie im Zelt sei, wo sie also das vor dem Zelt unter dem Baum geführte Gespräch mit anhören konnte, sprach er, der von Abraham als (Adonai) Herr Erkannte, der in V. 13 Jahwe genannt wird: Ich werde in einem Jahr wiederkommen, dann soll Sara einen Sohn haben.

# Des Herrn Besuch bei Abraham

Dies hörte Sara, die hinter der Tür des Zeltes war, das hinter dem Rücken des Herrn stand. Er konnte sie also nicht sehen. Hinsichtlich des Alters von Abraham (99 Jahre) und der bei ihr ausbleibenden Periode (Verlust der Empfängnisfähigkeit) schien ihr die Verwirklichung dieser Verheißung unmöglich. So lachte (lächelte) sie darüber bei sich, da sie unbemerkt zu sein glaubte. Damit ihr klar wird, daß der Verheißende der allmächtige Gott ist, deckt er ihr verborgenes Lachen und ihr Denken über diese Verheißung auf (V. 13).

Er stellt ihr Lachen in Frage mit den Worten: Ist für Jahwe etwas zu wunderbar (d.h. unmöglich)? Er überführt sie der Lüge, als sie das Lachen verleugnen wollte. Auch Abraham hatte über diese Verheißung gelacht (17,17), ohne eine Zurechtweisung zu erfahren. Saras Lachen war aus dem Unglauben geboren, doch auch in ihr wuchs der Glaube, da sie einen Sohn bekam, den sie doch nur im Glauben empfangen konnte (Hebr. 11,11).

**Schwerpunkt des Textes**

Gott kommt in Gestalt von drei Männern zu Abraham, um ihm Unglaubliches, die Geburt eines Sohnes, anzukündigen.

**Anmerkungen zur Situation des Kindes**

*Grundschulkinder:*
Kinder freuen sich im allgemeinen über Besuch, der etwas mitbringt. In diesem Sinne ist der Besuch Gottes bei Abraham ein Besuch mit der Ankündigung eines Geschenkes, daß er und seine Frau in einem Jahr erhalten werden. Die genaue Zeitangabe macht die Verheißung für Abraham und für die Kinder faßbar und nachprüfbar. Daß Gott in Menschengestalt zu uns kommen kann, ist für Kinder kein Problem, deshalb sollten wir es einfach erzählen und nicht problematisieren.

Denn bei Gott ist ja kein Ding unmöglich. Daß ältere Menschen keine Kinder mehr bekommen können, vor allem, wenn sie fast 100 Jahre alt sind, ist den Kindern meist auch klar, wenn nicht, erfahren sie es durch diese Geschichte.

*Vorschulkinder:*
Wichtig ist der Bezug zu Lektion 20, die Kinder sollen erkennen, daß Gott seine Versprechen erfüllt, wenn die Erfüllung auf sich warten läßt, gibt es noch konkretere Zusagen (ein Jahr).

☺ Gott ist nichts unmöglich, seine Versprechen zu erfüllen.
♡ Es ist beruhigend, wenn man weiß, jemand erfüllt seine Versprechen.
✋ Gottes Versprechen sind Geschenke, die wir in Anspruch nehmen dürfen. Es ist wichtig, Versprechen, die wir geben, auch zu erfüllen.

**Lernziele**

# 22

Des Herrn Besuch bei Abraham

 **Lernvers**   Sollte dem Herrn etwas unmöglich sein? (1. Mose 18,14)

## Hinweise zur Durchführung

 **Kinderstunde im Grundschulalter**

 **Hinführung**

Material: Kleidungsstück für Mitarbeiter, das ihn/sie als Abraham darstellt; evtl. kann auch eine weitere Mitarbeiterin Sara spielen; Obstschalen.

Wir gestalten zusammen mit den Kindern ein Gastmahl. „Abraham" liegt bereits schon zu Tische (ein Tuch auf dem Boden, worauf die Schalen stehen). Die Kinder, die kommen, sind seine Gäste, die er ganz herzlich willkommen heißt. Bis alle gekommen sind, kann eine ungezwungene Unterhaltung stattfinden. Dann erklärt „Abraham" ihnen kurz, daß sie sich nun im Hain Mamre bei ihm zu Hause befinden. Eigentlich müßte den Gästen noch die Füße gewaschen werden, weil man dort Sandalen getragen hat. Vor dem Essen wurden die Hände und Füße gereinigt.

 **Hauptteil**

Ich (wir) freue mich (freuen uns), daß ihr uns heute hier besucht. Wir wollen versuchen, es euch hier so angenehm wie möglich zu machen. Ich habe euch eingeladen, weil ich euch erzählen muß, was ich hier erlebt habe:

Es war Mittag und ganz besonders heiß. Ich hatte meine Runde bei den Herden gemacht, alles war in Ordnung. Es ist schon toll, so viele Tiere zu haben, Gott hat uns viel geschenkt, aber es ist auch ganz schön viel Arbeit. Ich saß gerade vor meinem Zelt, Sara war im Zelt beschäftigt, um das Geschirr vom Mittagessen wegzuräumen. Da saß ich im Schatten der Bäume und dachte so vor mich hin. Ich weiß nicht mehr genau, was ich so gedacht habe. Ich glaube, ich dachte über Sara und mich nach. Gott hatte uns verheißen, daß wir Kinder bekommen würden, doch nun waren wir einfach zu alt. Alles hat uns Gott geschenkt, nur noch kein Kind. Ob Gott da noch etwas machen kann?

*(Die Obstschale wird zum erstenmal herumgereicht)*

Plötzlich sah ich in der Mittagshitze sich etwas auf uns zu bewegen. Drei Männer kamen über die Ebene. „Wollen die zu uns?" fragte ich mich. Es schien so, sie kamen immer näher. Was tun? Sollte ich sie einladen? Die Essenszeit war vorüber. Doch mir war plötzlich klar, das sind keine normalen Männer, diese Männer hat Gott geschickt. Ich muß sie einladen, bei mir zum Essen zu bleiben, damit sie sich stärken können. So habe ich sie eingeladen. Sie haben die

Des Herrn Besuch bei Abraham

# 22

Einladung angenommen. Ich bin also schnell zu Sara ins Zelt, hab' ihr gesagt, daß wir Gäste haben, sie soll doch schnell Kuchen backen. Dann bin ich zur Herde gerannt und habe ein besonders schönes Kälbchen ausgesucht und einem Knecht gesagt, daß er es schlachten und zum Essen zubereiten soll. Dann ließ ich noch Wasser holen, damit man den Gästen die Füße waschen konnte. Als dann das Essen zubereitet war, habe ich die Gäste selbst bedient, denn es waren doch Männer Gottes.

Als sie da so aßen, sagte der eine, der war mir gleich außergewöhnlich aufgefallen: „Wo ist denn deine Frau Sara?" Ich dachte, was will er denn von ihr? „Sie ist drinnen im Zelt", sagte ich ihm. Dann sagte er: „Wenn ich in einem Jahr wiederkomme, wird sie einen Sohn haben." Plötzlich war mir klar, das ist nicht nur ein Bote Gottes. Das ist der Herr selbst, mit zwei seiner Engelboten. Gott ist zu mir gekommen. Ich war erschrocken, aber gleichzeitig auch erfreut. Gott selbst hatte mich besucht. Ich konnte es kaum fassen.
*(Die Obstschale wird wieder herumgereicht)*

Jetzt kann Sara erzählen, was sie gemacht hat, als sie das im Zelt hörte, daß sie in ihrem Alter noch ein Kind bekommen sollte:

Ich dachte, ich höre nicht recht, mein Mann und ich, wir sind schon so alt, wir können keine Kinder mehr bekommen. Ich lächelte ganz leise vor mich hin.

Abraham: Da sagte doch plötzlich der Herr: „Warum lacht Sara und denkt, sie sei zu alt, um Kinder zu bekommen? Sollte dem Herrn etwas unmöglich sein? Um diese Zeit in einem Jahr will ich wieder zu dir kommen, dann soll Sara einen Sohn haben."

Meine Frau wollte nicht zugeben, daß sie gelacht und das gedacht hatte. Ihr war erst jetzt bewußt geworden, wer bei uns zu Besuch war.

Ich hatte ihr Lachen nicht gehört. Aber ich konnte sie gut verstehen. Als Gott vor ein paar Jahren mir schon einmal gesagt hatte, daß ich von Sara noch einen Sohn bekommen sollte, da mußte ich auch lachen. Gott war mir und Sara nicht böse, doch er mußte meiner Frau sagen, daß sie doch gelacht habe. Aber wir waren froh, daß Gott uns nun einen Termin gegeben hatte. Jetzt können wir ja abwarten und mal sehen, was in einem Jahr passiert. Bisher hat Gott alles getan, was er versprochen hat. Und er hat ja gesagt: Sollte dem Herrn etwas unmöglich sein?!

Die Männer sind dann wieder aufgebrochen. Ich bin noch ein Stück mit ihnen gegangen. Der Herr wollte mir noch sagen, was er sonst noch vorhat. Das erzähle ich euch nächstes Mal, bis dann.
*(Letzte Runde mit der Obstschale)*

## Vertiefung

- *Lernvers:* Eine Gruppe der Kinder ruft: „Was sagte der Herr zu Abraham und Sara?"

Die andere Gruppe antwortet: „Sollte dem Herrn etwas unmöglich sein?" (dann Gruppen tauschen)

- *Mit den Kindern erarbeiten:* Welche Dinge macht Gott heute, die für uns Menschen unmöglich sind? (Er ist immer wach; er erhält die Erde, sonst wäre sie schon längst kaputt, usw.)

**Kinderstunde im Vorschulalter**

*(Ergänzungen)*

*Thema: Ein unerwarteter Besuch und eine große Überraschung*

### Hinführung

Besuch hat sich angesagt!

Wir sprechen mit den Kindern darüber, wie das zu Hause ist, wenn ein besonderer Besuch kommt: Vorbereitungen, freudige Erwartung, evtl. Geschenke...

In unserer Geschichte heute geht es um einen ganz hohen Besuch, der sich aber nicht angesagt hatte.

Der Hirte Beni erzählt uns die Geschichte. (Mitarbeiter legt sich ein Fell um, er ist nun der Hirte Beni.)

### Erzählung

Hallo Kinder! Heute muß ich euch etwas Merkwürdiges erzählen. Ich bin Hirte bei Abraham. Er ist ein guter Herr. Aber manchmal sind er und seine Frau Sara auch etwas traurig. Könnt ihr euch vorstellen warum?...Gott hatte ja dem Abraham einmal versprochen, daß aus seinen Nachkommen ein großes Volk werden sollte. Nun sind die beiden schon fast 100 Jahre alt und haben immer noch kein Kind ... Ob Gott sie vergessen hat? Nein, so etwas gibt es bei Gott nicht!

Vor ein paar Tagen geschah nun etwas ganz Besonderes: Es war nach dem Mittagessen. Abraham saß unter dem Schatten der Bäume. Ich hatte gerade noch einmal nach den Schafen gesehen. Da sah ich aus der Ferne drei Männer, die geradewegs auf unsere Zelte zugingen.

Als sie Abraham bemerkte, lief er schnell auf sie zu und lud sie ein, bei ihm zu essen und sich zu stärken. Es waren irgendwie besondere Männer, das mußte Abraham sofort gemerkt haben.

Ich mußte schnell Wasser holen und den Gästen die Füße waschen. Abraham rannte zu Sara ins Zelt, sie mußte Kuchen backen. Dann ging er zur Herde suchte sich das schönste Kälbchen aus und

## Des Herrn Besuch bei Abraham

gab es meinem Kollegen, daß der es schlachtete und zum Essen fertig machte.

Dann, als alles fertig war, nahm Abraham selbst das Essen und bediente die Leute, das war eigentlich sonst unsere Aufgabe, doch diesmal waren es besondere Gäste.

Den einen sprach Abraham sogar mit Herr an, als sei es Gott der Herr selbst. Er war der Wortführer der drei. Er war es auch, der nach Sara fragte ... Und dann sagte er etwas, als ich das hörte, wäre mir fast die Luft weggeblieben: „Nach einem Jahr will ich wieder zu dir kommen, und dann wird Sara, deine Frau, einen Sohn haben."

Das kann doch nicht sein, dachte ich so bei mir. Das muß Sara auch gedacht haben, ich konnte sie in der Zelttür sehen, wie sie vor sich hin lachte. Keiner konnte sie sonst sehen. Doch der Besucher merkte es und stellte sie zur Rede

Bevor er sich verabschiedete, sagte er noch zu Abraham: „Sollte dem Herrn etwas unmöglich sein? Nächstes Jahr um diese Zeit wird Sara einen Sohn haben."

Jetzt war es auch mir klar: der hier redete, war Gott selbst. Abraham ist seitdem wieder sehr glücklich. Er weiß jetzt ganz bestimmt, daß Gott ihn nicht vergessen hat. Er hält sein Versprechen.

Ich freue mich schon auf nächstes Jahr, wenn endlich der kleine Sohn da sein wird.

 **Vertiefung**
Gott hält auch heute noch seine Versprechen. Er hat z.B. gesagt, daß er jeden Tag bei uns sein will, ... er ist also immer für uns da, auch wenn wir ihn nicht sehen. Ich darf ihm sagen, wie es mir geht. Er sieht und hört mich immer und überall. Denn: Sollte dem Herrn etwas unmöglich sein?
• *Lernvers lernen*, wie oben.
• *Die Kinder malen* Bilder zur Geschichte oder Vorlage (siehe Arbeitshilfen) zum Ausmalen.

Vater, ich will dich preisen
Ich habe einen, der mit mir geht
Mein Gott ist so groß
Das Wort des Herrn ist wahrhaftig

**Liedvorschläge**

# 22

 **Arbeitshilfen**

**Basteln**

Wir basteln den Hain Mamre und die Besuchszene aus Knete oder Ton und lassen die Figuren trocknen: Bäume, Schaf- und Rinderherden, Zelte, Personen. An einen „Baum" wird ein Zettel mit dem Lernvers geheftet.

**Spiel**

*Besuch: Der Onkel aus Amerika*

Die Kinder sitzen im Kreis. Das erste Kind sagt: Der Onkel aus Amerika ist da. Das zweite fragt: Was hat er denn mitgebracht? Das erste nennt einen Gegenstand: z.B. Schokolade. Jetzt sagt das zweite zu seinem linken Nachbarn: Der Onkel.... Auf die Frage: „Was hat er denn mitgebracht?" muß es die Antwort des ersten (Schokolade) und noch einen zusätzlichen Gegenstand nennen usw.

Bei kleineren Kindern darf der Kreis nicht zu groß sein. Evtl. mehrere Kreise bilden.

# 22

Des Herrn Besuch bei Abraham

**Besuch bei Abraham**
Bild kopieren und den Kindern zum Anmalen geben.

# 23 | Sodom und Gomorra

 **Text**

1. Mose 18,16 - 19,29

 **Erklärungen zum Text**

*(Bitte gründlich durchlesen, damit die Geschichte gut erzählt werden kann; deshalb sind die Erklärungen in dieser Lektion ausführlicher)*

Kap. 18,16: Nachdem die drei Männer (der Herr „Jahwe" in Begleitung zweier Boten „Engel") Abraham und Sara verheißen haben, daß sie in einem Jahr einen Sohn bekommen werden, brechen sie auf. Ihr Ziel ist

Sodom: nach 1. Mose 13,10 lagen Sodom und Gomorra in der Jordanebene. Ein fruchtbares Tal, vergleichbar mit dem Garten Eden oder der Kornkammer Ägyptens. In dieser Gegend befanden sich auch die Erdharzgruben (= Asphalt) (1. Mose 14,3.10). Die Nachbarstädte hießen Adma, Zeboim und Zoar. Es waren Stadtstaaten mit eigenen Königen (1. Mose 14,2.8.)

V.17 ff.: Gott will Abraham in seine Gerichtspläne einweihen. Dies geschieht, weil Abraham von Gott auserwählt (einen Bund, vergleichbar des Ehebundes, mit ihm geschlossen hatte) war, seinen Nachkommen die Wege des Herrn zu lehren, damit er seine Verheißungen an ihnen erfüllen kann.

„Die Zerstörung Sodoms und der umliegenden Städte sollte ein bleibendes Denkmal der göttlichen Strafgerechtigkeit werden, an welchem Israel den Untergang der Gottlosen beständig vor Augen hätte" (C.F. Keil). (vgl. Amos 4,11; 2.Petr. 2,6)

V.20 f.: Das „Geschrei" ist ein Spezialausdruck aus dem damaligen Rechtsleben. Gemeint ist damit entweder das Vergehen selbst, das nach Bestrafung ruft, oder die Klage und Anklage des Betroffenen, der beim Richter um Recht nachsucht. Gott hört es und antwortet darauf mit einer Prüfung an Ort und Stelle.

V.22 ff.: Auf die Mitteilung Gottes antwortet Abraham mit einer Fürbitte. Er kann es sich nicht vorstellen, daß Gott den Gerechten mit den Gottlosen zusammen umbringt. „Gerechte, sind hier nicht Sündlose oder Heilige, sondern Menschen, die sich von dem sündigen Leben der anderen distanzieren." Er weiß, daß er vor Gott, dem gerechten Richter steht. Er redet mit ihm demütig, in dem Bewußtsein, nur Staub und Asche zu sein (27), und kühn zugleich, weil er nicht begreifen kann, daß Gott eventuell sogar die Gerechten in der Stadt töten wird. Seine Bitte zielt darauf, daß Gott wegen der wenigen Unschuldigen die ganzen Städte verschont.

Kap. 19,1: Als die Engel (Geist-Wesen, die menschliche Gestalt annehmen können, sie waren zuvor mit dem Herrn bei Abraham) in Sodom ankommen, sitzt Lot unter dem Tor. Die turmartige Torbefestigung war ein geräumiger Durchgang und zugleich ein Platz der Gerichtssitzungen sowie des öffentlichen Handelns und

Lebens (Ruth 4,1; 2.Kön. 7,1). Das „Sitzen unter dem Tor" war ein Ehrenplatz und zeigt, welches Vertrauen Lot in Sodom erworben hatte. Lot erhebt sich, grüßt die Fremden (die er erst später als Boten Gottes erkennt, V. 11 ff.) und lädt sie in sein Haus ein, so wie es auch Abraham getan hatte (18,1 ff.).

V.3 ff.: In seinem Haus erhalten sie ungesäuerten Kuchen. Als sie dann schlafen gehen wollen, umstellen die Sodomiten das Haus. Jung und alt, das ganze Volk aus allen Ecken der Stadt, will die Gäste Lots schändlich mißbrauchen. Lot wehrt sie ab. Er setzt sein Leben, ja die Ehre und die Jungfräulichkeit seiner beiden Töchter aufs Spiel. „Er begeht die Sünde, der Sünde durch Sünde wehren zu wollen" (G.v.Rad).

Mit dem Eintreten für die Boten Gottes wird Lot unversehens wieder zum Fremdling in der Stadt.

V.10 f.: Die Rollen werden vertauscht: Die Beschützten werden zu Beschützern, und die Angreifer werden mit Blindheit geschlagen, einem Geblendetsein, das sie von ihrem Vorhaben abhält.

V.12 ff.: Die Sünde Sodoms ist nun offenbar geworden. Lots Gäste geben sich ihm als von Jahwe gesandte Boten des Gerichts über die sündige Stadt zu erkennen und fordern ihn auf, aus der Stadt zu bringen, wer zu ihm gehört. Die Zerstörung der Stadt ist bei Gott beschlossen, doch er will Lot und seine Familie retten. Die zukünftigen Schwiegersöhne nehmen die Warnung nicht ernst (vgl. Luk 17,28 ff.).

V.15 ff.: Die Morgenröte signalisiert: Es ist höchste Zeit. Lot zögert. Immer wieder müssen ihn die Engel zur Eile treiben. Schließlich werden sie sogar „handgreiflich", „denn Gott wollte Lot retten" (V.16). Lot ist mit dem Gebirge als Zufluchtsort nicht einverstanden und bittet um den bequemeren Weg nach der Stadt Zoar.

V.23 ff.: Der Beginn der Katastrophe fällt zusammen mit der Ankunft Lots in Zoar. Solange mußte das Gericht aufgeschoben werden, bis Lot in Sicherheit war.

Gott vernichtet die Städte Sodom, Gomorra, Adma und Zeboim mit Feuer und Schwefel vom Himmel. Vermutlich sind dadurch auch die großen Erdharzlager am Toten Meer in Brand geraten. Heute vermutet man die Städte unter dem südlichen Teil des Toten Meeres oder evtl. sogar an der Mündung des Jordans in das Tote Meer.

Obwohl die Engel es verboten hatten, schaut Lots Frau zurück „und ward zur Salzsäule", d.h. der Feuer- und Schwefeldampf, den die Luft erfüllte, hat sie getötet, und dann wurde sie von Salz verkrustet, daß sie aussah wie eine Salzstatue.

Zusammen mit den Menschen wurde auch die Vegetation vernichtet: „das ganze Land, daß es weder besät werden kann noch etwas wächst" (5. Mose 29,22).

So ist das Tote Meer mit seiner ausgestorbenen Umgebung ein Hinweis auf eines der schrecklichsten Strafgerichte Gottes.

# 23 | Sodom und Gomorra

Denen jedoch, die Jesu Worte und Taten ablehnen, wird es noch schlimmer ergehen als den Menschen von Sodom und Gomorra (Matth. 10,14). Gott hat an unserer Stelle Jesus gerichtet, wer dies nicht im Glauben anerkennt, lebt wie die Sodomiten gegen Gott und muß ins Gericht (Joh 3,15 ff.).

V.27 ff.: Gott konnte nicht nach Abrahams Gebet handeln, weil er nicht einmal zehn „Gerechte" finden konnte. Doch er rettete Lot aus dem Gericht, weil Abraham sich für die „Gerechten" eingesetzt hatte, auch wenn bei Lot kaum der Wandel nach Gottes Willen sichtbar gewesen ist:
- Nach der Trennung von Abraham (Kap 13) hatte er sich bei Sodom angesiedelt, zum Schluß wohnte er sogar in dieser Stadt, deren sündiges, gottloses Leben bekannt war.
- Nach 2.Petr. 2,7-8 hat seine „gerechte Seele" in Sodom sehr gelitten.

**Schwerpunkt des Textes**

Gehorchen ist lebensnotwendig, denn wer nicht auf Gott hört, bringt sein Leben in Gefahr. Wir können für andere beten.

**Anmerkungen zur Situation des Kindes**

*Grundschulkinder:*
Kinder in diesem Alter wissen aus eigenem Erleben um Gut und Böse, Gehorsam und Ungehorsam. Sie sehen meistens auch ein, daß auf Ungehorsam Strafe folgt.

Das Strafgericht über Sodom und Gomorra können sie in seinem vollen Ausmaß noch nicht begreifen. Beim Erzählen sollte auch das sündhafte Leben (Homosexualität) nicht in allen Einzelheiten beschrieben werden (sondern: Die Sodomiten lebten ein ausschweifendes Leben, ohne nach Gott zu fragen).

*Vorschulkinder:*
In diesem Alter sollte der Schwerpunkt der Erzählung das Gespräch Abrahams mit dem Herrn sein. Das Geschehen in Sodom wird nur kurz gestreift. Den Kindern ist klar, wer ungehorsam ist, der muß mit Strafe rechnen. Wichtig ist der Ausgang: Gott zerstört zwar die Stadt, doch er rettet Lot, weil Abraham Fürbitte getan hatte. Abrahams Vertrauen Gott gegenüber entspricht dem Vertrauensverhältnis, das Kinder normalerweise ihren Eltern und den Erwachsenen gegenüber haben.

**Lernziele**

☺ Nicht hören (Ungehorsam) bringt unser Leben in Gefahr.
♡ Gehorsam kann auch Freude machen.
🙏 Die Kinder sollen ermutigt werden, auf Gott zu hören und für andere zu beten.
• *Vorschulalter:* Wir dürfen Gott für andere Menschen bitten (Schwerpunkt: Abrahams Fürbitte, deshalb wird Lot gerettet).

Sodom und Gomorra

# 23

*Grundschulkinder:*
Irret euch nicht! Gott läßt sich nicht spotten. (Galater 6,7a)

**Lernvers**

*Vorschulkinder:*
Betet für sie zum Herrn. (Jeremia 29,7b)

## Hinweise zur Durchführung

 **Hinführung**
1. Beispielgeschichte (siehe Arbeitshilfen)
2. Erzählung (kurz): Lots bisherige Erlebnisse, bis er in Sodom und Gomorra seßhaft wurde.

**Kinderstunde im Grundschulalter**

 **Hauptteil**
*(siehe Erklärungen zum Text)*

*1. Gott will Abraham seinen Plan mit Sodom mitteilen*
- Abraham und die drei Männer unterwegs in Richtung Sodom
- Gottes Gründe, Abraham zu sagen, was er vorhat
- Die Situation in Sodom und Gomorra

*2. Das Gebet für die Menschen in Sodom*
- Abrahams Fürbitte: Es kann doch nicht nur Ungerechte geben (Foliencollagen)

*3. Der Besuch in Sodom*
- das Verhalten Lots
- das Verhalten der Sodomiten (wollten den Gästen Böses tun)

*4. Gottes Handeln an Sodom (Foliencollagen)*
- Rettung Lots und seiner Familie
- Strafe für das gottlose Sodom und die anderen Städte
- Lots Frau ist ungehorsam

 **Vertiefung**
Die Menschen in Sodom wollten Gott nicht gehorchen. Gott ist aber ein heiliger Gott, der die Sünde nicht übersieht.
• *Bei Einstieg 1:* Arndt wollte seinem Vater nicht gehorchen.
• *Bei Einsieg 2:* Lot hat nach unserem Wissen nie nach Gottes Willen gefragt, deshalb ist er in Sodom gelandet. Er wird nur gerettet, weil Abraham für die „Gerechten" in Sodom um Verschonung bittet. Und auch bei der Rettung hat er seinen eigenen Willen, er will nach Zoar, nicht in die Berge. (Er wählt wieder den einfacheren Weg.)

Was geschieht, wenn man nicht gehorsam ist? Wessen Schuld ist es dann? Lots Frau wurde zur Salzsäule. Dies passiert zwar heute nicht mehr, doch jeder muß sich selbst fragen:

Wo war ich Gott nicht gehorsam? Ich darf ihn bitten, mir zu vergeben, wo ich nicht gehorsam war, wo ich z.B. nicht auf meine Eltern gehört habe. Ich darf ihn bitten, mir zu helfen, daß ich gehorchen lerne. Denn Gehorsam Gott und denen gegenüber, die wollen, daß mein Leben gelingt, ist lebensnotwendig.

• *Lernvers* lernen evtl. auch den zweiten Teil ... was der Mensch sät, das wird er ernten. Gehorsam = Rettung, Ungehorsam = Gericht

 **Kinderstunde im Vorschulalter**

*(Ergänzungen):*

 **Hinführung**
*Kurze Wiederholung der letzten Lektion.*

Die drei Männer sind noch bei Abraham, sie machen sich nun auf den Weg. Abraham begleitet sie noch in Richtung Sodom. Dort wohnt Lot (kurz erklären, wie er dorthin gekommen ist).

*Material:* 50 verschiedene Smile-Gesichter (vier mal 10 und zweimal 5) auf Folien aufmalen für OHP oder auf Papier und ausschneiden für Flanelltafel. Evtl. kann das Ganze auch beim Erzählen direkt auf die Tafel gemalt werden. Die Kinder können dann immer einige Gesichter wegwischen.

 **Erzählung**
*1. Abrahams Gespräch mit Gott über Sodom und Gomorra*
Kap 18,16-33 ausführlich erzählen (s. Erklärungen zum Text). (Die jeweilige Anzahl der Gesichter wegnehmen.)

*2. Ganz kurz erzählen, was dann in Sodom passiert.*
- Engel bei Lot
- Ankündigung des Gerichts
- Gibt es 10 Gerechte? – Nein
- Gott bestraft Sodom und Gomorra, weil es nicht mehr anders geht (z.B. Eltern müssen die Kinder manchmal bestrafen, weil es nicht mehr anders geht, weil sie extrem ungehorsam waren, sich gegen die Eltern gestellt haben).
- Einzige Chance für Lot und seine Familie
- Flucht ohne Zurückzuschauen

*3. Lot wird gerettet,* weil Abraham gebetet hat, auch wenn Gott die Städte vernichten muß, weil sie alle nicht auf ihn hören.
- Lots Frau wird zur Salzsäule, weil sie nicht gehorcht.

Sodom und Gomorra

### Vertiefung

Gott will eigentlich Menschen retten, nicht richten! Deshalb ist Jesus am Kreuz für uns Menschen gestorben. Er will, daß wir an ihn glauben, auf ihn hören und tun, was er sagt. Er sagt, daß wir für die anderen beten sollen, damit sie auch an ihn glauben.

• *Lernvers mit Bewegungen lernen:*
*Betet* (Hände falten)
*für sie* (die beiden Zeigefinger werden nach vorne gestreckt; jedes Kind überlegt sich für jeden Zeigefinger eine Person, für die es beten will, und denkt nun bei Aufsagen des Bibelverses an diese Personen)
*zum Herrn* (mit einem Zeigefinger nach oben zeigen)

### Liedvorschläge

Gott ist so gut
Wie kann man jung sein
Ihr Kinder, gehorcht euren Eltern
Fröhlich, fröhlich ist das Volk
Gott hört mich, wenn ich bete

### Spiel

*Lehmann sagt*
Was Lehmann sagt, wird getan. Der Spielleiter ist „Lehmann". Er befiehlt: „Lehmann sagt: Aufstehen, Lehmann sagt: Hände hoch..." Zwischendurch gibt der Spielleiter ein Kommando, ohne vorher „Lehmann sagt" zu verwenden. Wer jetzt dem Befehl Folge leistet, scheidet aus.

### Arbeitshilfen

### Basteln
*Gebetsplakat*
Jedes Kind malt auf Tonpapier den Menschen (oder die zwei Menschen, an die es beim Lernvers gedacht hat), für den es beten möchte. Dann werden die Personen ausgeschnitten und auf einen weißen Karton geklebt und die Namen dazugeschrieben. So kann man schon die Kleinen zur Fürbitte ermutigen. (Bitte aber keinen Zwang ausüben!)

# 23

**Beispielgeschichte**

*Hören ohne Gehorchen kann das Leben kosten*
Arndt ist mit seinen 8 Jahren ein begeisterter Schwimmer. Heute durfte er zusammen mit seinem Vater am nahe gelegenen See bis ans andere Ufer und zurück schwimmen. „Das nächste Mal schaffe ich es ohne dich, Vati", verkündigt Arndt voller Stolz. „Nein, Arndt, das darfst du nicht", entgegnet sein Vater. „Es ist sehr gefährlich, den See allein zu überqueren, denn mitten durch das Gewässer fließt ein Fluß. Ab und zu treten Strudel auf, die dich in die Tiefe des Sees ziehen können." Arndt kann das nicht recht glauben. „Ich habe doch dieses Mal auch keine Hilfe gebraucht", denkt er.

An einem schulfreien Vormittag nutzen Arndt und sein Freund die Gelegenheit zum Schwimmen im See. Sie sind die ersten Besucher, und so können sie sich nach Herzenslust im Wasser tummeln. Als Arndts Freund den Vorschlag macht, zusammen hinüber ans andere Ufer zu schwimmen, fällt Arndt sofort das Verbot des Vaters ein. „Das erste Mal ist doch auch nichts passiert", mit diesen Gedanken versucht Arndt, die Warnung des Vaters zu verdrängen.

Auf dem Rückweg ist es dann passiert: Arndt kommt in einen Wasserstrudel und kann sich selbst nicht mehr befreien. Alle Selbstvorwürfe, „Wäre ich doch nur gehorsam gewesen", helfen jetzt nicht mehr. Wenn keine Hilfe kommt, muß Arndt ertrinken. Sein Freund ist zu schwach, um Arndt helfen zu können.

Ein Wanderer, der gerade vorbeikommt, hört die Hilferufe der Jungen und rettet Arndt.

Überleitung: Wie wichtig es ist, daß wir neben unseren Eltern auch Gott gehorchen lernen, zeigt uns folgende Geschichte.

# 23

Sodom und Gomorra

**Lernvers**
Die Wörter des Lernverses werden ausgeschnitten, mit Haftpapier hinterklebt und ungeordnet auf die Flanelltafel gelegt. Die Kinder setzen die Wortstreifen richtig zusammen.

| Irret | euch | nicht! |
| Gott | läßt | sich |
| nicht | spotten. | Gal.6,7a |

**Gebetshand**
In die Hand kann ein Gebet geschrieben werden.

**Für wen will ich beten?
Wofür kann ich danken?**

- Katharina, Lars, Essen, Trinken, Tiere, Vögel, Pflanzen
- Eltern, Lehrer, Lehrerinnen, Musik, Geschwister, Oma, Opa
- Krankenschwestern und -pfleger, Ärzte, Freunde und Freundinnen
- Dorothea, Andreas, Gemeinde, Jungschar, Kinderstunde, Freizeit
- Frieden, Politiker, Augen, Mund, Ohren, Hände

# 23

Sodom und Gomorra

**Sodom und Gomorra**
Bilder für ein Leporello

Sodom und Gomorra

# 23

 **Foliencollagen**

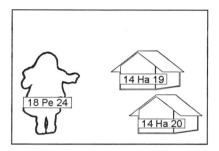

1

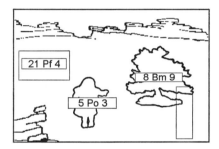

2 (Grundfolie Wüste / Salzsäule zeichnen)

# 24 | Isaaks Geburt

**Text**

1. Mose 21,1-7 und Verheißungstexte

**Erklärungen zum Text**

Bibelstellen mit *Verheißungen* von Nachkommen an Abraham:
1. Mose 12,1: großes Volk, Abraham ist 75 Jahre alt
1. Mose 13,16: Nachkommen wie Staub auf der Erde
1. Mose 15,5.6: Nachkommen wie Sterne am Himmel – Abr. glaubte
(1. Mose 16: Saras und Abrahams eigenmächtiger Versuch, Nachkommen zu bekommen: Ismael. Abraham ist 85 Jahre alt. Diese Begebenheit sollte erst bei älteren Kindern erwähnt werden)
1. Mose 17,4.16: Vater vieler Völker, Sara soll einen Sohn bekommen, sie soll ihn Isaak nennen. Abraham ist 99, Sara 90 Jahre alt.
1. Mose 18,10.14: Verheißung: in einem Jahr soll ein Sohn geboren werden. Abraham ist 99 Jahre alt.

*1. Mose 21*

V.1: Abraham wohnt vermutlich noch in Gerar (20,1), der Hauptstadt der Philister, im Südland, etwa in der Hälfte des Weges zwischen Gaza und Beerseba. Die Schwangerschaft der bis dahin unfruchtbaren Sara geht auf Gottes Handeln zurück, wie ja überhaupt jedes neue Leben ein Schöpfungsakt Gottes ist. Hier allerdings wird ausdrücklich die Erfüllung der Prophetie aus 1. Mose 17,16 u. 18,10 hervorgehoben.

V.2: Nicht nur Sara, auch Abraham war schon sehr alt (100 Jahre, 1. Mose 18,11). In dieser „unmöglichen Situation" gebiert nun Sara ihren Sohn, genau zu der Zeit, die Gott verheißen hat.

V. 3 f.: Die Namensgebung erfolgt gemäß der Anordnung Gottes (1. Mose 17,9). Ebenso die Beschneidung des Knaben. Isaak trägt so das Zeichen des Bundes, den Gott mit Abraham geschlossen hatte (1. Mose 17,10-14).

Der Name Isaak bedeutet: Er wird lachen. Dies erinnert an das Lachen von Abraham (17,17.19) und Sara (18,12), als ihnen die Geburt eines Sohnes angekündigt wurde.

V.5: Seit der Geburt Ismaels waren 14 Jahre vergangen (1. Mose 16,16). Mit 99 Jahren hatte Abraham die Verheißung Isaaks und den Bundesschluß von Gott erhalten.

V. 6 f.: Sara, die früher ungläubig über die Verheißung gelacht hatte (18,12), findet in der nun erfolgten Geburt des verheißenen Sohnes Ursache zum Lachen, zur freudigen Verwunderung, so daß sie mit Bezug auf seinen Namen sagt: Ein Lachen hat mir Gott bereitet, jeder, der es hört, wird mir zulachen; d.h. wird sich mit mir über die Geburt eines Sohnes in diesem Alter freuen bzw. darüber staunen oder eventuell höhnisch darüber lächeln, weil er der „Entstehungsgeschichte" des Kindes nicht glaubt.

Isaaks Geburt

# 24

In Isaak erfüllt Gott seine Verheißung. Er ist Gottes Geschenk an Sara und Abraham.

**Schwerpunkt des Textes**

*Grundschulkinder:*
Manche Kinder haben oft doch recht verschwommene Vorstellungen darüber, wie es zur Zeugung und Geburt kommt. Einige sind schon viel zu früh durch „Jugendzeitschriften" aufgeklärt. Häufig werden dabei kindliche Phantasien mit Ausdrücken und Vorstellungen verwoben, die aus der Illustriertenwelt der Teenager und Jugendlichen kommen. So wird es wichtig sein, klar und ohne große Ausschmückung über die Geburt Isaaks zu berichten. Hervorzuheben ist, daß es der Sara von ihrem Alter her eigentlich nicht mehr möglich war, Kinder zu bekommen. Dadurch wird das Wunder, das Gott hier tut, und die Unmöglichkeit des Geschehens deutlich.
    Kinder wollen Wünsche immer schnellst möglich erfüllt bekommen. Deshalb soll verdeutlicht werden, daß Abraham und Sara 25 Jahre auf die Erfüllung dieser Verheißung gewartet haben.

**Anmerkungen zur Situation des Kindes**

*Vorschulkinder:*
Kinder in diesem Alter beschäftigen sich weniger mit den „technischen" Seiten von Zeugung und Geburt. Kinder kommen einfach aus dem Bauch der Mutter. Wie sie dort reinkommen, ob sie nach ihrer Vorstellung vielleicht schon immer drinnen sind, darüber entwickeln sie vielleicht viele Vorstellungen. Ihnen soll mit dieser Lektion deutlich gemacht werden, daß Kinder Gaben Gottes für die Eltern sind.
    Die Geburt des Isaak sollte als ein tolles, schönes Ereignis erzählt werden (d.h. den vielleicht vorhandenen beschmutzten Phantasien der Kinder über Zeugung und Geburt keinen Anknüpfungspunkt geben). Es sollte etwas vom Staunen über das Wunder der Geburt eines Menschen deutlich werden.

☺ Vertrauen auf Gottes Zusagen lohnt sich, auch wenn viele Jahre bis zur Erfüllung vergehen.
♡ Gott schenkt es, daß Menschen Kinder bekommen. Ich freue mich, daß ich ein Geschenk Gottes an meine Eltern bin.
✋ Die Kinder sollen ermutigt werden, auf Gottes Zusagen zu vertrauen.

**Lernziele**

*Grundschulkinder:*
Abraham vertraute Gottes Zusage, so fand er Gottes Anerkennung. (1. Mose 15,5 GN)

**Lernvers**

*Vorschulkinder:*
Kinder sind eine Gabe Gottes. (Psalm 127,3)

# 24

Isaaks Geburt

## Hinweise zur Durchführung

 **Kinderstunde im Grundschulalter**

 **Hinführung**

*Material:* Staub (Sand), Sterne.

Den Sand in die Mitte des Raumes bzw. in eine Ecke auf den Boden schütten. Die Sterne an die Wand oder einen Sternenhimmel (schwarzes Tuch mit gelben Sternen) an die Decke hängen.

Kurzer Überblick über den Auftrag und die Verheißungen, die Abraham erhalten hat.

Abraham gehorchte dem Auftrag Gottes, in ein fremdes Land zu ziehen, das Gott seinen Nachkommen verheißen hat. Er beginnt die Reise, obwohl er schon 75 Jahre (seine Frau Sara 65) alt ist und noch keine Kinder hat. Abraham vertraute, glaubte Gott. Gott hatte es ihm immer wieder verheißen (s. Erklärungen zum Text):
- Ein großes Volk soll er werden.
- Nachkommen wie Staub/Sand auf Erden soll er haben (auf den Sandhaufen zeigen oder den Kindern eine Schüssel Sand herumreichen, damit sie einmal die Sandkörner „zählen" können).
- Nachkommen wie Sterne am Himmel (auf Sterne zeigen, die Kinder fragen, wie viele Sterne sind nachts am Himmel, unzählbar).
- Abraham soll ein Vater vieler Völker, Sara die Mutter vieler Könige werden.

Was ist nun aus den Verheißungen geworden?
25 Jahre sind vergangen...

 **Hauptteil**

Nun ist Abraham 100 Jahre alt, Sara 90 oder 91. Sie wohnen jetzt in Gerar (evtl. auf einer Karte zeigen). Vor einem Jahr hatte Gott sie nochmals besucht und ihnen gesagt, daß sie in einem Jahr ein Kind bekommen sollten. Damals hatte Sara gelacht. Auch Abraham konnte sich bei der Vorstellung, nach Gottes Verheißung einmal Vater vieler Völker zu werden, das Lachen nicht verkneifen. Nun war es so weit.

Sara war schwanger geworden, obwohl es in diesem Alter unmöglich ist, schwanger zu werden. Doch Gott hatte ja gesagt, ihm ist nichts unmöglich.

Die letzten Vorbereitungen werden getroffen: Wiege, Wäsche, (evtl. Babyausstattungsteile den Kindern zeigen) usw.

Nun wird er geboren. Wie soll er heißen? Isaak, so hatte es Gott angeordnet. Er wird lachen, bedeutet das. Ja, dachte Sara, dieser Name paßt. Jeder, der hört, daß ich und Abraham in unserem Alter noch einen Sohn bekommen haben, der wird lachen. Die einen werden lachen, weil sie sich mit uns freuen, daß Gott uns einen Sohn

Isaaks Geburt

geschenkt hat. Er hatte ihn uns ja versprochen. Die anderen werden lachen, weil sie es nicht glauben können, daß dies unser Sohn ist.

### Vertiefung

So ist dies auch noch heute in unserer Welt: Da gibt es Menschen, die Gott zutrauen, daß er Unmögliches möglich macht, die anderen glauben es nicht.

Für die einen ist in Jesus Christus Gott zu uns Menschen gekommen, um uns zu erlösen. Bei ihm laden sie ihre Sünden (Lüge, Haß, Streit usw.) ab und können fröhlich mit Jesus ihr Leben gestalten. Für die anderen ist die ganze Sache mit Jesus und Gott und daß wir Sünder sein sollen, nur zum Lachen, und sie spotten darüber. Gott hatte seine Verheißung erfüllt. Isaak war der erste Nachkomme Abrahams von Sara, daraus entstand das jüdische Volk. Aus ihm kam Jesus. Und alle, die an ihn glauben, gehören zu dem Volk Gottes, das einmal für immer bei ihm wohnen darf.

*(Ergänzungen)*

**Kinderstunde im Vorschulalter**

### Hinführung
*Babysachen als Dekoration im Raum aufhängen*
Fragen an die Kinder:
- Kann eine 90jährige Frau noch Kinder bekommen? (Eine Frau, die älter ist als eure Oma?)
- Kann man Oma und Opa werden, wenn man selbst keine Kinder bekommt?
- Kann ein kinderloses Ehepaar seinen Besitz an seine Kinder weitergeben?

Abraham und Sarah waren so alte Leute, sie hätten schon Oma und Opa sein können, doch sie hatten keine Kinder. Wer sollte einmal den Besitz übernehmen, den sie von Gott bekommen hatten?

### Hauptteil
*Erzählung mit Hilfe der Foliencollagen*
Gott hatte dem Abraham viel versprochen!....
Er wollte ihm das Land Kanaan als Heimat geben und seine Nachkommen zu einem großen Volk machen. Wie die Sterne am Himmel und der Sand auf der Erde, so viele sollten es werden. (Sterne und Sand zeigen, s. Hinführung)

Abraham vertraute Gott und glaubte ganz fest, was er ihm gesagt hatte. Aber manchmal war er doch traurig und hatte Zweifel. Wie sollten denn seine Nachkommen zu einem großen Volk werden, wenn er überhaupt keine Kinder hatte? Er war jetzt schon fast 100 Jahre alt, und auch seine Frau Sara war schon sehr alt. In diesem Alter kann man eigentlich keine Kinder mehr bekommen. Aber Abraham vertraute Gott. Er wußte, daß Gott auch Unmögliches tun kann.

Eines Tages kam Sara mit einem freudestrahlenden Gesicht zu ihrem Mann. Sie wollte ihm sagen, daß sie ein Kind erwartet. Es soll genau zu dem Zeitpunkt geboren werden, wie Gott es ihnen gesagt hatte. Ihr könnt euch vorstellen, wie sich die beiden da gefreut und vor allem auch Gott gedankt haben. Gott hatte sein Versprechen gehalten.

Schließlich war es soweit... Ein Junge wurde geboren... Sie nannten ihn Isaak (er wird lachen). Dankbar und glücklich waren sie über ihren Sohn...

Der Junge wurde größer, und immer, wenn Abraham ihn sah, mußte er daran denken, daß Gott seine Verheißungen erfüllt. Auch wenn es bei Isaak 25 Jahre gedauert hat.

### Vertiefung

Isaak war Gottes Geschenk an Sara und Abraham. Auch ihr seid solche Geschenke Gottes für eure Eltern... Auch als Kinder können wir schon auf Gott vertrauen: Er will auf unser Gebet hören, er will unsere Wünsche hören, er gibt uns das, was gut für uns ist. Das wichtigste, er ist immer bei uns, er läßt uns nicht im Stich.
- *Lernvers mit Bildern lernen (siehe Arbeitshilfen)*
- *oder mit Bewegungen:* Kinder (auf die Kinder zeigen) sind eine Gabe (durch eine Geste zeigen, daß man dem anderen etwas gibt) Gottes (mit dem Finger nach oben zeigen).
- *Die Kinder malen ein Bild* von Abraham und Sara mit ihrem kleinen Sohn Isaak.
- Hinweis für die nächste Stunde (Lektion 25): Wir laden die *Vorschulkinder zur Geburtstagsfeier* ein (siehe Lektion 25)

**Liedvorschläge**

Immer wieder könnt ich singen
Freud, Freud, mein Herz ist voller Freud
Ja, Gott hat alle Kinder lieb
Wer läßt die Sterne strahlen
Mein Gott ist so groß
Bei Gott sind alle Dinge möglich

Isaaks Geburt

# 24

**Lernvers mit Symbolen**
Für die Vorschulkinder zum Ausmalen kopieren!

**Arbeitshilfen**

**Kinder**

**sind eine Gabe**

**Gottes.**

# 24

Isaaks Geburt

 **Abraham und Isaak**

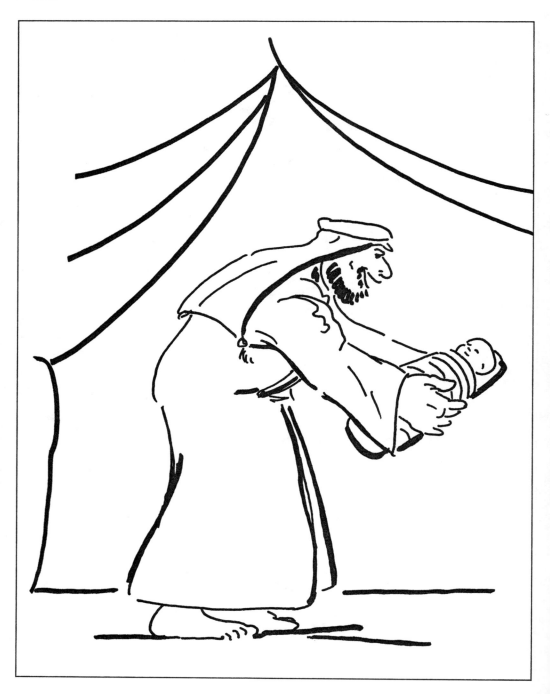

Isaaks Geburt

# 24

 **Spiele**

 **Foliencollagen**

*Alle Vögel fliegen hoch*
(Ein Spiel für kleine Kinder, vielleicht hat es Isaak auch schon gespielt)
Mit beiden Zeigefingern klopfen alle auf den Tisch oder auf die Beine. Der Spielleiter gibt nun folgende Kommandos und macht es vor, z.B. Bock (Hände mit gespreizten Fingern nebeneinander als Bock aufstellen); Doppelbock (Beide Hände übereinander); Hand kehrum (Hände flach mit Handrücken auf den Tisch legen).
Diese Kommandos können in verschiedener Reihenfolge kommen. Dann kommt zwischendurch plötzlich ein Kommando: Adler flieg. Dabei sollen der Spielleiter und die Kinder die Arme nach oben strecken. Der Spielleiter wählt hin und wieder Tiere aus, die nicht fliegen können. Er streckt dabei die Arme nach oben. Die Kinder sollen aufpassen und die Hände unten lassen. Sie dürfen nur die Hände hoch halten, wenn das Tier wirklich fliegen kann.

*Staffelspiele*
1. ungesüßten Tee aus Babyfläschchen trinken
2. Wickeln von Puppen
3. Puppen aus- und wieder anziehen
4. Kinderwagen-Hindernislauf

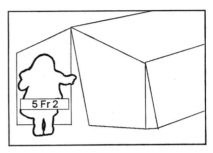

1

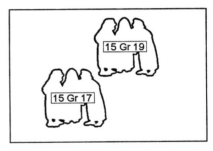

2

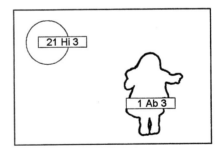

3

# 25 | Die Opferung Isaaks

**Text**

1. Mose 22,1-19

**Erklärungen zum Text**

Gott hat seine Zusage erfüllt. Abraham und Sara haben einen Sohn bekommen und wohnen in Beerseba (21,33; 72 km südlich von Jerusalem). 25 Jahre haben sie auf die Erfüllung dieser Verheißung gewartet. Er ist nun schon zu einem kräftigen Jungen herangewachsen (kann Holz tragen und weiß, daß für ein Opfer ein Tier gebraucht wird). Er ist vielleicht zwischen 10 und 15 Jahre alt, Abraham also 110-115 Jahre. Hagar und Ismael sind mit Zustimmung Gottes vertrieben worden (21,12). Abrahams Stellung ist durch den Bund mit dem Philisterkönig Abimelech (21,22 ff.) gesichert. Abraham erlebt, daß er von Gott gesegnet wird, selbst Abimelech muß sagen: Gott ist mit dir in allem, was du tust (21,22).

V.1: Nun wird Abraham erneut von Gott angesprochen. Abraham weiß noch nicht, daß Gott ihn auf die Probe stellen will. Ohne zu zögern, antwortet Abraham. Er ist bereit, zu hören und dann zu tun. Abraham hat bisher schon so viel Sieg und Versagen erlebt, daß er nun in Gottes Sicht fähig ist, diese Prüfung zu bestehen.

V. 2: Ismael war als Erstgeborener entthront. Der jetzige Erbe, Isaak, Träger der Verheißung Gottes (21,12), durch den das Heil in die Welt kommen sollte, soll nun geopfert werden.

Es handelt sich hier um ein Brandopfer, ein Opfer, bei dem nichts übrig bleibt. Es ist ein Ganzopfer. Später wird es Staatsopfer der Könige (1. Sam. 13,9), das offizielle Hauptopfer und das tägliche Opfer am großen Altar im Vorhof (3. Mose 1,3 ff.).

Der Berg im Land Morija ist die spätere Stelle, wo Salomo den Tempel baut (2. Chronik 3,1).

V. 3 f.: Abraham bereitet sich gründlich auf diese Reise und das Opfer vor. Nichts wird von einem Zweifel oder einer Furcht berichtet, ob Gott dieses Opfer wirklich will. Der Hebräerbrief schreibt davon, daß Abraham seinen Sohn dahingegeben hat. Schon hier beim Abmarsch ist er im Hergeben begriffen (Hebr. 11,17 ff.). Er dachte, Gott kann aus dem Tode erwecken (Hebr. 11,19). Denn Gott ist Unmögliches möglich, dies hatte er bei der Geburt von Isaak schon erlebt.

V. 5: Abraham läßt die Knechte zurück. Sie sollen nicht mit ansehen, was nun auf dem Berg geschehen wird, weil sie dieses „anbeten" nicht verstehen können. Der Ausgang ist Abraham selbst noch im Dunkeln verhüllt, auch wenn er sagt: „Wir wollen zu euch zurückkehren."

V. 6 ff.: Isaak fragt den Vater nach dem Opfertier. Abraham will und kann es ihm noch nicht sagen, so antwortet er: Gott wird es sich ersehen. Gott muß ja selbst dafür sorgen, wie es weitergehen wird.

# Die Opferung Isaaks

**V. 9:** Isaak läßt sich freiwillig fesseln! Obwohl er spätestens in diesem Moment wissen mußte, daß er selbst geopfert werden sollte.

**V. 10:** Indem Abraham der Berufung Gottes folgte (1. Mose 12,1), gab er seine Vergangenheit auf. Nun gibt er in der Bereitschaft der Opferung seine ihm verheißene Zukunft auf.

**V. 11:** Eigentlich ist Isaak zu diesem Zeitpunkt schon so gut wie tot. Nur wenige Zentimeter trennen die Messerspitze vom Hals des Jungen. In diese Situation hinein ruft ein Engel (Bote) Gottes den Abraham.

**V. 12:** Der Auftrag, den Abraham erhielt, wird nun zurückgenommen. Die Begründung dafür liegt in der Gottesfurcht Abrahams. Hier wird deutlich, daß hinter diesem Begriff nicht ein frommes, seelisches Erleben steht, sondern Konsequenz des Glaubens.

**V. 13:** Ob der Widder schon vorher da war und von Abraham nicht beachtet wurde oder ob er sich erst zu diesem Zeitpunkt in dem Dornengestrüpp verhedderte, ist für uns nicht zu klären. Wichtig ist, daß er „an des Sohnes Statt" geopfert wird. Hier werden Parallelen deutlich zum Kreuzesgeschehen, wo der Sohn dann aber letztendlich nicht verschont wird. Er stirbt „an der Menschen Statt" (Röm. 8,32).

**V. 14:** „Der Herr sieht", deshalb greift er in das Geschehen der Welt ein. Er tat es damals bei Isaak und dann vor allem auf dem Hügel Golgatha.

**V. 15 ff.:** Gott bestärkt und wiederholt seinen Bundesschluß mit Abraham und sichert ihm eine große Nachkommenschaft zu.

Noch einmal macht der Bote Gottes deutlich, daß der Gehorsam Abrahams ausschlaggebend war für Gottes Handeln.

Gott prüft das Vertrauen Abrahams und festigt damit seinen Glauben.

**Schwerpunkt des Textes**

Opfer sind im Sprachgebrauch der Kinder entweder unbekannt oder meist negativ besetzt. Der Begriff wird meist im Zusammenhang mit Kriegs- und Verkehrstoten benutzt. So ist es notwendig, den Kindern Opfer in dieser Lektion in ihrer Bedeutung als Hingabe zu erklären, damit die Handlung der Geschichte für sie verständlicher werden kann.

Die „Glaubensprobe" sollte so geschildert werden, daß sie nicht als „Mutprobe" mißverstanden wird. Kinder könnten diesen Gedanken sehr schnell aufnehmen und unter Umständen selbst versuchen, wie so eine Opferung aussieht.

**Anmerkungen zur Situation des Kindes**

# 25 | Die Opferung Isaaks

 **Lernziele**
😊 Gott kann unser Vertrauen auf die Probe stellen.
♥ Es ist nicht einfach, auf die Probe gestellt zu werden.
✋ Die Kinder sollen sich selbst prüfen, ob sie das tun wollen, was Gott sagt. Sie sollen dazu ermutigt werden.

• *Vorschulalter:*
Die Lektion ist für Vorschulkinder noch zu schwierig, weil der Inhalt dieses Geschehens ihr Gottesbild belasten könnte. Sie können noch nicht richtig einordnen, was Gott dadurch bei Abraham prüfen wollte.

Mit den Vorschulkindern wiederholen wir deshalb die letzten Lektionen über das Leben Abrahams, z.B. mit der Feier des 100. Geburtstages von Sara oder Abraham oder des 1. Geburtstages von Isaak (s. u. Kinderstunden im Vorschulalter).

 **Lernvers**
Befiehl dem Herrn deine Wege und hoffe auf ihn, er wird's wohl machen. (Psalm 37,5)

## Hinweise zur Durchführung

 **Kinderstunde im Grundschulalter**

 **Hinführung**
*Material:* Holzscheit, Strick, Messer, Fackel oder Öllampe, Schachteln für Altar.
Wir bringen ein schön verpacktes Geschenk mit. Darin ist eine Puppe verpackt, am besten eine in der Größe eines Babys.
*Frage an die Kinder:* Welches Geschenk, das ihr bekommen habt, ist für euch das Schönste, das Wichtigste, weil ihr es euch lange gewünscht habt. Die Kinder erzählen...

Würdet ihr dieses Geschenk wieder an diese Person zurückgeben, wenn sie es von euch verlangen würde?
Wenn ja: Würdet ihr diese Person immer noch lieb haben, auch wenn sie das Geschenk zurückhaben möchte?
Wenn nein: Warum gebt ihr es nicht zurück?
- Das gehört doch nun mir, das wurde mir doch geschenkt.
- Was geschenkt ist, ist geschenkt.

 **Hauptteil**
Nun packen wir einmal das Geschenk aus. Ein solches Geschenk (zwar nicht so eingepackt) hatten Abraham und Sara bekommen. Sie hatten 25 Jahre darauf gewartet. Besonders das letzte Jahr hatten sie sich nach diesem Geschenk gesehnt, denn Gott hatte ihnen gesagt, daß es nur noch ein Jahr dauert, dann werden sie dieses Geschenk bekommen.

# 25

Die Opferung Isaaks

Was hatten sie bekommen?: Ein Kind, obwohl sie dafür eigentlich schon zu alt waren. Doch Gott hatte ihnen den Isaak geschenkt. Davon haben wir das letzte Mal gehört.

Es waren einige Jahre vergangen. Isaak war jetzt vielleicht schon 13 Jahre alt. Sein Vater also schon 113. Da wollte Gott sein Geschenk wieder zurückhaben.

Wie sollte das gehen?

Geschichte entlang des Bibeltextes mit den mitgebrachten Dingen erzählen (s. Erklärungen zum Text oder mit Foliencollagen):
- Abraham soll seinen Sohn wieder Gott zurückgeben – Opfer
- Was wird Abraham tun (ein Kind oder besser ein Mitarbeiter spielt Abraham)
- Abraham bereitet sich vor (Feuer, Holz, Seil, Messer)
- Aufbruch zur Drei-Tages-Tour
- Gespräch mit seinem Sohn unterwegs
  (ein Kind spielt Isaak, Unterhaltung pantomimisch darstellen)
- Altar bauen (Schachteln)
- Isaak fesseln
- Bote Gottes
- Widder
- Abraham ist glücklich, daß er seinen Sohn behalten darf
- Bestätigung der Verheißung.

**Vertiefung**

Das, was Gott dem Abraham erspart hat, das hat er später selbst getan. Er hat seinen Sohn Jesus Christus für uns geopfert. So wie an der Stelle von Isaak der Widder geopfert wurde, so starb Jesus an unserer Stelle am Kreuz für unsere Schuld.

Isaak durfte weiterleben. So können auch wir weiterleben, auch wenn uns Gott wegen unserer Sünde bestrafen müßte. Er hat dafür seinen Sohn bestraft.

So wie der Glaube des Abraham auf die Probe gestellt wurde, so kann Jesus auch immer wieder unseren Glauben prüfen. Er will, daß wir auf ihn hören und das Gehörte tun.

Beispiele für Kinder:
- die Wahrheit sagen, auch wenn ich durch Lügen mehr bekommen würde
- Gestohlenes zurückgeben, auch wenn es niemand bemerkt hat
- Gott zutrauen, daß er das Beste für mich will, auch wenn ich in der Schule versage.

Wenn wir tun, was Gott uns in der Bibel sagt, wird er unseren Glauben immer stärker machen. Die größte Belohnung dafür ist, daß wir einmal für immer bei ihm sein dürfen.

• *Lernvers:* (als Lückentext, siehe Arbeitshilfen)

# 25 | Die Opferung Isaaks

 **Kinderstunde im Vorschulalter**

*(Ergänzungen)*

In der vorhergehenden Kinderstunde den Kindern eine Einladung zur Geburtstagsfeier geben. Entweder für Isaaks 1. Geburtstag oder für Abrahams oder Saras 100. Geburtstag. (Bei Abraham wäre Isaak noch ein kleines Baby, bei Sara wäre er schon ca. 10 Jahre alt.) Der Raum wird mit Luftballons u.a. schön dekoriert.

 **Einstieg**
Wir singen ein Geburtstagslied. Jedes Kind bekommt ein kleines Geschenk.

 **Hauptteil**
Geburtstag feiern, heißt auch zurückblicken, was war im Leben des Geburtstagskindes schon alles passiert?
Bei Isaak: Was haben seine Eltern erlebt, bis er geboren wurde? Kinder fragen, was sie aus den vergangen Lektionen noch wissen; dazu kleine Hinweise mit Bildern geben (s. Arbeitshilfen).

Zu den Stationen im Leben Abrahams und Saras machen wir Spiele, singen Lieder oder basteln etwas:

*Berufung auszuziehen und gehorsamer Aufbruch*
Lied: Geh, Abraham, geh
Wir spielen die Vorbereitung zum Aufbruch in zwei Gruppen. Im Raum sind Gegenstände verteilt, die für eine Reise wichtig sind, aber auch solche, die unnütz sind. Jede Gruppe muß 10 nützliche Gegenstände finden und in einen Rucksack packen. Wenn eine Gruppe 10 hat, ist das Spiel beendet. Nun müssen beide Gruppen sagen, wozu die eingepackten Gegenstände nützlich sind (Spielleiter ist Jury bzw. ein anderer Mitarbeiter, der z.B. das Geburtstagskind Abraham spielt). Nur für die Nützlichen gibt es einen Punkt.

*Demütige Trennung von Lot, damit der Streit beendet wird*
In die Mitte des Raumes sind auf einem Tuch kleine Naschereien für die Kinder. Nur für ein Kind ist nichts dabei. Die Kinder dürfen sich nehmen, was sie wollen. Vermutlich gibt es sogar Streit. Die Kinder sollen sich wieder hinsetzen. Das Kind, das nichts bekommen hat, weil es vielleicht zu langsam war oder sich nicht streiten wollte, bekommt nun ein größeres Geschenk, das länger hält, als etwas zu naschen (ein kleines Büchlein). Wer versucht, in Frieden mit den anderen zu leben, wird von Gott belohnt.

# Die Opferung Isaaks

*Gottes Besuch bei Abraham ein Jahr vor der Geburt Isaaks*
Abraham hatte die drei Männer zum Essen eingeladen. Wir essen mit den Kindern den Geburtstagskuchen. In einem Kuchenstück ist eine Überraschung versteckt. Irgend etwas Witziges, worüber die Kinder lachen müssen, weil Sara lachen mußte, als gesagt wurde, daß sie ein Kind bekommen würde.

*Abrahams Fürbitte für Sodom und Gomorra*
Ein/e Mitarbeiter/in erzählt über eine Gebetserhörung im eigenen Leben. Gott hört auch heute unser Beten, er tut dann, was gut für uns und die anderen ist, für die wir beten.

*Isaaks Geburt*
Wir malen eine Geburtsanzeige. Z.B. eine Wiege mit einem Kind und eine alte Frau und einen alten Mann daneben. Evtl. ein großes Bild (auf Tapete malen, die auf dem Boden liegt) oder jedes Kind malt eine Karte.
Lied: Heute kann es regnen

  **Vertiefung**
• *Lernvers mit Bewegungen*
Abraham hatte erlebt, daß Gott alles gut macht, deshalb gilt das auch heute für jeden von uns:
Befiehl (Hände falten) dem Herrn (nach oben zeigen) deine Wege (auf der Stelle gehen) und hoffe auf ihn (nach oben schauen und die Hände empfangsbereit nach oben halten), er (nach oben zeigen) wird's wohl machen (Hand zur Faust ballen, Daumen nach oben strecken, Arm nach vorne, denn, was Gott macht, das ist spitze).

Wenn ich bedenke, was der Herr getan
Heute kann es regnen
Vergiß nicht zu danken
Ich habe einen, der mit mir geht
Geh, Abraham, geh

**Liedvorschläge**

# 25

Die Opferung Isaaks

 **Arbeitshilfen**

 **Szenenbild 1**
Gott besucht Abraham

Die Opferung Isaaks

**Szenenbild 2**
Abrahams Fürbitte für Sodom

# 25

Die Opferung Isaaks

**Szenenbild 3**
Isaaks Geburt

Die Opferung Isaaks

# 25

 **Lernvers als Lückentext und mit Symbolen**

B_f__hl d_m H_rrn d__n_ W____ _nd h_ff_ __f _hn, _r w_rd's w_hl m_ch_n.

**Befiehl dem Herrn deine Wege und hoffe auf ihn, er wird's wohl machen.**

 **Foliencollagen**

1 (Grundfolie Wüste)

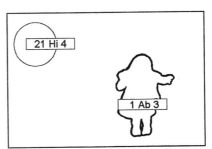

2

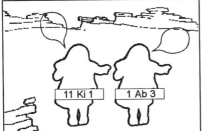

3 (Grundfolie Wüste)

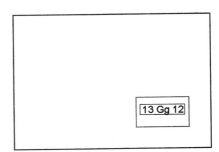

4

239

# 26 | Rebekka wird Isaaks Frau

 **Text**

*1. Mose 24,1-4.9-38.50-67*
*(Zur Vorbereitung bitte das ganze Kapitel lesen)*

 **Erklärungen zum Text**

*Situation:*
Mit 75 Jahren war Abraham von Haran nach Kanaan gezogen. Er ist nun schon 140 Jahre alt und wohnt in Hebron. Seine Frau Sara ist vor drei Jahren im Alter von 127 Jahren gestorben. Abraham hat einen Acker mit einer Grabhöhle von den Hetitern gekauft, um seine Frau zu begraben. Isaak ist nun ein Mann im heiratsfähigen Alter. Er ist 40 Jahre alt (25,20).

V.1 ff.: Abraham, der Mann, mit dem Gott die Geschichte seines Volkes begonnen hat, ist alt geworden. Aber immer noch ist er derjenige, der sich für die Familie und alles, was dazu gehört, verantwortlich weiß, obwohl Isaak längst ein erwachsener Mann geworden ist. Ganz maßgeblich gehört dazu die Frage nach der richtigen Frau für seinen Sohn.

Dabei ist das entscheidende Kriterium die Zugehörigkeit zum selben Volk, und darin liegt für Abraham die Unmöglichkeit einer Verbindung Isaaks mit einer heidnischen, Götzen verehrenden Frau aus Kanaan.

V.9: Mit einem altorientalischen Brauch schwört der Knecht (vermutlich Elieser, s. Kap. 15,2, er hätte alles von Abraham geerbt, wenn dieser keinen Nachkommen bekommen hätte), den Auftrag genaustens auszuführen.

V.10: Der lange Weg zur Stadt Nahors (vermutl. Haran – 11,31; 12,4, ca. 800 km) wird nur in einem kurzen Vers skizziert, während die nun folgenden Szenen erstaunlich ausführlich geschildert, sozusagen ausgemalt werden.

V.11-14: Bevor er irgend etwas unternimmt, betet der Knecht und unterstellt die ganze Sache Gott. Zu beachten ist aber, daß das Zeichen, das er erbittet, nichts Willkürliches ist, sondern daß es dabei um positive Eigenschaften der zukünftigen Frau Isaaks geht!

V.15-20: Staunend erlebt man mit dem Knecht zusammen die unmittelbare Erhörung seiner Gebete. („Ehe er ausgeredet hatte – siehe...!")

V.21: Der Mann kann warten. Er will ganze Gewißheit, daß Gott in all dem am Handeln ist.

V.22-28: Während zunächst wohl Rebekka nur staunen kann über die überraschenden, wertvollen Geschenke, ist es anschließend wieder der Knecht, der staunend entdeckt, wie zielsicher ihn Gott geführt hat. Seine Antwort darauf ist ganz logisch und selbstverständlich Anbetung Gottes. (Dies hat er von Abraham gelernt, der Gott immer wieder einen Altar gebaut hat, um anzubeten.)

# 26

Rebekka wird Isaaks Frau

V.29-32: Die Geschichte nimmt ihren Gang mit einer beispielhaften Schilderung orientalischer Gastfreundschaft (daß bei Laban wohl schon etwas von dem späteren „Geschäftemacher", Kap. 29 ff., aufleuchtet, ist in unserem Zusammenhang unwesentlich).

V.33-50: Total gegen die Sitte verstößt der Knecht, indem er noch vor dem Essen mit der Tür ins Haus fällt, ausführlich seinen Auftrag erläutert und Antwort will. (V.39-49 kann bei der Erzählung evtl. kurz erwähnt werden oder ganz entfallen.) Er macht damit das göttliche Handeln deutlich – und als solches erkennen es auch Rebekkas Vater und Bruder.

V.51.: Für unsere Ohren befremdlich ist, daß Rebekka zunächst überhaupt nicht nach ihrer Meinung gefragt, sondern über sie entschieden wird – für Orientalen eher erstaunlich, daß ihr Ja dann doch offiziell eingeholt wird (V.58).

V.52-53: An dieser Stelle löst sich die Spannung, die bisher über der ganzen Erzählung lag, in dem Aufatmen des Knechtes und seinem erneuten Dank Gott gegenüber.

V.54-61: Nachdem Gott so offensichtlich alles gelenkt und bestätigt hat, gibt es für ihn kein Halten mehr (vielleicht dachte der Knecht dabei an das hohe Alter des Abraham), und wieder gegen alle gute Sitte zieht die Karawane schon am anderen Morgen los.

V.62-63: Nun schwenkt die Erzählung zu Isaak, der dort lebt, wo Gott Hagar und Ismael in ihrer Not „gesehen" hat (16,14). Er wird beschrieben als einer, der sich Zeit nimmt zum Nachsinnen, Meditieren und Beten. Auch bei ihm wird etwas deutlich von seiner Beziehung zu Gott. Vielleicht auch von einer gespannten Erwartung auf die Rückkehr des Knechtes.

V.64-66: Noch einmal wird eine kribbelnde Spannung spürbar, als Rebekka in dem einsamen Menschen auf dem Feld ihren zukünftigen Mann entdeckt und der Knecht dem Isaak (bestimmt ausführlichst) alles erzählt.

V.67: Der Schlußvers schildert den offiziellen Beginn der Ehe mit dem Hineinführen ins Zelt der Mutter. (Bei uns ist der offizielle Beginn die Trauung auf dem Standesamt.) Und endlich kommt nun auch etwas von Liebe: „... er nahm Rebekka, und sie wurde seine Frau, und er gewann sie lieb." Ein wichtiger Schluß. Schließlich unterstreicht er noch einmal die Größe von Gottes Geschenk – wozu übrigens auch der Hinweis in V. 16 gehört, daß Rebekka sehr schön war!

Gott leitet in den wichtigen Entscheidungen des Lebens, wenn die Menschen ihn danach fragen.

**Schwerpunkt des Textes**

**Anmerkungen zur Situation des Kindes**

Die Kinder erleben ihre Eltern normalerweise als solche, die sich um ihr Wohl sorgen und Entscheidungen für sie treffen, wie es hier Abraham für Isaak tut.

Die Erfahrung von Gottes Führung und Durchhilfe im täglichen Leben wird in diesem Alter noch problemlos hingenommen. Beim Erzählen des scheinbar so „glatten Verlaufs" muß der tragende Hintergrund deutlich werden: Das Vertrauen Abrahams in seinen Knecht, das Gebet des Knechtes als tragende Kraft, der Dank für Gottes Führung.

Auch wenn die Kinder in diesem Alter nur indirekt ein Verständnis von Ehe (durch die Eltern oder andere Erwachsene) haben, so können doch anhand dieser Geschichte erste grundsätzliche Linien verdeutlicht werden, die nicht nur für die Ehe gelten:
- Gott ist es nicht egal, mit wem wir unser gemeinsames Leben gestalten
- Man kann ihn bitten, einem bei Entscheidungen behilflich zu sein.
- Wer mit Gott entscheidet, kann auch warten und muß keine Angst haben, zu kurz zu kommen – denn Gott meint es gut!

**Lernziele**

☺ Gott kann uns auf verschiedene Art und Weise auf unsere Fragen antworten, wenn wir sie ihm anvertrauen.

♡ Es ist gut, wenn ich mit jemand über meine Fragen sprechen kann.

✋ Die Kinder sollen ermutigt werden, mit ihren Fragen zu Gott zu kommen.

**Lernvers**

*Grundschulkinder:*
Bittet, so wird euch gegeben; suchet; so werdet ihr finden; klopfet an, so wird euch aufgetan. (Matthäus 7,7)

*Vorschulkinder:*
Er führet mich auf rechter Straße um seines Namens willen. (Psalm 23,3)

## Hinweise zur Durchführung

 **Kinderstunde im Grundschulalter**

 **Hinführung**
*Möglichkeiten:*
1. Kurze Wiederholung der Abrahamsgeschichte (dazu können die Bilder von Lektion 25 verwendet werden).
2. Wiederholung als Rätsel mit den Bildern von Lektion 25 oder mit eigenen Fragen zu den Lektionen über Abraham.
3. Hochzeitsvorbereitungen: Die Kinder sollen überlegen, was und wer alles zu einer Hochzeit gehört. Als Anregung zeigen wir ihnen zwei Eheringe. Sie sollen aufzählen, was ihnen dazu einfällt.

Rebekka wird Isaaks Frau | **26**

Wie kommt es, daß zwei Leute sagen, wir wollen heiraten? Heute wollen wir hören, wie es bei Isaak zur Hochzeit kam, wie er seine Frau „gefunden" hat.

 **Hauptteil**
Geschichte in enger Anlehnung an den biblischen Text erzählen (siehe auch Erklärungen zum Text). Wir nehmen an, daß der Knecht Elieser war.

Die folgenden Szenenbilder beziehen sich auf die Foliencollagen (siehe Arbeitshilfen). Sie können aber auch vergrößert als OHP-Folie verwendet werden.
1. Abrahams Auftrag an seinen Knecht Elieser (V. 1-4.9)
2. Elieser reist nach Haran (sein Gebet) (V.10-14)
3. Eliesers Begegnung mit Rebekka (Eliesers Dank an Gott) (V.15-28)
4. Elieser im Hause Bethuels (V.29-38.50-54)
5. Rebekka geht mit Elieser (V. 54-61)
6. Rebekka wird Isaaks Frau (Isaak betet) (V.62-67)
7. Grundfolie Wüste, Zelt aufmalen

*Andere Hilfsmittel zum Erzählen:* 2 Szenenbilder (siehe Arbeitshilfen)

 **Vertiefung**
• *Lernvers* in Verbindung mit dem Erleben des Knechtes lernen:

Was haben der Knecht und Isaak getan: Bitte an Gott gerichtet, daß er die Frau zeigt, die Isaaks Frau werden soll.

Welche Fragen haben die Kinder? z.B.: Was kann ich für Mutti tun, damit sie sich freut?
Deshalb: Bittet, so wird euch gegeben! (Darauf hinweisen, daß Gott uns das gibt, was gut für uns ist. Dies kann bedeuten, daß er uns auch Dinge nicht gibt.)
Der Knecht hat sich auf den Weg gemacht, die Frau zu finden.
Was kann ich tun, um anderen eine Freude zu machen?
Deshalb: Suchet, so werdet ihr finden.
Der Knecht ging mit Rebekka in ihr Vaterhaus, um zu fragen, ob er Rebekka mitnehmen darf. Sie erlauben es, weil sie merken, daß Gott ihn gesandt hat.
Deshalb: Klopfet an (wie an einer Tür), so wird euch aufgetan.
Mit unseren guten Wünschen für andere dürfen wir Gott immer wieder bestürmen.

• Wenn genügend Zeit ist, kann die Geschichte nochmals nacherzählt und gespielt werden (siehe Kinderstunden im Vorschulalter, Vertiefung).
• Als Abschluß: *Kleine Hochzeitstorte essen*

**Kinderstunde im Vorschulalter**

*(Ergänzungen)*

 **Hinführung**

s. o. Kinderstunde im Grundschulalter

 **Hauptteil**

*Erzählung*

Aus der Sicht des Knechtes erzählen, der sich seine Gedanken macht und mit Gott redet. Die Kinder sollen lernen, daß wir mit Gott über unsere „Probleme" reden können, wie es Elieser und vermutlich auch Isaak getan haben.

 **Vertiefung**

• Verschiedene Szenen der Geschichte von den Kindern *malen* lassen (siehe Arbeitshilfen: Schablone für Kamel).
• Die Kinder sollen die *ungeordneten Bilder in die richtige Reihenfolge* bringen.
• Die Geschichte anhand der Bilder mit den Kindern *wiederholen*.

• *Oder:* Wir erzählen die Geschichte ein zweites Mal und spielen dazu. In einer Ecke des Raumes ist Hebron, in der gegenüberliegenden (oder in einem anderen Raum) Haran. Der Brunnen von Haran ist daneben in der Ecke. Das Südland, wo Isaak sich befindet, ist in der Ecke neben Hebron.
   Wir wandern beim Erzählen mit der ganzen Gruppe von einem Ort zum anderen. Die Kinder sollen dann erzählen, was an diesen „Orten" passiert. Was sie vergessen haben, ergänzen wir.

• *Lernvers:* Gott will jedem von uns den Weg zeigen, den er gehen soll, der gut für ihn ist. So wie er dem Elieser gezeigt hat, wer Isaaks Frau werden soll, so will er uns helfen, das Richtige zu tun.
• Den Kindern das *Labyrinth* (siehe Arbeitshilfen) kopieren und mitgeben.

 **Liedvorschläge**

Gott hört mich, wenn ich bete
Gott ist so gut
Gott ist gut, er hat dich lieb

Rebekka wird Isaaks Frau

 **Spiel**  **Arbeitshilfen**

*Kamelrennen*
Spielidee: Der Knecht will so schnell wie möglich zurück zu Isaak, denn nun kann geheiratet werden.

Material: Plakatkarton oder normaler dicker Karton, zwei lange Schnüre, zwei starke Gummis (von Einmachgläsern)

Karton knicken, zwei Kamele aufmalen, so daß die Höcker der Kamele an der gefalzten Seite enden, Kamel ausschneiden, so daß die zwei Teile an den Höckern zusammen bleiben, damit die Tiere selbständig stehen.

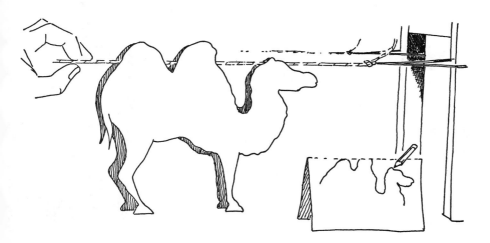

Die Schnüre jeweils an einem Gummi befestigen und die Gummis z.B. an einem Tischbein anbringen. Auf die langgezogenen Schnüre werden nun die Kamele gestellt. Nun geht's los: Die Schnüre anheben, damit die Kamele auf der Schnur liegen, an der Schnur ziehen, Kamele auf den Boden setzen, Schnur wieder entspannen, Schnur anheben, Schnur ziehen usw. Wenn ein Kamel umfällt, aufstellen und weitermachen.

# 26

Rebekka wird Isaaks Frau

 **Szenenbild 1**

Rebekka wird Isaaks Frau

 **Szenenbild 2**

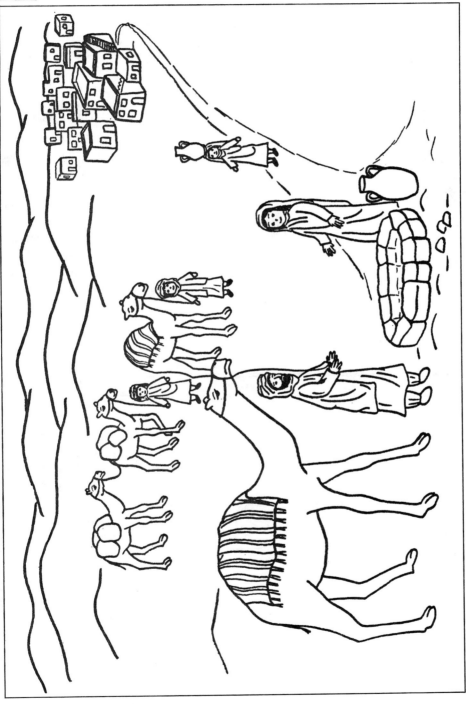

# 26

Rebekka wird Isaaks Frau

**Kamel**
Das Kamel zum Herstellen einer Schablone kopieren und auf Karton kleben.
Die Kinder malen auf ein Blatt den Hintergrund für ihre Szene. Mit der Schablone malen sie dann das Kamel auf Papier, schneiden es aus und kleben es auf ihr Bild.

**Labyrinth**
*Welcher Weg führt zu Rebekka?*

Rebekka wird Isaaks Frau

**Foliencollagen**

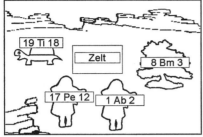

1 (Grundfolie Wüste / Zelt zeichnen)

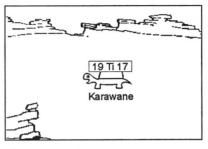

2 (Grundfolie Wüste)

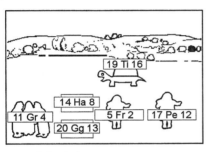

3 (Grundfolie Wiese)

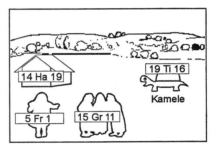

4 (Grundfolie Wiese)

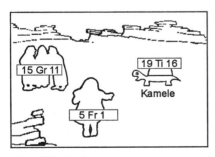

5 (Grundfolie Wüste)

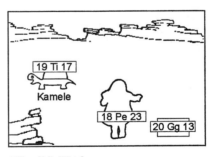

6 (Grundfolie Wüste)

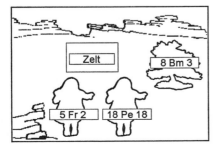

7 (Grundfolie Wüste / Zelt zeichnen)

# 27 | Jakob und Esau

**Text**

*1. Mose 25,19-34*

**Erklärungen zum Text**

Jakob und Esau markieren die 3. Generation seit Abraham, mit dem Gottes Geschichte mit Israel begann. Von Jakob verläuft die heilsgeschichtliche Linie über das Volk Israel hin bis zum Messias Jesus. Einige Bibelstellen dazu: 4. Mose 24,17; Mal. 1,2; Matth. 8,11 u.a.

*Personen:*
- *Isaak:* „Er lacht" oder „man lacht".
1. Mose 21: langersehnter und erbetener Sohn Abrahams und Saras.
1. Mose 22: Prüfstein Gottes für Abraham, der ihn opfern sollte.
1. Mose 24: Zusammenführung und Heirat mit Rebekka.
- *Rebekka:* Tochter Bethuels, der ein Neffe Abrahams war, und Schwester von Laban. Wird von Elieser als Frau für Isaak geworben. Nach 20 Jahren: Geburt der Zwillinge Esau und Jakob.
- *Jakob:* Hebr. Name „Jakob" hängt mit dem Wortstamm „khb" zusammen, von dem sowohl akheb = Ferse (vgl. 1. Mose 25,26) als auch das Zeitwort akhab = betrügen, hintergehen abgeleitet sind. Zwei Ableitungsmöglichkeiten:
- Er hält die Ferse fest.
- Er betrügt.
Eine dritte Möglichkeit: „Jakob – el" = Gott möge schützen. Jakobs Leben ist das eines Mannes, der vom listigen Betrüger zum Mann Gottes („Israel") wurde. Der Höhepunkt all seiner Kämpfe und das völlige Ausliefern an Gott wird in 1. Mose 32,23 ff. berichtet. Dort ruft der an sich Gesegnete: „Ich lasse dich nicht, du segnest mich denn" (1. Mose 32,27). Ob hier wohl der Segen gemeint ist, der sich in ungestörter Verbindung mit Gott nach allen Verirrungen und Kämpfen seines Lebens ausdrückt?
- *Esau:* „Irdisch gesinnt" oder „der Behaarte". Erstgeborener Zwilling Isaaks und Rebekkas, verachtete das Erstgeburtsrecht, wollte dann aber doch den Segen.
1. Mose 26,34.35 wird von seiner Ehe mit zwei heidnischen Frauen berichtet, die seinen Eltern viel Kummer bereiteten.

V. 19-20: Die Herkunft Isaaks wird klar aufgezeigt. Isaak ist der verheißene Sohn Abrahams, auf dem der Segen Gottes ruht (1. Mose 17,19 u.a.).Ebenso wird auf die Herkunft seiner Frau Rebekka hingewiesen. Mesopotamien war die Heimat Abrahams und lag im damaligen Reich der Chaldäer. Gott hat Isaak und Rebekka zusammengeführt (1. Mose 24,12-14. 27.50.51).

V. 21: Rebekka war unfruchtbar. „Eine zahlreiche Nachkommenschaft bedeutete in Israel Freude und Glück, ein Geschenk Gottes.

Jakob und Esau

# 27

In der Kinderlosigkeit einer Ehe sah man eine Strafe des Herrn" (F. Rienecker, Lexikon zur Bibel). Isaak macht daraus ein Gebet.

V. 22: Rebekka erwartet Zwillinge. Schon im Mutterleib zeigen sich Gegensätze auf. Rebekka hat offenbar nicht mit Isaak darüber gesprochen, aber „sie ging hin, den Herrn zu befragen". Wahrscheinlich ging sie an einen Ort (Altar), an dem man opferte.

V. 23: Sie bekommt eine Antwort vom Herrn. Gott weiß um alles, was geschehen wird. Der Lebensweg der Ungeborenen liegt schon vollendet vor ihm. Er bietet jedem seinen Heilsplan und seine Führung an. Sie erfährt, daß die Geschichte anders verlaufen wird, als eigentlich vorprogrammiert: „Der Ältere wird dem Jüngeren dienen." Gott stellt die Verhältnisse auf den Kopf.

V. 25: Isaak war 60 Jahre alt, als ihm die Söhne geboren wurden. 20 Jahre Wartezeit bis zur Geburt. Auch er wird ähnlich wie sein Vater Abraham im Glauben geprüft.

V. 27: Die unterschiedliche Veranlagung und Neigung der beiden Söhne wird aufgezeigt: Esau – naturverbunden, freiheitsliebend; Jakob – gesittet, häuslich. Beide Elternteile haben einen Lieblingssohn, was die Probleme verschärft.

V. 30: Esau kehrt müde (= schwach) von der Jagd zurück. Diese Situation nutzt Jakob aus (siehe Matth. 4,2.3: Versuchung Jesu).

V. 31: „Obwohl Esau der Erstgeborene war, war doch Jakob nach Gottes Wahl der eigentliche Inhaber des Erstgeborenenrechts und aller damit verbundenen Verheißungen (Röm. 9,10-13). Esau hatte sich nämlich selbst unwürdig gezeigt, indem er seine Erstgeburt verachtete (1. Mose 25,34b; Hebr. 12,16). Andererseits ist auch Jakob nicht ohne Schuld, da er eigenmächtig unter Zuhilfenahme von Lug und Betrug den Erstgeburtssegen zu erlangen suchte. Das hat er dann auch schwer büßen müssen. Trotz allem gilt aber Jakob – Israel – als Gottes erstgeborener Sohn (2. Mose 4,22). Er steht stellvertretend für das ganze Volk. In ihm ist Israel als Volk Gottes geweiht. Als unverbrüchliches Eigentum des Herrn sind die Erstgeborenen ihm heilig und beauftragt, dem Herrn priesterlich zu dienen (dazu werden später die Leviten ausgesondert). Die hohe Sonderstellung des Erstgeborenen kommt außerdem auch in der Bestimmung zum Ausdruck, daß der Erstgeborene als Erstling der Manneskraft doppelten Anteil am väterlichen Erbe erhält (5. Mose 21,17)" (F. Rienecker, Lexikon zur Bibel).

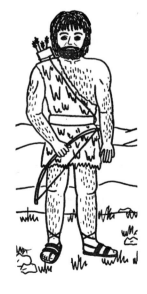

V. 33: Das Schwören geschah nach einem Vertragsabschluß. Der Schwörende ruft Gott zum Zeugen an. Jakob besitzt nun das Erstgeburtsrecht und die damit verbundenen Segnungen. Esau verachtete dies von Gott gegebene Vorrecht.

Die schwierige Frage der Prädestination (Vorherbestimmung) durch Gott steht hier im Raum. Sie wird nicht gelöst. Deutlich ist:

# 27

## Jakob und Esau

Gott gebraucht Menschen für seinen (Heils-)Plan. Dennoch trägt jeder Verantwortung für sein Tun.

Daß hier Jakob erwählt wird, bedeutet nicht die totale Verwerfung Esaus. Das schwierige Wort in Römer 9,12, das auf diese Geschichte Bezug nimmt, kann auch übersetzt werden: „Jakob habe ich erwählt, Esau an die 2. Stelle gesetzt" („hassen" hat im Hebräischen auch die Bedeutung von „an die 2. Stelle setzen"; gleiche Sprachwurzel wie „Nebenfrau").

**Schwerpunkte des Textes**

Gott gebraucht Menschen für seinen Plan. Dennoch trägt jeder Verantwortung für sein Tun. Gottes Kriterien für die Erwählung von Menschen sind für uns oft unverständlich.

**Anmerkungen zur Situation des Kindes**

Die Frage der Vorherbestimmung sollte bei den Kindern nicht thematisiert (schon gar nicht problematisiert) werden. Wir schlagen vor, den Schwerpunkt auf das Miteinander in der Familie zu legen.

Die Kinder kommen sicher aus unterschiedlichen Verhältnissen, aus intakten oder zerstörten Familien. Sie machen also in ihren Familien unterschiedliche Erfahrungen. Viele Kinder erleben Streit zwischen Vater und Mutter oder unter Geschwistern. Auch Rivalität, gerade unter Geschwistern, ist keine Seltenheit.

Die Familien der Kinder können wir in der Regel nicht ändern. Um so wichtiger ist, daß sie in unsern Gruppen erleben, daß jedes Kind angenommen und akzeptiert wird, trotz aller Unterschiedlichkeit! Dazu gehört auch, daß im Gruppenprogramm nicht immer dieselben Fähigkeiten gebraucht und angesprochen werden, sondern bewußt abgewechselt wird (z.B. bei Spiel- und Quizaufgaben nicht nur Aufgaben fürs „Köpfchen" wählen, sondern auch für Hände und Füße!), und daß Kinder, die bestimmte Dinge nicht so gut können, deswegen nicht ausgelacht und ausgegrenzt werden.

Darüber hinaus sollen die Kinder Gott kennenlernen, der sie liebt und den man auch um Hilfe fürs Zusammenleben bitten kann.

**Lernziele**

☺ Keiner ist wie der andere. Alle sind ganz verschieden. Dennoch hat Gott uns lieb und mit jedem etwas vor.

♡ Meine Familie ist wichtig. Es ist schön, in einer Familie friedlich zusammenzuleben.

✋ Wir brauchen nicht neidisch zu sein, daß unsere Geschwister anders sind als wir. Wir dürfen uns an den Unterschieden freuen. Was können wir dazu beitragen, daß wir in der Familie friedlich zusammenleben?

Jakob und Esau

# 27

*Grundschulkinder:*
Seid aber untereinander freundlich und herzlich und vergebt einer dem andern, wie auch Gott euch vergeben hat in Christus. (Epheser 4,32)

*Vorschulkinder:*
Seid aber untereinander freundlich und herzlich. (Epheser 4,32)

**Lernvers**

## Hinweise zur Durchführung

 **Hinführung**
*1. Möglichkeit:*
Von Mitarbeitern oder Kindern wird eine kurze Szene angespielt, z.B.:
a) Ein Kind sitzt, liest und will seine Ruhe haben, während ein anderes mit dem Ball darum herum tobt. Beide ärgern sich über den andern...
b) Zwei Kinder auf dem Heimweg von der Schule. 1. Kind: „Ha, heute hab' ich's mal wieder allen gezeigt! Eine 1 in Rechnen! Super, oder? Was hast du denn gekriegt?" 2. Kind (kleinlaut): „Ich hab 'ne 5. Aber – dafür hatte ich letzte Woche in Sport eine 2!" 1. Kind (herablassend): „Naja, eine 1 in Rechnen ist jedenfalls mehr wert!"
c) Zwei Kinder spielen zusammen mit Bausteinen. Plötzlich gibt es Streit um ein paar Klötze. Beide reagieren wütend und machen schließlich alles kaputt.

**Kinderstunde im Grundschulalter**

*Gespräch:* Kennt ihr solche Situationen auch? Wo liegt das Problem?
- Jeder denkt nur an sich.
- Einer meint, er sei besser als der andere. Das gibt Neid.
- Keiner ist wie der andere. Wir alle sind ganz unterschiedlich. Deshalb haben wir es manchmal schwer miteinander.

*2. Möglichkeit:*
Bilder von Zwillingen betrachten (siehe Arbeitshilfen) und gemeinsam die Unterschiede suchen. Gesprächsimpuls: Manche Geschwister sehen sich sehr ähnlich – und sind doch ganz unterschiedlich. Wie ist das bei euch? Worin unterscheidet ihr euch von euren Geschwistern?

*Überleitung*
Heute erzählt uns eine Frau von ihren beiden Söhnen, die auch total unterschiedlich waren. Alle zusammen mußten einiges lernen ...

# 27 Jakob und Esau

◇ **Hauptteil**
*(Rebekka, verkleidet, erzählt):*

Schalom! Also, wirklich – daß Kinder so unterschiedlich sein können! Dabei sind es doch Zwillinge! Aber es ist tatsächlich so. Doch vielleicht muß ich mich erst mal vorstellen: Rebekka ist mein Name, Schalom! Verheiratet mit Isaak, seit fast 40 Jahren. Trotzdem weiß ich noch wie heute, wie alles angefangen hat (evtl. kurze Wiederholung). Damals, als ich Isaaks Frau wurde, hat er mir bald erzählt von der großen Verheißung, die Gott der Herr seinem Vater Abraham gegeben hatte: Ein großes Volk sollte aus der Familie werden, mit Nachkommen, so zahlreich wie Sterne am Himmel. Na, ich hab' mich gefreut, weil ich dachte: Bestimmt bekommen wir viele Kinder, damit die Verheißung bald in Erfüllung geht. Denn Isaak war ja der einzige Sohn von Abraham. Aber dann verging die Zeit, ein Jahr nach dem andern, und wir hatten immer noch kein einziges Kind! So langsam konnte ich es gar nicht mehr verstehen. Was dachte Gott sich denn dabei? Was war mit seiner Verheißung? 10 Jahre waren wir schon verheiratet, dann 15 und bald fast 20. Und immer noch kein Kind. Dann erst fingen wir an, richtig darum zu beten, vorher dachten wir irgendwie, es sei wohl selbstverständlich für uns, Kinder zu haben. Inzwischen weiß ich: Jedes Kind ist ein ganz großes Geschenk Gottes. Wirklich jedes, und für uns ganz besonders (weitererzählen: Verse 21-23). Dann kamen die Kinder zur Welt. Es war keine leichte Geburt, gleich zwei Kinder hintereinander. Die Hebamme, die mir half, kam aus dem Staunen gar nicht heraus.

„Oh", rief sie, „ich seh' schon das Köpfchen, voller rotblonder Haare!" Das war schon mal ungewöhnlich. Bei uns sind fast alle dunkelhaarig. Aber es ging noch weiter: „Auch am ganzen Körper hat der Haare, fast wie ein Fell; ganz verwegen sieht er aus!" Und dann: „Was ist denn das? Der andre kommt gleich hinterher, ja er umklammert die Ferse des ersten, als ob er sagen wollte: He, eigentlich wollte ich zuerst raus!" Der 2. sah ganz anders aus als sein Bruder, dunkel und fein. Nun, wir gaben den beiden Namen. Den ersten nannten wir Esau = der Behaarte (manchmal rufen wir ihn auch Edom = der Rötliche) und den zweiten Jakob = der Fersenhalter. Erst später hab' ich erfahren, daß es auch „der Betrüger" bedeutet, naja ... Bald schon stellte sich heraus, daß die beiden nicht nur im Aussehen verschieden waren, sondern auch in ihrem Verhalten: Verse 27+28. Manchmal erzähle ich Jakob auch von dem, was Gott gesagt hat, damals während der Schwangerschaft. Er kann es gar nicht oft genug hören. Dann nickt er und sagt: „Ja, ich wäre so gern der Erstgeborene! Der, der hier einmal alles weiterführt, der vom Vater das Erbe übernimmt und der von Gott gesegnet und beschenkt wird.

Jakob und Esau

Aber wie soll das gehen? Der Vater hat doch den Esau viel lieber und wird ihm alles übertragen!" Nun, vor kurzem ist etwas passiert, was der Sache eine etwas andere Richtung gegeben hat. Jakob hat es mir hinterher gleich berichtet. (Verse 29-34 erzählen) Und jetzt? Wie wird das alles wohl weitergehen mit meinen unterschiedlichen Söhnen? Ich bin gespannt, was Gott noch mit ihnen vorhat!
*(Rebekka verabschiedet sich)*

### Vertiefung
Könnt ihr euch vorstellen, daß es zwischen Jakob und Esau öfters mal Streit gab? Wenn zwei so unterschiedlich sind, ist das ganz klar! Leider kannten sie auch nicht den Satz, der viel weiter hinten in der Bibel steht und den ihr jetzt rausfinden sollt:
• *Lernvers-Puzzle* (siehe Arbeitshilfen) verteilen, zusammenlegen lassen und lernen.

Wie gut, daß wir Gott um Hilfe bitten können, wenn wir uns manchmal über einander ärgern, und daß Gott uns auch vergibt, wenn wir versagt haben.

### Kinderstunde im Vorschulalter

*Material:* Zwei Körbe mit unterschiedlicher Kleidung.
1. Korb, Kleidung für Esau: rauher Mantel oder Fell zum Umhängen, Stock (oder Pfeil und Bogen), Stirntuch, Stiefel.
2. Korb, Kleidung für Jakob: schönes Hemd, Weste, Krawatte oder Fliege, feine Schuhe, Hut, Brille.

### Hinführung
In einem weit entfernten Land
wohnten zwei Menschen, die uns bekannt.
Rebekka hieß die Frau.
Isaak war ihr Mann.
Und so fing es an:

*Abzählreim* (um festzustellen, wer Jakob und Esau spielen darf):
Ene, mene minder,
ich suche mir zwei Kinder.
Ene, mene, Mann
und du bist dran!

### Hauptteil
Das durch den Abzählreim ausgewählte Kind darf sich unter den anderen Kindern einen Zwillingsbruder (kann auch ein Mädchen sein) aussuchen.

*Erzählung:*
Ihr beide dürft mit mir eine große Reise machen in ein weit entferntes Land, in dem Rebekka und – wie war noch der Name von ihrem Mann? – Isaak wohnen. In einem anderen Land trägt man auch andere Kleidung. Ihr beide dürft euch jeder einen Kleiderkorb aussuchen.
(Die Kinder ziehen die Kleider an.)
Jetzt stehen hier zwei ganz „neue" Kinder vor uns. Die sehen so ähnlich aus wie die Zwillinge von Rebekka und Isaak. Einer von den beiden heißt Jakob. Der andere hat einen komischen Namen. Er heißt Esau. Aber, hoppla, ich denke Zwillinge sehen immer gleich aus! Stimmt das denn bei den beiden? Was meint ihr, macht Esau wohl gerne, und was macht Jakob mehr Spaß?

Wir lassen die Kinder erzählen und die Fragen beantworten. So erfahren wir, mit wem sie sich identifizieren. Die Kinder werden Spiele und Dinge aus ihrem Erfahrungsbereich nennen. Der Mitarbeiter überträgt ihre Antworten auf die damalige Situation. Rückblickend die Verse 24-26 einbauen.

Die Eltern, Isaak und Rebekka, hatten natürlich beide Söhne lieb, aber jeder hatte doch noch seinen Lieblingssohn. Bei uns zu Hause ist es vielleicht auch manchmal so, daß wir denken, Mutti oder Vati mögen den Bruder oder die Schwester lieber. Meistens, glaube ich, stimmt das aber nicht. Bei unserem Vater im Himmel, bei Gott, können wir ganz sicher sein, daß er alle Kinder – die kleinen und die großen, die jüngeren und die älteren, die dicken und die dünnen – gleich lieb hat. Egal, welche Kleidung wir tragen und wie wir sonst so aussehen oder was die anderen denken, Gott hat uns alle gleich lieb! Jakob wußte, dem älteren Sohn wollte der Vater Isaak die Hände auf den Kopf legen und ihm Gutes wünschen. Man nennt das Segen. Das war etwas ganz Besonderes für den ältesten Sohn. Wann würde der Vater es tun? ... Aber Jakob dachte: „Nein, Esau soll den Segen nicht bekommen; mir soll der Vater Gutes wünschen."

Er hatte eine Idee: Verse 29-34 erzählen.

**Vertiefung**
Habt ihr gemerkt, wie unterschiedlich die beiden waren? Bloß gut, daß Gott beide lieb hat, so wie jeden von uns. Er sagt uns auch, wie wir miteinander umgehen können:
- *Lernvers* einführen.
- *Spiele* (s. Arbeitshilfen): *Würfelspiel:* Wer hat die größte Familie?
- *Kreativität*
  - Jedes Kind malt sein Lieblingsessen.
    Die anderen müssen raten, was es ist.
  - Wir kochen zusammen ein Lieblingsessen.

Jakob und Esau

# 27

Du hast es gewollt, daß ich auf der Erde bin
Hinai ma tov uma naim
Schön, daß du da bist, herzlich willkommen
Ich hab einen guten Freund
Wenn einer sagt, ich mag dich
Die Familie Gottes ist so groß
Ja, Gott hat alle Kinder lieb

**Liedvorschläge**

 **Spiele**
Gemäß den Überlegungen zur Situation des Kindes schlagen wir Spiele vor, bei denen ganz unterschiedliche Fähigkeiten gebraucht werden:

**Arbeitshilfen**

*Wer findet den Wecker? (Gehör)*
Alle Kinder gehen aus dem Raum, während ein Kind irgendwo einen hörbar tickenden Wecker versteckt.
Wer findet ihn am schnellsten?
Variante: Wer ihn gefunden hat, flüstert den Platz dem Spielleiter (Kind) ins Ohr und setzt sich still auf seinen Stuhl. Spielende: wenn (fast) alle sitzen.

*Kartoffel- oder Eierlauf als Staffelspiel (Geschicklichkeit)*
Wer transportiert am schnellsten ein Stopfei oder eine Kartoffel auf einem Löffel über eine bestimmte Strecke?

*Alle Vögel fliegen hoch (Mitdenken und Reagieren)*
Der Spielleiter ruft: „Alle Vögel fliegen hoch – alle Finken, Stare, Schwäne ..." und hebt dabei jeweils die Arme hoch. Die Kinder machen mit. Irgendwann nennt der Spielleiter ein Tier oder einen Gegenstand, das/der nicht fliegen kann, z.B. „alle Affen fliegen hoch". Wer jetzt die Arme hochnimmt, scheidet aus oder gibt ein Pfand oder ...

*Verwandlungskünstler (Sehen, Aufmerksamkeit)*
Zwei Kinder gehen vor die Tür, während alle andern an sich irgendwelche Dinge verändern (z.B. Schleife ins Haar, Schuhe tauschen ...).
Wer findet die meisten Veränderungen?

*Andere Möglichkeit:*
Möglichst viele Kinder dürfen sich ein Spiel wünschen, das ihnen besonders viel Spaß macht.

**Hinweis:**
*Immer wieder deutlich machen: „Nicht jeder hat an der selben Sache Spaß; nicht jeder kann alles gleich gut, auch weil Gott uns unterschiedlich geschaffen hat. Wichtig ist: Gott hat jeden lieb – und bei uns soll sich auch jeder wohl fühlen. Das gilt auch in der Familie. Wir können dazu beitragen, daß andere sich wohlfühlen, und Gott hilft uns gern dabei."*

# 27

**Würfelspiel:**
*Wer hat die größte Familie?*
Material: 1 Würfel, für jedes Kind 1 Stift, 1 Bogen Papier. Es wird reihum gewürfelt. Wer eine 6 würfelt, darf auf sein Papier einen Vater malen, bei 5 wird die Mutter gemalt (nur einen Vater, eine Mutter), bei jeder 1 darf ein Kind dazugemalt werden. Wer hat in der festgelegten Spielzeit die größte Familie gemalt?

**Lernvers-Puzzle**
Kopieren, zerschneiden.
*Wer hat das Bild zuerst zusammengesetzt?*

Seid aber untereinander *freundlich und herzlich* und vergebt einer dem andern, wie auch **GOTT** euch vergeben hat in **Christus.** Eph. 4,32

# 27

Jakob und Esau

**Zwillinge**
*Wer findet die meisten Unterschiede?*

# 28 | Jakob gewinnt mit List die Erstgeburt

**Text**     *1. Mose 27*

**Erklärungen zum Text**

V. 1-5: Isaak ist dabei, den letzten großen Dienst in seinem Leben vorzunehmen. Er will den Segen Gottes weitergeben, den er selbst einst von seinem Vater erhalten hatte.

In das auf Festlichkeit gestimmte Gespräch mit seinem Sohn Esau fällt ein Mißton durch den Satz: „Rebekka aber hörte zu." Ein Ehepartner belauscht den andern.

In der gesamten Schilderung kommt keiner der Beteiligten gut weg. Keiner von ihnen ist frei von Sünde und Schuld. Rebekka hatte im Gegensatz zu Isaak nicht vergessen, wem der Segen gelten sollte (1. Mose 25,23). Isaak handelt bewußt ungehorsam. Esau weiß, daß er nicht mehr das Recht hat auf den Erstgeburtssegen: er bricht seinen Eid (1. Mose 25,33). Rebekka und Jakob versündigen sich dadurch, daß sie mit menschlichen Mitteln (Geschicklichkeit, Verstellung, Lüge und Betrug) den Plan Gottes und ihre eigenen Wünsche durchdrücken wollen.

V. 6-13: Rebekka schmiedet einen Plan, der ihrem jüngeren Sohn zum Segen verhelfen soll. Sie handelt als Betrügerin; ihr Motiv ist jedoch die große Liebe zu ihrem Sohn, die soweit geht, daß sie sogar bereit ist, den schwersten Gottesfluch auf sich zu nehmen. Sie will Gottes Willen aus eigenem Denken und Planen heraus verwirklichen. Bei Jakob kommt unsere typisch menschliche Art zum Vorschein, die besser dastehen will, als sie ist. Jakob schrickt nicht davor zurück, ein Betrüger zu sein, wohl aber davor, als einer erkannt zu werden. Die Mutter versucht, ihm etwas von der Verantwortung abzunehmen; vor Gott kann er sich dieser nicht entziehen. Die Konsequenzen seines und seiner Mutter eigenmächtigen Handelns muß Jakob selber tragen: Flucht, Heimatlosigkeit und Angst.

V. 14-23a: Das „Spiel" beginnt: Jakob führt aus, was ihm von der Mutter aufgetragen ist. Es ist ein trauriges Spiel, das die beiden mit dem erblindeten Vater und schließlich mit Gott selber durchführen. Jakob „spielt" perfekt und sicher. Trotzdem spürt man den ganzen Absatz hindurch die Zweifel des Vaters. Als Blinder hat er ein besonders geübtes Gespür für seine Umgebung; er muß sich auf seinen Geruchs-, Gehör- und Tastsinn verlassen. Diese trügen ihn auch. Hinzu kommen die erstaunlichen Lügen Jakobs, der sich nicht scheut, mit dem Namen Gottes im Mund die größten Lügen auszusprechen. Jakob scheint Gott in sein betrügerisches Spiel einbeziehen zu wollen.

V. 23b-33: Nachdem die Zweifel Isaaks durch die geschickten Lügen Jakobs überwunden sind, segnet er seinen Sohn, den vermeintlich Älteren. Es ist ein Segen, der alles enthält, was man nur wün-

# 28

Jakob gewinnt mit List die Erstgeburt

schen und ersehen konnte: fruchtbares Land, Brot und Wein, Macht und Herrschaft. Jakob steht so sehr unter dem Segen Gottes, daß jeder Fluch nicht ihn treffen, sondern auf den Flucher zurückfallen würde (V. 29). Es ist ein Segen, der nicht nur dem Menschen Jakob gilt, sondern dem gesamten Volk, seinen Nachkommen. – V. 30 enthält eine ungeheure Spannung. Jakob hat gerade seinen Vater verlassen, da kommt Esau und begibt sich mit einer außergewöhnlichen Zartheit zu Isaak. Das Entsetzen Isaaks ist nur allzu verständlich. Dennoch sagt er den wichtigen Satz vom „Gesegnet bleiben" (V. 33). Auch der mit List errungene Segen Jakobs kann nicht mehr rückgängig gemacht werden. Gott kommt mit seinem Plan zum Ziel, auch wenn in dieser Geschichte soviel Menschliches und Sündiges berichtet wird. Sein Plan sah so aus, daß nicht der Erst-, sondern der Zweitgeborene der Gesegnete sein sollte: Jakob, der überhaupt nichts vorweisen konnte. Auch Isaak führt ohne sein Wissen nur aus, was Gott beschlossen hatte (vgl. 4. Mose 22-24).

V. 34-40: Isaak hat den ganzen Segen vergeben, so daß nun für den, dem er ihn eigentlich zusprechen wollte, nichts mehr übriggeblieben ist. Wie in einer Vorausschau wird Esau Schweres angekündigt (V. 39 u. 40). Dieser erkennt, daß er nun zum zweiten Mal von seinem Bruder, dessen Name hier eine Erklärung findet („Hinterlistiger", „Betrüger") überlistet worden ist. In ihm steigert sich die Wut.

V. 41-46: Er sinnt auf Rache und wartet nur noch auf den Tod seines alten Vaters, um Jakob dann umbringen zu können. Soweit ist es in dieser Familie gekommen. Angst und Haß beherrschen die Szene. Wieder ersinnt Rebekka einen Plan; wieder gehorcht Jakob (1. Mose 28,1). Die Mutter findet einen Grund, Jakob fortschicken zu können, ohne daß Esau seinen Mordplan zur Ausführung bringen kann. Sie erhofft sich zwar ein Wiedersehen mit Jakob (V. 44), aber dieser muß lange fortbleiben (1. Mose 29 ff.) und sieht dann nur noch seinen Vater wieder (1. Mose 35,27 f.). Isaak erkennt in seinem Abschiedssegen (1. Mose 28,1 ff.) Jakob als Erben der Verheißung Gottes an.

*Personen:* siehe Lektion 27

*Ort:* Beerseba: „Siebenbrunn" (s. auch 1. Mose 21,30+31), „Schwur" (1. Mose 26,33), bekannte südliche Grenzstadt.

*Begriff „Segen":* Es geht in diesem Kapitel fast ausschließlich um den Segen, speziell um den Erstgeburtssegen. Alles zielt auf die Erlangung dieses Segens bzw. die Verleihung ab.

Der Segen ist sowohl im AT als auch im NT weit mehr als ein frommer Wunsch. Es ist das Machtwort, das ausrichtet, was es sagt.

Es ist unwiderruflich.

Segen bedeutet ursprünglich „Lebenskraft" = alles, was man zum Leben braucht. Fruchtbarkeit, Gesundheit, hohes Alter, körperliche und geistige Energie werden im Segen verliehen; auch Gegenstände, Äcker, Weinberge, Tage werden gesegnet.

Im Gegensatz zum AT ist im NT im stärkeren Maße der Segen „geistlicher Art" (vgl. Eph. 1,3) gemeint.

„Segen ist eigentlich alles, was einen näher zu Gott hin bringt" (W. Spengler).

**Schwerpunkt des Textes**

Obwohl Jakob seinen Vater betrügt, gibt Gott ihn nicht auf. Jakob erhält den Segen.

**Anmerkungen zur Situation des Kindes**

*Grundschulkind:*

Die Kinder werden voraussichtlich gefühlsmäßig stark reagieren: Mitempfinden und Mitleid mit blindem Vater – Wut auf Jakob – Mitleid mit Esau.

Diese Empfindungen sollten durch kleine Einschübe in die Erzählung in die richtige Stellung gerückt werden (z.B., daß Esau vorher auch nicht nach dem Segen gefragt hat).

Die Kinder werden wahrscheinlich auch sehr an den Äußerlichkeiten interessiert sein, z.B. wie es Jakob gelungen ist, sich so gut zu verstellen und zu verkleiden.

Sie haben in der Regel schon irgendwo und irgendwann Segenshandlungen miterlebt, vielleicht ohne zu wissen, was sie bedeuten. Diese Erfahrungen sollten aufgenommen, mit Inhalt gefüllt und weitergeführt werden.

*Vorschulkind:*

Die Übergänge von Unwahrheit und Phantasie sind in diesem Alter noch sehr fließend. Das Kind will nicht die Unwahrheit erzählen, wenn es von der Lehrerin berichtet, auch wenn es eine Schule noch nie von innen gesehen hat. Es wünscht sich dies und hat es in seiner Phantasie wirklich erlebt. Aus diesem Grund wird es dem Kind nur verstandesmäßig gelingen, zu verstehen, was Jakob hier getan hat, nicht aber gefühlsmäßig. Auch das Berechnende von Jakob und Rebekka ist für Kinder in diesem Alter noch nicht Erlebtes. Man kann den Kindern vermitteln, daß Jakob etwas Falsches gemacht hat und daß Gott ihn trotzdem nicht fallen ließ, ihn immer noch liebt. Es wäre natürlich gut, wenn die Kinder solche Erfahrungen bereits in ihrem Elternhaus gemacht hätten: Sie werden von ihren Eltern geschimpft, aber danach wieder in die Arme genommen, also angenommen. Das kann ihnen helfen, das Verhalten Gottes besser zu verstehen.

Jakob gewinnt mit List die Erstgeburt **28**

☺ Gott hat Jakob trotz seiner Lüge noch lieb. Er will uns Gutes tun, auch wenn wir es nicht verdienen.
♡ Es ist schön, von Gott geliebt und gesegnet zu sein. Und es ist auch schön, wenn uns Menschen lieben.
✋ Auch wir können anderen Segen wünschen.

**Lernziele**

Der Herr denkt an uns und segnet uns. (Psalm 115,12)

**Lernvers**

## Hinweise zur Durchführung

 **Hinführung**
Wir führen die Kinder zum Verständnis des Begriffes „Segen" durch den Rückgriff auf Erfahrungen der Kinder. Beispiel: Wer war schon einmal bei einer Taufe oder Konfirmation dabei? Was geschieht dort? Kinder berichten lassen.

Definition von „Segen": Wenn der Pfarrer dem Kind, dem Konfirmanden oder dem Brautpaar die Hände auflegt, dann heißt das: So wie meine Hand über dir ist, so ist Gottes Hand über dir.

Bild (siehe Arbeitshilfen): Segnende Hand über einem Menschen. Gottes Hand meint es gut mit dir; sie beschützt und beschenkt.

*Überleitung zur Geschichte*
Von einem Menschen, der unter dieser Hand Gottes stand, hören wir jetzt. Er hatte es überhaupt nicht verdient, daß Gott ihn beschenkt und ihn segnet. Gott tat es aber trotzdem.

 **Hauptteil**
*Erzählstufen (siehe Foliencollagen)*
1. Rebekka erzählt Jakob von dem belauschten Gespräch zwischen Isaak und Esau und sagt ihm, was er tun soll.
2. Jakob bringt das Tier. Rebekka bereitet es zu und schickt ihn damit zu Jakob.
3. Jakob betrügt seinen alten Vater und erhält den Segen.
4. Kurz darauf ist im Zelt eine entsetzte und zornige Stimme zu hören. Esau erkennt den Betrug.
5. Jakob erzählt es seiner Mutter.
6. Jakob muß fliehen.

 **Vertiefung**
• *Bild (wie bei Einstieg):* „Segnende Hand über einem Menschen." Auch wir stehen unter der segnenden Hand Gottes. Wir haben es genauso wenig verdient wie Jakob. Gott beschenkt

uns; er segnet uns; er meint es gut. Lernvers mit Bewegungen und als Lied / Kanon (s. Arbeitshilfen).
• *Erfahrung:* Ich werde gesegnet (s. Arbeitshilfen)
• *Kreatives Gestalten* und „Segen weitergeben" (s. Arbeitshilfen)

 **Kinderstunde im Vorschulalter**

 **Hinführung**
Hat jemand schon mal zu dir gesagt: „Du bist aber dumm! Das kannst du doch nicht! Da bist du viel zu dumm dazu!" Das sind keine guten Worte, und sie tun weh. Oder kennst du das: „Das hast du sehr gut gemacht! Du bist tüchtig!" Das sind gute Worte. Du fühlst dich schon groß und wichtig.

Isaak kennt auch gute Worte, Worte Gottes. Er bekam sie von seinem Vater Abraham. Und wer bekommt sie nach Isaak? Natürlich sein Sohn. Aber er hatte Zwillinge! Jakob und Esau. Isaak sagt: Esau bekommt die guten Worte Gottes, den Segen, aber Rebekka sagt: „Jakob gehört der Segen Gottes. Das hat Gott doch selber gesagt." Wer bekommt ihn nun?

 **Hauptteil**
Isaak ist schon alt und kann nicht mehr richtig sehen. Er sagt: „Esau, ich werde dir die guten Worte Gottes sagen. Mach mir mein Lieblingsessen, und dann gebe ich dir den Segen."

Dies hat Rebekka gehört. In ihrem Kopf schwirrt alles umher. Die guten Worte Gottes an Esau, das geht doch nicht. Was kann ich dagegen tun? ...

Weitererzählen mit den Foliencollagen. Evtl. eine gute Kinderbibel zu Hilfe nehmen.

 **Vertiefung**
Gott hat dem Jakob gute Worte mitgegeben. Er tat es durch seinen Vater. „Segnen" nennt man das. Auch uns will Gott segnen, weil er uns lieb hat. (Bild der segnenden Hand zeigen, s. Arbeitshilfen.) Habt ihr schon mal gesehen, wie jemandem die Hand auf den Kopf gelegt wurde? (Taufe, Trauung ...)
• Auch heute gilt es: *Lernvers (s. Arbeitshilfen) mit Bewegungen* vorsprechen und lernen.
• *Rollenspiel:* Diese Geschichte bietet sich zum Nachspielen an. Es geschieht einiges, und man kann viel mit Utensilien weiterführend erklären. Für die Kinder erfahrbar: Mit verbundenen Augen fühlen wie Isaak. Utensilien bereit halten: Decken, Eßgeschirr, Felljacke, Pfeil und Bogen o.ä.

Jakob gewinnt mit List die Erstgeburt

# 28

Der Herr denkt an uns (Kanon)  
Jesus liebt Kinder  
Heute und auch morgen fühl ich mich bei dir geborgen  
Gott nimmt uns an der Hand  
Eins macht mich froh: Ich bin in Gottes Hand

**Liedvorschläge**

**Erfahrung: Ich werde gesegnet**  
Wenn es von der Atmosphäre (nicht zu unruhig) und der Gruppengröße her möglich ist, könnten die Mitarbeiter den Kindern reihum die Hände auf den Kopf legen und ihnen ein Segenswort zusprechen, z.B. „Gott segne dich, ... (Name einsetzen)! Er hat dich lieb und geht mit dir!" Dies sollte allerdings nur getan werden, wenn die Kinder es auch wollen.

**Arbeitshilfen**

**Kreatives Gestalten und „Segen weitergeben"**  
Mit den Kindern Briefkarten gestalten (bekleben, bemalen oder stempeln; evtl. segnende Hand aufkopieren). Dazuschreiben: „Ich wünsche Dir Gottes Segen!"

Jedes Kind kann sich überlegen, wem es diese Karte schenken möchte (zum Geburtstag, Führerschein, vor einer schwierigen Aufgabe, in Krankheit ...). Zusätzlicher Impuls: Um Gottes Segen für sich und andere kann man auch beten!

Erklären: Gottes Segen ist das beste, was man einem Menschen wünschen kann.

# 28

Jakob gewinnt mit List die Erstgeburt

**Lernvers**
*Psalm 115,2 mit Bewegungen:*

**Der Herr**
(mit Zeigefinger nach oben zeigen)

**denkt**
(Hand an Kopf)

**an uns**
(auf alle Kinder im Kreis zeigen)

**und segnet uns**
(rechte Hand vor dem Körper ausstrecken, segnen)

Jakob gewinnt mit List die Erstgeburt

 **Segnende Hand über einem Menschen**

**Spiele**

*Gutes wünschen*
Die Kinder sitzen im Kreis. Ein Kind steht in der Mitte und dreht eine Flasche. Dem Kind, auf das der Flaschenhals zeigt, wird etwas Gutes gewünscht, z.B.: „Katrin, ich wünsche dir Gottes Segen und daß du gesund bleibst" oder „Sven..., daß dir das Hausaufgabenschreiben leichter fällt." Das Kind, dem der Wunsch gesagt wurde, darf nun in die Mitte gehen und die Flasche drehen.

*Wünsche aufhängen*
Jede von zwei Gruppen bekommt eine Anzahl leerer Zettel, Wäscheklammern und eine Wäscheleine. Welche Gruppe hat in 3 Minuten die meisten „guten Wünsche" (zum Geburtstag) auf die Zettel geschrieben und sie aufgehängt?

*Glückwunschkarten*
Zwei Spielmannschaften stellen sich in Staffeln auf. Pro Spieler werden zwei gleiche Glückwunschkarten benötigt. Jeder Spieler erhält eine Karte; die übrigen werden auf die gegenüberliegende Seite bunt durcheinander gelegt. Auf Kommando läuft der erste Spieler los, sucht sich auf der anderen Seite die passende Karte, läuft zurück und gibt seinem Nachfolger das Startzeichen. Welche Gruppe ist schneller?

*Puzzle (Würfelspiel)*
Für jeden Spieler benötigt man eine Glückwunschkarte, die in mehrere Puzzle-Teile zerschnitten ist. Nun darf jeder Spieler reihum würfeln. Wer eine 6 hat, darf ein Teil des Puzzles auflegen. Wer ist Sieger?

Jakob gewinnt mit List die Erstgeburt

**Foliencollagen**

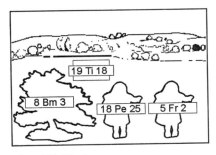

1 (Grundfolie Wiese)

2 (Grundfolie Wiese)

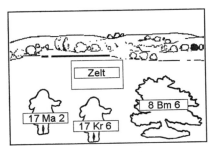
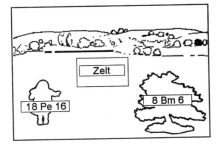

3 (Grundfolie Wiese / Zelt zeichnen)

4 (Grundfolie Wiese / Zelt zeichnen)

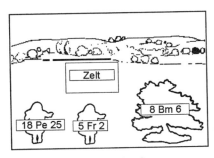
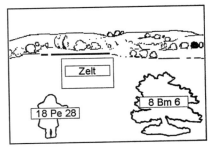

5 (Grundfolie Wiese / Zelt zeichnen)

6 (Grundfolie Wiese / Zelt zeichnen)

# 29 | Jakobs Flucht und Himmelsleiter

**Text**

*1. Mose 28*

**Erklärungen zum Text**

*Textzusammenhang:*
Nachdem Jakob seinem Bruder Esau den Segen des Erstgeborenen geraubt hatte, sann dieser auf Rache (Kap. 27,41). Rebekka empfahl Jakob, zu ihrem Bruder Laban nach Haran zu ziehen, bis sich der Zorn Esaus gelegt habe. So zog Jakob von Beerseba fort. Was er mitnahm, war nur der Segen seines Vaters Isaak und der Auftrag, in Haran eine Frau zu suchen.
• *Bethel:* „Haus Gottes". Hier betete auch schon Abraham Gott an (Kap. 12,8 und 13,3). Früher hieß dieser Ort Lus = Haselnußstadt, benannt nach den vielen Haselnußsträuchern, die hier wuchsen. Zur Zeit Samuels war Bethel bedeutend und besaß später eine Prophetenschule. Als das Königreich geteilt wurde, errichtete Jerobeam I. dort einen Tempel mit einem Goldenen Kalb, damit das Volk hier, statt in Jerusalem, anbeten sollte.

Der Traum von der Himmelsleiter: Gott hat viele Möglichkeiten, den Menschen zu erreichen; hier ist es ein Traum. Gott hat viele Orte, an denen er dem Menschen begegnen kann; hier ist es die einsame Straße. Die Himmelsleiter, die Jakob sieht, reicht vom Himmel bis auf die Erde zu den Menschen. Gottes Güte und Gnade wendet sich dem Menschen zu. Die Verbindung von Himmel und Erde ist nicht Verdienst oder Werk des Menschen.

Himmel ist …

… die Wohnstatt des erhabenen, übergeordneten und unvergänglichen Gottes. Er reicht bis in unsere Wirklichkeit hinein.

… die ewige Heimat Christi. Er kam von dort (Joh. 3,13) und wird wieder vom Himmel kommen (Matth. 24,30).

… der Aufenthaltsort der Engel (Matth. 18,10).

… wird die Wohnung aller derer sein, die Jesus in ihrem Leben als Herrn und Heiland aufgenommen haben.

Dabei wissen wir: Gottes Welt, der Himmel, ist nicht nur oben (räumlich verstanden), auch wenn hier von „herauf- und heruntersteigen" die Rede ist.

Die Engel sind Verbindungsglieder zur Welt Gottes. Sie dienten Jesus in der Wüste (Matth. 4,11). Jesus wußte sich von ihnen umgeben und hätte mehr als zwölf Legionen rufen können (Matth. 26,53). Sie haben Propheten und Gottesmänner gerufen, gestärkt und gespeist. Engel sind aber auch zum Schutz über die Kinder bestellt (Matth. 18,10). Die Bibel warnt davor, Engel anzubeten (Kol. 2,18 f.).

*Heilsgeschichtlicher Zusammenhang*
Jakobs Traum ist bildhafte Schau des Heilsplanes, den Gott dem Abraham im Wort zeigte. Gottes Zuspruch knüpft an die Vergangen-

heit mit Abraham und Isaak an und zeigt über Jakob hinaus in eine sichere Zukunft. Dieser Plan Gottes erfüllte sich in Jesus, der sagte: „Von nun an werdet ihr den Himmel offen sehen und die Engel Gottes hinauf- und herabfahren auf den Menschensohn" (Joh. 1,51), und: „Siehe, ich bin bei euch alle Tage bis an der Welt Ende" (Matth. 28,20).

Christus ist die Brücke, der Weg, die Verbindung zu Gott geworden. Das gilt bis heute.

*Zum Text:*

V. 1-9: Rebekka hat erreicht (Kap. 28,46), daß Jakob von Isaak selber nach Haran geschickt wird. Was hier von Esau berichtet wird, kann in der Erzählung weggelassen werden.

V. 10-11: Die Flucht aus der Heimat Beerseba hat den jungen Jakob sicher sehr belastet. Verlassen hatte er den großen Reichtum seines Vaters Isaak. Das sollte alles nun seinem Bruder Esau gehören, der ihm doch das Erstgeburtsrecht verkauft hatte. Auf ihm liegt Schuld, die er sich mit Hilfe seiner Mutter Rebekka aufgeladen hatte. Aber mit ihm geht der Segen Isaaks, ein Segen Gottes, dessen Auswirkungen ihm noch völlig unbekannt sind. Als am ersten Abend die Dunkelheit plötzlich hereinbricht, reichen Kraft und Zeit nicht mehr, ein ordentliches Nachtlager herzurichten. Ein Stein dient als Kopfkissen.

V. 12-15: Jakobs absoluter Tiefpunkt ist Gottes Gelegenheit. Im Traum offenbart sich Gott. Das viermalige „siehe" zeigt an, wie Jakobs Blick auf die neue Dimension gelenkt wird. Gott muß mit ihm diesen Weg gehen. Eigentlich hätte man erwartet, daß Gott ihm zunächst seine Verfehlungen vorhält, ja ihm sogar die verdiente Strafe zuspricht. Nichts dergleichen. In den Worten „Ich will dich wieder herbringen in dieses Land" deutet Gott an, daß die ausgesprochenen Verheißungen sich recht bald erfüllen werden.

V. 16-17: Eine solche Begegnung mit Gott läßt ihn nicht ruhen. Er wacht auf, und ihn schaudert bei dem Gedanken, daß Gott ihm so nahe ist. Wenn er alles erwartet hätte, aber dies nicht. Er fürchtet sich jetzt eigentlich noch mehr als vorher, aber nicht so sehr wegen seiner Schuld, sondern vor der Heiligkeit Gottes. Seine Schuld war noch nicht bereinigt. Sein Weg kann hier in dieser Wildnis nicht enden. Aber Gott hat mit ihm angefangen. Wie wird er darauf reagieren?

V. 18-20: Jakob muß diese Begegnung mit dem heiligen Gott festhalten. Jakob, jetzt wieder voller Kraft, richtet den Stein zu einem Malstein auf, weiht ihn durch Salben mit Öl zu einer Stätte der Anbetung und nennt den Ort Bethel, d.h. Haus Gottes. Hier hat er auch später gewohnt und einen Altar errichtet (1. Mose 35,1-15).

V. 21-22: Das Versprechen Jakobs zeigt, daß er fortan mit Gott in enger Verbindung leben will. Er ist zwar kein Abraham, der konkrete Schritte des Glaubens tat, aber er will doch, daß der Gott Abrahams und Isaaks auch sein Gott sein soll. Er ist offen für Gottes Mission, die ihn zum Träger des Heilsplanes machen soll. Er zieht weiter als ein Mensch, über dem (ganz unverdient) Beistand, Schutz und Führung liegen.

**Schwerpunkt des Textes**

Gott steht zu seinen Verheißungen und offenbart sich Jakob trotz dessen Schuld.

**Anmerkungen zur Situation des Kindes**

Kinder kennen die bedrückenden Gefühle, wenn sie etwas angestellt haben. Sie haben sicher auch schon erlebt, daß Böses, das nicht geklärt wurde, irgendwie von andern Menschen trennt und z.B. Freundschaften kaputt machen kann. Unsere Geschichte kann Kindern helfen, sich solcher Erfahrungen bewußt zu werden.

Ansatzweise werden Grundschulkinder auch schon spüren, daß Schuld letztlich von Gott trennt bzw. die Freundschaft zu ihm trübt. Deshalb sollte das Staunen darüber, daß Gott weder Jakob noch uns aufgibt oder mit unserer Schuld allein läßt, die Erzählung durchziehen.

Die Frage der Angst bei Dunkelheit sollte nicht besonders hervorgehoben werden.

**Lernziele**

☺ Schuld belastet und trennt von Gott und anderen Menschen. Auch wenn wir es nicht verdienen, ist Gott da und will uns helfen, daß Dinge wieder in Ordnung kommen.

♡ Es ist schön, wenn jemand zu mir hält, obwohl ich es nicht verdient habe.

✋ Wir ermutigen die Kinder, ihre Schuld vor Gott und anderen Menschen zu bereinigen.

**Lernvers**

Ich bin mit dir und will dich behüten. (1. Mose 28,15a)
(oder Lernvers von Lekt. 28 vertiefen)

## Hinweise zur Durchführung

**Kinderstunde im Grundschulalter**

**Hinführung**

*Möglichkeit 1:*
Wir betrachten das Bild eines Menschen, der unter einer schweren Last gebeugt seinen Weg geht (siehe Arbeitshilfen). Wie fühlt der sich wohl? Was denkt oder sagt er?

Danach betrachten wir das Bild eines Menschen, der (ohne sichtbare Last) genauso gebeugt seinen Weg geht (siehe Arbeitshilfen). Manche Menschen tragen eine unsichtbare Last auf ihrem Rücken. Was für eine Last könnte das sein? Kennt ihr das auch?: Manchmal drückt einen das schlechte Gewissen wie eine schwere Last. Wenn man Dinge getan hat, von denen man genau weiß: das war nicht richtig, das war böse... So ähnlich muß es Jakob zumute gewesen sein damals, als er seinen Vater Isaak und seinen Bruder Esau betrogen hatte (Anknüpfung an Kap. 27).

*Möglichkeit 2:*
Die Kinder verteilen sich zu zweien im Raum. „Stellt euch vor, einer von euch heißt Max, der andere Jens. (Jeweils ausmachen, wer wer ist.) Ihr seid Freunde und vertragt euch gut. Probiert mal, das zu spielen ..."

„Jetzt stellt euch vor, Max hat heimlich ein Matchboxauto von Jens geklaut, gib es aber nicht zu. Spielt mal, wie die zwei sich jetzt verhalten ..."
Zwischendurch evtl. Rollentausch.
Anschließend gibt es ein kurzes Gespräch über das jeweilige Verhalten. Dabei sollte deutlich werden:
- Freundschaft leidet unter falschem, bösem, gemeinem Verhalten.
- Solange einer seine Schuld nicht zugibt, kommen Dinge nicht in Ordnung.
- Wer ehrlich ist, merkt, daß Schuld nichts Schönes ist, sondern einem selber und anderen schadet.

„Ich denke, Jakob hat das auch ganz deutlich gemerkt ..."
(Anknüpfung an Kap. 27).

 **Hauptteil**
*Erzählung mit Szenenbildern (siehe Arbeitshilfen)*
*Bild 1 – Vers 10:* Das Bild zeigen. Kinder kurz erzählen lassen, was hier los ist und warum Jakob fliehen mußte.
Ein langer Weg lag vor Jakob. Bis Haran war es so weit! Würde man ihn dort überhaupt aufnehmen? Und was würde geschehen, wenn Esau ihn verfolgte? Jakob wanderte, so schnell er konnte. Aber plötzlich wurde er von der Nacht überrascht. Wo sollte er jetzt schlafen?

*Bild 2 – Vers 11:* In der Dämmerung konnte Jakob noch einen großen Stein erkennen. Den rückte er sich als Kopfkissen zurecht und legte sich nieder. Von seinem Marsch war er so müde, daß er auch gleich einschlief.

*Bild 3 – Verse 12-15:* „Und dann träumte er. Er träumte nicht von Angst, Flucht und Esau – er träumte etwas Wunderschönes. Jakob sah im Traum eine Treppe, und als er seinen Blick von Stufe zu Stufe hinaufwandern ließ, da nahm die Treppe kein Ende. Es ging höher und höher, und an ihrem Ende verschwand die Treppe sogar im Himmel. Aber das war noch nicht alles. Auf der Treppe bewegten sich Gestalten. Die sahen so leicht aus, die bewegten sich so lautlos! Das waren keine schwerfälligen Menschen, das mußten Engel Gottes sein! Und dann sah Jakob über allem eine Gestalt: Gott selbst.

Jakob hörte auch eine Stimme, die zu ihm sprach: 'Jakob, ich bin der Herr, der Gott Abrahams und Isaaks. Ich habe beschlossen, daß dieses Land, auf dem du liegst, einmal dein Land sein soll. Ich werde dafür sorgen, daß du unzählig viele Nachkommen bekommst und sie sich ausbreiten werden nach allen Himmelsrichtungen. Ich will dich und deine Nachkommen segnen. Auch jetzt schon will ich dich behüten. Du mußt nicht allein in die Fremde gehen. Ich gehe mit und ich bringe dich wieder hierher zurück. Das alles werde ich nur deshalb tun, weil ich es so beschlossen habe, und aus diesem Grund werde ich dich nie verlassen.'" (Biblische Geschichten, Band 5, Hänssler-Verlag)

*Bild 4 – Verse 16-17:* Staunend und erschrocken wachte Jakob auf. Jetzt erst begriff er wohl, was er eigentlich getan hatte. Er, der kleine Jakob, hatte gedacht, er müsse dem großen, heiligen Gott helfen, seinen Plan zu erfüllen! Und hatte dabei alles verpfuscht. Und doch war da Gottes Versprechen (noch mal kurz aufzählen). Verdient hatte Jakob das nicht. Das war ihm auch sehr bewußt.

*Bild 5 – Verse 18-22:* Als er am Morgen aufstand, richtete er den Stein auf, auf dem er geschlafen hatte. So sah er aus wie ein Denkmal. Und das sollte er auch sein. Jakob goß noch Öl darüber, um zu zeigen: Hier ist ein heiliger Ort, hier bin ich Gott begegnet. Und dann gab Jakob ein Versprechen – aber ein Versprechen mit vielen Bedingungen und Zweifeln. Jakob sagte: „Wenn Gott wirklich mit mir geht und mich behütet, wenn er mir Brot zu essen gibt und Kleider zum Anziehen, und wenn ich tatsächlich wieder im Frieden in mein Vaterhaus zurückkehren kann – dann soll der Herr mein Gott sein!"

*Bild 6*: Dann machte Jakob sich wieder auf den Weg. Er mußte noch viel lernen. Aber Gottes Versprechen stand fest: „Ich bin mit dir und will dich behüten!" So konnte Jakob mutig weiterziehen – Richtung Haran.

 **Vertiefung**
- *Bild* vom Einstieg noch einmal zeigen. „So ähnlich war Jakob von zu Hause losgezogen ..."
- *Szenen* vom Anfang aufgreifen. Jakob hat ähnliche Erfahrungen gemacht ...
Was hat sich durch den Traum verändert?
- *Bild* von Lekt. 28 (Mensch unter segnender Hand) und neuen Lernvers einführen oder den vom letzten Mal wiederholen.

Auch wir dürfen damit rechnen: Gott läßt uns nicht im Stich, wenn wir etwas falsch gemacht haben. Er will uns helfen, daß Dinge wieder in Ordnung kommen. Ihn kann man um Mut bitten, Dinge zuzugeben und um Verzeihung zu bitten. Auch er will uns verzeihen!

- *Rollenspiel:* Szenen von Einstiegsmöglichkeit 2 (noch einmal) spielen. Wie könnte es jetzt weitergehen? (ebenfalls spielen)
- *Konkrete Frage:* Wo müßtet ihr etwas in Ordnung bringen? (Hier wäre es auch gut, Hilfe in Form eines persönlichen Gesprächs anzubieten, falls Kinder Schuld mit sich herumschleppen, von der sie nicht wissen, wie sie wieder gut werden kann.)
- *Denksteine beschriften*: Gemeinsam faustgroße Steine suchen (oder vorher besorgen), waschen, mit Edding draufschreiben: „Gott ist bei mir" und als „Denkstein" mit nach Hause nehmen.

**Kinderstunde im Vorschulalter**

 **Hinführung**
Mitarbeiter spielen eine Szene vor, in der ein Kind etwas tut, was die Mutter verboten hat.
Erzählt doch mal, was ihr tut, wenn ihr etwas Unrechtes getan habt...

 **Hauptteil**
Erfahrungen erzählen lassen, bei passender Gelegenheit mit der Geschichte beginnen. Dabei Szenenbilder (siehe Arbeitshilfen) verwenden.

 **Vertiefung**
Der Jakob hatte etwas Unrechtes getan. Was hat er gemacht? Wie hat Gott ihm geholfen? Wie hilft Gott uns, daß wir wieder froh werden können? Was können wir dazu tun? (Z.B. den Eltern erzählen, ehrlich sein, um Vergebung bitten.)
- *Lernvers* mit Bild von Mensch unter segnender Hand (s. Lekt. 28) erläutern: Gott verspricht, bei uns zu sein, selbst wenn wir Böses getan haben. Er will uns auch helfen, Dinge in Ordnung zu bringen. Er hat uns lieb und möchte, daß wir bei ihm geborgen sind.
- *Steine bemalen*: Material: Steine (faustgroß) bereithalten, für jedes Kind einen Stein, Fingerfarben, Zeitungspapier, Schutzkleidung für Kinder, Lackspray oder Klarlackdöschen, Pinsel. Stein bemalen, mit nach Hause geben: „So wie Jakobs Stein soll uns dieser Stein daran erinnern, daß Gott immer und überall bei uns sein will."
- *Basteln*: Aus Knetwachs, Knete, Fimo oder Ton Vogelmutter und Vogelkind gestalten lassen. Mit Moos, Zweigen, Federn, Watte usw. Nestchen herstellen und Vogelkind hineinsetzen. Vogelmutter draufsetzen. Es soll damit zum Ausdruck gebracht werden, was es heißt, „behütet" zu sein. Die Bastelarbeit kann zu Hause weitergeführt werden. Jedes Glied der Familie ist „behütet" bei Gott.
- *Gebet*: „Wo ich gehe, wo ich stehe, bist du, lieber Gott, bei mir. Wenn ich dich auch niemals sehe, weiß ich sicher, du bist hier." Evtl. auf Kärtchen schreiben und mit nach Hause geben. Zur Einprägung eine Zeitlang als Schlußgebet wiederholen.

**Hinweis:**
*Für die nächste Stunde bitte praktische Hinweise zur Vorbereitung der Stunde für Vorschulkinder (Lektion 30) beachten!*

# 29

Jakobs Flucht und Himmelsleiter

 **Liedvorschläge**
Es gibt jemand, der deine Lasten kennt
Es ist niemand zu groß
Jesus kam für dich
Wie die Sonne so hell
Gottes Liebe ist so wunderbar

 **Arbeitshilfen**

 **Lernversrätsel**
*Was Gott zu Jakob sagte*

Wer findet den Lernvers im ABC-Wirrwarr?

```
A B C S I E H E D E F G H I J K L M N O P

Q R S T U V I C H W X Y Z B I N A B C D E

F G H M I T I J K D I R L M N U N D O P Q

R S T U V W I L L X Y Z A B C D I C H E F

G H I J K L M N B E H U E T E N O P Q R S
```

Rahmt die gefundenen Wörter ein und tragt sie in den Kasten ein:

S . . . . , I . . B . . M . . D . . U . .

W . . . D . . . B . . . . . . . . . .

1. Mose 28,15a

Jakobs Flucht und Himmelsleiter

 **Kopiervorlage**

# 29 | Jakobs Flucht und Himmelsleiter

 **Szenenbilder**

1

2

3

Jakobs Flucht und Himmelsleiter

# 30 | Jakob dient um Rahel und Lea

**Text**

**Erklärungen zum Text**

*1. Mose 29,1 – 30,24*

V. 1: Die Entfernung zwischen Bethel und Haran im nördlichen Euphrat-Tigris-Gebiet beträgt Luftlinie über 600 Kilometer, als Fußweg weit über 1000 Kilometer, also eine lange Wanderung.

V. 2: Die Kleinviehherden weiden in der Steppe (geringer Pflanzenwuchs, weil geringe Niederschläge, zwischen 300 und 400 mm), sind also auf das Wandern von Wasserloch zu Wasserloch angewiesen. Der Stein verhindert das Verdunsten des Wassers in der Hitze des Tages.

V. 4.5: Haran liegt an einem Nebenfluß des Euphrat. Von dort ist Abraham zu seiner Wanderung nach Kanaan aufgebrochen. Abrahams Bruder Nahor ist in Haran geblieben (1. Mose 11,27). Die Kinder von Nahors Sohn, Bethuel, waren Rebekka (1. Mose 22,23) und Laban (1. Mose 24,29). Laban war also ein Sohn „aus dem Geschlecht" Nahors.

V. 8: Es war offenbar Brauch, den Stein erst dann vom Brunnenloch zu entfernen, wenn alle Hirten und Herden da waren.

V. 9-11: Jakob ist freudig erregt über die Begegnung mit Rahel, so daß er für sie vorzeitig den Stein vom Brunnen entfernt.

V. 15-19: Der Brautpreis war damals nichts Ungewöhnliches, ihn abzuverdienen war für Jakob die einzige Möglichkeit.

V. 20-30: Der Betrug Labans ist denkbar entweder durch eine total verschleierte Braut oder aber durch die Dunkelheit im Zelt am Abend, als die Braut zum Bräutigam gebracht wird. Laban hat mit diesem Betrug geschickt seine beiden Töchter an den Mann gebracht und zudem noch vierzehn Jahre einen guten Arbeiter gewonnen. Die Möglichkeit, daß ein Mann mehr als eine Frau hat, ist in dem damaligen Kulturkreis gegeben und hat an sich nichts moralisch Verwerfliches an sich. Trotzdem war es von Gott her nie so gedacht! Das macht Jesus in Markus 10,1 ff. und anderen Stellen überdeutlich. Das Gleiche gilt für die Stellung der Leibmagd, die mit Einwilligung der rechtmäßigen Frau bei deren Unfruchtbarkeit für sie Kinder gebären konnte, die dann als rechtmäßige Kinder galten (Kap. 30,3.9). Welche Spannungen und Nöte sich aus der Mehrehe und aus der unterschiedlichen Liebe (V. 30!) zu den einzelnen Frauen ergaben, macht der Fortgang der Geschichte überdeutlich.

V. 31-35: Die entscheidende Aussage ist das Eingreifen Gottes. Fruchtbarkeit und Unfruchtbarkeit sind hier nicht nur biologisch zu erklären, sondern Setzungen von Gott, der auf Gegebenheiten, Einstellungen und Handlungen antwortet (Kap. 29,31 und 30,17.22). Gott schenkt der Ungeliebten die ersten Kinder. Die ersten vier Söhne der Lea sind Ruben, Simeon, Levi und Juda.

Kap. 30,1-8: Die Reaktion der Rahel ist typisch menschlich, d.h. egoistisch. Rahel weiß nicht, daß Gott selbst sie zurückgesetzt hat und auch sie in Gottes Schule ist. Der Ausweg mit der Leibmagd Bilha ist von der damaligen Sitte her möglich. Die beiden Söhne der Bilha sind Dan und Naphtali. Wie sehr es für Rahel dabei um das Gleichziehen mit ihrer Schwester Lea geht, zeigt Vers 8. Aber das funktioniert nicht, wenn man Gott gegen sich hat!

V. 9-13: Was Rahel kann, kann selbstverständlich auch Lea. Auch ihre Leibmagd Silpa wird Mutter zweier Kinder von Jakob und gebiert Gad und Asser. Damit hat sie vier eigene und zwei von ihrer Leibmagd gegen „nur zwei" von der Leibmagd der Rahel.

V. 14-21: Die „Liebesäpfel" galten als sicheres Hilfsmittel zur Fruchtbarkeit, darum sind sie hier so begehrt. Wie gestört das Verhältnis zwischen den beiden Frauen ist, zeigt V. 15. Der Kaufpreis der Liebesäpfel bringt Jakob in das Zelt Leas, die danach noch zwei Söhne gebiert: Isaschar und Sebulon und eine Tochter, Dina.

V. 22: Wenn Gott eines Menschen gedenkt, wird bisher Unmögliches möglich: Auch Rahel bekommt einen eigenen Sohn, den Joseph. Jetzt lautet ihr Bekenntnis nicht mehr wie in Vers 8: „Ich habe gesiegt", sondern: „Es ist Gott, der meine Schmach von mir genommen hat!"

Liebe bringt Opfer. Mit den zwölf Söhnen Jakobs wird das Fundament für die zwölf Stämme Israels gelegt.

**Schwerpunkt des Textes**

Auf den ersten Blick scheint es kaum Erfahrungen aus dem sozialen Umfeld des Kindes zu geben, an denen diese Geschichte anknüpfen könnte. Großfamilien sind den meisten Kindern fremd.

**Anmerkungen zur Situation des Kindes**

Auf der anderen Seite aber gibt es heute immer mehr Kinder, die bei Elternteilen wechselnde Partner erleben und die daraus resultierenden Nöte am eigenen Leib erfahren.

Daneben wissen längst nicht alle Kinder, ob sie geliebt und gewollt, sozusagen „Wunschkinder" sind. Da aber gerade von dieser Grunderfahrung Prägungen für ein ganzes Leben ausgehen, soll jedes Kind zumindest das eine wissen: Gott liebt mich. Er hat mich gewollt! Das kann durch diese Geschichte sehr gut verdeutlicht und beim Erzählen entsprechend eingeflochten werden. Natürlich gilt auch hier wieder (vgl. Lektion 27): Solche Aussagen müssen gedeckt sein durch unser persönliches Verhalten jedem Kind gegenüber!

Da die vier Frauen Jakobs für Kinder zu verwirrend sind, sollte man (zumindest im Vorschulalter) die beiden Mägde weglassen und nur von Lea und Rahel erzählen.

Beim 2. Zielgedanken geht es um Zusammenhänge, die Vorschulkinder überfordern. Auch Grundschulkinder werden sie erst ansatzweise verstehen. Dennoch sollten sie diesem Alter mehr und mehr zugänglich gemacht werden, da sie wichtig sind für das spätere Verstehen der großen heilsgeschichtlichen Linien.

# 30 | Jakob dient um Rahel und Lea

**Lernziele**

☺ Jedes Kind ist von Gott gewollt und geliebt! Die zwölf Söhne Jakobs sind der Ursprung der zwölf Stämme Israels und damit vom Volk Israel.

♡ Ich werde geliebt. Ich bin ein Geschenk Gottes.

**Lernvers**

Siehe, Kinder sind eine Gabe des Herrn! (Psalm 127,3)

## Hinweise zur Durchführung

**Kinderstunde im Grundschulalter**

*Praktische Hinweise zur Vorbereitung:* Einen Stammbaum besorgen! Das ist ein gezeichneter Baum, in dessen Wurzeln und Ästen Felder für Familiennamen vorhanden sind. Man kann einen solchen Stammbaum von einer Familie ausleihen, ihn in einem Papiergeschäft als Vordruck kaufen oder ihn selbst zeichnen.

### Hinführung
*1. Möglichkeit*

Den mitgebrachten Stammbaum zeigen und erklären. Bei einem Stammbaum ohne eingetragene Namen kann man als Beispiel Namen von der Familie eines Kindes eintragen, soweit sie das Kind kennt. „Heute wollen wir hören, wie aus Jakob eine große Familie wurde, also, wie sich sein Stammbaum füllte, ja, wie es am Ende sogar 12 Stammbäume gab ..."

*2. Möglichkeit*
Verschiedene Kinderbilder auf den Boden legen oder an einer Wäscheleine aufhängen. „Es sind ganz verschiedene Kinder (von den Kindern beschreiben lassen), aber eines haben sie alle gemeinsam: Gott hat sie lieb. Gott wollte, daß sie geboren werden und leben können. So wie du und ich auch. – Das und noch viel mehr hat Jakob auch erlebt. Heute wollen wir davon hören ..."

### Hauptteil
*(mit Hilfe der Foliencollagen erzählen)*

*1. Szenenbild:* Kurze Wiederholung der vorigen Geschichten: Jakob hatte seinen Vater Isaak und seinen Bruder Esau betrogen und mußte fliehen. Voller Angst lief er davon. Letztes Mal aber hörten wir, wie Gott ihm im Traum begegnete und ihm ganz unverdiente Dinge versprach (Gottes Nähe, Land, große Familie, Heimkehr).

*Erzählung:*
*2. Szenenbild:* Lange war Jakob unterwegs. Doch an einem heißen Nachmittag sah Jakob endlich in der Ferne eine Stadt. Und da waren

# 30

Jakob dient um Rahel und Lea

auch Menschen, Hirten, die mit ihren Herden müde um einen Brunnen herumstanden. Jakob ging auf sie zu und fragte: „Woher kommt ihr?" ...

*3. Szenenbild:* Da kam noch jemand mit einer Schafherde daher. Die Hirten sagten: „Da kommt Rahel, die Tochter von Laban!" „Das ist meine Kusine! Ich bin am Ziel!" Vor Freude hätte Jakob die ganze Welt umarmen können. Doch die Hirten störten ihn. Was standen die überhaupt so faul herum, die sollten lieber ihren Tieren zu trinken geben! Als Jakob das sagte, meinten sie: „Wir müssen warten, bis alle da sind. Nur gemeinsam können wir den Stein vom Brunnen wälzen." Was waren denn das für Schwächlinge! Jakob wälzte den Stein ganz allein vom Brunnenloch weg und schöpfte Wasser für die Schafe von Rahels Herde. Dann lief er auf Rahel zu und umarmte sie. Die war ganz erschrocken, aber Jakob erklärte ihr: „Ich bin Jakob, der Sohn deiner Tante Rebekka!" Jetzt freute sich auch Rahel. Sie lief heim und erzählte es ihrem Vater Laban.

*4. Szenenbild:* Der kam gleich mit zum Brunnen und freute sich über die Ankunft seines Neffen. Jakob erzählte ihm offen und ehrlich die ganze Geschichte, und Laban lud ihn ein, bei ihm zu bleiben.

*Weitererzählen:* Verse 14b-22
... Laban hatte zwei Töchter, die jüngere, hübsche Rahel, und Lea, die nicht so nett aussah ...
V. 23: Am Abend brachte Laban die Braut zu Jakob. Sie trug zwar einen dichten Schleier, denn das war so Sitte, aber was machte das schon? Solange er lebte, würde Jakob sich nun an der Schönheit Rahels freuen können. Jakob war glücklich. Am andern Morgen aber, als Jakob seine Frau ansah, erschrak er. Das war ja gar nicht Rahel, das war Lea!
V. 25 ff.: Wütend und enttäuscht rannte er zu Laban ...
Jakob war betrogen worden – so wie er betrogen hatte. Ob er merkte, daß Gott ihm etwas dadurch zeigen wollte?
V. 30: Nun hatte Jakob also zwei Frauen, so wie es damals bei vielen Männern üblich war. Könnt ihr euch vorstellen, wie schwierig das für die ganze Familie war?: Beide Frauen wollten möglichst viel mit Jakob zusammen sein, beide wollten von ihm geliebt werden und beide wünschten sich Kinder. Die meiste Zeit verbrachte Jakob mit Rahel. Ich kann mir vorstellen, wie schlimm das alles für Lea war.

*5. Szenenbild:* Aber Gott tröstete sie. Während Rahel vergeblich auf ein Kind wartete, wurde Lea schwanger und brachte einen Sohn zur Welt. Nun wußte Lea: Gott hat mich nicht vergessen. Er hat mich lieb. Auch Jakob freute sich und nannte seinen ersten Sohn Ruben.

Gott schenkte Lea noch mehr Söhne: erst Simeon, dann Levi und auch noch Juda. Rahel, die keine Kinder hatte, wurde ganz schrecklich eifersüchtig. Sie schimpfte sogar mit Jakob und sagte: „Los, sorge dafür, daß ich ein Kind bekomme, sonst sterbe ich!" Aber Jakob sagte: „Bin ich etwa Gott? Er ist es, der dir keine Kinder schenkt!" Aber Rahel war zu stolz, Gott um Kinder zu bitten. So gab sie Jakob ihre Magd zur Frau und sagte: „Wenn sie Kinder bekommt, werde ich sie als meine annehmen." So etwas war damals möglich. Aber ob es gut war? Rahels Magd brachte wohl einen Sohn zur Welt, aber jetzt machte Lea es ihr nach. Auch ihre Magd wurde Jakobs Frau – und so wurde das Chaos und der Streit in Jakobs Familie immer größer. Und immer noch war Rahel eifersüchtig, weil sie kein eigenes Kind hatte. Doch erst als Jakob bereits 10 Söhne geboren waren, konnte Rahel ihren Stolz überwinden und Gott um Kinder bitten. Und Gott erhörte ihr Gebet und schenkte ihr einen Sohn, den Josef. Später kam noch ein weiterer dazu, der Benjamin.

*6. Szenenbild:* Nun hatte Jakob eine große Familie. Staunend stellte er fest: Trotz aller Schwierigkeiten hat Gott längst begonnen, seine Versprechen zu erfüllen: Er hat mich behütet auf dem Weg nach Haran, und er hat mir so viele Kinder geschenkt! Wann sich wohl die anderen Versprechen noch erfüllen werden …?

**Vertiefung**

*1. Möglichkeit:*

Die zwölf Söhne Jakobs haben später, als sie groß waren, auch geheiratet und Kinder bekommen. Als diese groß waren, haben auch sie geheiratet und wieder Kinder bekommen, und so wurden es durch die Generationen hindurch immer mehr.

Und dann sagten die einen: „Ich gehöre zu dem Stamm Juda. Mein Stammvater vor vielen, vielen Generationen war Juda, der Sohn von Jakob." Und andere sagten: „Ich gehöre zum Stamm Levi", wieder andere: „Ich gehöre zum Stamm Asser."

Anhand des gezeichneten Stammbaumes, der am Anfang gezeigt wurde, kann jetzt der Gedanke des „Stammes" noch einmal bildlich vertieft werden.

So also hat Gott seine Verheißung weiter erfüllt. „Dein Geschlecht soll werden wie der Staub auf Erden", hatte Gott damals in Bethel gesagt. Das heißt, seine Nachkommen sollen so zahlreich werden, daß man sie nicht mehr zählen kann, wie man ja auch die Staubkörner nicht zählen kann (22,14).

Viele, viele Jahre später, weit über tausend Jahre waren das, als aus den zwölf Stämmen schon lange ein großes Volk geworden war, wurde im Stamm Juda ein Mann geboren, den ihr alle schon kennt.

# 30

Jakob dient um Rahel und Lea

Wer weiß, wer das war?
Es ist Jesus, unser Heiland. Er ist ein Nachkomme von Juda, dem vierten Sohn der Lea, der Frau Jakobs.

*2. Möglichkeit:*
Rahel und Lea haben beide erfahren: (Jetzt den Anfang des Lernverses an die Tafel heften, sowie die verschiedenen Worte dazu – s. Arbeitshilfen. Mit den Kindern überlegen, welche Aussagen stimmen könnten. Dann den richtigen Schluß anheften.)
„Das ist das allerwichtigste: Keiner kann selbst ein Kind 'machen'. Jedes Kind ist ein Geschenk von Gott! Und Gott hat jedes lieb, auch dich!"

• *Zuordnungsspiel:* In 12 „Stammbäumen" finden sich ungeordnet die Buchstaben der einzelnen Stammesnamen. Die Kinder nehmen die Buchstaben aus den Bäumen heraus und versuchen, damit den Namen des jeweiligen Stammes unter dem Baum zusammenzustellen. (Siehe auch Arbeitshilfen)

• *Israeltelefon* (siehe Arbeitshilfen)

*Praktische Hinweise zur Vorbereitung:* Bereits eine Woche vorher wird den Kindern versprochen, daß der Hirte Beni (Handpuppe) kommen wird und den Kindern etwas Besonderes mitteilen will. Die Verkleidungsstücke (Tücher, Hüte, Jacken usw.) sollten bereitliegen und der Fotoapparat „schußbereit" sein. Auch der Imbiß für die Kinder sollte in einem Nebenraum vorbereitet sein. Außerdem wird eine Einladung zur Hochzeit von Jakob benötigt (siehe Hinführung).

**Kinderstunde im Vorschulalter**

 **Hinführung**
Erinnerung an das Versprechen von letzter Woche. Gemeinsam wird Beni gerufen.
Beni: Hallo Kinder, da seid ihr ja schon. Seid mir nicht böse, daß ich so spät komme, aber ich habe so schrecklich viel zu tun. Bei uns gibt's nämlich ein riesiges Fest – und ihr seid auch eingeladen! Moment mal, irgendwo habe ich doch die Einladung hingesteckt (holt sie aus seiner Hirtentasche und läßt vorlesen): „Herzliche Einladung zu meiner Hochzeit. Euer Jakob."
Na, ich muß gehen, damit alles rechtzeitig fertig wird. Vielleicht kann ... (Name des Mitarbeiters) euch solange erzählen, wie es zu dieser Hochzeit kam!

# 30 Jakob dient um Rahel und Lea

 **Hauptteil**
(letztes Szenenbild von Lektion 29 noch mal zeigen und an die letzte Stunde anknüpfen)
Müde und staubig kam Jakob im Lande Haran an...
*Kap. 29, 1-22 erzählen*

„Super, daß wir auch zur Hochzeit eingeladen sind. Am besten, wir machen uns ein bißchen hübsch dafür ..." (Alle verkleiden sich mit den bereitgelegten Utensilien)

Beni kommt, bewundert die Verkleidungen und holt Kinder und Mitarbeiter zum Hochzeitsfest ab, d.h. er führt sie in den Nebenraum, wo der Imbiß vorbereitet ist. Dort erklärt er:

„Das Fest ist schon in vollem Gange! Leider gibt's in Jakobs Zelt keinen Platz mehr. Aber er läßt euch herzlich grüßen und ihr sollt's euch schmecken lassen!"

Der Imbiß wird verzehrt. Anschließend kommt Beni wieder:

„Oh weh, oh weh! Was hat der Laban da nur angerichtet! Jakob ist untröstlich! Nein, mir fehlen die Worte, ich kann's euch nicht erzählen. Das soll ... (Name des Mitarbeiters) tun."
*Verse 23-30 erzählen.*

„Das war nicht einfach in Jakobs Familie: ein Mann und zwei Frauen. Eigentlich wollte Gott, daß immer ein Mann und eine Frau ganz fest zusammengehören und sich liebhaben. Aber damals war es so üblich, daß ein Mann mehrere Frauen haben konnte. Doch das gab nur Probleme, auch bei Familie Jakob. Lea war auf Rahel eifersüchtig und Rahel auf Lea. Und beide wollten unbedingt ein Kind haben, um es Jakob und allen zu zeigen, daß sie die bessere Frau seien. Aber da hatte Gott auch noch ein Wort mitzureden. Denn Kinder schenkt immer Gott ..."

 **Vertiefung**
Lea bekam zuerst Kinder, vier Söhne hintereinander. Und sie dankte Gott dafür. Rahel mußte viel länger warten. Sie mußte erst lernen, was auch heute noch gilt:
• Lernvers einführen. So seid auch ihr ein Geschenk von Gott, jeder einzelne! Wollen wir ihm dafür danke sagen?! Gebet.

Am Ende taucht noch einmal der Hirte Beni auf und verspricht, nächstes Mal wiederzukommen und zu erzählen, wie es in Jakobs Familie weiterging.

*Weitere Programmteile:*
• Mit den Kindern Familienbilder malen oder kleben
• Noch verkleidet Hochzeits- oder Familienfotos „schießen"

Jakob dient um Rahel und Lea

# 30

Du hast es gewollt, daß ich auf der Erde bin
Ja, Gott hat alle Kinder lieb
Ich sing euch kein Lied von großen Leuten

**Liedvorschläge**

**Lernvers**
Die Worte des Lernverses auf Kartonstreifen für die Flanelltafel schreiben.

**Arbeitshilfen**

**Rätsel**
Welche Kinder gehören zu welcher Mutter?

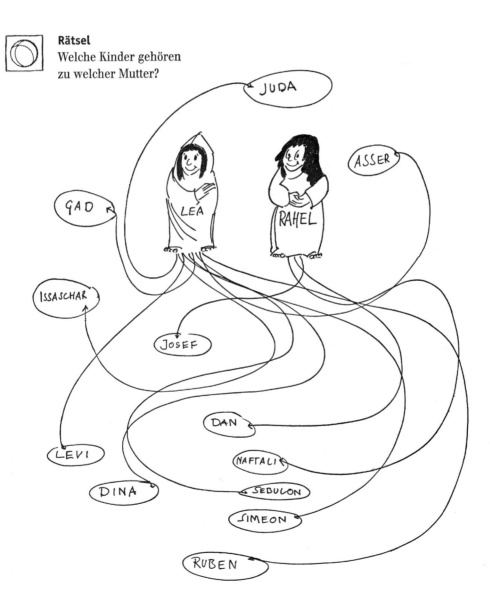

# 30

Jakob dient um Rahel und Lea

**Israeltelefon**
Der Spielleiter denkt sich einen Namen der Söhne Jakobs aus. Dieser muß flüsternd an den Nebenmann weitergesagt werden. Kommt der Name beim letzten noch richtig an? (Jedes Kind muß die Namen einmal selbst aussprechen.)

**Stammbaum**
*(zum Kopieren)*

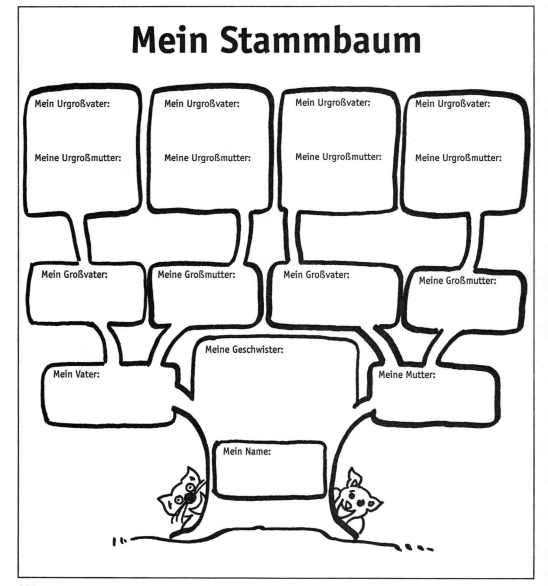

Jakob dient um Rahel und Lea

# 30

**Foliencollagen**

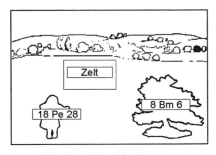

1 (Grundfolie Wiese / Zelt zeichnen)

2 (Grundfolie Wiese)

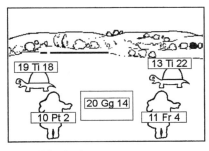

3 (Grundfolie Wiese)

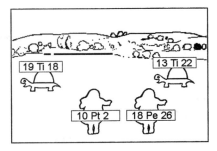

4 (Grundfolie Wiese)

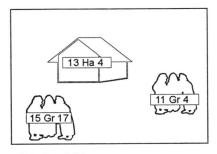

5 (Keine Grundfolie)

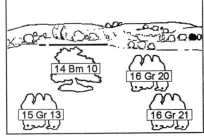

6 (Grundfolie Wiese)

289

# 31 | Jakob und Laban · Jakobs Rückkehr

**Text**

1.Mose 30,25 – 32,1

**Erklärungen zum Text**

*Kap. 30,25-43: Jakob kommt zu Reichtum*

V.25-28: Nachdem Jakob den „Vertrag" mit seinem Schwiegervater (29,18+27) erfüllt hat, spricht er von Rückkehr in seine Heimat. Allerdings legen die folgenden Verse nahe, daß es eher als Eröffnung einer neuen Vertragsverhandlung gedacht ist, auf die Laban auch einsteigt.

V.29-36: Jakob hat die vergangenen Jahre für seine beiden Frauen gearbeitet. Er selbst ist bis jetzt ein armer Mann. Nun soll der weitere Dienst für Laban auch Jakob Gewinn bringen. Sein Vorschlag scheint dabei eindeutig Laban zu begünstigen, da in orientalischen Herden die Schafe gewöhnlich weiß und die Ziegen schwarz sind und nur ein Bruchteil andersfarbiger Lämmer zur Welt kommen. Laban reibt sich sicher vergnügt die Hände und sorgt durch räumliche Trennung der Herden für zusätzliche Sicherheit.

V.37-43: Daß Jakob auch nicht uneigennützig und zudem sehr menschlich orientiert denkt und handelt, zeigen diese Verse. Mit den schwarz-weiß gemusterten Stäben versucht er, die Fellfärbung der Lämmer zu manipulieren, was biologisch natürlich nicht möglich ist. Auch die Verse 41+42 gehören zu Jakobs menschlichen Machenschaften. Daß trotzdem immer mehr schwarze, braune und gesprenkelte Schafe geboren werden, hat andere Gründe. Im nächsten Kapitel werden die Informationen dazu nachgetragen: Es ist Gott selbst, der dafür sorgt, daß jetzt Jakobs Herden und nicht die von Laban wachsen (31,9.11-13). Das Tun Gottes ist die Erfüllung seines Segens über Jakob.

Dies ist ein Abschnitt, der nochmal einiges zum Thema „Betrügen und Betrogenwerden" verdeutlicht. Überhaupt ist dies ein Bereich, der Jakobs Lebensgeschichte über weite Teile prägt.

*Kap. 31,1-13: Jakobs Flucht*

V.1+2: Laban und seine Söhne beneiden Jakob, weil ihm alles zu glücken scheint.

V.3: Gott gibt den Auftrag wegzuziehen, sagt aber nichts von Flucht und Heimlichtuerei! (vgl. V.20+21)

V.4-10: Auf dem Feld fühlt sich Jakob sicher und unbeobachtet.

V.5: Er sagt immer noch nicht „mein Gott" (vgl. Kap. 28,20 f.). Hier wird deutlich: Man kann sehr wohl religiös und fromm sein, ohne daß Gott „mein Gott" ist!

V.11-13: Ob Jakob hier verschiedene Reden Gottes zusammenfaßt oder ob Gott in V.3 mehr gesagt hat, als dort berichtet wird, ist nicht klar.

Jakob und Laban · Jakobs Rückkehr

V.14-16: Die Reaktion der beiden Töchter (einmütig wie sonst nie!) zeigt, was ihr Vater Laban für ein Mensch war. Es klingt fast so, als wären Rahel und Lea froh darüber, von ihrem Vater wegziehen zu können.

V.17-21: Auch hier wieder handelt Jakob mit menschlicher List. Ob im Verhalten ihres Mannes eine Begründung dafür liegt, daß Rahel trotz ihrer Erfahrungen in Kap. 30.22+23 und ihrer Worte in

V.16 Gott auch nicht voll und ganz vertrauen kann? Jedenfalls stiehlt sie den „Hausgott" ihres Vaters (wahrscheinlich ein oder mehrere kleine Bildnisse, die abergläubisch verehrt wurden).

*Kap. 31,22 – 32,1: Jakobs Vertrag mit Laban*
Dieser Teil der Geschichte macht noch einmal überdeutlich, wie wenig Jakob mit all seiner List erreichen konnte. Wenn Gott hier nicht eingegriffen hätte (V.29), wäre Jakob wohl erledigt gewesen – und Rahel mit ihren Tricks ebenfalls. So aber schafft Gott, daß Laban und Jakob im Frieden auseinandergehen und seine Verheißung über Jakob sich weiter erfüllt.

Kap. 32,11: (Dieser Vers sollte um des Zusammenhangs willen und wegen der gesteckten Ziele s.v. noch dazu genommen werden.)

Jakob spricht aus, was der Grund dafür ist, daß er jetzt als reicher Mann und von Laban friedlich verabschiedet heimwärts ziehen kann: Gottes unverdiente Barmherzigkeit und Treue!

Daß Jakob als reicher Mann nach Hause ziehen kann, verdankt er nicht seiner List, sondern Gottes Treue.

**Schwerpunkt des Textes**

Es ist lebensnotwendig, daß Kinder in den ersten Jahren ihres Lebens lernen, was Vertrauen heißt. „Kann ich mich auf das verlassen, was meine Eltern sagen? Halten sie ihre Versprechen?" usw. Hat ein Mensch nie gelernt, was Vertrauen heißt, wird er ständig in Angst leben müssen.

**Anmerkungen zur Situation des Kindes**

Erlebtes Vertrauen zu ihren Eltern und anderen Menschen (z.B. Kinderstunden-Mitarbeitern) hilft Kindern zu begreifen, daß Gott noch viel mehr zu seinem Wort steht, als irgendein Mensch. Kinder ohne menschliche Vertrauenserfahrungen haben es schwerer zu verstehen, daß Gott anders handelt als Menschen. Allerdings kann es für solche Kinder auch ein Hoffnungsschimmer sein, wenn sie hören, daß sie sich auf Gott auf jeden Fall und immer verlassen können. Auch Kinder untereinander machen unterschiedliche Erfahrungen im Blick auf eingehaltene bzw. nicht eingelöste Versprechen. Hier kann sehr gut angeknüpft werden.

Ein anderer Punkt ist die Sache mit dem Betrügen und Betrogenwerden. Auch diesen inneren Zusammenhang kann man (Grundschul-)Kindern sehr wohl verdeutlichen. Allerdings sollte Jakob nicht zu negativ dargestellt werden, weil er für die Kinder als Identitätsfigur dient. Er darf aber auch nicht zu positiv beschrieben werden. Es geht darum, daß die Kinder erkennen: Vertrauen auf Gott lohnt sich.

 **Lernziele**

☺ Betrügen und Betrogenwerden hängen manchmal eng zusammen. Aber Gott hält seine Versprechen, auch wenn vieles durcheinander geht. Vertrauen auf Gott lohnt sich.
♡ Es ist schön, wenn man sich auf Menschen (auf mich und andere) wirklich verlassen kann.
✋ Kinder ermutigen, ehrlich zu sein, auch wenn sie dabei gegen den Strom schwimmen müssen.

 **Lernvers**

Des Herrn Wort ist wahrhaftig, und was er zusagt, das hält er gewiß. (Psalm 33,4)

### Hinweise zur Durchführung

 **Kinderstunde im Grundschulalter**

 **Hinführung**

*1. Möglichkeit:*
Kopierte Tiere (siehe Arbeitshilfen) anmalen und ausschneiden lassen. (Man kann auch in der Woche vorher jedem Kind ein oder mehrere Tiere mit nach Hause geben zum Anmalen, Ausschneiden, die dann wieder mitgebracht werden.)

*2. Möglichkeit:*
Ein Mitarbeiter fragt: „Wer hat Geld dabei und macht mit mir ein Spiel, bei dem man 2 Mark gewinnen oder verlieren kann?" Wenn sich kein Kind meldet, spielt ein Mitarbeiter mit unter der Bedingung, daß es ein faires Spiel sein muß, was der andere großspurig versichert. Der 1. Mitarbeiter (er hat nun 2 Mark von sich und 2 vom andern) legt 3 Markstücke aufeinandergestapelt auf den Tisch. Dann sagt er: „Jetzt mußt du versuchen, diese eine Mark unter die 3 Mark zu bekommen. Du darfst aber die 3 Mark nicht berühren. Wenn du es in einer Minute schaffst, bekommst du meine 2 Mark, wenn ich es schaffe, gewinne ich deine!"

Der Mitspieler schafft es natürlich nicht. Jetzt nimmt der 1. Mitarbeiter das Markstück, hält es unter dem Tisch unter den Geldstapel und streicht triumphierend den Gewinn ein. Worte wie „das ist gemein!" ignoriert er (und gibt das Geld erst ganz am Ende wieder zurück).

# Jakob und Laban · Jakobs Rückkehr | 31

*Überleitung:* So ähnlich mag sich Jakob auch gefühlt haben bei Laban. Der betrog ihn doch ständig! Aber vielleicht fiel ihm manchmal mit schlechtem Gewissen auch seine eigene Betrügerei gegenüber Esau, seinem Bruder, wieder ein. Komisch, wie manche Dinge auf einen zurückfallen...

**Hauptteil**

*Zu 1:* Die angemalten und ausgeschnittenen Tiere (es müssen vor allem weiße Schafe und schwarze Ziegen sein) als Herde aufstellen und während der Geschichte entsprechend verteilen. Erst während des Erzählens malen wir immer mehr Tieren Streifen oder Flecken auf.

*Erzählung*

Inzwischen lebte Jakob schon viele Jahre in Haran. Aber immer öfter dachte er an seine Heimat Kanaan zurück. Ob sein Vater und seine Mutter noch lebten? Und ob Esau immer noch so wütend auf ihn war? Ehrlich gesagt: Er hatte Heimweh und wäre zu gern zurückgekehrt. Doch wie sollte er seine große Familie ernähren? Er hatte zwar viele Kinder (kurz wiederholen), zwei Frauen und einige Knechte und Mägde – aber sonst? All die Tiere, die Schafe und Ziegen, die er Tag für Tag hütete, gehörten nach wie vor Laban. Dabei hatte Gott doch versprochen (an Himmelsleiter erinnern), daß er eines Tages mit all seinen Nachkommen zurückkehren könnte. Warum tat Gott nichts? Ob er ihm ein bißchen nachhelfen sollte? (Kinder fragen. An das erschlichene Erstgeburtsrecht und die Folgen erinnern.)
Auf Gottes Worte ist immer Verlaß!
Aber Jakob mußte jetzt trotzdem etwas unternehmen...

*Weitere Erzählschritte:*
Jakobs Gespräch mit Laban. Beide versuchen sich gegenseitig auszutricksen. Gott segnet Jakob, wie er es versprochen hat. Jakobs Gespräch mit Lea und Rahel. Die Flucht. Labans verhinderte Rache.
   Eigentlich war es ganz unglaublich: Laban ließ Jakob im Frieden weiterziehen. Das hatte nicht Jakob mit seinen Tricks fertiggebracht. Nein, das hatte allein Gott getan. Und Jakob wußte es ganz genau. Er konnte Gott nur danke dafür sagen. Das hat er auch getan. Er betete (32,11): „Herr, verdient habe ich das alles nicht. Ich habe so viel falsch gemacht, aber du hast zu mir gehalten! Als ich damals nach Haran kam, besaß ich gerade mal meinen Wanderstab, sonst nichts. Und jetzt gehört mir so viel. Das hast du gemacht. Danke für deine Treue!" Und dann ging er weiter. Jetzt mußte nur noch die Sache mit seinem Bruder geklärt werden ... Doch das hören wir nächstes Mal.

### Vertiefung

Auf einem Schrank liegt eine Überraschung (etwas zum Essen) für die Kinder. Ein Mitarbeiter macht sie darauf aufmerksam. Jemand darf sie herunterholen, allerdings ohne Stühle oder Tische zu Hilfe zu nehmen. Vielleicht kommen die Kinder selber drauf, daß ein anderes Kind oder ein Mitarbeiter Hilfestellung geben kann, indem ein Kind auf seine verschränkten Hände steigt („Spitzbubenleiter") und so nach oben reicht. Sonst bietet ein Mitarbeiter diese Hilfe an. Die Überraschung wird verzehrt. Anschließend folgt ein *kurzes Gespräch*:

Manche Dinge schafft man nicht ohne Hilfe. Oft können andere Menschen helfen. Oft aber auch nicht. Jakob war auf Gottes Hilfe angewiesen. Und wir sind es auch. Wie gut, daß wir immer mit Gott rechnen können! Er hat auch uns versprochen, bei uns zu sein. Und was Gott verspricht, das hält er auch!

• *Vertrauensspiel:*
Einem Kind werden die Augen verbunden. Es soll nun von einem anderen sicher durch einen Parcours geleitet werden, ohne sich anzustoßen. Impuls: „Manchmal würde man gern blinzeln, um sicherzugehen, daß einen der andere nicht auf irgend etwas auflaufen läßt. Und manchmal meinen wir, wir müßten ein bißchen mehr von Gott sehen, um wirklich vertrauen zu können, stimmt's? Von Jakob können wir's uns sagen lassen: Auf Gott ist Verlaß!"

**Kinderstunde im Vorschulalter**

*Vorbereitung:* Spielzeugtiere besorgen und als Herde aufstellen. Playmobilfiguren o.ä. als Jakob, Laban, Lea und Rahel bereithalten. Oder: Die Papiertiere vorbereiten und einfache Figuren dazu basteln (siehe Arbeitshilfen). Während der Geschichte entsprechend bewegen.

### Hinführung

Hirte Beni (Handpuppe): „Hallo, da bin ich wieder! Schließlich habe ich euch versprochen, heute wiederzukommen und zu erzählen, wie es mit Jakob und seiner Familie weiterging. Versprochen ist versprochen und wird auch nicht gebrochen! Ist doch klar, oder? – Also: Ihr erinnert euch sicher noch an das große Hochzeitsfest letzte Woche ... (kurze Wiederholung)

### Hauptteil

Laban, der Vater von Rahel und Lea, hielt sich nicht so sehr an seine Versprechen. Schlimm, nicht wahr? Wie soll man sich auf jemand verlassen können, wenn man nie weiß, ob es gilt, was er sagt oder nicht ..."

Jakob und Laban · Jakobs Rückkehr

Die Geschichte wird erzählt und mit den entsprechenden Figuren nachgestellt. Dabei sollen aber nicht alle Szenen (s. Erzählschritte bei Grundschulkindern) breit ausgemalt werden, da die Geschichte sehr lang ist. Die Sache mit dem gestohlenen Hausgott ganz weglassen.

### Vertiefung
Beni: „Also, eins habe ich jetzt gemerkt: Auf Gott kann man sich wirklich verlassen! Er hält immer, was er verspricht! Und das finde ich super!"...
- *Kreativität:* Personen und Tiere aus Knetmasse modellieren, zur Spielszene zusammensetzen und die Geschichte nachspielen. Oder Personen (Spielfiguren) und Spielzeugtiere im Sandkasten zur Spielszene zusammensetzen und die Geschichte nachspielen.
- *Spiel:* Herden sortieren (siehe Arbeitshilfen)

Das Wort des Herrn ist wahrhaftig
Vergiß nicht zu danken
Am Ende, kein Ausweg

Mein Gott ist so groß
Gottes Liebe ist so wunderbar

**Liedvorschläge**

### Vorschlag für ein kurzes Gespräch
Kurzes Gespräch darüber, wie schwierig es für uns Menschen manchmal ist, gegebene Versprechen wirklich einzuhalten, daß es aber fürs Vertrauen untereinander notwendig ist. „Toll, wenn man sich auf euch verlassen kann! Wollen wir das mal ein bißchen trainieren?" Dann wird ein gemeinsames Versprechen verabredet, z.B. daß nächstes Mal jedes Kind und jeder Mitarbeiter einem andern ein Bonbon (oder ein Bild o.ä.) mitbringt. Wer will, kann jedem Kind ein Puzzleteil des Lernverses als Erinnerungshilfe mitgeben.

Beim nächsten Mal keinen moralischen Druck ausüben denen gegenüber, die es vergessen haben, sondern nochmal deutlich machen: Wie gut, daß auf Gott immer Verlaß ist! Er vergißt nie, was er versprochen hat, und er hält sein Wort.

**Arbeitshilfen**

### Versprechen Gottes (für größere Kinder)
Auf einem großen Plakat in der Mitte steht: „Was Gott verspricht, das bricht er nicht." Mit den Kindern zusammen überlegen, was Gott uns in der Bibel alles versprochen hat, und in Stichpunkten auf das Plakat schreiben, z.B. daß er uns lieb hat; daß er hört, wenn wir beten; daß er immer bei uns sein will usw. Vorsicht bei Aussagen wie „Er paßt auf, daß uns nie etwas passiert" u.ä. Die Aussagen müssen biblisch stimmen!

# 31

Jakob und Laban · Jakobs Rückkehr

**Spiel**
*Herden sortieren*
Gemeinsam werden verschiedene Tierlaute ausprobiert, die es vielleicht in Jakobs Herden auch gab (Schaf, Kuh, Ziege, Esel). Dann zieht jedes Kind einen Zettel mit einem Tiernamen oder Tierbild und beginnt auf Kommando seinen Tierlaut zu rufen. Zwei weitere Kinder spielen Jakob und Laban, die nun versuchen, so schnell wie möglich die Herden zu sortieren.

**Des Herrn Wort ist wahrhaftig, und was er zusagt, das hält er gewiß.**
(Psalm 33,4)

**Lernvers**
Lernvers auf ein Plakat in Form einer aufgeschlagenen Bibel schreiben, dann als Puzzle zerschneiden und von den Kindern zusammensetzen lassen.

Jakob und Laban · Jakobs Rückkehr

**Bastelvorschlag**
Einfache Figuren (Jakob, Laban, Lea, Rahel) zum Erzählen der Geschichte oder hinterher zum Nachspielen:
Kreissegment aus Tonpapier ausschneiden und spitz zulaufend zusammenkleben (Kegelform).
Arme in entsprechender Größe ausschneiden und festkleben.
Kopf aus Styropor (oder Holz) draufsetzen, Gesicht aufmalen, Wolle als Haare (+Bart) aufkleben, evtl. Kopftuch aus Stoffresten für Lea und Rahel.

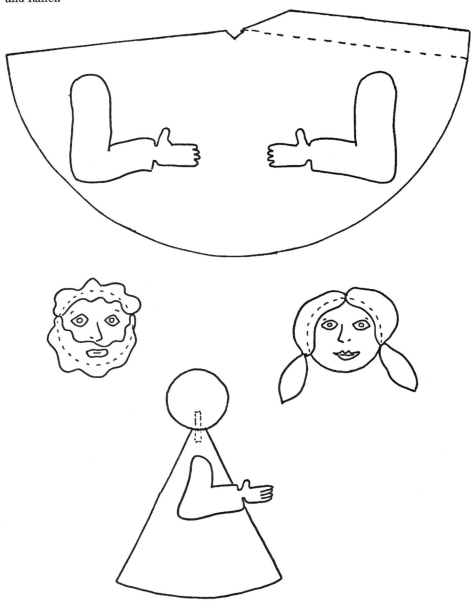

# 31 | Jakob und Laban · Jakobs Rückkehr

**Tierbilder**
zum Kopieren, Ausschneiden, Anmalen und Aufstellen

Jakob und Laban · Jakobs Rückkehr

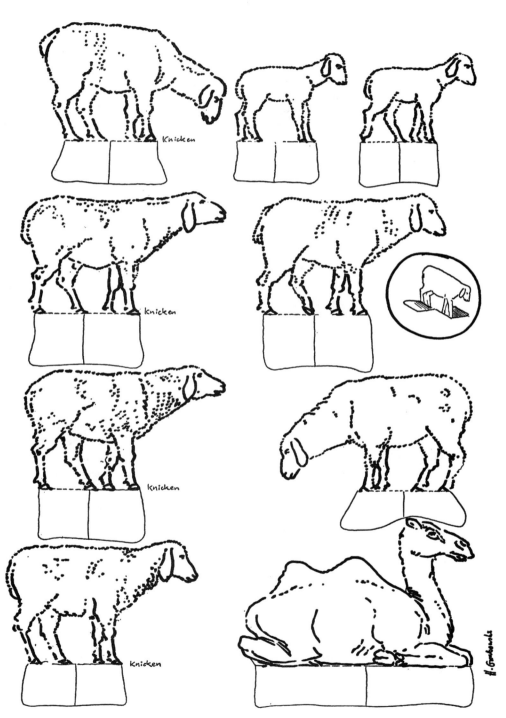

# 32 | Jakobs Versöhnung mit Esau

 **Text**

1. Mose 32,2 – 33,20

 **Erklärungen zum Text**

Weil mit dieser Einheit die Jakobsgeschichten offiziell zum Abschluß kommen, soll hier noch einmal ein Bogen über die ganze Lebensgeschichte Jakobs geschlagen werden. Dabei liegt der Schwerpunkt auf Gottes Handeln. Der Themenbereich „Entschuldigen, Versöhnen" ist unter Lektion 47 extra angesprochen (ebenfalls anhand dieser Geschichte).

Kap.32, 2+3: Als Jakob am Morgen nach der Verabschiedung von Laban aufbricht, begegnet er vielen Engeln Gottes. Diese Begegnung muß ihn an seinen Traum von der Himmelsleiter und Gottes Versprechen, bei ihm zu sein, erinnert haben. Es ist wie ein neuer Zuspruch von Gott angesichts dessen, was noch vor Jakob liegt.

V. 4-9: Daß Jakob sich vor seinem Bruder Esau und dessen Zorn fürchtet, kommt in diesen Versen deutlich zum Ausdruck, auch wenn es nicht extra ausgesprochen wird. Er ist sich seiner Schuld von damals sehr wohl bewußt. Und er spürt sicher: Schuld verjährt nicht einfach. Das wird auch daran sichtbar, daß er seinen Bruder um „Gnade" bittet (V.6), was einer Entschuldigung gleichkommt. Die Nachricht von den 400 Mann, mit denen Esau ihm entgegenkommt, kann er nur als direkte Bedrohung verstehen, auf die er mit hektischer Betriebsamkeit reagiert (so wie man es von Jakob sozusagen gewohnt ist).

V. 10-13: Jetzt aber bittet er Gott um Hilfe. Wohl beginnt er wieder mit „Gott meiner Väter", aber dann bricht förmlich ein Bekenntnis aus ihm heraus (V.11) und das Eingeständnis des eigenen Unvermögens. „Not lehrt beten" könnte über diesem Abschnitt stehen.

V. 14-22: Dennoch wird Jakob nicht untätig. Taktisch klug schickt er seinem Bruder ganze Herden von Tieren als Geschenk entgegen. Ob er ihm damit auch sagen will: Das (äußere) Erbe des Vaters brauche ich nicht, du kannst es behalten, ich habe selber genug, ja, ich kann dir noch abgeben!? Es ist jedenfalls eindeutig eine Geste der Versöhnung.

V. 23-33: Jakobs Kampf am Jabbok. Diese Geschichte markiert die eigentliche Wende im Leben Jakobs. Nachdem er getan hat, was ihm möglich war, bleibt er allein auf der anderen Flußseite zurück. Dort kommt es dann zu diesem geheimnisvollen Kampf, bei dem erst nach und nach deutlich wird, daß in dem Fremden Gott selber mit Jakob kämpft. Bisher hatte Jakob viele Eigenmächtigkeiten begangen, und Gott hatte ihn dennoch gesegnet. Fast sah es so aus, als hätte er Gott in den Griff bekommen. Auch bei dem Kampf am Jabbok scheint es zunächst so zu sein. Doch dann berührt Gott die Hüfte Jakobs, und Jakob muß merken, daß Gott eben doch unermeßlich größer und stärker ist als er. Er begreift diese Lektion, klammert sich an Gott und

Jakobs Versöhnung mit Esau

# 32

bittet (Hosea 12,4+5: „er weinte und bat ihn") um seinen Segen. Mit dem neuen Namen bezeugt Gott das Neue im Leben Jakobs: „Israel" = Gotteskampf, Gotteskämpfer, Gott kämpft. Der Besiegte wird zum Sieger, weil Gott nun „für ihn, durch ihn und in ihm kämpft" (H. Frey). Der Sonnenaufgang markiert nicht nur einen neuen Tag, sondern eben einen Neubeginn im Leben Jakobs.

Kap.33,1-16: Noch einmal trifft Jakob Vorkehrungen zum Schutz seiner Familie. Dann aber schickt er nicht mehr alles mögliche vor sich her, sondern geht selber, allein voraus. Nach dieser Nacht kann er sich nun seinem Bruder stellen. Demütig (V.3) geht er ihm entgegen – und erlebt, daß Gott auch an Esau gearbeitet hat. Die Versöhnung ist alles andere als selbstverständlich.

V.17-20: Nachdem Jakob und Esau sich ganz im Frieden getrennt haben, läßt sich Jakob zunächst bei der Stadt Sichem nieder. (Warum er nicht gleich weiter zieht nach Bethel, wie er es eigentlich versprochen hatte – vgl. 28,20-22 und 35,1 – wird nicht deutlich; vielleicht erscheint es ihm zu mühsam mit allem Hab und Gut.) Doch baut er in Sichem einen Altar, mit dessen Namen er bekennt: Gott ist nicht mehr nur der Gott meines Vaters, sondern auch mein Gott!

Gott gibt Jakob nicht auf. Er macht aus einem Betrüger (Jakob) einen Gottesstreiter (Israel).

**Schwerpunkt des Textes**

Kinder empfinden oft sehr genau, wo sie Dinge falsch gemacht haben bzw. immer wieder dieselben Fehler machen. Oft leiden sie selber am meisten darunter, daß sie es nicht schaffen, das zu ändern. Deshalb sollte moralischer Druck, der die Kinder noch mehr auf sich selbst zurückwirft, unbedingt vermieden werden. Jakobs Geschichte macht hier (auch für Kinder) ermutigend deutlich: Gott gibt uns nicht auf, auch wenn sich nicht von heute auf morgen alles ändert. Er hat uns lieb trotz Versagen. Und er will uns helfen, immer mehr so zu werden, wie es gut ist für uns und für andere. Weil Kinder oft sehr schnell „fertig" sind mit anderen Kindern, die sich in ihren Augen negativ verhalten, gilt es diesen Gedanken auch im Blick auf andere zu vermitteln.

**Anmerkungen zur Situation des Kindes**

☺ Wer mit Gott lebt, darf, kann und muß vieles lernen. Gott gibt keinen auf, sondern hilft zur Veränderung. Deshalb brauchen auch wir niemanden aufzugeben.
♡ Versöhnung tut gut!
✋ Kinder zur Versöhnung ermutigen! Wo sollte ich mich mit jemandem versöhnen?

**Lernziele**

# 32

Jakobs Versöhnung mit Esau

 **Lernvers**

*Grundschulalter:*
Herr, ich bin zu gering aller Barmherzigkeit und aller Treue, die du an mir getan hast. (1. Mose 32,11a)

*Vorschulalter:*
Herr, ich bin es nicht wert, daß du mir soviel Gutes tust. (1. Mose 32,11a)

## Hinweise zur Durchführung

 **Kinderstunde im Grundschulalter**

 **Hinführung**
*Möglichkeit 1:*
Bild von Schmetterling und Raupe zeigen.
Habt ihr eine Ahnung, was die beiden Tiere miteinander zu tun haben? – Die Kinder schildern lassen oder selbst erzählen, wie aus der unscheinbaren Raupe ein Schmetterling wird. Dabei auch das Bild der verpuppten Raupe zeigen.

Können wir Menschen uns auch so verändern? Im Aussehen verändern wir uns im Lauf unsres Lebens. Als Kind sehen wir anders aus als später als Erwachsene (evtl. eigene Fotos als Kind und als Erwachsener zeigen). Trotzdem gibt es auch dann noch Ähnlichkeiten. Wie ist es aber mit unsrem Verhalten? Können wir uns da auch verändern? Manchmal wären wir gern viel lieber und freundlicher und schaffen es irgendwie nicht. Kennt ihr das auch? (Antworten der Kinder einbeziehen.) Ich finde, die Geschichte von Jakob kann uns ermutigen, nicht so schnell aufzugeben, weil Gott auch uns helfen will, daß sich wirklich etwas verändert. Hört mal, wie das bei Jakob war ...

*Möglichkeit 2:*
(erzählen oder vorspielen): Sven sagt: „Der Kai ist so gemein! Immer macht er anderen die Sachen kaputt. Mit dem spiele ich nie mehr."

Katrin sagt: „Die Julia lade ich nicht in die Kinderstunde ein, die kommt sowieso nicht, so wie die immer redet ..." – Manchmal sagen wir: „Der ändert sich nie! Der bleibt immer so gemein – oder so faul – oder so unehrlich!" Und dann drehen wir uns weg und lassen den andern stehen. (Kinder eigene Erfahrungen beisteuern lassen.)

Für alle, die so was auch schon mal gedacht oder gehört haben, erzähle ich heute die Geschichte von Jakob zu Ende. Bei dem hätte man auch denken können: Der ändert sich nie! Aber weil Gott nicht aufgegeben hat, deshalb hat sich bei Jakob viel verändert, und deshalb hat Jakob auch viel gelernt.

Jakobs Versöhnung mit Esau

# 32

*Möglichkeit 3:*
Die Szenenbilder zur ganzen Jakobsgeschichte (s. Arbeitshilfen) liegen ungeordnet in der Mitte. Jedes Kind, das eine Szene erkennt, nimmt sich das entsprechende Bild; dann wird – möglichst in der richtigen Reihenfolge – erzählt und so die Geschichte bis hierher wiederholt.

### Hauptteil

Bei Einstieg 1 und 2 anhand einiger Szenenbilder (siehe Arbeitshilfen) daran erinnern, wie wir Jakob bisher kennengelernt haben: entsprechend seinem Namen = der Hinterlistige. Trotz allem hat Gott ihn nie im Stich gelassen. Heute hören wir, wie sich bei Jakob ganz Entscheidendes verändert hat.

An die Verabschiedung von Laban (letzte Stunde) anknüpfen.

Noch steht Jakob der schwierigste Teil bevor: Was ist mit seinem Bruder Esau, den er vor Jahren so erbärmlich betrogen hat? Ob er noch immer so wütend auf ihn ist und ihn am liebsten umbringen würde? Was soll er bloß machen? Bisher hat er meistens mit List und Tücke gearbeitet. Aber das bringt nicht weiter, wie er weiß. Und Esau kann er bestimmt nicht mehr überlisten. – Jakob weiß: Wenn Gott mir nicht hilft, dann bin ich verloren.

*Erzählschritte*
- Gottes Ermutigung durch die Engelerscheinung (kann wegen der Länge der Geschichte auch weggelassen werden); Kap. 32,2+3
- Jakob läßt Esau seine Rückkehr ansagen und bittet um „Gnade" (nicht direkt eine Entschuldigung, aber fast ...); 32,4-7
- Jakobs Angst und sein Gebet; 32,8-13
- Jakobs Versöhnungsgeschenke für Esau; 32,14-22
- Jakobs Kampf am Jabbok; 32,23-32

*Zu diesem Teil ein Erzählvorschlag aus „Was Gott spricht, das geschieht", Hänssler Verlag:* Es war schon Nacht, als Jakob seine Frauen, seine Mägde, seine Kinder und alles, was er hatte, über den Fluß Jabbok brachte. Er selbst aber ging noch einmal zurück. Er mußte allein sein, allein mit sich – und vielleicht auch mit Gott. Plötzlich stand eine Gestalt vor ihm. Diese Gestalt griff Jakob an, und er mußte mit ihr kämpfen. Er brauchte alle Kraft, um sich zu wehren. Aber er gab nicht auf. Nein, Aufgeben war nicht die Art Jakobs! Er kämpfte die ganze Nacht hindurch. Als der Angreifer merkte, daß Jakob nicht freiwillig aufgab, da gab er ihm einen Schlag auf die Hüfte, und Jakob sackte zusammen. Im Fallen klammerte er sich noch an den Fremden. Da sagte dieser: „Laß mich los, am Himmel ist schon das Morgenrot zu sehen." Doch Jakob dachte nicht daran.

Er wußte schon, mit wem er kämpfte. Es war derselbe, mit dem er schon sein Leben lang im Kampf lag. Immer hatte er versucht, sein Leben selbst in den Griff zu bekommen. Aber immer hatte er gezeigt bekommen, daß nur Gott über das bestimmt, was geschieht, daß er einen aber auch erhört, wenn man ihn bittet. Hier war Gott. Den brauchte er, den ließ er nicht freiwillig los, und so sprach er: „Ich lasse dich nicht los, bevor du mich nicht gesegnet hast!" Da fragte der andere: „Wie heißt du?" Er antwortete: „Jakob." „Du sollst nicht mehr 'Jakob' (Betrüger) heißen, sondern 'Israel' (Gotteskämpfer), denn du hast mit Gott und mit Menschen gekämpft und hast gewonnen." Danach segnete er Jakob und verschwand. Jakob – oder Israel, wie er nun heißen durfte – aber ging zurück zu seinen Leuten. Langsam hinkte er dort hin, denn seine Hüfte war verrenkt. Doch das kümmerte ihn wenig, das andere war viel wichtiger: Er hatte Gott sehen dürfen, sogar fühlen dürfen, und Gott hatte ihn gesegnet. Gott stand zu seinem Wort, Gott war mit ihm, was konnte ihm da ein Mensch tun? – Endlich war Ruhe in Jakobs Herz eingekehrt.

- Jakobs Versöhnung mit Esau; 33,1-16 (mit Foliencollagen erzählen)
- Jakob schlägt sein Lager auf und dankt Gott; 33,17-20

 **Vertiefung**
So war das bei Jakob. Habt ihr gemerkt, was sich bei ihm alles verändert hat?
Zusammentragen: Er hat begriffen, daß man mit List und Tücke nichts gut macht. ... daß er auf Gottes Hilfe angewiesen ist. Er hat beten gelernt. Er versteckte sich nicht mehr feige hinter seinem Reichtum, sondern ging allein Esau entgegen. Gott gab ihm Mut. Er bildete sich nichts mehr auf sein Können ein, sondern wußte: Gott hat alles Wichtige getan!

• *Lernvers einführen und erklären:* Der Vers wurde zuvor auf die Rückseite der Szenenbilder geschrieben, so daß, wenn die Bilder in der richtigen Reihenfolge liegen, nach dem Umdrehen auch der Satz richtig dasteht. Man kann ein Spiel daraus machen: Mit zwei Würfeln wird reihum gewürfelt. Je nach Punktzahl wird das entsprechende Bild umgedreht. Bild 1 kommt zuerst oder zuletzt dran.
• *Spiel:* Was hat sich verändert?
Veränderung im Alltag (Zettel und Stifte bereitlegen)
Da dieser Punkt für manche Kinder ein echtes Problem darstellt, soll hier eine Hilfe angeboten werden (nur, wenn die Atmosphäre noch ein gutes, ernsthaftes Gespräch erlaubt): Gibt es bei euch auch Dinge, von denen ihr genau wißt: da müßte sich was ändern!? Oft schafft man es aber nicht allein (evtl. eigenes Beispiel erzählen). Wie Jakob

können auch wir Gott um Hilfe bitten. Und manchmal können wir uns gegenseitig helfen.
• *Angebot:* Wer möchte, kann solch einen schwierigen Punkt auf einen Zettel schreiben. Ein Mitarbeiter verspricht, in der kommenden Woche täglich für das Kind und seine Situation zu beten. (Die Zettel werden nicht öffentlich beschrieben oder vorgelesen!)
Wenn Gott uns helfen soll, können wir mit ihm zusammen die Dinge anpacken. Laßt es uns ausprobieren!
• Als Erinnerungsstütze kann ein *Schmetterling* gebastelt und mitgegeben werden (s. Arbeitshilfen), auf dem sich das Kind (evtl. mit kleinem Aufkleber) seinen speziellen Punkt notieren kann.
*Wichtig:* Beim nächsten Mal unbedingt Zeit zum Gespräch darüber einplanen, evtl. auch einzeln oder schon vor der Stunde!
Mit Gottes Handeln rechnen!
Den Kindern deutlich machen: Nicht alles ändert sich auf einmal. Ermutigen, dranzubleiben. Gott hat uns trotz Versagen lieb und hilft uns weiter (s. Jakob)!

 **Hinführung**
(siehe Grundschulkinder, Möglichkeit 2 oder 3)

 **Kinderstunde im Vorschulalter**

**Hauptteil**
Die Geschichte ist in der Bibel sehr ausführlich geschildert. Wenn man alle Einzelheiten erzählen würde, wäre es für die Kinder zu verwirrend, und der Gesamtzusammenhang ginge verloren. Deshalb stark kürzen!
Ein guter Erzählvorschlag findet sich in „Meine kleine Kinderbibel", Brunnen Verlag Gießen.
Schwerpunkt beim Erzählen: Gott hat Jakob verändert!
Die Figuren der letzten Stunde können beim Erzählen nochmal verwendet werden. Bei der Szene am Jabbok Jakob allein auf der andern Flußseite stehen lassen („Wir wissen nicht, wie der Fremde aussah, der mit Jakob rang. Aber Jakob wußte, daß er von Gott kam.")

 **Vertiefung**
• *Lernvers:* Als Verstehenshilfe werden die Worte mit Handbewegungen unterstrichen:
*Herr* (nach oben deuten)
*ich* (auf sich selber zeigen)
*bin es nicht wert* (mit dem Kopf schütteln)
*daß du so viel Gutes* (beide Hände offen nach oben halten – wie, wenn die Mutti gerade Süßigkeiten austeilen will)
*an mir tust* (mit beiden Händen auf sich zeigen).

# 32

 **Liedvorschläge**  Gottes Liebe ist so wunderbar
All meine Sünde nahm Jesus mir ab
Wenn einer sagt: Ich mag dich

 **Arbeitshilfen**

**Spiel**
*Was hat sich hier verändert?*
Ein Kind geht vor die Tür, während die anderen Dinge an sich verändern oder tauschen, z.B. Haarspangen, Kette, Pulli, Hosenbein hochkrempeln usw. Findet der Hereingerufene alle Veränderungen? Impuls: Äußerlich können wir viel verändern, innerlich und in unsrem Verhalten muß uns Gott helfen.

**Kreativität**
*Schmetterling basteln. z.B.:*
- aus Moosgummi mit Broschennadel als Anstecker
- aus Moosgummi mit Schaschlikspieß als Blumentopfstecker
- aus Tonpapier mit doppelseitigem Klebeband als Anstecker
- aus Geschenkpapier mit Schokoriegelkörper

**Schmetterling und Raupe**

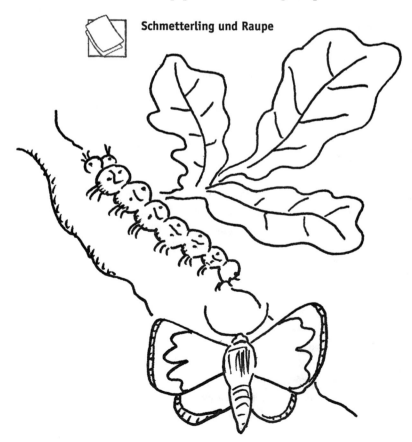

Jakobs Versöhnung mit Esau

# 32

**Szenenbilder**
*(zur Wiederholung der Jakob-Geschichten)*

*Malen:* Szenenbilder verkleinern, für jedes Kind kopieren, anmalen lassen und zu einem Leporello zusammenkleben (kann auch zu Hause fertiggemalt werden).

# 32 Jakobs Versöhnung mit Esau

 **Foliencollagen**

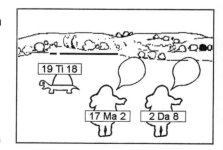

1 (Grundfolie Wiese)

Jakobs Versöhnung mit Esau

# 32

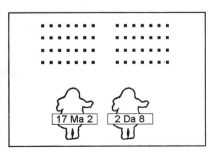

2 (Klarfolie / Argumente sammeln)

# 33-40 Die Josefsgeschichten
## Einführung in die Lektionen 33-40

Die Lektionenreihe versucht, die Kinder in die Zeit des AT hineinzunehmen. Der „Beduinenkreis" und das selbstgestaltete Beduinentuch der Kinder sind die Punkte, die sich durch die ganze Reihe hindurchziehen. Bei den Vorschulkindern ist es auch die Hirtenpuppe Beni. Ebenso schlagen wir vor, mit den Kindern in jeder Stunde ein Leporello (Faltbilderbuch) weiterzubasteln und jedes Bild zur Erinnerung vergrößert an der Wand zu befestigen. So entsteht nach und nach vor ihren Augen der Lebensweg Josefs.

Für die Vorschulkinder schlagen wir vor, evtl. nur 1. Mose 50, 20 als durchgängigen Lernvers zu lernen. Es ist die Aussage, in die die gesamte Josefsgeschichte gipfelt.

**Liedvorschläge**

*Folgende Lieder eignen sich als durchgängige Lieder für die ganze Lektionsreihe:*
Am Ende, kein Ausweg
Ehe ich geboren wurde
Hinai ma tov
Keinem von uns ist Gott fern
Wenn der Sturm tobt (für Vorschulkinder)

Die Geschichte des Josef zeigt eine Reihe zwischenmenschlicher Problematiken auf, die in den einzelnen Lektionen nicht nur durch den angegebenen Text, sondern auch im Gesamtzusammenhang der Schrift behandelt werden. Themen wie „Streiten", „Vergeben", „Verpetzen" können nur durch das NT ausreichend angegangen werden.

 *Heilsgeschichtliche Zusammenhänge:*
Der Bericht über Josef steht im Zusammenhang mit der Urväter-Geschichte (1. Mose 12-50).

In 1. Mose 12,1-3 wird der Anfang berichtet, den Gott mit Abraham machte. Durch das Volk, das aus Abraham entstehen sollte, wollte Gott aller Welt exemplarisch seine Macht zeigen. Aus diesem Volk sollte später auch der Messias kommen.

Er gibt allen Menschen die Möglichkeit, das Leben bei Gott zu finden. In Jesus Christus ist Gottes Heilsplan in Erfüllung gegangen.

Gott gebraucht Josef und sein Leben, um das Volk Israel am Leben zu erhalten. Josefs schwere Lebensführung war not-wendig, um seine Familie vor dem Verhungern zu erretten.

Somit ist Josef ein wichtiges Bindeglied zwischen dem Versprechen Gottes und seiner Erfüllung.

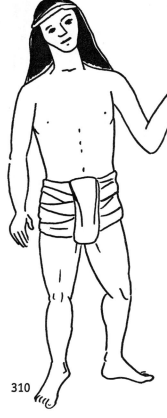

# Josefs Träume | 33

*1. Mose 37,1-11*

Text

In dieser Geschichte kehrt das Motiv der vergangenen Generation wieder: Isaak hatte Esau bevorzugt (1. Mose 25,28). Esau aber wurde beim Empfang des Segens von seinem Bruder Jakob zur Seite geschoben (1. Mose 27,1 ff.). Jakob bevorzugt wieder einen seiner Söhne und muß nun erfahren, wie die anderen Brüder auf Josef eifersüchtig werden.

Erklärungen zum Text

V.1+2: Nach Isaaks Tod wurde jetzt Jakob das Familienoberhaupt und Träger der Verheißung. Josef stand in einem engen Vertrauensverhältnis zu seinem Vater.

V. 3+4: Es ist verständlich, wenn Jakob den Sohn seines Alters und der Frau seiner Wahl besonders liebte. Josef wurde vom Vater bevorzugt und berichtete ihm außerdem das, was er Schlechtes über seine Brüder hörte. Dadurch wurden die Brüder auf Josef neidisch, begannen ihn zu hassen und konnten ihm nicht mehr freundlich begegnen.

V.5-11: Gott braucht ab und zu Träume, um sich mitzuteilen. Zweifellos geschah das auch bei Josef so. Durch die Träume erkannten die Brüder Josefs Sonderstellung, was bei ihnen noch mehr Neid hervorrief. Josef dagegen verhielt sich sehr ungeschickt und spielte sich vor seinen Brüdern durch seine Vorzugsstellung beim Vater auf.

• *Bunter Rock:* Über die Beschaffenheit des Obergewandes Josefs ist nichts konkret ausgesagt. Auf jeden Fall unterschied sich das Kleidungsstück sehr von denen seiner Brüder. Eventuell wollte Jakob damit deutlich machen, daß er Josef den Erstgeburtssegen zugedacht hatte. Ruben hatte ihn vielleicht durch seinen Ehebruch mit Bilha, Jakobs Nebenfrau, verspielt (1. Mose 49,4).

Gott führt seine Segenslinie über Josef weiter. Weil weder Josef noch seine Familie damit umgehen können, entstehen Hochmut und Eifersucht.

Schwerpunkt des Textes

Petzen, Bevorzugung, Ärger zwischen den Geschwistern – das entspricht der Erfahrungswelt der Kinder. Sie verpetzen andere, um sich als die Besseren darzustellen. Sie erleben Bevorzugung oder Benachteiligung durch Erwachsene in der Familie oder in der Schule.

Anmerkungen zur Situation des Kindes

Jedes Kind wächst in einer bestimmten Geschwisterkonstellation auf. Ist es ein Einzelkind, konzentriert sich alles in der Familie auf dieses Kind. Ist es das älteste Kind in einer Geschwisterreihe, nimmt es in der Regel eine Sonderstellung ein und muß mehr Verantwortung tragen. Evtl. ist es dann auch auf seine jüngeren Geschwister eifersüchtig. Ist es das jüngste Kind, erfährt es in der Regel noch mehr Fürsorge als die älteren Geschwister. Auf jeden Fall gibt es

# 33

Josefs Träume

immer wieder genug Anlässe zum Streiten. Bei Vorschulkindern sollte man vor allem auf den Streit mit Geschwistern eingehen, weil sie Verhaltensweisen wie Verpetzen und Bevorzugen zwar empfinden, aber noch nicht reflektieren können. Auf jeden Fall soll deutlich werden, daß es bei Gott keine Bevorzugung gibt.

Kinder erleben Träume wohl kaum als Botschaft Gottes. Deshalb muß ihnen in der Erzählung deutlich gemacht werden, daß die Bibel von Träumen berichtet, die Botschaften Gottes waren.

 **Lernziele**

☺ Die Kinder sollen wissen, daß Eifersucht und Hochmut das Zusammenleben zerstören, daß Gott aber Frieden für uns möchte.
♥ Die Kinder sollen empfinden, daß es schön ist, friedlich mit den anderen zusammen zu sein.
✋ Die Kinder sollen für Situationen sensibilisiert werden, in denen Eifersucht und Hochmut das Zusammenleben zerstören. Sie sollen möglichst nach friedlichen Lösungen suchen.

 **Lernvers**

Siehe, wie fein und lieblich ist's, wenn Brüder einträchtig beieinander wohnen. (Psalm 133,1)

## Hinweise zur Durchführung

Es geht in der ersten Stunde der Josefsgeschichten auch darum, den Kindern etwas von der Umweltgeschichte zur Zeit des Alten Testaments zu vermitteln. Deshalb sollte die Raumdekoration entsprechend gestaltet werden (vielleicht kann man sie während der ganzen Josefslektionen so belassen). Decken auf dem Boden, große Tücher an den Wänden oder von der Decke herabgelassen könnten ein Hirtenzelt darstellen. Bilder von Palmen, Kamelen und Schafen an den Wänden könnten das alles noch unterstützen. Die Mitarbeiter sollten sich selbst möglichst auch als Beduinen verkleiden.

 **Kinderstunde im Grundschulalter**

 **Hinführung**

Die Kinder treffen sich diesmal vor dem Gruppenraum. Die Tür ist noch zu. Die Mitarbeiter kommen als Beduinen verkleidet zu den Kindern und begrüßen sie mit „Schalom".

 **Hauptteil**

„Wir möchten euch gerne einladen. Wir Hirten (Beduinen) haben sehr gerne Gäste. Ihr seid uns also herzlich willkommen. Aber bei uns ist manches anders als bei euch. Bei uns scheint die Sonne sehr heiß. Deshalb braucht jeder Mensch bei uns in der Wüste eine Kopfbedeckung."

- Die Mitarbeiter verteilen an alle Kinder einfarbige, möglichst weiße Tücher. Es eignen sich Stoffwindeln oder Nesseltücher, auch alte Bettlaken in der Größe 80 x 80 cm. Ein Kind bekommt allerdings ein schönes buntes Tuch. Die Tücher werden wie bei den Beduinen als Dreieck gefaltet, auf den Kopf gelegt und mit einer Kordel an der Stirn befestigt. (Eventuell beklagen sich manche Kinder, daß sie kein buntes Tuch haben. Die Mitarbeiter sollten diese Klage, wenn es geht, „überhören".)

„Wir Hirten sind viel unterwegs... (Es folgt eine Schilderung über das Leben der Beduinen: Brunnen- und Zisternenbau, Suche nach Weiden und Wasser für die Tiere...) Nun, jedenfalls sind wir viel unterwegs. Da haben wir natürlich kein festes Haus. Was meint ihr, worin wohnen wir? (In Zelten, weil man sie mitnehmen kann.) Unser Gepäck haben wir oft mit dabei."
- An die Kinder werden nun Teppiche und Decken verteilt, die sie als Bündel unter den Arm nehmen sollen.

„Wir werden uns jetzt also einen guten Lagerplatz suchen."
- Alle gehen nun in den Gruppenraum. An den Wänden hängen eventuell Wüstenbilder. Mit den Kindern wird ein Beduinenzelt aufgebaut. Die Kinder legen die Decken auf den Boden und setzen sich in den Kreis.

„Wir begrüßen uns nicht mit 'Guten Tag', sondern wir sagen 'Schalom' zueinander. 'Schalom' bedeutet Frieden. Ich wünsche euch Frieden."
- Kinder und Mitarbeiter geben sich die Hand und wünschen sich „Schalom".

„Wir Beduinen bewirten unsere Gäste gern mit heißem, süßem Tee. Das Rezept verraten wir niemandem. Solchen guten Tee gibt es nur bei uns."
- Die Kinder bekommen süßen Tee (oder evtl. Saft). Das Kind mit dem bunten Tuch wird bevorzugt behandelt.

Während des Teetrinkens wird den Kindern über die Kleidung in der Wüste berichtet. (Kopfbedeckung, weite Kleider...) „Die meisten Kleider sind weiß. Aber ganz besondere Leute tragen auch bunte Kleider. Jeder weiß: Wer ein solches Kleid anhat, ist ein besonderer Mensch. Solch ein Kleid kostet viel Geld. Außerdem erzählen und hören wir Beduinen gerne Geschichten. Laßt mich euch eine Geschichte erzählen, die vor langer Zeit passiert ist. Ich will euch um Rat fragen, denn schließlich seid ihr jetzt auch Beduinen. Vielleicht wißt ihr, wie... Ach, ich erzähle euch der Reihe nach...

*1. Szene:* Jakob war schon ein alter Mann. Er lebte im Land Kanaan. Er war Hirte. Reich war er. Er hatte viele Schaf- und Ziegenherden.

# 33 Josefs Träume

Jakob hatte 12 Söhne. Sie arbeiteten als Hirten. Ihr wißt, daß das eine schwere Arbeit war. Einen Sohn hatte Jakob ganz besonders gern... (Es wird geschildert, wie Jakob Josef bevorzugt und ihm ein besonders schönes Kleid schenkt.)

*2. Szene:* Josef war anders als seine Brüder. Er hatte das schöne Kleid, er mußte nicht so schwer arbeiten wie sie und er wußte, daß der Vater ihn besonders lieb hatte. Die Brüder wußten das auch, sie ärgerten sich und wurden neidisch. Wenn sie sich trafen, sagten sie 'Schalom' – 'Friede' zueinander. Nur zu Josef sagten sie es nicht... (Es wird geschildert, wie die Brüder auf Josef immer neidischer und eifersüchtiger werden.)

*3. Szene:* Natürlich gefiel es Josef nicht, wie die Brüder mit ihm umgingen. Es tat ihm weh. Er wollte doch auch dazugehören. Aber er wußte nicht wie. Deshalb ging er immer wieder zu seinem Vater und verpetzte seine Brüder. 'Vater, ich habe gehört, wie die Leute über meine Brüder reden. Stell dir vor, was sie sagen...' (Es wird ausgeführt, wie Josef sich bei Jakob immer wieder einschmeichelt.)

*4. Szene (mit Foliencollagen):* Aber es nutzte alles nichts. Die Brüder waren auf Josef sauer. Es wurde sogar schlimmer. Josef wußte auch nicht richtig weiter. Eines Tages hatte er einen Traum. Er merkte, daß dieser Traum von Gott sein mußte. 'Jawohl, es ist ein wichtiger Traum. Ich gehe zu meinen Brüdern und erzähle ihnen, was mir Gott gezeigt hat. Sie sollen schon merken, wie wichtig ich bin.' (Der erste und der zweite Traum Josefs wird erzählt sowie die Reaktion der Brüder und des Vaters darauf.) Jawohl, Josef hatte diesen Traum von Gott. Aber seine Brüder wurden immer neidischer auf ihn.

Ihr lieben Beduinen, könnt ihr einen Rat geben? Wer hat in der Geschichte etwas falsch gemacht? (Vater, weil er Josef bevorzugte. Josef, weil er seine Brüder verpetzte und angab. Brüder, weil sie auf Josef eifersüchtig wurden.)
    Stellt euch vor, ihr seid die Brüder von Josef. Dürfte Josef dann mit bei euch im Kreis sitzen?" (Nein, er würde ausgeschlossen.)
• Das Kind mit dem bunten Tuch muß sich außerhalb des Kreises stellen. Alle Kinder wünschen sich „Schalom", nur „Josef" wird ausgeschlossen.
    Läßt sich Josef das gefallen? (Nein, er drängelt sich in die Mitte und gibt mit seinen Träumen an.) – Wird ausgeführt.
• Die Brüder drehen ihm alle den Rücken zu.
Was hätte jeder einzelne in der Geschichte anders machen können?
    Der Vater gibt allen ein gleiches Kleid bzw. Tuch.

Josefs Träume

- Das bunte Tuch wird gegen ein einfarbiges Tuch ausgetauscht. Die Brüder wünschen sich „Schalom" und schließen Josef mit ein. Sie wünschen ihm auch Frieden.

Josef muß nicht mehr angeben, geht aus der Mitte und stellt sich in den Kreis seiner Brüder.

„Nicht wahr, das Leben macht keinen Spaß, wenn man so viel Ärger hat. Haß und Eifersucht und Bevorzugungen machen uns das Leben schwer. Gott möchte aber, daß das Leben uns Freude macht. Er möchte Frieden für uns. Es ist so, als ob er uns die Hand gibt und sagt: Schalom. Ich möchte, daß du in Frieden leben kannst."

- Der Erzähler gibt noch einmal jedem Kind bewußt die Hand und wünscht Gottes Frieden.

### Vertiefung

- Die weißen *Tücher* können nun von den Kindern gestaltet werden: mit Stoffmalfarbe anmalen, mit Korkdruck verzieren, batiken, mit Filzstiften bemalen...
- Die Kinder backen sich ein *Beduinenfladenbrot*: Mehl, Wasser und eine Prise Salz. Wenn die Möglichkeit besteht, kann man mit den Kindern ein Lagerfeuer machen. Jedes Kind bekommt dann eine kleine Teigkugel und darf sich einen Fladen daraus formen. Der Fladen wird einfach in die heiße Glut gelegt. (Es knirscht beim Essen, schmeckt aber sehr gut.)
- Die Kinder fangen mit der *Gestaltung des Leporellos* an. Ein großes Bild wird zur Erinnerung im Raum an der Wand befestigt.
- *Lernvers:* Er kann gesungen werden: Nr. 228 Hinai ma tov („Schön ist es, wenn unter Brüdern Liebe und Friede wohnen. Sucht Gemeinschaft, Liebe und Friede übet.")

Die Kinder sitzen im Beduinenkreis. Im ersten Teil des Kanons legen sie die Hände auf die Schultern des Nachbarn und schunkeln hin und her. Im zweiten Teil gibt es einen Klatschrhythmus: ein Schlag auf die Schenkel, zwei Schläge in die Hände.

### Hinführung

Der Raum ist schon komplett dekoriert. Die Kinder bekommen ihre Beduinentücher zum Verkleiden. Sie setzen sich im Kreis auf den Boden. Eine Handpuppe, der Hirte Beni, begrüßt die Kinder und erzählt von seinem Hirtenleben (siehe Einstieg zum Hauptteil in Teil A). Er befragt die Kinder über ihr Leben und über ihre Familien. Die Kinder dürfen von ihren Eltern und Geschwistern erzählen.

Manchmal gibt es in einer Familie Streit. Worüber streitet ihr euch mit euren Geschwistern? Die Handpuppe verabschiedet sich.

**Kinderstunde im Vorschulalter**

# 33

Josefs Träume

Eine Mitarbeiterin erzählt die Geschichte. Die Erzählszenen wie bei den Gundschulkindern.

In der ersten Szene wird bei der Schilderung des bunten Kleides einem Kind ein buntes Tuch auf den Kopf gebunden.

Dann geht die Erzählung weiter bis: „Aber seine Brüder wurden immer neidischer auf ihn."

Ihr lieben Beduinen. Jetzt müßt ihr mir mal einen Rat geben. Josef und seine Brüder haben sich nicht gut vertragen. Woran lag das? (Weil Josef angab, weil die Brüder auf ihn neidisch waren, weil der Vater ihn bevorzugte.)

Woran merkten die Brüder, daß der Vater Josef lieber hatte als sie? (Sie merkten es, weil er ihm ein buntes Kleid schenkte.)

Ist es bei Gott auch so, daß er manche Menschen lieber hat als andere? (Nein, er hat alle Menschen gleich lieb.)

Gott bevorzugt keinen Menschen. Weil er alle Menschen gleich lieb hat, brauchen wir auch auf niemanden neidisch oder böse zu sein. Das ist so, als ob Gott jedem Menschen die Hand gibt und „Schalom" sagt. Das bedeutet: Ich wünsche dir Frieden. Gott möchte, daß wir ohne Streit im Frieden leben. Er möchte, daß wir in Frieden miteinander leben.

• Die Mitarbeiterin gibt jedem Kind bewußt die Hand und wünscht Schalom. Danach sollen sich die Kinder gegenseitig die Hand geben.

 **Liedvorschläge** — Aram sam sam; Hinai ma tov
*(weitere Lieder siehe Einleitung zu den Josefslektionen)*

 **Arbeitshilfen**     **Foliencollagen**

1

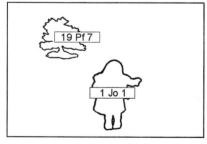

2

Josefs Träume

# 33

 **Leporello**

Zu jeder Lektion der Josefsgeschichte wird von den Kindern ein Bild gestaltet. Die wichtigsten Aussagen der Geschichte sind darauf jeweils in wenigen Sätzen zusammengefaßt. Die Vorlagen für diese Bilder sind bei der betreffenden Lektion abgedruckt und müssen auf stabilem Papier oder Karton für jedes Kind kopiert werden. Diese Bilder werden aneinandergeklebt und wie eine Ziehharmonika gefaltet. So hat jedes Kind am Schluß der Reihe ein Leporello (=Faltbilderbuch) zur Josefsgeschichte. Das Leporello kann zusätzlich vergrößert und als Deko an der Wand befestigt werden. Dadurch haben die Kinder immer den Überblick über die Geschichten, die sie bereits gehört haben.

Zum Leporello gehört eine Josefsfigur, die zweimal ausgeschnitten werden muß. Zwischen die beiden Teile wird ein Metallstreifen geklebt. Dadurch ist die Josefsfigur beweglich und kann mit Hilfe eines Magnet-Pins (Bürobedarf) auf jedem Bild befestigt werden. Josef kann mit dem Magneten also immer auf dem Bild befestigt werden, das gerade betrachtet wird. (Magnet-Pins sind als Bürobedarf erhältlich, Metallbänder werden für Verpackungen verwendet und sind bei manchen Firmen als Abfall erhältlich.) Da sich Josefs Situation im Lauf der Geschichte ändert, gehören zu Josef verschiedene Kleidungsstücke: ein buntes Kleid, ein Sklavenkleid, Gefängniskleidung und die Kleidung eines reichen Ägypters. Entsprechend dem Verlauf der Geschichte wird jeweils ein anderes Kleidungsstück an der Josefsfigur befestigt.

Deckblatt

**Die Geschichte Josefs**

1. Mose 37–50

Klebefläche

# 33

Josefs Träume

**Bastelbogen zur Josefsgeschichte**

Josef zum Ausschneiden (als Ankleidefigur)

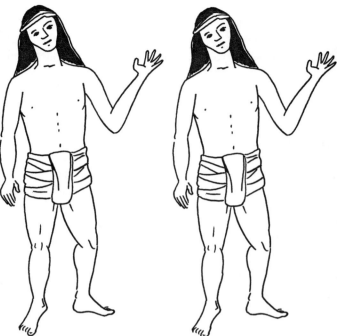

Buntes Kleid

Sklavenkleid

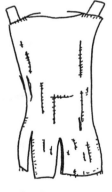
Sträflingskleid

Ägyptisches Kleid

Vorlage für Lach-Wein-Gesicht

Josefs Träume

| Josefs Träume |
| 1. Mose 37, 1-11 |

**Klebefläche**

Jakob lebt mit seinen 12 Söhnen in Kanaan.
Eines Tages träumt sein Sohn Josef, daß seine Eltern und seine Brüder sich vor ihm verbeugen. Deshalb sind seine Brüder sehr böse zu ihm.

**Gestaltungsvorschlag zum ersten Bild:**
Die linke Hälfte des Bildes zeigt Josefs ersten Traum. Dazu malen die Kinder mit Wachsmalstiften die Garben der Brüder, die sich vor Josefs Garbe verneigen. Mit hellblauer Wasserfarbe wird nun diese Bildhälfte übermalt. Da Wachsmalstifte die Wasserfarbe abstoßen, heben sich die Garben gut auf dem Hintergrund ab.

Auf der rechten Bildhälfte werden mit den Wachsmalstiften Sonne, Mond und Sterne aus Josefs zweitem Traum gemalt. Sie werden mit schwarzer Wasserfarbe übermalt.

# 34 | Josef wird verkauft

**Text**

*1. Mose 37,12-36*

**Erklärungen zum Text**

V. 12-17: In dieser Geschichte spitzt sich die Lage zwischen Josef und seinen Brüdern dramatisch zu. Der Anlaß zum Ausbruch des Konfliktes lag aber eigentlich nicht am Verhalten Josefs. Er tat nur, was sein Vater ihm befahl. Aus dem Text ist nicht ersichtlich, ob Josef davor Angst hatte, zu seinen Brüdern zu gehen. Er führte den zugewiesenen Auftrag zuverlässig aus.

V.18-28: Durch die Beseitigung Josefs wollten seine Brüder die Erfüllung der Träume verhindern. Sie ließen ihrem Haß und den daraus entstehenden Rachegedanken freien Lauf: „Laßt uns ihn töten... Laßt uns ihn werfen... so wird man sehen..." (V.20).

Der Plan Rubens, Josef zu retten, wurde jedoch durch das Auftauchen Ismaelitischer Händler verhindert. Das war nichts Ungewöhnliches, da durch diese Gegend die große Handelsstraße nach Ägypten führte. Juda benutzte die Gelegenheit, um seinen Brüdern einen Kompromiß vorzuschlagen: Verkaufen statt töten. Er appellierte an ihre Vernunft und an ihren Familiensinn. Josef wurde von seinen eigenen Brüdern als Sklave verkauft.

In dieser Situation schien das Schicksal Josefs ganz in den Händen von Menschen zu sein. Die Willkür der Brüder bestimmte scheinbar über Leben und Tod. Aus dem Zusammenhang der ganzen Josefsgeschichte wird jedoch deutlich, daß letztendlich Gott das Leben Josefs führte. Zwar blieb Josef das Leid, das ihm hier durch die Bosheit von Menschen zugefügt wird, nicht erspart. Aber aus der scheinbar ausweglosen Lage, in die Josef dadurch kam, machte Gott ihn letztendlich zum Retter eines ganzen Volkes. Noch mehr, Gott rettete durch Josef später sogar die Menschen vor dem Hungertod, die ihm hier dieses Leid zufügten (1. Mose 45,5: „...denn um eures Lebens willen hat mich Gott vor euch hergesandt"). Damit führte Gott auch das durch, was er schon Abraham versprochen hatte: Aus seinen Nachkommen wird ein großes Volk werden (1. Mose 50,20).

V.29-36: Das Zerreißen von Kleidern ist Ausdruck von Trauer und Entsetzen. Ruben trug als ältester Sohn besondere Verantwortung gegenüber dem Vater. Er fragte sich verzweifelt, was er ihm sagen sollte. Der von den Brüdern eingeschlagene Weg führte immer tiefer in die Verstrickung der Schuld: Ihrem Vater wollten sie vorschwindeln, daß Josef von einem wilden Tier getötet worden sei. Als Beweisstück diente der bunte Rock, den sie zerrissen und in Blut tauchten. Dadurch sollte vor allem ihre Unschuld bewiesen werden. Nun waren sie Josef endlich los und brauchten sich auch keine Sorgen mehr über die Erfüllung seiner Träume zu machen.

# 34

## Josef wird verkauft

Für Jakob bedeutete der blutbeschmierte Rock seines Lieblingssohnes Josef das Ende aller Hoffnungen, die er in diesen Sohn gesetzt hatte.
• *Midianiter:* Ismaelische Händler, die ihre Kamele für den Transport von Balsam und Gewürzen zu medizinischen und kosmetischen Zwecken von Gilead nach Ägypten vermietet hatten.

Die Brüder Josefs handeln von ihrem Haß getrieben und bringen dadurch Leid über die ganze Familie.

**Schwerpunkt des Textes**

Auch Kinder kennen Situationen, in denen sie sich so über jemanden ärgern, daß sie ihm am liebsten etwas Böses tun würden. Der Gedanke „das zahle ich denen heim" entsteht schnell. Oft ist dieser Gedanke verständlich, er entsteht aus der Ohnmacht und Wut über Dinge, die ihnen angetan wurden. Schon bei Vorschulkindern wird dieses Verhalten sichtbar: Wenn du mir auf meinem Bild herumkritzelst, dann male ich auch einen Strich über dein Bild! Trotzdem können auch Kinder verstehen, daß Rache kein Ausweg aus einem Konflikt ist. Denn durch Rache wird anderen nur wieder neues Leid zugefügt. Das Leid, das Josef durch die Haß- und Rachepläne seiner Brüder erfährt, ist von Kindern nachvollziehbar. Sie wissen, daß es wehtut, ausgelacht und geärgert zu werden. Dabei ist das Gefühl, von den anderen verachtet und ausgeschlossen zu sein, oft genauso schlimm wie der körperliche Schmerz einer Schlägerei.

**Anmerkungen zur Situation des Kindes**

☺ Die Kinder sollen wissen, daß Rache Leid bringt, daß Gott jedoch möchte, daß wir liebevoll miteinander umgehen.
♥ Die Kinder sollen spüren, daß es schön ist, wenn wir liebevoll miteinander umgehen.
✋ Die Kinder sollen sich in einer ähnlichen Situation bewußt werden, daß Haß alle Beteiligten traurig macht.

**Lernziele**

Meine Gedanken sind nicht eure Gedanken, und meine Wege sind nicht eure Wege, spricht der Herr. (Jesaja 55,8)

**Lernvers**

## Hinweise zur Durchführung

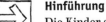 **Hinführung**
Die Kinder sitzen im „Beduinenkreis". Auf dem Boden liegt eine Folie, auf der zwei Blatt Papier (Bilder) und ein Becher mit Malwasser stehen. Ein Putzlappen liegt griffbereit in der Nähe.
Tom und Tine sitzen in der Schule nebeneinander und malen im Kunstunterricht Bilder. Es macht ihnen Spaß, und sie geben sich

**Kinderstunde im Grundschulalter**

beide große Mühe. Besonders Tine ist mit ihrem Werk bisher sehr zufrieden. Da passiert das Malheur: Tom stößt aus Versehen gegen den Becher, und die Schmutzbrühe ergießt sich über Tines Bild.
• Die Hälfte des Wassers wird über ein Bild gekippt.
Tine springt auf. Sie ist empört. Tom entschuldigt sich, es tut ihm ehrlich leid. Aber Tine ist enttäuscht. Wütend steht sie auf und gießt Wasser auch über Toms Bild.
• Der Rest des Wassers wird über das andere Bild geschüttet.
Jetzt wird Tom sauer...
Wie könnte die Geschichte ausgehen?
Wie hätte die Geschichte anders verlaufen können?

**Hauptteil**
Die Mitarbeiterin erzählt die Geschichte. Während der Erzählung spielen die Kinder das, was sie hören. Die Rollen können auch durchaus erst beim Erzählen vergeben werden. Eventuell entsteht etwas Unruhe, aber auf jeden Fall sind die Kinder ganz beteiligt.

*1. Szene (V. 12-17):* Josef bekommt von seinem Vater den Auftrag, zu den Herden zu gehen, die von den Brüdern gehütet werden. Er soll einmal nach dem Rechten sehen. Josef macht sich auf den Weg und sucht seine Brüder.

*2. Szene (V. 18-22) (dazu Foliencollagen):* Die Brüder sehen Josef von weitem. Sie erkennen ihn an den bunten Kleidern. „Seht, der Träumer kommt! Laßt uns ihn umbringen!" Aber Ruben will seinen Bruder retten. „Nein, laßt uns ihn einfach hier in den trockenen Brunnen werfen."

*3. Szene (V. 23-28):* Die Brüder reißen Josef den bunten Rock herunter und werfen ihn in die Grube. Dann setzen sie sich, um zu essen. Plötzlich sehen sie eine Karawane kommen. Da sagt Juda: Laßt uns ihn als Sklave verkaufen. So müssen wir ihn nicht umbringen und bekommen noch Geld dafür. Ruben war bei diesem Entschluß nicht dabei.

*4. Szene (V. 29-33):* Ruben kommt zum Brunnen zurück und sucht Josef. Er ist entsetzt, als er ihn nicht findet. Die Brüder nehmen Josefs Rock und tauchen ihn in das Blut eines geschlachteten Ziegenbocks. Das Kleidungsstück schicken sie durch einen Boten zum Vater. Sie lassen ausrichten, daß sie es in der Wüste gefunden haben.

*5. Szene (V. 34-36):* Der Vater denkt, daß ein wildes Wüstentier seinen Josef umgebracht hat. Er ist sehr, sehr traurig. Seine Söhne kommen, um ihn zu trösten.

# 34

Josef wird verkauft

- Die Kinder setzen sich wieder in den Beduinenkreis.

Ob die Brüder über ihre Tat wohl glücklich waren? (Bestimmt hatten sie ein schlechtes Gewissen: Sie haben ihren Bruder geschlagen und verkauft, sie haben ihren Vater belogen und lassen ihn in seinem Irrtum.)

Warum sind die Brüder denn so mit Josef umgegangen? (Sie waren neidisch auf ihn und wollten ihm seine Angeberei heimzahlen.)

Hätten sie ihm nicht anders zeigen oder sagen können, was sie an ihm nervt? (Kinder überlegen mehrere Antworten.)

Gott zeigt uns eine andere Antwort, miteinander umzugehen. Die Brüder haben sich an Josef gerächt. Nun waren der Vater, Josef und sie selbst traurig. Gott hat ganz andere Gedanken. Er möchte, daß wir liebevoll miteinander umgehen und somit glücklich sind.

- Der Bibelvers wird mit zwei Gruppen gelernt:

A: Meine Gedanken    B: sind nicht eure Gedanken
A: und meine Wege    B: sind nicht eure Wege
A+B: spricht der Herr.

- Das Lied „Hinai ma tov" wird auf hebräisch und deutsch gesungen.
- Immer zwei Kinder tun sich zusammen, um „Freundschaftsbändchen" zu basteln. Entweder drehen sie eine Kordel, oder sie flechten die Wollfäden. Sie sollen sich die Bänder gegenseitig schenken, um zu zeigen, daß sie in Freundschaft (liebevoll) miteinander umgehen wollen.

**Vertiefung**

- *Spiel: Armer schwarzer Kater*

Die Kinder sitzen im Beduinenkreis. Ein Kind krabbelt zu einem anderen Kind und sagt laut: „Miau." Das andere Kind muß antworten, indem es dem Kater liebevoll über den Kopf streicht und „armer schwarzer Kater" sagt. Der Kater darf nur dreimal bei einem Kind miauen, dann muß er weiter. Ziel des Katers ist es, dieses eine Kind zum Lachen zu bringen. Wer lacht, muß selber Kater werden.

- *Spiel:* Ein Kind darf sich auf eine Wolldecke legen. Alle anderen heben es vorsichtig hoch und wiegen es sanft hin und her. Jedes Kind darf sich von den anderen einmal schaukeln lassen.
- *Basteln:* Das Leporello wird gebastelt. Ein großes Bild wird zur Erinnerung wieder an der Wand befestigt.

**Kinderstunde im Vorschulalter**

**Hinführung**
Die Kinder sitzen im Beduinenkreis. In der Mitte sind zwei Bauklotztürme aufgebaut. Die Beispielgeschichte aus Teil A wird verändert erzählt: Tom und Tine sind im Kindergarten. Tom stößt aus Versehen Tines Turm um. Er entschuldigt sich. Tine steht wütend auf und wirft Toms Turm auch um. Beide sind nun unglücklich.

*Andere Möglichkeit:* Eine ähnliche Szene kann durch den Hirten Beni geschildert werden.

 **Erzählung:**
Methode und Geschichte wie in Teil A. – Hinterher kommt Hirte Beni und befragt noch einmal die Kinder.

 **Vertiefung**
• *Spiel: Ich bin in den Brunnen gefallen*
Ein Kind setzt sich in die Mitte des Kreises und sagt: „Ich bin in den Brunnen gefallen." Die anderen Kinder fragen zusammen: „Wie tief ist er denn?" Das Kind in der Mitte darf sich eine Antwort ausdenken. Nun fragen die anderen Kinder: „Wie können wir dir heraushelfen?" Das Kind in der Mitte bestimmt nun eine Tätigkeit, die alle anderen machen müssen (z.B. winken, Kniebeugen machen, oder auch: Schuheputzen, Kochen...). Das Kind im Brunnen darf sich aussuchen, wer die Tätigkeit am besten gemacht hat und ihn nun herausziehen darf. Dieses Kind ist nun als nächstes dran und „fällt in den Brunnen".

 **Liedvorschläge**
*Durchgängige Lieder siehe Einleitung zu den Josefslektionen*
Wenn einer sagt, ich mag dich, du
Ich hab einen guten Freund

 **Arbeitshilfen**

**Gestaltungsvorschlag für das Leporello-Bild:**
Das Bild zeigt die Karawane, an die Josef verkauft wird und mit der er nach Ägypten zieht. Dazu wird ein Kamel als Schablone aus Karton ausgeschnitten. Nun wird es unter das Bild gelegt. Die entsprechende Stelle wird so mit Buntstiften übermalt, daß die Umrisse des Kamels sichtbar werden. Mit Buntstiften in „Wüstenfarben" (gelb, braun...) wird auf diese Art eine ganze Karawane auf das Bild „gerubbelt".

# 34

Josef wird verkauft

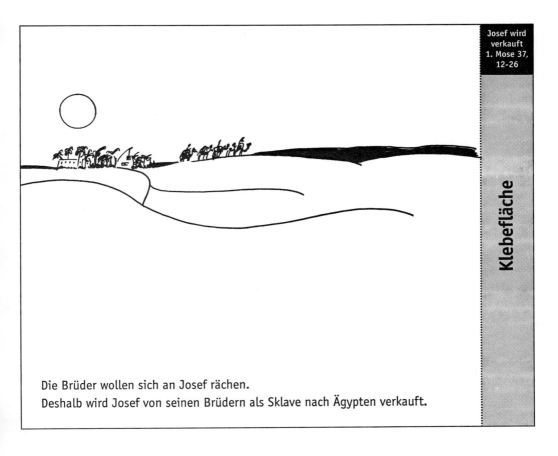

Josef wird verkauft
1. Mose 37, 12-26

Klebefläche

Die Brüder wollen sich an Josef rächen.
Deshalb wird Josef von seinen Brüdern als Sklave nach Ägypten verkauft.

# 34

Josef wird verkauft

**Foliencollagen**

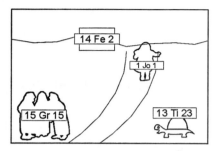

1 (Landschaft zeichnen)

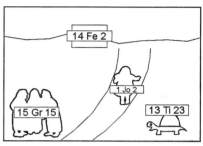

2 (Landschaft zeichnen)

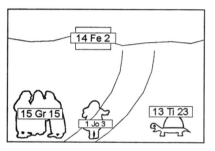

3 (Landschaft zeichnen)

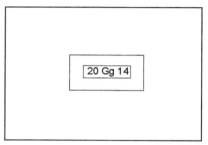

4

5 (Grundfolie Wüste)

# Josef im Hause Potifars | 35

*1. Mose 39*

Text

V.1-6: Josef kam als Sklave nach Ägypten in das Haus des Potifar. Josef erlebte ganz besonders die Hilfe Gottes. Potifar erkannte ihn als einen gesegneten Mann. Trotz seines Sklavenstandes wurde er von Potifar als dessen Diener und Vorsteher des Hauses eingesetzt. Gottes Segen erstreckte sich durch Josef auch auf den Besitz Potifars.

Erklärungen zum Text

V.7-12: Josef lebte bewußt mit Gott. Er war attraktiv und begabt. Potifars Frau wollte ein Verhältnis mit ihm eingehen, was er strikt aus Glaubensgründen ablehnte.

V.13-23: Dadurch, daß Josef Gott gehorchte, kam er in große Schwierigkeiten. Er wurde verleumdet und trotz seiner Unschuld mit Gefängnis bestraft.

Auch im Gefängnis wurde für Josef und andere spürbar und sichtbar deutlich, daß er von Gott gesegnet war. Deshalb kann man davon ausgehen, daß Josef trotz des erfahrenen Unrechts sich weiterhin zu Gott hielt. Deutlich wird, daß Gott die große Ungerechtigkeit zwar zuläßt, aber Josef seinem Schicksal nicht überläßt. Ein Mensch, der von Gott gesegnet ist, wird auch zum Segen für andere.

- *Sklave:* Ein Sklave war zwar Eigentum seines Herrn, aber trotzdem nicht ganz rechtlos. Bei schweren Verletzungen mußte er freigelassen werden. Ein Sklave konnte durchaus eine hohe Vertrauensstellung bei seinem Herrn einnehmen oder sogar als Erbe eingesetzt werden.
- *Kämmerer:* Potifar war ein Kämmerer, d.h. ein hoher Beamter am Hof des Pharao.
- *Potifar:* Oberster der Leibwache des ägyptischen Königs.

Josef war von Gott gesegnet. Das wurde auch für andere sichtbar, obwohl Josef dabei nicht vor Ungerechtigkeit und Leid bewahrt blieb.

Schwerpunkt des Textes

Angst ist etwas, was zum Leben der Kinder dazugehört. Sie können darüber noch nicht reflektieren, haben aber oft dieses „merkwürdige" Gefühl. Es handelt sich bei ihnen oft um Existenzängste. Sie haben Angst, wenn sie sich allein fühlen, vor neuen Situationen, wenn sie sich fremd fühlen, vor zu großen und zu schweren Aufgaben.

Anmerkungen zur Situation des Kindes

Ihre Reaktionen sind dann sehr unterschiedlich: Sie fangen an zu weinen, sie werden schüchtern, sie verkriechen sich, sie werden ganz still, sie „drehen auf" und werden laut, sie werden aggressiv... Klar ist nur, daß es ihnen nicht gutgeht.

Josefs Erlebnisse werden die Kinder gefühlsmäßig stark nachvollziehen können. Es gilt, ihnen Gottes Gegenwart als Hilfe in ihren Ängsten zu zeigen.

# 35

Josef im Hause Potifars

**Lernziele**

😊 Die Kinder sollen lernen, daß Gott bei ihnen ist, egal ob es ihnen gut oder schlecht geht.

♡ Die Kinder sollen mit Josef empfinden, daß es Geborgenheit gibt zu wissen: Gott ist da.

✋ Die Kinder sollen sich immer wieder daran erinnern, daß Gott bei ihnen ist.

**Lernvers**

Fürchte dich nicht, ich bin mit dir, weiche nicht, denn ich bin dein Gott. (Jesaja 41,10a)

*Für Vorschulkinder:* Fürchte dich nicht, ich bin mit dir.

## Hinweise zur Durchführung

**Kinderstunde im Grundschulalter**

**Hinführung**

In dieser Stunde wird die Wanddekoration verändert. Die in der Anlage vorgeschlagenen Bilder müssen groß auf Fotokarton übertragen werden.

• Die Kinder werden mit „Schalom", dem Friedensgruß begrüßt.
Könnt ihr euch noch erinnern, bei wem es gar nicht so friedlich und liebevoll zuging? (Wiederholung: Josef und seine Brüder hatten keinen Frieden miteinander.)

Was taten die Brüder mit Josef? – Hinweis auf Leporello – (Sie verkauften ihn als Sklaven.) Nein, sein schönes buntes Kleid hatte Josef nicht mehr. Arm war er, gefesselt wurde er weggeführt. Und Angst hatte er. Mit der Karawane mußte er ziehen. Unterwegs trafen sie bestimmt auch andere Karawanen. Aber niemand beachtete Josef, niemand half ihm.

• „Aram sam sam" wird gesungen. Jede Strophe wird etwas lauter gesungen. So, als ob sich zwei Karawanen begegnen und begrüßen.

**Hauptteil**

*1. Szene (V. 1-6):* Josef hatte große Angst. Alles war so fremd. Er verstand die Sprache der Leute nicht. Sie trugen auch andere Kleidung. Niemand redete mit ihm. Er fühlte sich so allein. Lange war er unterwegs. Die Landschaft veränderte sich. Er kam in ein fremdes Land. Es wuchsen dort andere Pflanzen, und die Häuser sahen anders aus. Wir wollen ihn auf dieser Reise in das fremde Land Ägypten begleiten.

• Mit den Kindern wird nun die Wanddeko verändert (Vorlage siehe Anhang). Die Deko dient gleichzeitig als Bildmaterial für diese Stunde. Josef dachte oft an zu Hause. Er hatte Heimweh. Da fiel ihm ein Lied ein:

328

Josef im Hause Potifars

- „Ehe ich geboren wurde" wird vom Erzähler angesummt. Danach wird die erste Strophe gesungen.

Plötzlich bekam Josef wieder Mut. „Gott ist ja da!"

Josef kam in das Haus Potifars. (Das Haus wird angeklebt.) Das war ein hoher Beamter des Königs. Dort bekam er ein Sklavenkleid. Josef gab sich bei allen Aufgaben, die er bekam, große Mühe. Er hatte Angst, nicht alles richtig zu machen. Aber er merkte: Gott ist da. Alles gelang ihm.

Potifar merkte, daß Josef sehr geschickt war. Bald war Josef mehr als ein normaler Sklave. Er bekam ein besseres Kleid und Potifars Schlüssel. Durch Josef wurde Potifar immer reicher. Nun sollte Josef über den ganzen Besitz von Potifar bestimmen. (dazu Foliencollagen)

2. Szene (V. 7-12): Eines Tages kam Potifars Frau zu Josef. Sie machte ganz liebe Augen und sagte: „Josef, du gefällst mir. Habe mich doch so lieb, wie mein Mann mich liebhat." Aber Josef wollte das nicht: Gott hatte doch gesagt, daß Mann und Frau, die sich liebhaben, heiraten sollen. Und diese Frau hatte doch schon einen Mann. Josef sagte: „Es wäre vor Gott nicht richtig, wenn ich so tun würde, als ob du meine Frau wärst." Gott war doch bei Josef. Daran wollte Josef denken und auch so leben. Ihm fiel es ein:
- 3. Strophe von „Ehe ich geboren wurde"

3. Szene: (V. 13.23) (dazu Foliencollagen): Eines Tages kam wieder Frau Potifar zu Josef. Sie bedrängte ihn wieder. Als es ihm zuviel wurde, drehte er sich um und rannte weg. Frau Potifar wollte ihn festhalten. Dabei griff sie sein Kleid und Josef verlor es. Frau Potifar war gemein. Allen Leuten, auch ihrem Mann, erzählte sie, daß Josef mit ihr wie mit einer eigenen Frau zusammensein wollte. Potifar ließ Josef zur Strafe ins Gefängnis werfen. (Das Gefängnis wird angeheftet.)

Die Schlüssel von Potifars Haus mußte Josef abgeben. Nun war er ein armer Sklave im Gefängnis eines fremden Landes. Seine Angst war wieder sehr groß. Oft dachte er an seinen Vater. Er vermißte ihn. Da fiel ihm ein:
- „Ehe ich geboren wurde" 2. Strophe

Gott ist mein Vater. Er ist jetzt auch hier im Gefängnis. Ich bin gar nicht allein. Ich will so leben, daß alle merken: Der gehört zu Gott. Josef gab sich viel Mühe. Der Gefängnisvorsteher faßte bald Vertrauen zu Josef. Er überließ ihm alle Aufgaben. Josef kümmerte sich um die anderen Gefangenen. Er bekam die Schlüssel zu ihren Zellen. Josef wußte: Nein, Gott läßt keinen Menschen allein, auch wenn es ihm schlechtgeht.

# 35

Josef im Hause Potifars

 **Vertiefung**
- *Beispielgeschichte*
Maren hat Zahnschmerzen. Sie jammert die ganze Zeit, bis ihre Mutter sagt: „Du mußt zum Zahnarzt." „Aber ich will nicht, ich habe Angst davor." Die Mutter beruhigt sie: „Ich lasse dich doch nicht allein, ich gehe doch mit." Als Maren schließlich kläglich auf dem Zahnarztstuhl sitzt, ruft sie nach ihrer Mutter. Die Mutter kommt und nimmt Marens Hand. „Keine Angst, ich bin da!" Natürlich tut Maren der Zahn noch immer weh, aber sie weiß, daß ihre Mutter sie nicht im Stich läßt. – Gott ist da, auch wenn es uns schlechtgeht!
- *Spiel* (Alternative zum Einstieg): Ein Kind steht in der Mitte und darf den anderen Befehle erteilen: „Aufstehen, hinsetzen, hüpfen, winken..." Alle müssen tun, was dieses Kind sagt. Nach einer Weile wird getauscht. Das Kind in der Mitte geht wieder zu den anderen und muß nun selbst die Befehle ausführen, die ein anderes Kind erteilt.
- *Spiel:* Die Kinder werden in Zweier- oder Dreierteams eingeteilt. Sie sollen sich kleine Rollenspiele zu folgenden Themen überlegen:
- Gott ist bei mir – auch wenn ich morgens müde in den Tag gehe
- Gott ist bei mir – auch wenn in der Schule nicht alles klappt
- Gott ist bei mir – auch wenn ich zu Hause helfen muß
- Gott ist bei mir – auch wenn mir die Hausaufgaben schwerfallen
- Gott ist bei mir – auch wenn ich mit anderen spiele
- *Basteln:* Das Leporello wird ergänzt und ein weiteres Bild zur Erinnerung an der Wand befestigt.
- *Lernvers*: Der Vers wird auf eine große Kartonscheibe ringsherum geschrieben. Die Strichmännchen in der Mitte sind mit einer Musterklammer befestigt. Sie können immer „senkrecht" bleiben, während die Scheibe gedreht werden kann. (Gott umgibt uns in allen Lebenslagen.)

## Kinderstunde im Vorschulalter

 **Hinführung**
Die Deko ist bereits an der Wand befestigt.
Die Beispielgeschichte aus Teil A kann erzählt werden.
*Alternative:* Der Hirte Beni erzählt, daß er nachts beim Schafehüten manchmal so merkwürdige Geräusche hört und Schatten sieht. Dann bekommt er Angst. Aber er weiß, daß seine Hirtenfreunde da sind, auch wenn er sie in der Dunkelheit nicht sehen kann. Sie lassen ihn nicht im Stich. Das macht ihn froh. Beni befragt die Kinder über das Erleben Josefs (siehe Fragen aus Kinderstunde im Grundschulalter).

 **Erzählung**
*(siehe Kinderstunde für Grundschulkinder)*

Josef im Hause Potifars

**Vertiefung**

• *Spiel:* Gemeinsam überlegen die Kinder, wann Gott in ihrem Tageslauf da ist. Ein Kind geht in die Mitte und sagt z.B.: „Beim Aufstehen." Dann macht es vor, wie es morgens aufsteht. Alle anderen Kinder machen es nach. Anschließend sagen alle: „Fürchte dich nicht, ich bin mit dir."

**Liedvorschläge**

*(durchgängige Lieder siehe Einleitung)*
Ehe ich geboren wurde
Auf dem Weg zur Schule
Morgens liegst du in deinem Bett
Heute und auch morgen
Vorschulkinder: Wenn der Sturm tobt
Er hält die ganze Welt

**Bilder für die Wanddekoration**     **Arbeitshilfen**

# 35

Josef im Hause Potifars

 **Gestaltungsvorschlag für das Leporello-Bild**
Frau Potifar wird angemalt. Ihr Arm wird ausgeschnitten, so daß er nach vorne ausgeklappt werden kann. Jetzt kann Josefs Kleid über Frau Potifars Arm gehängt werden.

In Ägypten wird Josef Sklave von Potifar.
Weil Frau Potifar die Unwahrheit sagt, muß Josef ins Gefängnis.

 **Foliencollagen**

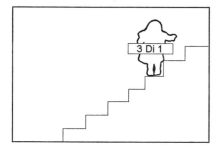

1 (Treppe auf Klarfolie zeichnen)

Josef im Hause Potifars

**Lernvers-Scheibe**
*Zusätzliche ergänzende Scheibe siehe Lektion 36.*

Fürchte dich nicht, ich bin mit dir, weiche nicht, denn ich bin dein Gott (Jes. 41,10)

2 (Grundfolie Haus)

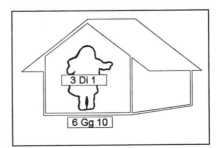

3

# 36 | Josef deutet Träume

**Text**

*1. Mose 40*

**Erklärungen zum Text**

Zu Unrecht im Gefängnis – das war die Situation Josefs. Wichtig für das Verständnis von Kap. 40 ist Kap. 39,23: „Denn der Herr war mit Josef, und was er tat, dazu gab der Herr Glück." Es wird deutlich: Gott war bei Josef, auch im Gefängnis ließ er ihn nicht im Stich. Dies war der Grund für Josefs Fähigkeit, Träume zu deuten. So geht es in diesem Text auch nicht in erster Linie um deren Deutung, sondern darum, daß Josef trotz erfahrener Ungerechtigkeit und trotz Leiden sich von Gott gebrauchen ließ, Aufgaben sah und anpackte.

V. 1-8: Der ägyptische Staat war ein hierarchisch aufgebauter Beamtenstaat. Der Bäcker und der Mundschenk waren hohe Beamte, die aus irgendeinem Grund bei Pharao in Ungnade gefallen waren und nun ins Gefängnis mußten.

Im Text wird deutlich, daß Josef trotz seiner miesen Lage noch offene Augen für seine Mitmenschen hatte (V. 7). Er war frei für die Not anderer und nicht auf sein eigenes ungerechtes Schicksal fixiert.

V. 9-23: In Ägypten war es üblich, sich seine Träume von Berufsträumdeutern auslegen zu lassen. Diese hatten ihre speziellen Methoden und sogar eine eigene Fachliteratur. Josef aber wies von sich weg auf Gott. Zugleich vertraute er darauf, daß Gott ihm die richtige Deutung zeigen würde. Gott enttäuschte dieses Vertrauen nicht.

Der Inhalt der Träume gibt einen kleinen Einblick in das ägyptische Hofleben. Der einzelne kann sehr schnell stürzen und auch wieder aufsteigen. Der Geburtstag des Pharao war stets Anlaß zu Begnadigungen.

**Schwerpunkt des Textes**

Als Gefangener ist Josef nicht in seinem Leid „gefangen", sondern kann sich auch um andere kümmern.

**Anmerkungen zur Situation des Kindes**

Vor allem Vorschulkinder sind in ihrem Denken noch sehr auf sich selbst fixiert. Sie können sich noch nicht gut in die Lage eines anderen hineinversetzen. Trotzdem sind gerade kleine Kinder oft sehr natürlich in ihrer Reaktion auf das offensichtliche Leid anderer. Spontan setzen sie sich neben ein weinendes Kind, um es zu trösten, so wie sie es selbst auch von ihrer Mutter erlebt haben. Generell sind Kinder in diesem Alter sehr hilfsbereit. Sie entdecken, was sie alles können, und sind gerne bereit, es für andere einzusetzen. Es ist eine wichtige Aufgabe für uns, diese Hilfsbereitschaft zu unterstützen und zu fördern. Kinder haben ein sehr gutes Gerechtigkeitsempfinden. Sie können nachvollziehen, daß Josef in einer schlimmen Situation ist, obwohl er es nicht verdient hat.

Josef deutet Träume

# 36

☺ Die Kinder sollen wissen, daß ein Mensch, der mit Gott lebt, für andere da ist.
♡ Die Kinder erleben, daß es schön ist, für andere da zu sein.
✋ Die Kinder planen mit der ganzen Gruppe eine Hilfsaktion.

**Lernziele**

Fürchte dich nicht... ich stärke dich, ich helfe dir auch, ich halte dich durch die rechte Hand meiner Gerechtigkeit. (Jesaja 41,10b)

**Lernvers**

*Für Vorschulkinder:* Fürchte dich nicht...ich helfe dir auch.

## Hinweise zur Durchführung

**Hinführung**
Die Geschichte der letzten Stunde wird anhand von Fragen wiederholt. Dabei sollen sich die Kinder nicht nur gedanklich, sondern auch gefühlsmäßig wieder in die Situation Josefs einfinden.

**Kinderstunde im Grundschulalter**

An welchem Ort ist Josef gerade? (Im Gefängnis)
• Die Mitarbeiterin legt einen Strick als Kreis auf den Boden und symbolisiert so die Gefängniszelle.

Josef konnte aus dem Gefängnis nicht fort. Tag und Nacht mußte er dort bleiben.
• Alle Kinder stellen sich in einem engen Kreis als „Mauer" um den Strick. – Jetzt werden verschiedene Fragen zur Geschichte an Josef gestellt. Wenn ein Kind die Antwort weiß, darf es sich als Josef in die „Gefängniszelle" (den Kreis) begeben (hinkauern). Von dort aus gibt es die entsprechende Antwort (die Mitarbeiterin kann dann jeweils ergänzend dazu erzählen).

- Josef, in welches Land wurdest du von der Karawane gebracht?
  (Ägypten)
- Bei wem arbeitetest du als Sklave? (Potifar)
- Warum bekamst du die Schlüssel vom Haus des Potifar?
  (Gott ließ mir alles gelingen, und so setzte mich Potifar als Diener über sein Haus ein.)
- Wer war schuld daran, daß du ins Gefängnis kamst?
  (Frau des Potifar)
- Hattest du etwas falsch gemacht?
  (Nein, ich war zu Unrecht im Gefängnis.)
- Was tust du den ganzen Tag im Gefängnis?
  (Ich erhielt die Aufgabe, für andere zu sorgen.)

Nun folgen Fragen, die nicht aus der Geschichte hervorgehen. Die Kinder sollen sich überlegen, wie es ihnen als Josef wohl gehen würde:

335

- Wo würdest du jetzt am liebsten sein?
  (Bei meinem Vater, als Diener bei Potifar...)
- Was hilft dir, wenn du Angst hast?
  (Ich weiß, daß Gott mich nicht im Stich läßt)
• Evtl. Lied aus der letzen Stunde wiederholen: „Ehe ich geboren wurde"

 **Hauptteil**
(Während des Erzählens wird ein Lach-Wein-Gesicht in der jeweils passenden Stellung gezeigt.)

*1. Szene (V. 1-4): Josef als Diener des Mundschenks und des Bäckers im Gefängnis:* Josef wußte: Gott ist bei mir, auch hier im Gefängnis. Er läßt mich nicht im Stich. Aber im Gefängnis waren noch viele andere Gefangene. Josef hatte die Aufgabe, für diese anderen Gefangenen zu sorgen. Und Josef tat das nicht nur, weil er es mußte. Ihm war es wirklich wichtig, daß es den anderen gutging. Eines Tages kamen zwei neue Gefangene ins Gefängnis. Josef bekam den Auftrag, für diese zwei Gefangenen zu sorgen. Er ging zu ihnen in ihre Zelle. Als er sie sah, war er erstaunt. Das waren ja zwei ganz vornehme Männer. Wie kamen die denn hierher?

• Kämmerer und Mundschenk erzählen, wer sie sind und wie sie ins Gefängnis gekommen sind.

*2. Szene (V. 5-8): Josef fragt den Mundschenk und den Bäcker nach der Ursache ihrer Traurigkeit.* Jeden Tag ging Josef zum Mundschenk und zum Bäcker. Er brachte ihnen das Essen, die Kleidung und unterhielt sich manchmal mit ihnen. Viele Tage und Wochen ging das so. Vielleicht war Josef manchmal traurig, weil er im Gefängnis war.

• Wein-Gesicht zeigen.

Vielleicht... (hier können jetzt die Antworten aus dem Einstieg aufgegriffen werden: Vielleicht wäre er gerne bei seinem Vater gewesen...). Aber Josef wußte: Gott läßt mich nicht allein im Gefängnis. Gott ist da. Er sieht, daß es für mich schlimm ist, hier zu sein. Er weiß, wie es mir geht. Wenn Josef daran dachte, dann wurde er ein bißchen froh.

• Aus dem Wein-Gesicht ein Lach-Gesicht machen.

Eines Tages ging Josef morgens wieder zum Kämmerer und zum Mundschenk. Er wollte fragen, was sie brauchten. Er machte die Tür auf. Da sah er, daß beide ganz traurig dasaßen. Was war denn los?

• Wein-Gesicht zeigen.

Ob sie traurig waren, weil sie im Gefängnis sein mußten? Josef tat es leid, daß die zwei Männer so traurig waren. Er wollte sie gerne trösten. Deshalb fragte er sie: „Warum seid ihr heute so traurig?"

• Die beiden erzählen ihren Kummer. Josef sagt, daß er keine Träume deuten kann, aber daß Gott es kann.

Josef deutet Träume

*3. Szene (V. 9-19): Die Träume und ihre Deutung*
• Zuerst erzählt der Mundschenk seinen Traum. Josef erklärt ihm die Bedeutung. Er bittet ihn, ihm später aus dem Gefängnis zu helfen. Dann kommt der Traum des Bäckers und seine Deutung.

*4. Szene (V. 20-23): Die Erfüllung der Träume:* Gott hatte Josef geholfen, die Träume zu verstehen und zu erklären. Deshalb passierte wirklich das, was Josef gesagt hatte...
• erzählen!
Dem Mundschenk ging es jetzt wieder gut. Er konnte wieder bei seiner Familie wohnen. Er arbeitete wieder beim Pharao. Darüber war er sehr froh.
• Lachgesicht
Aber wißt ihr, was passierte? Er vergaß Josef einfach. Er dachte nicht mehr daran, daß er Josef helfen sollte. Er vergaß, dem Pharao von Josef zu erzählen. Und so kam es, daß Josef noch lange im Gefängnis bleiben mußte.

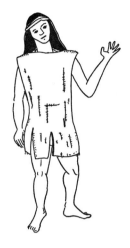

 **Vertiefung**
• *Lernvers:* Die Drehscheibe aus der letzten Lektion wird ergänzt. Dazu wird eine zweite, kleinere Scheibe mit dem zweiten Teil des Bibelverses auf die größere gelegt und ebenfalls mit der Heftklammer befestigt.
• *Hilfsaktion für andere Menschen:* Mit der ganzen Gruppe wird eine Aktion durchgeführt, mit der anderen Menschen geholfen werden soll. Einige Vorschläge: Singen im Altersheim; Bastelarbeit erstellen, schön verpacken und jemandem schenken (oder in einer „Aktion Heinzelmännchen" jemandem vor die Tür stellen, klingeln und dann schnell weglaufen...); für ältere Leute einkaufen gehen (vorher abklären, wo Bedarf ist)...
• *Der Lernvers wird auf Karten geschrieben und schön verziert.* Jeder überlegt sich, wem er eine Karte schenken könnte, um ihm Mut zu machen.
• *Memory-Spiel: „Wenn...dann":* Die Karten werden in zwei Blöcken angeordnet (an der Flanelltafel oder einfach auf dem Fußboden). Die Karten liegen mit der Bildseite nach unten da. Auf der Rückseite sind die Karten gekennzeichnet: Im linken Block mit Buchstaben, im rechten Block mit Zahlen (zur Kennzeichnung können auch Symbole oder Farben verwendet werden). Im linken Block befinden sich die „Wenn..."-Karten, im rechten Block die „...dann"-Karten. Zu jeder Karte aus dem linken Block gibt es eine passende Karte im rechten Block. Zum Beispiel: „Wenn ein Kind weint..." (weinendes Strichmännchen) „...dann kann ich es trösten." (Neben dem weinenden Strichmännchen steht ein zweites, um es zu trösten.)

Die Kinder werden in zwei Gruppen eingeteilt. Jede Gruppe darf abwechselnd je einen Buchstaben und eine Zahl nennen. Die entsprechenden Karten werden umgedreht. Wenn die beiden Karten zusammengehören, bekommt die Gruppe einen Punkt, und die Karten werden aus dem Spiel genommen. Passen die Karten nicht zusammen, werden sie wieder zugedeckt hingelegt. Es wird so lange gespielt, bis alle Paare gefunden sind.
• *Basteln*: Das Leporello wird ergänzt und ein weiteres Bild zur Erinnerung an der Wand befestigt.

**Kinderstunde im Vorschulalter**

**Hinführung**
Beni kommt und wiederholt die Geschichte aus der letzten Stunde mit den Kindern. Dazu stellt er die in Teil A aufgeführten Fragen über Josef (die Kinder erzählen von Josef, jedoch nicht in Ich-Form).

**Hauptteil**
*Erzählung:* Siehe Kinderstunde im Grundschulalter.
Das Schicksal des Bäckers nicht zu ausführlich erwähnen...

**Vertiefung**
• *Hilfsaktion* (siehe Kinderstunde im Grundschulalter)
• *Die Kinder erhalten Karten mit dem Lernvers.* Sie sollen die Karte verzieren und überlegen, wem sie diese Karte schenken könnten, um ihm Mut zu machen.
• *Das Memory-Spiel* (s.o.) kann verwendet werden. Statt Buchstaben und Zahlen zu nennen, müssen die Kinder einfach auf die entsprechende Karte zeigen, sie können sich die Karten sehr gut nach ihrer Anordnung merken.
• *Lernvers:* Reihum sagt jedes Kind seinem Nachbarn den Lernvers (ergänzen durch: „Gott sagt:...").

**Liedvorschläge**

*(Durchgängige Lieder siehe Einleitung zu den Josefslektionen)*
Ich habe einen, der mit mir geht
Ich hab einen guten Freund
Mach die Augen auf

Josef deutet Träume

**Gestaltungsvorschlag für das Leporello-Bild**
Die Kopiervorlage zeigt die Zelle des Mundschenks und des Bäckers. Die beiden Personen werden mit Buntstiften in die Zelle gemalt.

**Arbeitshilfen**

Josef deutet Träume
1. Mose 40

Klebefläche

Weil Gott bei Josef ist, kann Josef sich im Gefängnis auch um andere kümmern.

# 36

Josef deutet Träume

 **Lach-Wein-Gesicht**

 **Lernvers-Scheibe**
Zu dieser Lektion gehört nur die innere, kleinere Scheibe (Die größere Scheibe siehe Lektion 35). Beide Teile können zusammengefügt werden.

Josef deutet Träume

# 36

 **Memory-Karten**

| Wenn einer weint ...  | Wenn einer sich verletzt hat ...  | Wenn einer zu schwer tragen muß ...  |
|---|---|---|
| Wenn einer den Weg nicht weiß ...  | Wenn einer hingefallen ist ...  | Wenn einer Angst hat ...  |
| Wenn einer krank ist ...  | Wenn einer mit den Hausaufgaben nicht zurechtkommt ...  | Wenn einer etwas verloren hat ...  |
| Wenn einer alleine geht ...  | Wenn einer zu Unrecht beschuldigt wird ...  | Wenn einer alleine spielt ...  |

---

| ... kann ich ihn trösten  | ... kann ich ihm ein Pflaster geben  | ... kann ich ihm beim Tragen helfen  |
|---|---|---|
| ... kann ich ihm den Weg zeigen  | ... kann ich ihm wieder hochhelfen  | ... kann ich ihm Mut machen  |
| ... kann ich ihn besuchen  | ... kann ich ihm dabei helfen  | ... kann ich ihm beim Suchen helfen  |
| ... kann ich mit ihm gehen  | ... kann ich ihn verteidigen | ... kann ich mit ihm spielen |

# 37 | Pharaos Träume • Josefs Erhöhung

**Text**

1. Mose 41

**Erklärungen zum Text**

*V.1-13: Pharaos Träume:* Gott redete auch zu „Heiden" durch Träume. *Erster Traum:* Durch die Regenzeit von Juni bis September schwoll der Nil regelmäßig an und trat über die Ufer. Der Schlamm bildete das fruchtbare Schwemmland. Von dieser Überschwemmung war man in der Viehzucht abhängig.

Rinder waren ein Sinnbild der Fruchtbarkeit. Der ägyptische Gott Apis (Gott des Viehs) wurde als Rind dargestellt.

*Zweiter Traum:* Der ägyptische Weizen war eine besondere Getreideart. Ein Halm hatte mehrere Ähren. Ägypten galt als „Getreidekammer" des ganzen Mittelmeergebietes. Wahrsager waren Gelehrte und königliche Ratgeber. Aber sie waren jetzt ratlos. Der Mundschenk hatte nach seinem Gefängnisaufenthalt seine verantwortungsvolle Stellung zurückerlangt. Jetzt erst erinnerte er sich an sein gegebenes Versprechen und wies auf Josefs Fähigkeiten hin.

*V. 14-32: Josef legt die Träume aus:* Wie es vorgeschriebene Sitte war, erschien Josef gewaschen, rasiert und in Leinen gekleidet beim Pharao. Josef wies von Anfang an darauf hin, daß Gott ihm die Fähigkeit zum Traumdeuten gab.

*V. 33-36: Josefs Rat:* Die Kornhäuser, von denen Josef sprach, waren runde Behälter mit 2-3m Durchmesser, die sich nach oben verjüngten und auch von oben gefüllt wurden. Es war üblich, daß besondere Städte als „Kornstädte" ausgebaut wurden.

*V. 37-46: Josefs Erhöhung:* Der Pharao erkannte sofort, daß Gott durch Josef sprach. Obwohl Josef Ausländer war, wurde er als Vizekönig eingesetzt. Das war in Ägypten zwar ungewöhnlich, aber nicht unmöglich. Ein Siegel galt als Unterschrift. Mit Überreichung des Siegels bekam Josef alle Vollmacht des Pharao.

*V. 47-57: Josefs Hilfe für Ägypten:* Josefs Plan funktionierte. Durch die gezahlte „Sondersteuer" hatten die Ägypter trotz der „Hungerjahre" genug zu essen.

13 Jahre lang war Josef Sklave in Ägypten. Durch Ungerechtigkeiten war er sehr gedemütigt worden. Jetzt hatte ihn Gott in eine Position gebracht, von der er in seinen kühnsten Träumen nur ahnen konnte. Gott hatte Josef nicht vergessen, aber Josef mußte sehr lange auf Gottes Hilfe warten. Gott hat einen anderen Zeitplan als wir. Auch wenn wir manchmal lange auf seine Hilfe warten müssen, ist kein Mensch bei ihm vergessen.

**Schwerpunkt des Textes**

Josef erlebt es nach einer langen Wartezeit, daß Gott ihn nicht im Stich gelassen hat.

Pharaos Träume · Josefs Erhöhung

Kinder, besonders Vorschulkinder, haben noch keinen richtigen Zeitbegriff. (Noch dreimal schlafen, dann...)
Sie finden es aber furchtbar langweilig zu warten und werden oft dabei ungeduldig. „Mama, wie lange dauert es noch?" Wenn ein Erwachsener versprochen hat, ihnen zu helfen oder zu kommen und es zu lange dauert, bis er sein Versprechen einhält, fühlen sich Kinder im Stich gelassen und sind enttäuscht. Manche Kinder beten schon lange um etwas: Daß die Großmutter gesund wird, daß der Vater Arbeit findet... Wir sollten ihnen mit dieser Lektion helfen, ihr Vertrauen in Gott nicht zu verlieren: Manchmal müssen wir sehr lange warten, bis Gott etwas verändert.

**Anmerkungen zur Situation des Kindes**

☺ Die Kinder sollen lernen, daß Gott uns nicht vergißt, auch wenn wir manchmal auf seine Hilfe warten müssen.
♡ Die Kinder sollen erleben, daß man beim Warten viel Geduld braucht.
✋ Die Kinder sollen Gott um seine Hilfe bitten, auch wenn nicht sofort eine Reaktion zu merken ist.

**Lernziele**

Befiehl dem Herrn deine Wege und hoffe auf ihn, er wird's wohl machen. (Psalm 37,5)

**Lernvers**

## Hinweise zur Durchführung
Es wird ein gruppenfremder Mitarbeiter eingeladen, der den Kindern seine Geschichte als Josef erzählen soll. Er muß sich als Josef entsprechend verkleiden. Mit ihm muß ganz genau abgesprochen werden, wann er kommen soll. Notfalls kann diese Aufgabe auch ein Gruppenmitarbeiter übernehmen.

**Hinführung**
Die Kinder sitzen im Beduinenkreis. „Wir haben heute einen ganz besonderen Gast zur Kinderstunde eingeladen. Er ist noch nicht da. Aber vielleicht können wir die Zeit überbrücken und zusammen singen."
• Lieder der letzten Stunde werden gesungen.
„Unser Gast ist immer noch nicht da. Er läßt aber lange auf sich warten. Laßt uns noch etwas spielen, bis er kommt."
• Es werden typische „Überbrückungsspiele" gemacht (siehe Arbeitshilfen). Vielleicht kennen die Kinder selbst einige passende Spiele.
„Wann kommt er endlich? Er hat ganz bestimmt versprochen zu kommen."
Nicht wahr, warten ist langweilig, oder? (Kinder erzählen von Wartesituationen.)

**Kinderstunde im Grundschulalter**

# 37

*Pharaos Träume · Josefs Erhöhung*

„Manchmal muß man furchtbar lange auf etwas oder auf jemanden warten."

Wie erging es euch, als ihr bei einer Verabredung lange warten mußtet? (Man fühlt sich vergessen.)

Vielleicht habt ihr das auch schon mal erlebt: Es hat euch jemand versprochen, euch bei einer bestimmten Aufgabe zu helfen, und dann mußtet ihr sehr lange auf denjenigen warten. Wie erging es euch dabei? (Man denkt erst, daß der andere einen im Stich läßt.)

„Hoffentlich läßt uns unser Gast nicht noch länger warten. Oder ob er uns doch vergessen hat? Wir singen einfach noch einmal Josefs Lied. Das kennen wir ja schon aus den letzten Stunden." („Ehe ich geboren wurde")

• Es klopft an der Tür: Ein Kind darf die Tür öffnen. Ein „ägyptischer Mann" kommt herein. Auf jeden Fall sollte er eine Goldkette und einen Siegelring tragen.

Josef: „Schalom, bin ich hier richtig?"

Mitarbeiterin: „Endlich, da bist du ja. Wir haben schon gedacht, daß du uns vergessen hast. Wir mußten jedenfalls ziemlich lange auf dich warten."

Josef: „Ja, warten ist nicht schön, ich erzähle euch gleich von meiner langen Wartezeit. Josef heiße ich. Schalom, Kinder, ich freue mich, daß ich heute bei euch zu Besuch sein darf."

• Josef begrüßt jedes einzelne Kind und fragt vielleicht auch nach dessen Namen.

 **Hauptteil**

Josef: Bestimmt wundert ihr euch jetzt über manches. Meine feine Kleidung und daß ich hier bei euch bin. Was wißt ihr denn von mir? (Kinder wiederholen die Josefsgeschichte) Wo war ich zuletzt? (Als Sklave im Gefängnis)

*1. Szene (V. 1-13: Pharaos Träume):* 13 Jahre lang war ich nun schon Sklave in Ägypten. Und viele Jahre war ich schon zu Unrecht im Gefängnis. Das Warten fiel mir oft schwer. Immer wieder betete ich zu Gott. Ob Gott mich vergessen hatte? Wann wird er mir endlich helfen? Zwei Jahre zuvor hatte ich dem Mundschenk des Pharaos seine Träume erklärt. Als er aus dem Gefängnis kam, versprach er, mir zu helfen. Aber er vergaß mich wohl völlig. Eines Tages kam jemand aufgeregt zu mir gelaufen: „Josef, komm schnell, du sollst zum Pharao. Wasch dich ordentlich und laß dich rasieren. Hier hast du noch neue Leinenkleider. Und dann mach dich auf den Weg." Ich verstand gar nichts mehr! Was sollte ich beim König von Ägypten? Ob Gott...? Jedenfalls zog ich mich um und machte mich auf den Weg.

**2. Szene (V. 14-36: Josef legt die Träume aus):** Dann stand ich vor dem Pharao. Aber ich war nicht allein dort. Alle königlichen Ratgeber und Gelehrten des Landes waren auch da. Und alle machten ratlose Gesichter. Da sprach der Pharao: „Mein Mundschenk erinnerte sich an dich und sagte mir, daß du Träume erklären kannst. Im Augenblick habe ich hier nur ratlose Ratgeber. Vielleicht kannst du mir helfen." „Nein", sagte ich, „Träume kann ich nicht erklären, aber Gott kann es. Also erzähle mir deinen Traum. Gott wird ihn dir durch mich erklären."
• Der Pharao erzählt seine beiden Träume.
Ich war erschrocken, als ich die Träume hörte. Sofort wußte ich: Sieben Jahre lang werden in Ägypten gute Ernten sein. Aber dann kommen sieben Hungerjahre. Noch bevor ich dem König seine Träume erklärte, gab Gott mir schon eine gute Idee.

Josef erklärt dem Pharao die Träume und legt seine Vorschläge zur Hilfe dar.

**3. Szene (V. 37-57):** Der Pharao war begeistert von der Idee, die Gott mir gegeben hatte. Er meinte, daß bei keinem anderen Menschen in Ägypten Gott so sei wie bei mir. Und dann passierte es: So viele Jahre hatte ich gewartet, daß Gott mir helfen würde. Immer wieder hatte ich ihn um Hilfe gebeten. Ich dachte schon, daß Gott mich ganz vergessen hatte. Jetzt aber stand der Pharao auf und sagte: „Josef, du sollst nicht mehr Sklave im Gefängnis, sondern Vizekönig von Ägypten sein! Hier hast du meinen Siegelring. Wenn du etwas mit dem Ring besiegelst, ist es so, als ob ich das tun würde."
• Wir zeigen den Kindern, wie ein Siegel funktioniert. Ein Siegelring, Münze usw. wird in weiche Knete gedrückt. Die Prägung können die Kinder anschauen.
Dann bekam ich schöne Kleider und eine goldene Kette. Im ganzen Land wurde bekanntgegeben, daß ich der Vizekönig sei. Auf mein Geheiß hin wurden sehr viele große Kornspeicher gebaut. In den Erntejahren wurde viel Korn gesammelt und in die Speicher gefüllt. In den Hungerjahren hatten alle Leute dann noch immer zu essen. Nein, Gott hatte mich nicht vergessen. Er hat nur einen ganz anderen Zeitplan als wir. Er holte mich in dem Augenblick aus dem Gefängnis, als er mich brauchte. Lange mußte ich auf seine Hilfe warten.
Nicht wahr, manchmal bittet man Gott um etwas, und es passiert nichts. Dann wartet man und wartet man – nichts. Aber glaubt mir! Auch wenn man auf Gottes Hilfe warten muß: Er hat euch nicht vergessen. Er hilft euch immer im richtigen Augenblick.
• Josef verabschiedet sich.

# 37

Pharaos Träume · Josefs Erhöhung

 **Vertiefung:**
- *Lernvers:* Befiehl dem Herrn deine Wege (Hände falten) und hoffe auf ihn (Hände aufhalten), er wird's wohl machen (nach oben zeigen). Psalm 37,5
- *Basteln (genaue Anleitungen siehe Arbeitshilfen):*
  - Leporello
  - Pinnwand (Gott vergißt dich nicht)
  - Tongefäß (Man muß warten, bis man es in Gebrauch nehmen kann)

 **Kinderstunde im Vorschulalter**

 **Hinführung**

Die Handpuppe Beni erzählt, daß ihm so langweilig sei. Er muß nämlich warten, und dazu hat er gar keine Lust. Warten ist schrecklich. Sein Freund hat versprochen, ihm bei der Arbeit zu helfen. Jetzt ist er nicht gekommen. Ob er ihn vergessen hat?

Beni unterhält sich mit den Kindern über das Warten (Fragen siehe Grundschulalter).

Ein besonderer Gast wird angekündigt. Weiterer Ablauf siehe Grundschulalter.

Die Mitarbeiterin erklärt den Kindern, daß der erwartete Gast noch immer nicht da ist. Deshalb spielen und singen sie zusammen, damit ihnen die Wartezeit nicht zu lang wird.

 **Hauptteil**
*Erzählung*
(siehe „Kinderstunde im Grundschulalter")

 **Vertiefung**
(siehe „Kinderstunde im Grundschulalter")

 **Liedvorschläge**

*(Durchgängige Lieder siehe Einleitung zu den Josefslektionen)*
Ehe ich geboren wurde
Danke, großer Gott
Herr, mein Gott, ich danke dir

## 37

Pharaos Träume · Josefs Erhöhung

 **Gestaltungsvorschlag für das Leporello-Bild**
Der Pharao sitzt in seinem Thronsaal. Die Tapeten bestehen aus schönen „Ornamenten". Diese werden auf das Bild gestempelt. Für den Stempel wird eine Form aus Moosgummi ausgeschnitten und auf ein Stück Holz o.ä. geklebt.

**Arbeitshilfen**

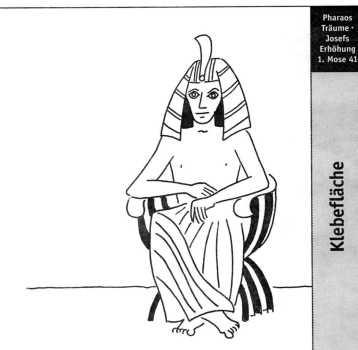

Pharaos Träume · Josefs Erhöhung
1. Mose 41

Klebefläche

Josef verließ sich auf Gott, und Gott hat Josef nicht vergessen. Weil Josef durch Gottes Hilfe den Traum des Pharao deuten kann, kommt er aus dem Gefängnis frei.

**Spiele** *(typische Überbrückungsspiele beim Warten):*

*Stille Post*
Die Kinder sitzen in einer Reihe. Dem ersten Kind wird ein Wort ins Ohr geflüstert. Das, was es verstanden hat, flüstert es nun seinem Nachbarn ins Ohr usw. Welches Wort kommt zum Schluß heraus?

*Alle Vögel fliegen hoch (für Vorschulkinder)*
Der Spielleiter nennt Dinge, die fliegen können. Bei jedem Begriff hebt er die Arme. Die Kinder machen mit. Der Leiter versucht aber, die Kinder hereinzulegen und hebt auch die Arme bei Dingen, die nicht fliegen können (z.B. Nase, Elefant). Welches Kind fällt darauf herein?

*Ich sehe was, was du nicht siehst*
Der Spielleiter sucht sich einen Gegenstand im Raum und nennt dessen Farbe. Die Kinder dürfen so lange raten, bis sie den Gegenstand gefunden haben. Dann ist das Kind an der Reihe, das richtig geraten hat.

 **Basteln**

*Pinnwand*
Aus Korkplatten, mit denen man sonst Wände tapezieren kann, können sich die Kinder eine beliebige Form schneiden. Der Kork muß anschließend noch mit einer festen Pappe hinterklebt werden. Die Kinder können mit Wasserfarben ihre individuelle Pinnwand bemalen und „Gott vergißt dich nicht" draufschreiben.

*Tongefäße*
Aus selbsttrocknender Modelliermasse werden kleine Gefäße usw. geformt. Die Kinder können sie in dieser Stunde noch nicht mit nach Hause nehmen, sondern müssen bis zur nächsten Stunde warten.

 **Foliencollagen**

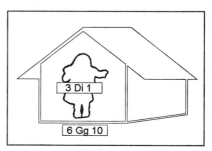
1

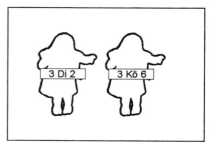
2

3

# Die erste Reise der Brüder nach Ägypten | 38

*1. Mose 42*          **Text**

*V. 1-5: Hungersnot in Kanaan:* Ägypten war als „Getreidekammer" des ganzen Mittelmeergebietes bekannt. Trotzdem war die Hungersnot in Ägypten nicht ungewöhnlich. Ungewöhnlich war nur, daß sich die Hungersnot über ein solch großes Gebiet bis nach Kanaan erstreckte.     **Erklärungen zum Text**

*V. 6-20: Die Brüder bei Josef:* Josef lebte nun schon seit 20 Jahren in Ägypten. Er war ca. 37 Jahre alt. Seine Brüder und auch andere Kanaaniter kamen nach Ägypten, um Getreide zu kaufen. Josefs Träume gingen schon bei der ersten Begegnung mit den Brüdern in Erfüllung: Sie verneigten sich vor ihm. Josef bezeichnete sie als „Kundschafter". Jeder Fremde konnte unter Verdacht stehen, ein Kundschafter zu sein. Zur militärischen Aufklärung wurden immer wieder auch kleinere Gruppen in feindliche Gebiete gesandt. Wie es scheint, wollte Josef seine Brüder prüfen. Er wollte herausbekommen, ob sie sich verändert hatten. Gefängnisstrafe war in Ägypten üblich, in Israel kam sie erst in der Königszeit auf.

*V. 21-24: Die Schuldeinsicht der Brüder:* Josefs Probe gelang: Er bemerkte, daß die Brüder durch die begangene Schuld an ihm noch immer schwer belastet waren. Sie hatten ihre Schuld längst eingesehen.

*V. 25-28: Die Rückreise:* Josefs Prüfung für die Brüder war hart. Ihre Angst wuchs, als sie ihr Geld in den gefüllten Getreidesäcken fanden. Jetzt standen sie schuldlos als Diebe da.

*V. 29-38: Ankunft und Bericht beim Vater:* Die Reaktion des Vaters macht deutlich, daß Benjamin nun sein Lieblingssohn war. Auch die Brüder scheinen ihren „kleinen Bruder", der auch schon über 20 Jahre alt war, sehr zu mögen. Vielleicht hatte ihr schlechtes Gewissen Josef gegenüber sie dazu gebracht, besonders an dessen leiblichem Bruder zu hängen. Jakob gab seinen Söhnen die Schuld daran, daß er so leiden mußte. Ruben tat sich in dieser Situation wieder positiv hervor: Er verbürgte sich für Benjamin. Der ganze Bericht macht doch sehr deutlich, daß die Brüder ihre begangene Schuld nie vergessen konnten und noch sehr belastet waren. Josefs Handeln scheint sehr hart zu sein, gibt aber seinen Brüdern die Chance, ihre Veränderung zu leben.

Die Brüder Josefs erleben ihre Schuld als Belastung. Josef prüft jedoch, ob ihre Reue echt ist.     **Schwerpunkt des Textes**

Natürlich leiden Kinder unter Spannungen z.B. mit ihren Eltern. Gerade bei kleinen Kindern kann man beobachten, daß sie leiden und weinen, wenn sie sich mit den Eltern streiten, und dann aber auch ausgerechnet bei diesen Vertrauenspersonen wieder Trost su-     **Anmerkungen zur Situation des Kindes**

chen. Sie wollen wieder „gut" sein. Dieses Verhalten geht rein intuitiv von ihnen aus. Erst Kinder im 2./3. Schuljahr beginnen über ihre Fehler (Schuld) zu reflektieren und sich bewußt zu entschuldigen. Unvergebene Schuld belastet Kinder sehr stark.

**Lernziele**

☺ Die Kinder sollen lernen, daß Schuld belastet, daß Gott aber die Schuld abnehmen möchte.
♡ Die Kinder sollen empfinden, daß es nicht schön ist, mit schlechtem Gewissen durch das Leben zu laufen.
✋ Die Kinder sollen Dinge, die sie belasten, mit Menschen und vor Gott in Ordnung bringen.

**Lernvers**

Wenn wir unsere Sünden bekennen, ist er treu und gerecht, daß er uns die Sünden vergibt. (1. Johannes 1,9a)

### Hinweise zur Durchführung

**Kinderstunde im Grundschulalter**

*Für die visuelle Darstellung benötigt man:*
13 leere Joghurtbecher (möglichst einheitlich und weiß), 9 Filmkapseln (bekommt man im Fotogeschäft), 10 Pfennigstücke, Getreidekörner oder Haferflocken, 2 einfarbige Tücher.

Jede Person der Geschichte wird mit einem Joghurtbecher (Öffnung nach unten) dargestellt.

Als Alternative zu den Bechern kann man auch Mensch-ärgere-dich-nicht-Figuren oder größere Kegelfiguren nehmen.

**Hinführung**

Die Kinder treffen sich zuerst an einer unüblichen Stelle des Raumes oder des Hauses. Ihnen wird erklärt, daß Beduinen oft umgezogen sind, damit sie bessere Weideplätze für ihre Tiere finden konnten. Dazu mußten sie alle ihre Sachen packen und diese auf ihre Kamele laden oder selbst tragen. Einem Kind wird ein schwerer Rucksack auf den Rücken geschnallt und jede Menge Decken und Kissen in die Arme gedrückt. Es soll nun so schnell es kann mit den Sachen zum Beduinenkreis laufen. Dann ist das nächste Kind an der Reihe.
Es war gar nicht so einfach, möglichst schnell zum Beduinenkreis zu kommen, oder? (Der Rucksack war so schwer und behinderte.)
Wie hättet ihr schneller am Ziel sein können? (Den Rucksack abladen und „frei" laufen.)

Es ist gut, wenn man belastet ist und die Last abladen kann. Paßt auf, liebe Beduinen, ich will euch von schweren Lasten erzählen, auf die man gut verzichten kann.

Die erste Reise der Brüder nach Ägypten

# 38

 **Hauptteil**
Könnt ihr euch noch erinnern, wo Josef war?
(Er war in Ägypten)
• Ein Tuch (für Ägypten) wird ausgebreitet und ein Becher umgedreht daraufgestellt.

Jawohl, Josef war in Ägypten ein wichtiger Mann geworden. Er verkaufte als Vizekönig Getreide, damit niemand im Land hungern mußte. Aber was war Josef vorher gewesen? (Er war ein Sklave im Gefängnis)

Josef hatte sehr viel Ungerechtigkeit erlebt. Wer war eigentlich schuld, daß es ihm viele Jahre so schlecht gegangen war? (Seine Brüder, weil sie ihn verkauft hatten)

Wo steckten seine Brüder eigentlich? (In Kanaan)
• Ein Tuch wird an einer anderen Stelle als Kanaan hingelegt und 12 Joghurtbecher umgedreht daraufgestellt.

*1. Szene (V. 1-5 Hungersnot in Kanaan):* (dazu Foliencollagen)
Richtig, Jakob und seine Brüder wohnten noch in Kanaan. Es waren viele Jahre vergangen, seit Josef nicht mehr da war. Jakob mußte noch oft an ihn denken. Dann wurde er traurig. Wenn seine Söhne das sahen, wurden sie immer sehr bedrückt. Sie sprachen nicht unbedingt darüber. Aber jeder dachte: Wir sind schuld, daß unser Vater so traurig ist. Wir haben ihn belogen. Wenn sie einen Knecht oder Sklaven bei der Arbeit sahen, fiel ihnen ihr Bruder ein: Wie es wohl Josef geht? Er muß auch Sklave sein. Wir haben ihn verkauft.

Warum konnten die Brüder sich gar nicht mehr richtig freuen? (Das schlechte Gewissen belastete sie.)

Schildern, wie das Getreide auf den Feldern schlecht wuchs, die Vorräte verbraucht wurden, Jakob sich immer mehr Sorgen machte und schließlich seine Söhne auf die Reise schickte. Benjamin sollte zu Hause bleiben.
• 10 Joghurtbecher werden zum „Ägypten-Tuch" gestellt. Die Kinder helfen dabei.

*2. Szene (V. 6-20 Die Brüder bei Josef):* Josef hatte einen langen, anstrengenden Arbeitstag. Aus aller Welt kamen Menschen, um bei ihm Getreide zu kaufen. Überall hatten die Menschen Hunger, nur in Ägypten gab es noch satt zu essen. Da ging schon wieder die Tür auf und zehn Männer kamen herein. An der Kleidung und am Haarschnitt erkannte er sofort, daß sie aus Kanaan kamen. Aber plötzlich wurde es Josef ganz heiß und kalt. Er kannte die zehn Männer: Das waren doch seine Brüder?
• Die Becher werden dicht herangestellt.
Aber die Brüder erkannten Josef nicht, warum? (Trug ägyptische Kleidung, hatte einen ägyptischen Haarschnitt...)

# 38 — Die erste Reise der Brüder nach Ägypten

Josef machte ein strenges, sehr strenges Gesicht. Er sprach seine Brüder auf Ägyptisch an. Ein anderer Mann mußte die Sprache übersetzen. Die Brüder verneigten sich vor Josef.

Woran erinnerte sich Josef plötzlich? (An seine Träume)

Es wird nun berichtet, daß Josef sehr streng mit seinen Brüdern umgeht und sie bezichtigt, Kundschafter zu sein. Dann läßt er seine Brüder für drei Tage einsperren.

Ob Josef auf seine Brüder böse ist? Oder will er sie bestrafen? (Er will feststellen, ob sie ihre Fehler einsehen.)

*3. Szene (V. 21-24 Die Schuldeinsicht der Brüder):*

• Die Becher der Brüder werden in einen Kreis gestellt. Josefs Becher steht in der Nähe.

„Seht ihr", sagte Ruben, „das haben wir jetzt davon. Jetzt werden wir dafür bestraft, daß wir damals so mit Josef umgegangen sind. Ihr wolltet ja nicht auf mich hören. Josef hatte damals große Angst. Wir haben ihn trotzdem als Sklaven verkauft. Jetzt passiert uns das gleiche: Wir haben alle Angst, und einer von uns muß als Gefangener hierbleiben. Hätten wir das damals nur nicht getan. Unsere Schuld werden wir nie wieder los!" Es wird geschildert, wie Josef bewegt seinen Brüdern zuhört und merkt, daß ihre Schuld sie noch immer sehr belastet.

*4. Szene (V. 25-28 Die Rückreise):*

Nur noch neun Brüder machen sich auf die Rückreise.

• Neun Becher werden zwischen die beiden Tücher gestellt. Dann werden neun Filmkapseln mit Haferflocken oder Getreidekörnern gefüllt, und in jede Kapsel wird heimlich vom Erzähler beim Verschließen ein Pfennig gelegt.

Traurig machten sich die Brüder auf die Rückreise. Wie sollten sie nur dem Vater sagen, daß Simeon im Gefängnis war? Ihr schlechtes Gewissen plagte sie sehr. Ruben hatte ja recht: Der strenge Herrscher war mit ihnen umgegangen, wie sie damals mit Josef. Am Abend kamen sie in eine Herberge, sie waren hungrig und müde. Dann banden sie ihren Eseln die Säcke ab. Einer der Brüder öffnete seinen Getreidesack, um seinem Esel zu fressen zu geben. Was war denn da? Er wurde ganz blaß, als er in den Sack sah.

• Eine Filmkapsel wird geöffnet.

Sein Geld lag oben auf dem Getreide. Wie konnte das passieren? „Warum macht Gott das mit uns? Bestimmt will er uns bestrafen. Jetzt sieht es ja so aus, als ob wir Diebe wären!"

Die Brüder hatten immer ein schlechtes Gewissen. Warum? (Sie dachten immer an die Schuld, die sie an Josef begangen hatten.) Ihre Schuld belastete sie sehr. Gott möchte uns gerne unsere Schuld abnehmen, damit wir froh und unbelastet durchs Leben gehen können.

Die erste Reise der Brüder nach Ägypten

*5. Szene (V. 29-38 Ankunft und Bericht beim Vater):*
Als die Brüder zu Hause beim Vater ankamen, machten sie alle traurige Gesichter. Sie gingen gleich zu Jakob und erzählten ihre Geschichte.
• Die Becher und Filmkapseln werden auf das Kanaantuch gestellt.
„Streng war der Herr des Landes zu uns. Er hielt uns für Kundschafter!" Dann erzählten sie ihre ganze Geschichte. Anschließend packten sie ihre Getreidesäcke aus.
• Alle Filmkapseln werden geöffnet.
Aber dann wurde ihre Angst noch größer: Überall in den Beuteln lag das Geld, mit dem sie das Korn bezahlt hatten! Was sollte der strenge Herrscher nun von ihnen denken? Sie waren doch keine Diebe! „Gott bestraft uns bestimmt. Er gibt uns das zurück, was wir an Josef falsch gemacht haben." Aber das wollte Gott natürlich nicht. Wenn die Brüder doch nur gemerkt hätten, daß Gott ihnen ihre Schuld vergeben wollte. Aber daran dachten sie überhaupt nicht. Jakob war verzweifelt: „Josef ist nicht mehr da, Simeon ist nicht mehr da und Benjamin soll nun auch noch mitziehen? Das kommt ja nicht in Frage. Ich will nicht einen Sohn nach dem anderen verlieren müssen." Ruben versprach, auf Benjamin dann ganz besonders acht zu geben. Er war traurig, daß sein Vater so litt. Vorerst blieben aber die Brüder in Kanaan. Sie hatten erst einmal genug zu essen.
 Liebe Beduinen, welchen Tip hättet ihr denn den Brüdern gegeben? Wie hätte alles anders werden können? (Sie hätten dem Vater „beichten", ihre Schuld bei Gott abladen und evtl. Josef suchen können.) Gott um Vergebung bitten, Schuld bei ihm abladen, erleichtert das Leben. Es ist so, wie wenn man einen ganz schweren Rucksack ablegen kann. Wenn wir Gott bitten, dann nimmt er uns die Schuld ab, die uns bedrückt.

**Vertiefung**
• *Merkvers lernen* (siehe Arbeitshilfen)
• *Beispielgeschichte* (siehe Arbeitshilfen)
• *Spiele, bei denen „Lasten" abgeladen werden* (siehe Arbeitshilfen)
• *Basteln:* Das Leporello wird gebastelt. Ein großes Bild wird zur Erinnerung wieder an der Wand befestigt.

**Hinführung**
Der Hirte Beni kommt ganz bedrückt. Er erzählt den Kindern, daß er etwas falsch gemacht hat. Jetzt hat er ein schlechtes Gewissen und weiß gar nicht, wie es wieder gut werden soll. „Ich war nämlich im Zelt des Oberhirten und habe dort auf ihn gewartet. Joschi war auch dabei. Im Zelt stand ein wunderschöner

**Kinderstunde im Vorschulalter**

Becher. Weil ich solchen Durst hatte, habe ich den Becher genommen und vom Wasser getrunken. Dann wollte ich den Becher Joschi geben, und dabei ist er mir aus der Hand gerutscht und runtergefallen. Der Becher war natürlich kaputt.

Joschi hat sich schnell verdrückt. Er wollte von dem Ärger nichts abbekommen. Dann kam der Oberhirte. Als er die Scherben sah und mich anschaute, sagte ich ganz schnell: 'Das war der Joschi!' Dabei stimmte das doch gar nicht.

Jetzt bin ich ganz bedrückt und traurig und kann gar nicht mehr richtig lachen. Immer wieder muß ich daran denken und weiß gar nicht, was ich tun soll." Beni geht und kommt nach der Geschichte wieder.

**Hauptteil**
*Erzählung:*
Siehe „Kinderstunde im Grundschulalter"

**Vertiefung**
Die Kinder sollen Beni raten, wie er die Schuld los wird, die ihn so bedrückt (zum Oberhirten und zu Joschi gehen und sich entschuldigen, Gott um Vergebung bitten).

**Liedvorschläge**  *(Durchgängige Lieder siehe Einleitung zu den Josefslektionen)*
Er nahm mir meine Last ab (für Vorschulkinder)
Es gibt jemand, der deine Lasten kennt
Vergiß nicht zu danken

Die erste Reise der Brüder nach Ägypten

 **Lernvers:**
*Für Vorschulkinder:*
Der Vers wird im Wechsel gelernt
Leiter: „Wenn"
Kinder: „Wenn"
Leiter: „Wenn wir"
Kinder: „Wenn wir" usw.

**Arbeitshilfen**

*Für Grundschulkinder:*
Der Rucksack vom Einstiegsspiel wird ausgepackt.
Er enthält große Steine. Auf jedem Stein steht ein Wort vom Lernvers (kann man gut mit Lack- oder Folienstiften beschriften). Die Kinder sollen die Wörter zum Satz sortieren. Zur Erinnerung bekommt jedes Kind den Merkvers auf einen Stein geschrieben als „Denk-mal" mit.

 **Spiele**
Es werden Staffelspiele gemacht, bei denen die Kinder eine „Last" transportieren müssen:
- Bücher auf dem Kopf balancieren
- eine Kartoffel auf dem Fuß tragen
- einen Tischtennisball auf einem Löffel mit dem Mund tragen
- ein anderes Kind auf dem Rücken tragen

**Beispielgeschichte:**
An einem sonnigen Sommertag kommt Sabine erhitzt nach Hause. Sie hatte mit ihren Freundinnen gespielt, sich von ihrem Taschengeld ein Eis gekauft und war so richtig zufrieden. Als die Mutter ihren „Hitzkopf" begrüßt, fragte sie lachend: „Na, Sabine, hattest du heute schon ein Eis?" „Hm, Eis!" Das mochte Sabine zu gerne. „Nein", log sie. Als die Mutter ihr dann eines gab, schmeckte es ihr aber gar nicht. „Warum habe ich Mama nur angelogen, ich verstehe mich nicht." Sabine hatte ein schlechtes Gewissen. Tagelang lief sie bedrückt herum. „Lieber Gott, entschuldige, daß ich die Mama angelogen habe!" Aber das schlechte Gewissen blieb. Wollte Gott ihr nicht verzeihen? Aber dann verstand sie warum: Sie sollte sich auch bei ihrer Mutter entschuldigen. Ganz schweren Herzens ging sie zu ihr und gestand ihre Lüge. Natürlich war die Mutter ein wenig traurig. Aber gleichzeitig freute sie sich, daß Sabine das in Ordnung gebracht hatte. Alles war wieder gut. Und Sabine? Sie freute sich, weil sie wußte, daß ihre Mutter und Gott ihr vergeben hatten.
*„Die Schuldkiste", Christliches Verlagshaus, Stuttgart*

# 38

Die erste Reise der Brüder nach Ägypten

Die erste Reise der Brüder
1. Mose 42

Klebefläche

Josef ist nun Vizekönig in Ägypten.
Eines Tages kommen seine Brüder zu ihm, um Getreide zu kaufen. Josef merkt:
Sie bereuen es, daß sie ihn so schlecht behandelt haben.

**Gestaltungsvorschlag für das Leporello-Bild**

Die Brüder werden als Menschenkette aufgeklebt. Die Säcke werden ebenfalls als Kette oberhalb der Brüder auf das Bild geklebt.

*Bastelanleitung:* Ein Papier wird als Ziehharmonika gefaltet. Auf das obere Teil wird das Männchen gezeichnet. Es wird an den angezeichneten Linien ausgeschnitten, die gestrichelten Linien dürfen nicht ausgeschnitten werden! Wenn man nun die Ziehharmonika wieder auseinanderfaltet, hat man eine Menschenkette. Die Sackkette wird genauso hergestellt.

Die erste Reise der Brüder nach Ägypten

*Menschen- und Sackkette*

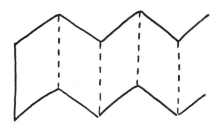
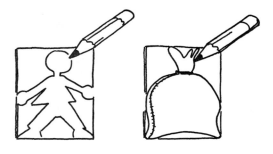

**Foliencollagen**

1

2

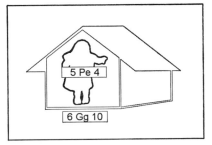
3

4

# 39 | Die zweite Reise der Brüder nach Ägypten

**Text**

1. Mose 43-45

**Erklärungen zum Text**

*Kap. 43:*

V. 1-14: Diskussion wegen einer erneuten Reise nach Ägypten, Juda verbürgt sich für Benjamin.

V. 15-25: Reise der Brüder und ihr Gespräch mit Josefs Hausverwalter.

V. 26-34: Josefs Begegnung mit Benjamin und gemeinsames Essen mit den Brüdern.

Jakob hing an seinem jüngsten Sohn Benjamin besonders. Josef und Benjamin waren die einzigen Söhne, die ihm seine Lieblingsfrau Rahel geboren hatte. Da Rahel bei der Geburt Benjamins starb, war er nach Josefs „Verschwinden" das einzige, was Jakob noch geblieben war. Auf diesem Hintergrund ist auch zu verstehen, daß die Begegnung mit diesem jüngsten Bruder Josef besonders bewegte.

„Israel" (V.8) war der Name, den Gott Jakob gab (1. Mose 32,29). Anhand der Platzverteilung und Bedienung während einer Mahlzeit konnte eine Rangordnung der Gäste festgelegt werden.

*Kap. 44:*

V. 1-13: Die Brüder werden auf der Rückreise des Diebstahls angeklagt und müssen nach Ägypten zurück.

V. 14-34: Juda vertritt Benjamin und die Brüder vor Josef. Auf den ersten Blick sieht Josefs Handeln hier sehr hinterhältig aus. Später wird jedoch deutlich, daß er nicht aus Rachemotiven heraus handelte. Er brachte seine Brüder geschickt in eine Lage, in der deutlich werden mußte, welche Einstellung sie gegenüber ihrem jüngsten Bruder hatten und wie wichtig ihnen dessen Leben war. Aus der Rede Judas ist eine deutliche Änderung in dem Verhalten der Brüder gegenüber Kap. 37 (Josef wird von ihnen verkauft) ersichtlich. Sie hatten ihre Schuld erkannt (V. 16 und Kap. 42,21), setzten sich für ihren Bruder Benjamin ein und wollten ihren Vater vor neuem Leid schützen (V. 34).

Aus unserer Sicht ist es unverständlich, daß Josef angab, den Becher zum Wahrsagen zu gebrauchen. Ob er diese Aussage nur traf, um seine Brüder zu täuschen?

*Kap. 45:*

V. 1-15: Josef gibt sich seinen Brüdern zu erkennen und erklärt ihnen Gottes Führung.

V. 16-20: Pharao erhält Nachricht und gibt Anweisung zur Reise.

V. 21-28: Rückreise und Ankunft zu Hause.

Josef lenkte den Blick der Brüder von ihrer Schuld weg auf Gott hin, der in Liebe für sie alle gesorgt hatte und sorgte. Josef hatte in sei-

Die zweite Reise der Brüder nach Ägypten | **39**

nem Leben trotz aller menschlicher Schuld und des daraus entstandenen Leides Gottes gute Absichten erkannt. Weil Josef seinen Lebensweg vor Gott bejaht hatte, brauchte er keinen „Schuldigen" mehr für das Leid in seinem Leben und konnte so seinen Brüdern vergeben.

• *Land Gosen:* Eine altägyptische Provinz.

Josef vergibt seinen Brüdern, weil er trotz des Leides, das sie ihm zugefügt haben, Gottes gutes Handeln erlebt hat.

**Schwerpunkt des Textes**

Die Geschichte enthält eine verwirrende Fülle von Handlungen und Reden. Deshalb ist es wichtig, für die Erzählung eine Methode zu wählen, bei der die Vorgänge übersichtlich dargestellt sind (s. auch methodische Hinweise im Hauptteil). Ältere Kinder haben ein starkes Gerechtigkeitsempfinden. Für sie ist es vielleicht zuerst unverständlich, daß Josef den Brüdern einfach vergibt. Deshalb sollte bei der Erzählung darauf geachtet werden, daß der Plan mit dem Becher nicht als Rache Josefs gedeutet wird. Kleinere Kinder empfinden stark, ob zwischen ihnen und anderen (z.B. den Eltern) alles in Ordnung ist (siehe auch Anmerkungen zur Situation des Kindes in der vorausgehenden Lektion). Deshalb können sie das Verhalten Josefs gut verstehen und empfinden die Erleichterung: Jetzt ist alles wieder gut zwischen ihm und seinen Brüdern.

**Anmerkungen zur Situation des Kindes**

☺ Die Kinder sollen lernen, daß wir durch Vergebung froh werden.
♡ Die Kinder sollen erleben, daß es schön ist, im Frieden miteinander zu leben.
✋ Die Kinder sollen bereit sein zu vergeben.

**Lernziele**

Vergebet einer dem andern, gleichwie Gott euch vergeben hat in Christus. (Epheser 4,32)

**Lernvers**

## Hinweise zur Durchführung

 **Hinführung**
Wir kündigen den Kindern an, daß heute alle zusammen ein Fest feiern werden.
Wann feiert man ein Fest? (Wenn jemand Geburtstag hat, Hochzeit,...)
Kennt ihr verschiedene Namen von Festen? (Weihnachten, Geburtstag...)
Ich verrate euch noch nicht, warum wir heute ein Fest feiern und wie dieses Fest heißt. Aber wir werden jetzt das Fest zusammen vor-

**Kinderstunde im Grundschulalter**

359

## 39                      Die zweite Reise der Brüder nach Ägypten

bereiten. (Nur wenn genügend Zeit vorhanden, ansonsten wurden die Vorbereitungen bereits von den Mitarbeitern getroffen! Möglichkeiten: Dekoration des Raumes / Tischdekoration / Festessen richten.)

*Weitere Möglichkeit als Einstieg zur Geschichte:*
Der Mitarbeiter legt die Tücher für Kanaan und Ägypten auf den Boden (siehe methodischer Hinweis zu Beginn des Hauptteils). Zusammen mit den Kindern wird die Ausgangsstellung rekonstruiert. (Wo waren Josef/seine Brüder/Simeon/der Vater Jakob/Benjamin?)

**Hauptteil**
• Die Kinder treffen sich wieder im Beduinenkreis.
   „Jetzt erzähle ich euch, wie es mit Josef und seinen Brüdern weiterging. Wenn ihr gut aufpaßt, dann könnt ihr nachher erraten, warum wir ein Fest feiern und wie dieses Fest heißen könnte."
• Als Anschauungsmaterial für die Geschichte werden umgedrehte Becher verwendet (vgl. auch vorhergehende Lektion). Zwei Tücher werden als Kanaan, die Heimat der Brüder, bzw. Ägypten auf den Boden gelegt. Zwischen diesen beiden Orten muß ein größerer Abstand sein (der Weg, den die Brüder zurücklegen müssen). Zu Beginn stehen die Becher für Jakob, neun Söhne und Benjamin in „Kanaan". In „Ägypten" steht der Becher für Josef sowie der für Simeon. Entsprechend der Erzählung werden die Becher verschoben (evtl. können die Kinder dabei helfen).

*1. Szene 1. Mose 43,1-25: Die „Diskussion" mit dem Vater, die Reise der Brüder nach Ägypten und ihr Gespräch mit Josefs Hausverwalter (mit Foliencollagen):* Mit gerunzelter Stirn kam Jakob aus der Vorratskammer zurück. „Es hilft alles nichts, wir brauchen wieder Getreide aus Ägypten. Sonst haben wir bald nichts mehr zu essen. Die Getreidesäcke, die meine Söhne bei ihrer letzten Reise aus Ägypten mitgebracht haben, sind fast leer."...
• Erzählen, warum die Brüder nur mit Benjamin reisen wollen und warum Jakob gerade das nicht will. Es folgt der Dialog zwischen Juda und Jakob. Ankunft in Ägypten und im Haus Josefs.

*2. Szene 1. Mose 43,26-34: Josefs Begegnung mit Benjamin und das gemeinsame Festessen:* Als die Brüder so dasaßen und warteten, merkten sie eine Unruhe im Haus. Viele Diener waren damit beschäftigt, etwas vorzubereiten. Was machten die denn alle? Vorsichtig fragten sie nach: „Was ist denn hier los? Was bereitet ihr vor?" – „Hat euch das niemand gesagt? Ihr seid zu einem Festessen hier im Haus eingeladen." Zu einem Festessen wurden sie eingeladen? Was bedeutete denn das? Wie gut, daß sie die Geschenke mitgebracht hatten. Die mußten sie unbedingt zuerst dem hohen Beamten überreichen als Zeichen ihres Dankes. (Josef kommt ins Haus, Begrüßung und Begegnung mit Benjamin. Festessen, die Sitzordnung entsprechend ihrer Geburtsfolge. Benjamin wird absolut bevorzugt, aber die Brüder stören sich daran nicht. Sie sind erleichtert, daß alles so gut verläuft.)

*3. Szene 1. Mose 44,1-13: Die Anordnung Josefs und der Schrecken der Brüder (mit Foliencollagen):* Die Anordnung Josefs wird erzählt. Dabei muß deutlich werden, daß Josef nicht aus Rache handelt, sondern um das Verhalten der Brüder zu prüfen. Die Brüder erschrecken sehr, als der Becher bei Benjamin gefunden wird. Hier ist es wichtig zu zeigen, daß die Brüder alle zusammenhalten und Benjamin nicht im Stich lassen. Die Aussage Josefs über das Wahrsagen aus dem Becher am besten weglassen.

*4. Szene 1. Mose 44,14-34: Juda vertritt Benjamin vor Josef:* Jetzt gab es nur noch einen, der ihnen helfen konnte: Dieser hohe Beamte des Pharao. Sie mußten zu ihm, um ihn um Gnade zu bitten...
• Das Gespräch zwischen Josef und Juda wird erzählt bis zu der Stelle, an der Josef sich zu erkennen gibt. Dabei sollte deutlich werden, daß Juda in allem eine Art gerechte Strafe für ihr Vergehen an Josef sieht V.16.

*5. Szene 1. Mose 45,1-15: Josef gibt sich seinen Brüdern zu erkennen:* Nein, das durfte nicht wahr sein. Vor ihnen, dieser Mann, dieser hohe Beamte – das war ihr Bruder Josef!
  Es war Josef, den sie damals so schlecht behandelt hatten...
  Die Angst der Brüder vor dem, was Josef wohl jetzt mit ihnen tun wird, sollte deutlich geschildert werden. Aber Josef reagierte ganz anders. Er war seinen Brüdern doch nicht mehr böse. „Kommt doch her zu mir", sagte er freundlich zu ihnen. „Habt keine Angst vor mir. Ich werde euch nichts Böses antun. Ich bin nicht zornig auf euch, weil ihr mich nach Ägypten verkauft habt. Denn ich habe gemerkt, daß Gott mir hier einen wichtigen Auftrag gegeben hat. Ich bin hier, damit viele Menschen vor dem Verhungern gerettet werden können. Ich habe euch das Böse vergeben, das ihr mir getan habt. Ich werde euch dafür nicht bestrafen. Habt keine Angst, ich habe euch doch schon lange vergeben." (Josef schlägt vor, seinen Vater nach Ägypten zu holen.)
  Josef hatte ihnen vergeben! Dann war ja alles wieder gut. Sie mußten keine Angst vor ihm haben. Wie schön, daß sie wieder im Frieden miteinander leben konnten.

**6. Szene 1. Mose 45,16-28: Pharaos Vorschlag, Heimreise und Ankunft der Brüder beim Vater (mit Foliencollagen):** Pharaos Vorschlag erzählen; die Freude der Brüder und des Vaters, weil alles wieder gut ist.

Wißt ihr jetzt, warum wir ein Fest feiern? (Josef hat seinen Brüdern vergeben. Dadurch werden alle wieder froh: Josef, weil er wieder seine Familie hat; die Brüder, weil sie keine Angst mehr haben müssen, daß ihre Schuld bestraft wird; der Vater, weil sein Sohn noch lebt.)

Wir können uns vorstellen, daß wir alle die Brüder sind und vor lauter Freude zusammen dieses Fest feiern.

Wie könnte dieses Fest heißen? (Es heißt „Schalom-Fest", weil durch die Vergebung alle wieder Frieden geschlossen haben und in Frieden miteinander leben können.)

### Vertiefung

• *Lernvers:* Der Lernvers wird zum „Losungswort" für das Fest. Wer mitfeiern will, sollte das Losungswort kennen (evtl. den Vers kürzen, um kein Kind zu überfordern). Das Losungswort wird zu Beginn des Festes mit allen gelernt. Während des ganzen Festes kann immer wieder nach dem Losungswort gefragt werden (auch die Kinder untereinander).

• *Basteln:* Das Leporello wird ergänzt und ein weiteres Bild zur Erinnerung an der Wand befestigt.

• *Das „Schalom-Fest"* wird mit der ganzen Gruppe gefeiert (Inhalt siehe Arbeitshilfen).

## Kinderstunde im Vorschulalter

### Hinführung

Siehe „Kinderstunde im Grundschulalter". Die Vorbereitungen für das Fest werden jedoch nicht von den Kindern gemacht, die Mitarbeiter haben bereits alles vorbereitet. Evtl. können die Kinder einen Kreppapierstreifen erhalten, um sich für das Fest chic zu machen (als Haarband, Krawatte...).

### Hauptteil

*Erzählung:* Siehe „Kinderstunde im Grundschulalter": Die Erzählung muß jedoch vereinfacht werden. Der Schwerpunkt liegt auf dem Schluß: Die Erleichterung, daß Josef den Brüdern nicht böse ist, und die Freude, daß alle wieder in Frieden zusammen sind.

**1. Szene 1. Mose 43,1-34: Reise der Brüder und das Festessen mit Josef**
Die Brüder von Josef waren unterwegs. Sie mußten wieder nach Ägypten. Denn sie hatten kein Getreide mehr. Diesmal war ihr jüngster Bruder Benjamin mit ihnen gekommen.

Die zweite Reise der Brüder nach Ägypten

# 39

Wißt ihr, warum Benjamin mit dabei war? (Josef hatte ihnen gesagt, daß sie nur wiederkommen durften, wenn Benjamin mit dabei sei.)

Es war eine anstrengende Reise. Die Brüder waren froh, als sie endlich in Ägypten ankamen... (vom Gespräch mit dem Hausverwalter und dem Festessen erzählen.)

*2. Szene 1. Mose 44,1-34: Schrecken der Brüder und das Gespräch zwischen Juda und Josef:* Froh machten sich die Brüder auf den Heimweg. Wie gut, daß sie jetzt wieder Getreide hatten. Aber, was war denn da hinten los? Da kam jemand mit einem Pferdewagen direkt auf sie zu. Was wollte der denn?...

*3. Szene 1. Mose 45,1-28: Josef gibt sich zu erkennen, große Freude bei allen:*
• Beim Erzählen kann die Rede des Pharao V.16-20 weggelassen werden.

**Achtung!
Wichtiger Hinweis für die folgende Lektion:**
*Um Lektion 40 durchführen zu können, sollte jedes Kind möglichst ein „Babybild" von sich mitbringen. Das muß den Kindern in dieser Stunde schon mitgeteilt werden.*

**Vertiefung**
Siehe „Kinderstunde im Grundschulalter"

*(Durchgängige Lieder siehe Einleitung zu den Josefslektionen)*
Hinai ma tov
Lobe den Herrn, meine Seele
*(weitere Lieder sind im Schalom-Fest aufgeführt)*

**Liedvorschläge**

**Schalom-Fest**
*Grundgedanke:* Die Kinder verkleiden sich mit ihren Beduinentüchern. Sie sind nun die Brüder Josefs (wenn die Kinder wollen, können sie sich einen der Namen der Brüder aussuchen) und feiern zusammen das „Schalom-Fest".

**Arbeitshilfen**

*Dekoration:* Der Raum ist mit bunten Kreppapierbändern und Luftballons festlich geschmückt. Für das Essen werden bunte Servietten gefaltet oder in Gläser gestellt. Da es sich um ein orientalisches Fest handelt, sind Duftlampen mit verschiedenen Düften passend.

**Ablauf des Schalom-Festes**
*Lied:* Shalom chaverim (als Tanz)
„Halleluja-Tanz" (für Vorschulkinder aus: Heißa, wir dürfen leben, S.154, Abakus-Verlag)

*Festessen:* Es wird eröffnet mit dem Lied „Miteinander essen" (Nr. 46)
Es gibt Fladenbrote mit den „Früchten des Landes": Mandeln, Nüsse, Honig.
(Andere Möglichkeit: Gurken- und Tomatenscheiben oder auch einfach Mohrenköpfe als Füllung.) Dazu gibt es „Beduinentee", eine süße Tee-Saft-Mischung. Je nach Möglichkeit kann auch eine echte orientalische Spezialität hergestellt und serviert werden, z.B.: Mandel-Sesam-Bonbons: 2,5 Tassen Sesam, 1,5 Tassen kleine unbehandelte Mandeln und etwas Salz in einer Schüssel mischen. 1 Tasse Honig wird unter häufigem Rühren zum Kochen gebracht. Der Honig ist heiß genug, wenn ein Tropfen, den man in kaltes Wasser gibt, zur Kugel wird. Jetzt muß schnell das Sesam-Mandel-Gemisch und 1 Eßlöffel geriebene Zitronenschale unter den Honig gerührt werden.

Die Masse wird etwa einen Zentimeter dick auf ein mit Mehl bestäubtes Backblech ausgerollt und leicht abgekühlt, bis es anfängt, fest zu werden. Mit einem scharfen Messer wird es in etwa 2 x 2 cm große Stücke geschnitten (ergibt ca. 40 Stück). Im Kühlschrank oder in der Sonne trocknen lassen, bis die Bonbons fest sind.

Eden-Äpfel in Tahina: Pro Person wird 1 Eßlöffel dunkle Tahina-Paste (in türkischen Läden oder in manchen Reformhäusern erhältlich) mit 1/2 Eßlöffel Honig gemischt. Ein Apfel wird mit einem Apfelbohrer entkernt und mit der Mischung gefüllt. In einer feuerfesten Form werden die Äpfel zugedeckt mit etwas Wasser bei mittlerer Hitze etwa 25 Minuten auf dem Herd gebacken, bis sie gar sind. Warm servieren.

*Festfotos:* Die Kinder werden mit ihrer „Verkleidung" einzeln und als Gruppe fotografiert.

*Spiele (miteinander, nicht gegeneinander!)*
- Kamelrennen: Ein Kind ist das Vorderteil des Kamels. Ein zweites Kind stellt sich mit vorgebeugtem Oberkörper hinter das erste und umfaßt dessen Hüfte. Evtl. kann ein drittes Kind als Reiter aufsitzen. Schaffen es die Kamele, auch noch Wasser zu transportieren?
- Luftballon auf einem Bettlaken „hüpfen" lassen. Er darf nicht auf den Boden fallen. Mit wie vielen Luftballons geht das?
- „Festmusik" (für Vorschulkinder): Ein Kind muß vor die Tür. Nun kauert sich ein anderes Kind in die Mitte des Kreises und wird mit einer Wolldecke zugedeckt. Das erste Kind darf nun wieder hereinkommen. Es tippt das Kind unter der Decke an, damit dieses „Festmusik" macht (entweder ein Lied oder einfach auf Lala). Welches Kind ist unter der Decke versteckt?

*Abschluß:* Alle Kinder treffen sich wieder im Beduinenkreis. Das „Losungswort" (=Lernvers) wird nochmals aufgegriffen. An dieser Stelle kann man die Kinder auf Gottes Vergebung für uns hinweisen. Zum Abschied wünschen sich alle „Schalom".

**Foliencollagen**

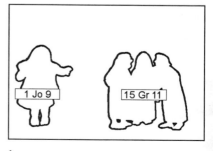

1

# 39

Die zweite Reise der Brüder nach Ägypten

**Gestaltungsvorschlag für das Leporello-Bild**
*Das Bild wird angemalt.*
Im Vordergrund steht einer von Josefs Brüdern. Das Lach-Wein-Gesicht (siehe auch Arbeitshilfen Lektion 33) wird ausgeschnitten und mit einer Musterklammer befestigt. Nun kann durch Drehen des Gesichts sein Gesichtsausdruck verändert werden.

Als die Brüder merken, daß Josef der Vizekönig ist, bekommen sie Angst.
Aber Josef vergibt ihnen. Sie werden alle froh.

Die zweite Reise der Brüder
1. Mose 42

Klebefläche

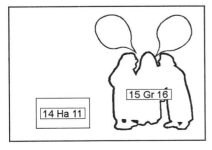

2

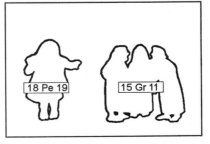

3

365

# 40 | Jakob in Ägypten · Jakobs Tod

**Text**

*1. Mose 46-50 (in Auswahl)*

**Erklärungen zum Text**

Um den Text zu verstehen, ist es sinnvoll, alle angegebenen Kapitel durchzulesen. Im folgenden werden jedoch nur die Abschnitte erwähnt, die Grundlage für die Erzählung sind.

*46,1-7: Jakobs Reise nach Ägypten:* Nach Kap. 46,26 waren es 66 Personen, die sich zusammen mit Jakob auf den Weg machten. Der Aufbruch bedeutet für Jakob einen gewaltigen Einschnitt in sein Leben. In dieser Situation sucht er die Gemeinschaft mit Gott. In Beerscheba hatte Gott bereits Isaak (dem Sohn Abrahams) versprochen, ihn zu einem großen Volk zu machen (Kap. 26,23-25). Am selben Ort erneuerte Gott diese Verheißung für Jakob (= Israel, siehe Kap. 32,29).

Hier zeigt sich auch der große Zusammenhang, in dem die Josefsgeschichte zu sehen ist: Durch Josef kamen Jakob und seine Großfamilie nach Ägypten und wurden dort vor dem Hungertod gerettet. In Ägypten wurden seine Nachkommen dann zu einem großen Volk, das später unter Mose wieder nach Kanaan, in das bereits Abraham versprochene Land, zurückgeführt wurde.

*46,28-34: Jakobs Wiedersehen mit Josef:* Goschen war eine altägyptische Provinz, die für Viehzucht gut geeignet war. Im Gegensatz zu den seßhaften Ägyptern, die Ackerbau betrieben, waren Jakob und seine Söhne bisher wandernde Nomaden, die von ihrer Viehzucht lebten. Die Viehzucht bestand damals aus Kleinvieh (Schafe, Ziegen) und Großvieh (Rinder, Esel). Gegen diese Art des Lebensunterhalts scheint bei den Ägyptern eine tiefe Abneigung bestanden zu haben (vgl. ihre generelle Ablehnung von Tischgemeinschaft mit Hebräern, Kap. 43,32).

*47,1-12: Jakob vor dem Pharao:* Hier wird deutlich, wie hoch Josef in der Gunst des Pharao stand und wie sehr dieser Josefs Fähigkeiten schätzte. Jakob segnete den Pharao. Während der Pharao ihm freizügig gutes Land überließ, gab Jakob ihm etwas von dem, was sein Leben reich machte: den Schutz und die Fürsorge Gottes.

*47,27-31; 49,33: Jakobs letzter Wunsch und sein Tod:* In wenigen Versen ist hier eine Zeitspanne von siebzehn Jahren enthalten. In dieser Zeit wurde die Großfamilie Jakobs in Goschen ansässig. Doch Jakob hatte Kanaan, das von Gott versprochene Land, nicht vergessen. Er wollte dort bei seinen Vorfahren begraben werden.

*50,15-21: Josefs Edelmut:* Die Angst seiner Brüder vor ihm scheint Josef erschüttert zu haben. Sie schienen an der Echtheit der Vergebung zu zweifeln. Dabei war für Josef doch schon längst alles geklärt. Weil er Gottes gute Absicht in seinem Leben erkannt hatte, konnte er ohne Haß auf sein Leben zurückschauen (vgl. auch Erklärungen zu Kap. 45 in Lektion 39).

Jakob in Ägypten · Jakobs Tod

# 40

Gott hatte Josef nie aus dem Blick verloren. Letztendlich wurden seine guten Gedanken für Josef sichtbar.

Josef bekennt das Handeln Gottes in seinem Leben, durch das ein ganzes Volk gerettet wurde.

**Schwerpunkt des Textes**

Kinder leben ganz in der Gegenwart. Es ist für sie ein interessanter Gedanke, wenn sie entdecken, daß sie auch einmal ein Baby gewesen sein müssen. (In der Regel kann sich auch ein Erwachsener nicht an die Zeit bis ungefähr zu seinem dritten Lebensjahr erinnern.) Vorschulkinder können noch nicht in Monaten und Jahren denken. Sie brauchen kleinere, überschaubare Einheiten. Sie können aber gut z.B. auf einen Tag zurückblicken. Wenn wir ihnen deutlich machen wollen, daß Gott ihr Leben in der Hand hat, dann müssen wir diese Aussage an konkreten Situationen in den einzelnen Lebensabschnitten festmachen (...als du im Kinderwagen lagst, ...als du das Laufen gelernt hast...) oder sie einfach auf den Ablauf eines Tages beziehen. Mit zunehmendem Alter und dem Kennenlernen der Uhr wächst auch der Zeitbegriff und damit die Fähigkeit, einen längeren Zeitraum im Rückblick zu überschauen.

**Anmerkungen zur Situation des Kindes**

☺ Die Kinder sollen wissen, daß Gott ihr Leben in der Hand hat. Dabei kann er auch aus schlechten Lebenssituationen noch etwas Gutes machen. (Für Vorschulkinder nur den ersten Satz als Ziel nehmen.)
♡ Die Kinder sollen empfinden, daß sie in Gottes guter Hand geborgen sind.
✋ Die Kinder sollen ihr Leben Gott anvertrauen.

**Lernziele**

Ihr gedachtet es böse mit mir zu machen, aber Gott gedachte es gut zu machen. (1. Mose 50,20)

**Lernvers**

*Für Vorschulkinder:* Gott gedachte es gut mit mir zu machen.

## Hinweise zur Durchführung

 **Hinführung**
Jedes Kind bekommt die Aufgabe, eine Person aus der Geschichte zu malen (Jakob, Brüder, Josef, Pharao). Die Figuren werden ausgeschnitten und dienen als Bildmaterial für die Erzählung. Dazu werden sie auf ein großes Plakat gelegt, auf dem bereits vorher eine Wüstenlandschaft angedeutet wurde, und entsprechend der Erzählung verschoben.

**Kinderstunde im Grundschulalter**

367

# Jakob in Ägypten · Jakobs Tod

 **Hauptteil**

*1. Szene (46,1-7):* Der alte Jakob war aufgeregt. Jetzt war er schon 130 Jahre alt und sollte noch einmal einen großen Umzug machen. Ein bißchen Angst hatte er schon. In Ägypten war ihm alles fremd. Außerdem hatte Gott seinem Großvater das Land Kanaan versprochen. Und jetzt würde er, Jakob, das Land verlassen mit allem, was zu ihm gehört, und ganz nach Ägypten gehen. Was Gott wohl dazu meint?

Gleichzeitig freute er sich sehr. Warum wohl? (Er würde seinen tot geglaubten Sohn Josef wiedersehen.)

So zog Jakob los: Er, seine Söhne und die Familien seiner Söhne. 66 Personen waren sie. Er hatte wirklich eine große Familie und viele Nachkommen. Aber bevor die Reise endgültig losging, wollte Jakob Gott nicht vergessen. Er brachte Gott ein Opfer und feierte einen Gottesdienst. In der Nacht merkte er, daß Gott mit ihm redete: „Jakob, keine Angst, ich gehe mit dir. Du wirst noch mehr Nachkommen haben. Ihr werdet ein großes Volk werden in Ägypten. Alles wird gut werden." Das beruhigte Jakob. Er merkte, daß Gott über sein Leben Bescheid wußte. Darauf wollte sich Jakob verlassen.

*2. Szene: 46,28-34*: Lange waren sie unterwegs. Ägypten kam immer näher. Jakob wurde immer aufgeregter. Ob es wirklich stimmt? Ob sein Sohn Josef wirklich noch lebt? Ob er uns wirklich versorgen kann, damit wir nicht hungern müssen? „Juda, gehe du schon einmal voraus! Frage Josef, in welchen Teil des Landes wir ziehen sollen." Als Juda bei Josef ankam, war Josef froh. Endlich! Er hatte so lange auf seinen Vater und die ganze Familie gewartet. Schnell ließ er Pferde vor seinen Wagen spannen, und dann reiste er seinem Vater entgegen. Von weitem sah er sie schon alle. Es war eine große Karawane mit vielen, vielen Tieren. Er trieb seine Pferde noch mehr an. Dann war er endlich da. Er sprang vom Wagen und lief los, seinen Vater zu suchen. Dort, das mußte er sein. Auf einem Wagen saß er. Alt war der Vater geworden. Aber er war es. Josef lief hin und fiel seinem Vater um den Hals. Die beiden freuten sich so sehr, daß sie weinten. „Jetzt habe ich dich wiedergesehen. Jetzt kann ich in Ruhe sterben", sagte Jakob. „Ihr könnt im Lande Gosen wohnen, das ist das beste Stück Land in ganz Ägypten. Ich will zum Pharao gehen und sagen, daß ihr, meine Familie, endlich da seid."

*3. Szene (47,1-12):* Josef zog zum Pharao. Er stellte einige seiner Brüder vor. „Wir sind Hirten", erzählten sie dem Pharao. Wir und unser Vater und unsere Vorfahren waren alle Hirten. Wir haben viele Tierherden mitgebracht: Schafe und Ziegen. Aber auch viele Esel und Kamele haben wir. Wir möchten hier gerne wohnen, denn in Kanaan ist Hungersnot. Dort müßten wir alle sterben. Bitte, laß uns hierbleiben." Dann stellte Josef dem Pharao auch seinen Vater vor. Jakob segnete den Pharao: „Gott meint und macht es gut mit dir." Sie durften alle bleiben. Das Land war gut. Niemand mußte mehr hungern.

*4. Szene (47,27-31):* Ja, es ging ihnen gut in Ägypten. Die Tierherden wurden immer größer. Die Kinder wuchsen heran, heirateten und bekamen wieder Kinder. Die Familie wurde immer größer. Jakob wurde immer älter und schwächer. 147 Jahre war er nun schon alt. Eines Tages ließ Jakob Josef zu sich holen. „Josef, ich bin nun schon sehr alt. Ich merke, daß ich bald sterben werde. Ich möchte dich um etwas bitten. Wenn ich gestorben bin, dann begrabe mich nicht hier in Ägypten. Begrabe mich bitte in Kanaan. Da gehören wir ja eigentlich hin. Versprichst du mir das? Erfüllst du mir diesen Wunsch?" Josef wurde es schwer ums Herz. Sein Vater sterben? Aber natürlich versprach er es. Und er hielt auch sein Versprechen ein. Nachdem Jakob gestorben war, begrub er ihn in Kanaan, dort, wo er eigentlich zu Hause war.

*5. Szene (50,15-21):* Nachdem Jakob gestorben war, bekamen die Brüder Angst. „Bestimmt gibt uns Josef jetzt alle Gemeinheiten zurück, die wir ihm angetan haben. Jetzt, wo der Vater nicht mehr da ist, rächt er sich bestimmt an uns und zahlt uns alles heim. Bestimmt verkauft er uns jetzt auch als Sklaven." Sie ließen Josef ausrichten: „Unser Vater hat gesagt, daß du uns vergeben sollst!"

Als Josef das hörte, wurde er ganz traurig. Warum? (Er hatte seinen Brüder doch längst vergeben!) Die Brüder gingen zu Josef hin und verbeugten sich vor ihm. „Wir wollen alle deine Diener sein!" Aber das wollte Josef gar nicht. „Ihr müßt doch keine Angst vor mir haben! Ich will euch nicht verurteilen. Seht, damals, da seid ihr wirklich gemein zu mir gewesen. Ihr wolltet mir Böses antun. Lange war ich verzweifelt. Aber dann habe ich etwas gemerkt: Hättet ihr mich nicht als Sklave verkauft, wäre ich nie nach Ägypten gekommen. Wäre ich nicht nach Ägypten gekommen, hätte ich nicht bei Potifar als Sklave gearbeitet. Hätte Frau Potifar nicht gelogen, wäre ich nicht zu Unrecht ins Gefängnis gekommen. Wäre ich nicht im Gefängnis gewesen...?"

(Die Kinder setzen die Reihe fort:
- Traum des Mundschenk deuten
- Mundschenks Erinnerung beim Pharao
- Pharaos Träume deuten
- Vizekönig

- Wäre ich nicht Vizekönig, hätte ich euch nie Getreide verkaufen können.
- Hättet ihr hier nicht Getreide gekauft, wärt ihr nie nach Ägypten gekommen.
- Wärt ihr nicht nach Ägypten gekommen, hättet ihr verhungern müssen.
• Merkt ihr was: Die Brüder hatten Böses mit Josef im Sinn. Und Gott? (Gott hatte Gutes vor. Er brauchte Josef, um seine Familie zu retten.)

**Vertiefung**
• Jedes Kind bringt ein *„Babybild"* von sich mit (in der Stunde vorher ankündigen!). Diese Bilder werden auf einem Plakat in eine große Hand geklebt als Zeichen dafür, daß jedes Kind unter Gottes guter Hand geborgen ist.
• Anhand eines *Hausspiels* wird nochmals die ganze Lebensgeschichte des Josef wiederholt (siehe Arbeitshilfen).
• eine *„Leporello-Ausstellung"* findet statt (dabei sollten alle Künstler entsprechend gewürdigt werden).
• *Lernvers:* Für jede richtige Antwort beim Hausspiel bekommen die Kinder ein oder mehrere Worte des Lernverses gesagt (in der richtigen Reihenfolge!). Welche Gruppe kann am Schluß den Vers auswendig sagen?
• *Abschlußrunde im Beduinenkreis:* Gott hat schon von Anfang an gewußt, wie es mit Josef ausgehen würde. Gott überschaut das ganze Leben jedes Menschen. Er weiß auch schon, wie es mit euch weitergehen wird. Aus etwas Schlechtem kann Gott immer noch etwas Gutes machen. Jeden Augenblick eines Lebens kennt Gott: Das, was ihr schon erlebt habt, das, was gerade hier passiert, und das, wie euer Leben weitergehen wird. Keinen Augenblick läßt uns Gott im Stich.

 **Kinderstunde im Vorschulalter**

 **Hinführung**
Siehe „Kinderstunde im Grundschulalter":
*Oder:* Da es wieder um eine Reise geht, kann für die Erzählung nochmals die Methode mit den Bechern angewandt werden (s. Lekt. 38+39).

Der Einstieg ist dann gleichzeitig Wiederholung der vorhergehenden Geschichte, indem mit den Kindern zusammen die Becher in die richtige Ausgangsstellung gebracht werden.

 **Hauptteil**
*Erzählung:*
Siehe „Kinderstunde im Grundschulalter"

Jakob in Ägypten · Jakobs Tod

### Vertiefung

• *Basteln:* Das letzte Bild für das Leporello wird gebastelt. Ein großes Bild wird zur Erinnerung wieder an der Wand befestigt. Jetzt ist das Leporello komplett und zeigt einen guten Überblick über das Leben Josefs.
• Anhand des Leporellos werden die Stationen aus dem Leben Josefs nochmals in Erinnerung gerufen (siehe Arbeitshilfen).
• *Leporello-Ausstellung*
• *Lernvers mit Bewegungen lernen:*
„Gott gedachte" (nach oben zeigen)
„es gut mit mir zu machen." (ausgestreckte Faust mit nach oben gestrecktem Daumen)
• *Gesprächsrunde im Beduinenkreis* (dazu müssen die Kinder Fotos mitbringen, auf denen sie als Kleinkind zu sehen sind):
    Gott hat auf Josef aufgepaßt. Jetzt ging es ihm gut. Er lebte mit seiner Familie, er war reich und ein angesehener Mann in Ägypten. Gott hatte für Josef gesorgt. Gott hatte Josefs Leben in seiner Hand.
• Die Kinder schauen sich die mitgebrachten Kleinkind-Bilder an. Gott kennt jeden. Er kannte euch auch schon, als ihr noch so kleine Kinder gewesen seid. Er wußte damals schon, wie ihr jetzt aussieht. Gott hat euer Leben in seiner Hand. Die Bilder werden auf einem Plakat in eine große Hand geklebt als Zeichen dafür, daß sie unter Gottes guter Hand geborgen sind.
• Das Lied: „Gott hält die ganze Welt" wird gesungen.

Er hält die ganze Welt
Ehe ich geboren wurde
Der Herr denkt an uns
Gott ist so gut

**Liedvorschläge**

# 40

Jakob in Ägypten · Jakobs Tod

 **Arbeitshilfen**

 **Gestaltungsvorschlag für das Leporello-Bild**
Das vorgedruckte Bild kann von den Kindern ausgemalt werden.

Die ganze Familie zieht nach Ägypten und wird dort von Josef versorgt. Josef sagt seinen Brüdern: „Ihr gedachtet es böse mit mir zu machen, aber Gott gedachte es gut zu machen."

**Hausspiel (für Grundschulkinder)**
Die Kinder werden in Gruppen eingeteilt. Für jede Gruppe muß ein Zahlensortiment von 1-16 vorbereitet werden. Für jede Gruppe ist ein Mitarbeiter zuständig, der diese Zahlenkärtchen „verwaltet". Die Gruppen beginnen gleichzeitig. Jede Gruppe zieht sich aus ihrem Zahlensortiment eine Zahl und rennt los, um die Frage zu suchen, die zu dieser Zahl gehört. Dazu wurden vor dem Spiel die Fragen in numerierte Umschläge gesteckt und im ganzen Haus verteilt. Hat die Gruppe den entsprechenden Umschlag gefunden, liest sie die Frage. Mit der Antwort müssen sie dann zu „ihrem" Mitarbeiter gehen. Achtung: Die Fragen müssen mit dem Umschlag liegen bleiben, da die anderen Gruppen sie sonst nicht mehr finden können! Nachdem die Kinder die Antwort genannt haben, dürfen sie die nächste Zahlenkarte ziehen usw. Wichtige Regel: Zum Ziehen einer neuen Zahl muß die ganze Gruppe vollzählig zusammen sein! Für jede richtige Antwort gibt es einen Punkt. Nach dem Spiel sollte eine „Auflösung" stattfinden, d.h. die richtigen Antworten zu den Fragen werden mit allen Kindern zusammen genannt.

*Fragen zur Josefsgeschichte (Lekt. 33-40)*
1. Wie viele ältere Brüder hatte Josef? (Zehn)
2. Warum waren Josefs Brüder neidisch auf ihn? (Er bekam von seinem Vater ein buntes Kleid.)
3. Was taten die Brüder mit Josef, nachdem sie ihn in eine Grube geworfen hatten? (Sie verkauften ihn als Sklave an eine Handelskarawane.)
4. Was taten die Brüder mit Josefs buntem Kleid, nachdem sie Josef verkauft hatten? (Sie beschmierten es mit Blut von einem Tier und schickten es zu Jakob. Es sollte so aussehen, als wäre Josef von einem wilden Tier zerrissen worden.)
5. Wie hieß der Mann, bei dem Josef in Ägypten als Sklave arbeitete? (Potifar)
6. Warum gelang Josef als Sklave in Ägypten und auch im Gefängnis alles so gut? (Gott war bei ihm und half ihm.)
7. Welche zwei Beamten des Pharao traf Josef im Gefängnis? (Mundschenk und Bäcker)
8. Worum bat Josef den Mundschenk des Pharaos, als dieser aus dem Gefängnis kam? (Er sollte dem Pharao erzählen, daß Josef unschuldig im Gefängnis saß.)
9. Wie viele Jahre waren in Ägypten sehr gute Erntejahre, bevor die Hungersnot kam? (sieben)
10. Wie viele Träume hatte Pharao in einer Nacht? (zwei)
11. Warum zogen die Brüder zum ersten Mal nach Ägypten? (Es war eine Hungersnot im ganzen Land, und sie wollten in Ägypten Getreide kaufen.)
12. Welcher Bruder wurde bei der ersten Reise der Brüder gefangen in Ägypten zurückbehalten? (Simeon)
13. Benjamin sollte bestraft werden, weil der silberne Becher bei ihm gefunden worden war. Welcher Bruder setzte sich vor Josef sehr stark für Benjamin ein? (Juda)
14. Wie bestrafte Josef seine Brüder für das Böse, das sie ihm in seinem Leben angetan hatten? (Gar nicht, er vergab ihnen alles.)
15. Wie hieß der Ort, an dem Josefs Brüder in Ägypten wohnten? (Goschen)
16. Warum fürchteten sich die Brüder vor Josef, nachdem ihr Vater Jakob gestorben war? (Sie dachten, jetzt würde Josef ihnen alles heimzahlen.)

# 40

Jakob in Ägypten · Jakobs Tod

**Die Geschichte Josefs**

1. Mose 37-50

**Wiederholung zur Josefsgeschichte anhand des Leporellos (Vorschulkinder)**

Mit diesem Spiel soll den Kindern das Leben Josefs nochmals in Erinnerung gerufen werden.

Als „Erinnerungshilfe" dient das Leporello. Ein Bild nach dem andern wird zusammen mit den Kindern betrachtet. Zu jedem Bild wird kurz der entsprechende Inhalt angedeutet. Das Ganze wird durch Aktionen, Spiele und Fragen aufgelockert.

*1. Josef als Träumer zu Hause*
Die Brüder hatten Josef nicht gerne. Sie beneideten ihn um sein buntes Kleid.
• Mit den Tüchern der Kinder wird eine Tuchausstellung gemacht (dabei geht es jedoch nicht darum, das schönste Tuch zu finden...).

*2. Josef wird von seinen Brüdern als Sklave verkauft*
Josefs Brüder verkauften ihn als Sklave an eine Handelskarawane.
• Dieser Ausschnitt aus der Geschichte wird als kurze „Spielszene" mit den Kindern dargestellt.

*3. Josef ist als Sklave im Haus des Potifar*
Josef mußte bei Potifar alles tun, was dieser ihm befahl.
• Spiel: Alle Kinder müssen die Bewegung nachmachen, die vom Mitarbeiter (später auch von einem Kind) vorgemacht wird.

*4. Josef ist im Gefängnis*
Warum war Josef im Gefängnis? (Frau Potifar hatte behauptet, er hätte ihr etwas Böses tun wollen. Aber das stimmte nicht. Josef war unschuldig.)

*5. Josef deutet die Träume des Pharao und wird zu einem reichen und wichtigen Mann*
• ein Bewegungslied wird gesungen

*6. Die Brüder reisen nach Ägypten*
Jakob und seine Söhne haben nichts mehr zu essen. Sie wollen in Ägypten Getreide kaufen. – Josef beschuldigt die Brüder, sie seien Kundschafter.
• Die Kinder spielen die Brüder. Sie werden „ausgefragt" und müssen mit Ja oder Nein antworten.
Wollt ihr Getreide kaufen? (Ja)
Seid ihr aus Ägypten? (Nein)
Seid ihr extra hierher gereist, um Getreide zu kaufen? (Ja)
Seid ihr Brüder? (Ja)
Habt ihr noch mehr Brüder? (Ja)
Lebt euer Vater noch? (Ja)
Seid ihr Kundschafter? (Nein)

*7. Die Brüder reisen zum zweiten Mal nach Ägypten*
Diesmal müssen sie Benjamin mitbringen. Sie sind sehr überrascht, als sie zu einem Essen mit Josef eingeladen werden.
• Die Kinder bekommen ein „Überraschungsessen" (Erdnüsse, Popcorn...).

*8. Jakob und die Brüder ziehen nach Ägypten*
Josef hat seinen Brüdern vergeben. Deshalb können alle zusammen in Ägypten wohnen. Dort gibt es genug zu essen.
• Der Lernvers wird wiederholt.

*Jetzt schließt sich das Gespräch im Beduinenkreis an (siehe „Kinderstunde im Vorschulalter": Vertiefung).*

# 41 Durch die Bibel spricht Gott zu uns

**Text**

*Psalm 119,105*

**Erklärungen zum Text**

Der Psalm 119 ist der längste Psalm der Bibel. Er ist eine Sammlung von Versen der Anbetung und des Nachdenkens über Gottes Wort. Der Beter staunt über das Geschenk der Offenbarung in Gottes Wort, wobei auf dem alttestamentlichen Hintergrund vor allem an das Gesetz zu denken ist. Der Psalm wird auch „das güldene ABC" genannt, denn die insgesamt 22 Strophen beginnen jeweils in der richtigen Reihenfolge mit einem der 22 Buchstaben des hebräischen Alphabets. Die Sammlung stammt aus der Zeit nach dem Exil. Die Erfahrung des Gerichtes Gottes und zugleich des wunderbaren Neuanfangs liegen also hinter dem Beter und dem Volk.

Der Vers 105 hat eine für die Psalmen typische Parallelform, d. h. zwei Aussagen wollen mit unterschiedlichen Bibelworten eine Sache ganz deutlich machen. Das Beispiel vom Licht durchzieht die ganze Bibel und hat immer einen sehr engen Bezug zum Leben. In Joh. 8,12 bezeichnet Jesus sich selbst als das Licht der Welt. Der Beter bezeichnet das Leben des Menschen als eine Wanderung im Dunkeln. Dieser Weg kann nur durch das Licht Gottes hell werden. Wie eine Laterne einen Lichtkreis beschreibt, so kann man mit und unter Gottes Wort die nächsten Schritte tun.

**Schwerpunkt des Textes**

Gottes Wort gibt uns Orientierung für das Leben.

**Anmerkungen zur Situation des Kindes**

Die Kinder haben sicher schon die Erfahrung gemacht, daß es im Dunkeln schwierig ist, eine Wegstrecke zurückzulegen. Man kann sich stoßen oder hinfallen, ist unsicher, bekommt Angst, sieht den Weg nicht. Daß in solchen Situationen Licht nötig ist, wissen alle Kinder. Vom Licht des Lebens, Gottes Wort und Jesus Christus wissen aber nur noch wenig Kinder in unserer Gesellschaft. Es geht darum, daß Gottes Wort uns nicht nur Anweisungen gibt, wie wir leben sollen, sondern auch Sicherheit, Geborgenheit, Kraft und Zuversicht schenkt. Den Kindern soll das Interesse an der Bibel geweckt werden.

**Lernziele**

☺ Die Bibel ist Gottes Brief an uns.
♡ Es ist spannend, interessant, tröstend, kraftspendend, in der Bibel zu lesen. Wegweiser sind hilfreich.
✋ Die Kinder sollen ermutigt werden, in der Bibel zu lesen und sich an Gottes Wort zu orientieren.

Durch die Bibel spricht Gott zu uns

Dein Wort ist meines Fußes Leuchte und ein Licht auf meinem Wege. (Psalm 119,105) **Lernvers**

## Hinweise zur Durchführung

 **Hinführung**

*Vorschlag 1:* Frage an die Kinder: Wozu braucht man eine Gebrauchsanweisung? Gebrauchsanweisungen sind aber nicht immer einfach zu verstehen. Am besten ist es, wenn man einen Fachmann fragen kann. Auch für unser Leben gibt es eine „Gebrauchsanweisung". Wer sie einfach übergeht, kann sein Leben umsonst leben. Gott, der Hersteller unseres Lebens, hat etwas mit uns vor. Erfahren können wir es nur, wenn wir die Bibel kennen.

**Kinderstunde im Grundschulalter**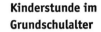

*Vorschlag 2:* Die Kinder bringen zu diesem Thema eine Bibel von zu Hause mit. Die verschiedenen Bibeln (Kinderbibel, alte Bibel, englische Bibel, Neues Testament usw.) werden vorgestellt bzw. von den Kindern gezeigt. Vielleicht erzählen die Kinder dabei auch, welche Bibel sie zu Hause benutzen.

 **Hauptteil**

Gemeinsam werden andere Bezeichnungen für die Bibel gesucht: Heilige Schrift, Wort Gottes, Gute Nachricht. Wozu wurde die Bibel wohl geschrieben?

*Möglicher Erzähleinstieg:* Es liegt schon über 2000 Jahre zurück. Das Volk Israel hatte eine ganz schlimme Zeit hinter sich. Krieg, Hunger, viele Männer, Frauen und auch Kinder waren gefangen gewesen. Feinde hatten das Land besetzt und unterdrückt. Doch jetzt ging es in Israel wieder besser. Die Äcker konnten bestellt werden, die Handwerker hatten auch wieder genug zu tun, die Kinder gingen wieder zur Schule. Aber immer wieder dachten die Menschen an die schlimme Zeit zurück. Ein unbekannter Mann, wir wissen gar nicht, wie er hieß und welchen Beruf er hatte, wann er gelebt hat, hat damals ein langes Gedicht aufgeschrieben. Wir finden es heute in der Bibel. Dieses Gedicht hat 150 Verse. In diesem Gedicht geht es immer nur um eine Sache, um Gottes Wort. Der Dichter hat erkannt, wie wichtig Gottes Wort für uns ist. Er wußte, daß nur Gottes Wort ihm und uns Menschen helfen kann, richtig zu leben. Denn nur Gottes Wort, die Bibel strahlt in unser Leben hinein, sie ist die Sonne in unserem Leben. Einer der Verse in diesem langen Gedicht heißt: „Dein Wort ist meines Fußes Leuchte und ein Licht auf meinem Wege."

# 41

Durch die Bibel spricht Gott zu uns

**Vertiefung**

- *Lernvers:* Dein Wort ist meines Fußes Leuchte und ein Licht auf meinem Weg. Psalm 119,105
- Evtl. als *Lesezeichen* basteln und als Andenken mit nach Hause geben. Verschiedene Worte durch Symbole ersetzen.

**Kinderstunde im Vorschulalter**

**Hinführung**

*Vorschlag 1:* Alle betreten gemeinsam den Raum, in dem die Kinderstunde stattfindet. Uuuuhhh, da ist es ja ganz dunkel, was machen wir jetzt? Licht! Ist doch klar. Aber wie? Wo ist der Lichtschalter, eine Taschenlampe oder Kerze?

Dann mit den Kindern ins Gespräch kommen, welche Lichtquellen es noch gibt. Evtl. könnten verschiedene Gegenstände auf dem Tisch liegen, wie z.B. Glühbirne, Sonnenblume, Bibel, Kerze, Geldbeutel usw. Die Kinder sollen nun die Gegenstände aussortieren, die kein Licht bringen können. Sortieren sie die Bibel aus oder nicht, kann das Gespräch über die Bibel als Lichtspender fürs Leben gesprochen werden.

*Vorschlag 2:* Zwei Pflanzen wurden für einige Wochen bis zu diesem Thema gezogen und an verschiedenen Orten aufbewahrt. Eine Pflanze hatte den hellen Platz am Fenster oder im Freien (je nach Jahreszeit), die andere Pflanze wurde ins Dunkle gestellt. Für dieses Experiment könnten z.B. Sonnenblumen, Bohnen oder Hyazinthen verwendet werden. Beide Pflanzen werden mit Nährstoffen gleich und bestens versorgt. Nach ca. drei Wochen dieser Spezialbehandlung sollen nun die Kinder die Unterschiede dieser beiden Pflanzen feststellen und auch die Ursache herausfinden.

**Hauptteil**

Wir lassen die Kinder von Erlebnissen berichten, die sie in der Dunkelheit hatten, und was sie getan haben, um aus dieser unangenehmen Situation herauszukommen.

Nun muß der Leiter der Kinderstunde begründen, warum die Bibel auch als Lichtquelle zu bezeichnen ist. Durch das Bibellesen erfahren wir z. B. Geheimnisse, werden getröstet, bekommen Kraft zum Leben, wissen, daß wir nicht allein sind...

Durch die Bibel spricht Gott zu uns

# 41

### Vertiefung
- *Spiele mit verbundenen Augen:*
Beispiel: Ein Kind muß einen bestimmten Gegenstand im Raum mit verbundenen Augen suchen. Grundgedanke: Wenn es dunkel ist, können wir uns nicht gut orientieren. Wir brauchen Licht.
- *Lernvers*

Die Bibel, das ist Gottes Wort
Die Bibel kommt von Gott
Die Bibel spricht von Gott
Die B I B E L
Dieser Brief ist für dich
Das wichtigste Buch
Dein Wort ist meines Fußes

**Liedvorschläge**

### Wissenswertes zur Bibel
Die Bibel besteht aus zwei Teilen: AT und NT. Zuerst war sie in hebräischer Sprache geschrieben, dann in Griechisch. Martin Luther hat sie in die deutsche Sprache übersetzt. Heute gibt es die Bibel in mehr als 1500 Sprachen. Das AT besteht aus 39 Büchern, das NT aus 27.

**Arbeitshilfen**

### Kennenlernen der Bibel
Diese Thema könnte für manche Kinder der Start ins regelmäßige Bibellesen sein. Dazu gibt es z.B. mit dem „Guten Start für Einsteiger" gutes Material. Vielleicht ist es möglich, von jetzt ab für interessierte Kinder vor jeder Kinderstunde 15 Minuten gemeinsames Bibellesen anzubieten.

### Andenken
Geschenke, besonders für die jüngeren Kinder könnten leuchtende Sterne oder Kreuze mit einem Bibelvers sein.

Durch die Bibel spricht Gott zu uns

### Spiele
*„Bibel hoch"*

Die Kinder werden in zwei Gruppen eingeteilt. Jeder Mitspieler bekommt eine Bibel (alle von der gleichen Ausgabe).
Die Kinder schlagen zunächst die Psalmen auf. Dann nennt der Spielleiter eine Bibelstelle, die so schnell wie möglich aufgeschlagen und vorgelesen werden muß. Aus welcher Gruppe liest jemand zuerst die richtige Stelle?

*Bibelverse zusammensetzen*

Jedes Kind bekommt ein Kärtchen, auf dem der Teil eines den Kindern bekannten Bibelverses steht. Die anderen Kärtchen werden auf dem Tisch ausgelegt. Wer findet zuerst den zweiten Teil seines Verses?
Varianten:
A. Der Spielleiter nennt den Teil eines bekannten Verses, und alle Kinder suchen unter den ausgelegten Kärtchen den zweiten Teil dazu.
B. Die Karten werden als Memory-Spiel vorbereitet, jedes Kind hat die Chance mitzuspielen.

*Bibelpuzzle*

Der Spielleiter malt eine aufgeschlagenen Bibel, schreibt den Merkvers hinein, kopiert diese Zeichnung in entsprechender Anzahl, zerschneidet das Bild in Puzzleteile. Die Kinder sollen dieses Puzzle möglichst schnell wieder zusammensetzen. Wer hat es als erster geschafft?

### Basteln
*Lesezeichen*

Aus Pappresten etwa 4x16 cm schmale Streifen schneiden. Darauf malen die Kinder ein Lichtsymbol, z.B. eine Sonne, Kerze o.ä. und schreiben den Lernvers darauf. Am Ende des Pappstreifens wird mit einem Locher ein Loch gestanzt und daran eine bunte Kordel befestigt.

*Bibliothek*

Material: Streichholzschachteln, Leim, Leisten, Papier, Stifte.
Aus den Holzleisten wird ein kleines Regal erstellt. Die Streichholzschachteln stehen jeweils für ein Buch der Bibel.

Durch die Bibel spricht Gott zu uns

# Die Bibel · eine Bibliothek

## Altes Testament

**MOSE**: Genesis, Exodus, Levitikus, Numeri, Deuteronomium

**GESCHICHTE**\*\*: Josua, Richter, Rut, 1. Samuel, 2. Samuel, 1. Könige, 2. Könige, 1. Chronik, 2. Chronik, Esra, Nehemia, Ester

**LEHRE**: Hiob, Psalmen, Sprüche, Prediger, Hoheslied

**PROPHETENBÜCHER**\*\*: Jesaja, Jeremia, Klagelieder, Hesekiel, Daniel, Hosea, Joel, Amos, Obadja, Jona, Micha, Nahum, Habakuk, Zefanja, Haggai, Sacharja, Maleachi

## Neues Testament

**JESUS**: Matthäus, Markus, Lukas, Johannes, Apostelgeschichte

**PAULUSBRIEFE**\*: Römer, 1. Korinther, 2. Korinther, Galater, Epheser, Philipper, Kolosser, 1. Thessalonicher, 2. Thessalonicher, 1. Timotheus, 2. Timotheus, Titus, Philemon

**BRIEFE**\*\*O: Hebräer, Jakobus, 1. Petrus, 2. Petrus, 1. Johannes, 2. Johannes, 3. Johannes, Judas, Offenbarung

# 42 | Wir dürfen beten

**Text**  Lukas 11,5-13; Matthäus 26,36 ff.; Markus 1,35

**Erklärungen zum Text**

Für das Verständnis dieser bildhaften Erzählung sind die vorausgehenden Verse (Luk. 11,1-4) wichtig. Denn immer wieder können wir beobachten, daß sich Jesus zurückzieht, auch aus dem Kreis seiner Jünger (Vertrauen), um allein mit seinem himmlischen Vater zu reden. Ausgelöst durch diese Erfahrungen wird auch der Wunsch in den Jüngern lebendig, beten zu lernen, obwohl sie sicherlich die vielen Ordnungen im Judentum damals kannten und praktizierten. Jesus lernte seinen Jüngern das „Vaterunser" als Vorbild eines Gebetes. Es schließt sich das Gleichnis vom bittenden Freund an, das uns nur von Lukas berichtet wird. Durch schlichte Bilder aus dem Alltag des morgenländischen Lebens macht Jesus uns Mut zum Beten und gerade auch zum Bitten. Die gesamte Bildrede birgt in sich einen starken Realismus, der den Hörer auffordern will: zu bitten, zu suchen und anzuklopfen. Sie will ihn geradezu provozieren. Dabei kommt es nicht so sehr auf theoretische Überlegungen an, sondern darauf, daß das Gebet praktiziert wird. Unsere Aufgabe ist es, zu bitten, zu suchen und anzuklopfen, Gottes Gabe das Erfüllen, Sichfindenlassen und Auftun.

Vers 5-6: Nun wird uns hier eine dörfliche Begebenheit erzählt, die eigentlich jeden Tag geschehen kann. Da der Brotvorrat von der Hausfrau vor Sonnenaufgang gebacken wird und nur als Tagesration vorgesehen ist, kann es bei unvorhergesehenem Besuch zu Engpässen kommen. Mehr als bei uns ist im Morgenland die Bewirtung des Gastes unbedingt Ehrensache.

Vers 7: Der angeredete Freund reagiert auf die Bitte sehr verärgert. Dazu muß man wissen, daß das Öffnen der Tür wegen ihres Riegels und Balkens sehr umständlich und mühsam, außerdem mit störenden Geräuschen verbunden ist. Es ist hier sicherlich an ein Haus gedacht, das aus einem Raum besteht und in dem alle Familienmitglieder schliefen. Wahrscheinlich würden sie durch das Öffnen der Tür aus ihrem Schlaf gerissen. Verständlich ist aus diesem Grund die Reaktion des Hausvaters, ihn doch in Ruhe zu lassen.

Vers 8: Doch wäre eine plumpe Ablehnung der Bitte im Orient undenkbar. Außerdem würde das anhaltende Bitten des Freundes auf die Dauer mit Sicherheit beschwerlicher als das Aufstehen und die damit verbundenen Störungen. Der im Schlaf gestörte Freund zögert deshalb nicht, die Bitte des in Verlegenheit Geratenen zu erfüllen. Beharrliches Bitten führt zum Ziel, das bringt Jesus in der Aufforderung „darum sage ich euch…" zum Ausdruck.

Vers 9: In der Anwendung der drei Bibelworte liegen sehr feine Unterschiede:
1. Wer bittet, der will etwas empfangen, was er bis zu diesem Zeitpunkt noch nicht hat.
2. Wer sucht, hat entweder etwas verloren, oder er möchte etwas bekommen, wofür er bereit ist, Zeit und Mühe zu investieren.
3. Wer anklopft, will sich Zutritt zu dem verschaffen, von dem er die Erfüllung seines Wunsches erhofft.

Da unser Vater im Himmel uns nur Gutes geben will, kann er unser Bitten und Wünschen in die Bahnen seines Willens lenken. Letztlich soll all unser Beten in die Worte Jesu münden: „Vater, nicht mein, sondern dein Wille geschehe" (Lukas 22,42b).

Nur wer etwas von Gott erwartet, wird auch von ihm beschenkt. **Schwerpunkt des Textes**

Das Kind, das aus keinem christlichen Elternhaus kommt, hat nur geringe, oft gar keine Erfahrungen mit dem Gebet. Stille und Gebetshaltung sind ihm fremd. Aber alle Kinder (und auch Erwachsenen) kennen das Bedürfnis, besonders in Zeiten der Not und Traurigkeit und auch nach sehr erfreulichen Erlebnissen sich jemand mitzuteilen. Darum erzählen Kinder nicht selten ihren Frust Tieren oder Stoff-Figuren. Für den Erzieher ist es aber unbedingt wichtig, nicht das Bild eines Automatismus in bezug auf das Gebet und seine Erhörung zu vermitteln. Das Kind soll lernen, daß Gott für jede Bitte offene Ohren hat, aber nicht das Gewünschte wie bei einem Automat per Knopfdruck sofort erfüllt. Gott ist in seinem Handeln souverän. Auch ein Nein zu dem ausgesprochenen Wunsch ist eine Antwort. **Anmerkungen zur Situation des Kindes**

☺ Gott schickt keinen weg, der zu ihm kommt. Egal zu welcher Tages- oder Nachtzeit der Hilfesuchende kommt. Man kann mit Jesus über alles reden.
♡ Es ist gut, wenn man mit jemand über alles reden kann.
🖐 Kinder ermutigen, alle Anliegen, egal zu welcher Zeit, mit Gott zu besprechen. **Lernziele**

Bittet, so wird euch gegeben, suchet, so werdet ihr finden, klopfet an, so wird euch aufgetan. (Lukas 11,9) **Lernvers**

# 42 | Wir dürfen beten

## Hinweise zur Durchführung

 **Kinderstunde im Grundschulalter**

 **Hinführung**

*Vorschlag 1:*
Welche Möglichkeiten gibt es, um mit anderen in Kontakt zu kommen? (Z.B. reden, telefonieren, schreiben, faxen.) Worauf kommt es bei einer Unterhaltung immer an?
- verständlich reden
- zuhören können, das heißt, selber schweigen, um den anderen verstehen zu können.

*Vorschlag 2:* Wir zeigen den Kindern Bilder von verschiedenen Haustüren. Bei allen Haustüren ist außen anstatt einer Klinke nur ein Knopf. Wie kommt man durch solch eine Tür ins Haus hinein, wenn man keinen Schlüssel hat? (Antwort: Durch Klingeln, Klopfen, Rufen...)

**Hauptteil**

Nur in seltenen Fällen sieht man eine Haustür weit offen stehen. Im Normalfall muß der, der hinein will, sich bemerkbar machen z. B. durch Klingeln, Rufen, Klopfen. Die meisten Haustüren können nur von innen geöffnet werden. Öffnet uns aber der Besitzer des Hauses, wird er auf jeden Fall hören wollen, was unser Anliegen ist. Am Tage ist solch eine Begegnung nichts Außergewöhnliches. Aber wenn es am späten Abend oder sogar in der Nacht passiert, daß jemand klingelt oder ruft, werden wir verschieden reagieren. Vielleicht: ängstlich, ärgerlich, gleichgültig?

Gott reagiert ganz anders. Er hat immer Sprechstunde für uns. Wir brauchen nur bei ihm anzuklopfen. Er hört unsere Bitten und gibt uns das, was nötig ist. Das kann auch mal ganz anders aussehen, als wir es uns gewünscht oder vorgestellt hatten. Gott handelt so, wie er es richtig findet. Manchmal gibt er uns nur eine Antwort, ein anderes Mal handelt er einfach, aber es kann auch sein, daß sich für uns im Augenblick gar nichts ändert. Trotzdem, mit allen unseren Sorgen, Freuden, Traurigkeiten, Ängsten, Dank können wir jederzeit zu Gott kommen. Er hört uns ganz bestimmt.

 **Vertiefung**

• *Lernvers:* Anhand der Bilder (siehe Arbeitshilfen) erarbeiten und mit den Kindern auswendig lernen.

Wir dürfen beten

# 42

 **Hinführung**

**Kinderstunde im Vorschulalter**

*Vorschlag 1:* Mit den Kindern über Freundschaften reden. Mit einem guten Freund kann man überall und über alles reden. Jesus möchte unser bester Freund sein und wartet darauf, daß wir mit ihm reden.

*Vorschlag 2:* Frage an die Kinder: Wer von euch war schon einmal in Not? Die Kinder erzählen ihre Erlebnisse. (Achtung, daß die Beiträge nicht zu sehr vom Thema abweichen.) Frage an die Kinder: Was habt ihr dann gemacht? Wer hat euch geholfen?

 **Hauptteil**

Jesu hat immer alle seine Fragen mit Gott besprochen. Er nannte Gott seine Bitten, weil er wußte, Gott macht es richtig. Darum will Jesus uns auch ermutigen, mit allen Sorgen zu Gott zu kommen. Jesus hatte seinen Jüngern gerade gesagt, wie sie beten können, und dann erzählte er ihnen diese Geschichte (die bibl. Geschichte kann z.B. in drei Erzählstufen berichtet oder vorgespielt werden):
1. Ein Freund kommt in Not (Vers 5)
2. Ein Freund fleht um Hilfe (Vers 5.6)
3. Einem Freund wird geholfen (Vers 7-13)
Jesus weiß, daß wir manchmal in Not sind, und er will uns gerne helfen. Selbst seinen Jüngern mußte er immer wieder sagen, daß Gott uns nie im Stich läßt. Darum erzählte Jesus den Jüngern diese Geschichte:...

 **Vertiefung**

Was möchtet ihr gerne Jesus sagen?
• *Foliencollagen:* Was werden diese Menschen bitten?
• *Für beide Gruppen:*
- Gebetsgemeinschaft
- Gebetsanliegen der Kinder sammeln, aufschreiben und gemeinsam dafür beten.

Es gibt jemand, der deine Lasten kennt
Gott hört, wenn ich bete
Gott will hören
Herr, lehre uns
Ich will auf das Leise hören
Komm, wirf deine Sorgen

**Liedvorschläge**

385

 **Arbeitshilfen**  **Spiele**

*Sei ganz Ohr*
Während ein Kind vor der Tür wartet, wird im Raum ein Wecker versteckt, den das Kind nun suchen muß. Dabei sollte es im Raum ganz still sein. Material: Wecker (nicht zu leise tickend).

*Trau dich*
Ein Kind mit verbundenen Augen wird von einem anderen durch eine aufgebaute Hindernisstrecke im Raum geführt. Nach Möglichkeit sollte das geführte Kind sich an keinem Gegenstand stoßen müssen.
Material: Augenbinde, Stühle für Hindernisse.

*Sei wachsam*
Die Kinder sitzen in einem Stuhlkreis, in der Mitte steht ein Stuhl, auf dem sich ein Kind mit verbundenen Augen setzen kann. Ein Schlüsselbund wird unter seinen Stuhl gelegt. Durch Anschleichen der Kinder (es darf immer nur einer unterwegs sein) soll der Schlüsselbund weggenommen werden, ohne daß der „Bewacher" etwas davon merkt. Sollte er jedoch schon beim Anschleichen Geräusche hören, muß er sofort in die Richtung zeigen, aus der die vermuteten Geräusche kommen. Der „Ertappte" muß zu seinem Platz zurückkehren, ein neuer Versuch kann gestartet werden. Der Bewacher kann nach einiger Zeit abgelöst werden.

*Aufgepaßt*
Über zwei Stühle wird eine Wolldecke gelegt, hinter der sich der Leiter versteckt, um mit den verschiedenartigsten Materialien Geräusche zu erzeugen. Nach jedem Geräusch die Kinder raten lassen. Z.B. Ball hüpfen lassen, Nüsse knacken, Stoff zerreißen, Flasche öffnen, Holz sägen, Kaffee mahlen, Papier zerreißen, Streichholz anzünden, Alufolie zerknüllen usw.
Material: Ball, Nüsse, Nußknacker, Stoffreste usw.

*Wer ist es?*
Alle Spieler, bis auf einen, stehen im Kreis. In der Mitte des Kreises steht einer mit verbundenen Augen. Sobald Musik ertönt, marschieren die Spieler im Kreis herum. Stoppt die Musik, bleiben alle stehen. Nun soll der in der Mitte auf eine Person zeigen und dreimal um einen Laut bitten. Dazu überlegt er sich drei Tierstimmen. Z.B.: Grunze wie ein Schwein, miaue wie eine Katze, belle wie ein Hund o.ä. An der Stimme soll nun der in der Mitte erkennen, wer ihm gegenübersteht. Erkennt er den Spieler, tauschen sie ihre Plätze. Erkennt er

ihn nicht, bleibt er auch zur nächsten Runde in der Mitte des Kreises. Es ist schwer, im Dunkeln jemand an der Stimme zu erkennen. Dazu muß man die Person schon gut kennen.

*Schokolade auspacken*
Um eine Schokolade werden viele Schichten Papier gewickelt und zum Schluß alles mit einer Schleife verschnürt. Das Päckchen liegt in der Mitte auf dem Tisch. Alle Spieler sitzen drum herum. Jeder darf der Reihe nach würfeln. Wer eine Sechs würfelt, muß augenblicklich eine Mütze aufsetzen, Schal umbinden, Handschuhe anziehen und mit Messer und Gabel versuchen, das Päckchen auszupacken. Sobald der nächste Spieler eine Sechs würfelt, sind alle Utensilien abzugeben. Sehr hektisch wird es, wenn die Sechser schnell hintereinander kommen. Wer die letzte Verpackung löst, darf den Inhalt verzehren oder an alle verteilen.

Mit diesem Spiel kann deutlich gemacht werden, daß wir uns bei manchen Aufgaben nicht gerne stören lassen.

**Lernvers**
*Text mit Bildern*

**Bittet, so wird euch gegeben,**
   **suchet, so werdet ihr finden,**
      **klopfet an, so wird euch aufgetan.**
         Lukas 11,9

| GEBETSPLAN | Ich bete für: | Ich bete für: | Ich bete für: | Ich bete für: |
|---|---|---|---|---|
| Montag | | | | |
| Dienstag | | | | |
| Mittwoch | | | | |
| Donnerstag | | | | |
| Freitag | | | | |
| Samstag | | | | |
| Sonntag | | | | |

# 42

Wir dürfen beten

**Basteln**
*Gebetsscheibe*

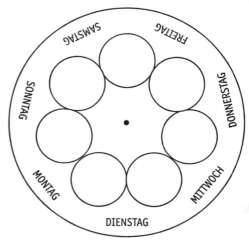

In die runden weißen Felder können Gebetsanliegen eingetragen oder kleine Bilder aufgeklebt werden. Die zweite Scheibe ist für weitere Gebetsanliegen zum Austauschen gedacht. An den markierten Punkten muß eine Musterbeutelklammer durchgesteckt werden.

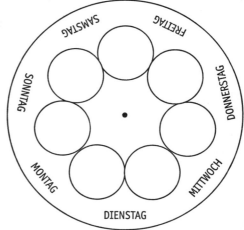

Wir dürfen beten

 **Haustüren**

 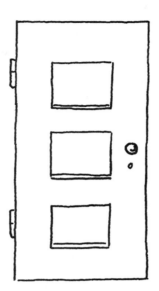 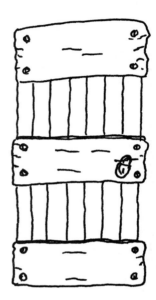

 **Foliencollagen**

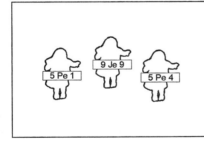 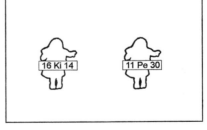

1 (Was drücken die Gebetshaltungen aus?)     2

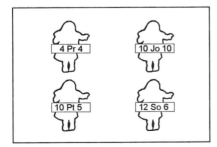 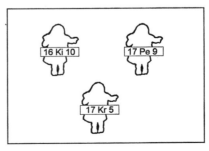

3 (Was werden sie zuerst beten?)     4

# 43 | Das Vaterunser

**Text**

**Erklärungen zum Text**

Matthäus 6,5-15

*Textzusammenhang:* Das Vaterunser steht im Zusammenhang mit der falschen Betweise (Art, Haltung) der Heuchler, die plappern wie die Heiden. Hier geht es zunächst darum, wie die Jünger beten sollen, also um die Art und Weise (allein, ernsthaft, kurz und inhaltsreich, in Demut vor Gott...). Selbstverständlich geht es auch um den Inhalt, der sich von dem des Lukasevangeliums im Wortlaut etwas unterscheidet.

*Begriffserklärungen:*
• *Himmel:* Hiermit ist der Wohnort Gottes gemeint, der unmittelbar in unsere Wirklichkeit hineinreicht, die unsichtbare Welt Gottes im Gegensatz zum sichtbaren Firmament, dem Wolkenhimmel (Psalm 104,2). Der Himmel ist auch die ewige Heimat Jesu (Apg. 1,9; Mark. 16,19), der Aufenthaltsort der Engel (Offenb. 7,11), die Wohnung der Erlösten (Joh. 14, 2.4). Er ist der Ort der Herrlichkeit (Hebr. 2,10; Matth. 6,13).
• *Vater:* Die Gotteskindschaft ist erst durch Christus eine erfahrbare Wirklichkeit geworden (Joh. 1,12). Durch ihn haben wir Gott zum Vater, weil er die zerstörte Gemeinschaft zwischen Gott und den Menschen durch sein Sterben und Auferstehen neu hergestellt hat. Alle, die an Jesus glauben, nimmt Gott als seine Kinder an. Die Vaterschaft schließt Fürsorge und Erhaltung der Kinder ein. Gott erweist uns seine Liebe, will aber auch als Autorität geehrt und geachtet sein. Ein Vater-Kind-Verhältnis schließt den Gehorsam automatisch mit ein. Gottes Vaterschaft ist die Voraussetzung dafür, daß Christen sich untereinander Brüder und Schwestern nennen dürfen. Das wiederum schließt gegenseitige Verantwortung mit ein, wie es im Vaterunser zum Ausdruck kommt (unser Brot, unsere Schuld usw.)
• *Name:* Der Name und sein Träger, die Person, stehen in der Heiligen Schrift oft in engem Zusammenhang. So meint hier der Name Gottes gleichzeitig seine Person. Wer den Namen Gottes entehrt, entehrt Gott selbst. Den Namen Gottes ehren bedeutet: Anbetung, Lob, Dank, fröhliches Zeugnis geben, Achtung und Ehrung vor der heiligen Person Gottes. Dadurch, daß wir als Erlöste, für Gott Ausgesonderte (Heilige) seinem Namen Ehre machen in unserer Haltung ihm gegenüber und in unserem Lebenswandel, heiligen wir seinen Namen. Dieser Name soll in unserem Munde nicht zum leeren Wort werden, das in leichtsinnige oder ärgerliche Redewendungen einfließt. Gottes Name ist uns geschenkt, damit wir ihn anreden können (2. Mose 3,13-15).

Das Vaterunser

- *Reich:* Das Wort Reich im Vaterunser meint das Reich Gottes, das uns in der Bibel als angebrochene, gegenwärtige (Luk. 17,21) und als kommende Wirklichkeit (Mark. 14,25) bezeugt wird. Wenn wir beten „Dein Reich komme", dann bitten wir darum, daß sich die angebrochene Herrschaft Gottes bei uns und in dieser Welt durchsetzen soll.
- *Gottes Wille:* Er ist uns in Jesus Christus und in der heiligen Schrift offenbart. Er umfaßt, kurz gesagt, die Rettung der Menschheit (1. Tim, 2,49) und unsere Heiligung (1. Thess. 4,3).
- *Brot:* Es ist hier nicht nur Nahrung im üblichen Sinn gemeint, sondern alles, was wir zum Leben brauchen, nicht zuletzt auch Jesus selbst, der das Brot des Lebens ist (Joh. 6,35).
- *Schuld:* Wir werden schuldig, sobald wir gegen den Willen Gottes handeln, Gott vergessen oder auch versäumen, Gutes zu tun (Jak. 4,17).
- *Vergebung:* Auf dem Weg des Glaubens brauchen wir immer wieder den Zuspruch der Vergebung. Sie ist nötig für die ungebrochene Gemeinschaft mit Gott. Weil Gott die Sünde haßt, hat nur ein Mensch, dem Vergebung zugesprochen wurde, Zugang zu ihm. Nur durch Jesus ist diese Vergebung möglich, weil er für unsere Sünde am Kreuz gestorben ist. Durch dieses Geschenk ergeht gleichzeitig der Aufruf an uns, auch unseren Schuldnern zu vergeben.
- *Versuchung:* Es geht hier um die Versuchung zum Bösen. Sie richtet sich immer gegen den Willen Gottes, gegen seine Gebote. Satan und seine Mächte werden hier mit Bösem bezeichnet. Der Versucher wurde bereits am Kreuz besiegt. Seine Vernichtung geschieht aber erst am Jüngsten Tag. Solange werden auch Christen immer versucht sein, gegen Gottes Willen zu handeln.
- *Kraft:* Gott allein verfügt vollkommen über die Kraft. Durch die Kraft seines Wortes schuf er Himmel und Erde (1. Mose 1). Seine Kraft zeigt sich in seinen Gerichten (2. Mose 9,13-16) und in seiner Hilfe (1. Mose 16). Er selbst wird als Kraft bezeichnet (Matth. 26,64), auch sein Geist (Apg. 1,8) und sein Evangelium (Röm. 1,16).
- *Herrlichkeit:* Sie bezeichnet die Hoheit Gottes, seine Majestät und den überirdischen Lichtglanz, der von seiner Nähe ausgeht. Sie ist Wesensmerkmal der ewigen Gotteswelt. Wo Gott selbst erscheint, wird auch seine Herrlichkeit offenbar.
- *Ewigkeit:* Hier ist mit Ewigkeit die anfangslose und endlose Zeitdauer von Gottes Herrschaft gemeint, an der die Gläubigen teilhaben werden.

Wir dürfen mit Gott wie mit einem Vater sprechen.

**Schwerpunkt des Textes**

# 43

Das Vaterunser

 **Anmerkungen zur Situation des Kindes**

Viele Kinder erleben in unserer Gesellschaft nicht mehr den fürsorgenden Vater. Oft wachsen sie ganz ohne Vater auf. Um so mehr ist der Wunsch der Kinder da, mit jemandem reden zu können, der sie versteht und ganz für sie da sein will. Eine zweite Schwierigkeit ist, daß Kinder kaum noch Respekt lernen und die Erwachsenen als Kumpel behandeln. Darum wird es nicht einfach sein, Gott als den heiligen Vater, dem Lob und Ehre gebührt, bekannt zu machen. Es ist unmöglich, daß das komplette „Vaterunser" mit all den theologischen Begriffen geistig und verstandesmäßig von den Kindern erfaßt werden kann. Sie sollen erfahren, daß Gott jeden Menschen genau kennt und weiß, was das Beste für ihn ist.

 **Lernziele**

☺ Gott ist unser himmlischer Vater. Er ist heilig, und trotzdem dürfen wir zu ihm Vater sagen.

♡ Nicht jeder Wunsch kann uns erfüllt werden, weil nicht alles gut für uns ist.

✋ Die Kinder ermutigen, mit Gott über alles zu reden, aber seine Lösung unserer Probleme zu akzeptieren.

 **Lernvers**

Euer Vater weiß, was ihr bedürft, ehe ihr ihn bittet. (Matthäus 6,8)

## Hinweise zur Durchführung

 **Kinderstunde im Grundschulalter**

 **Hinführung**

Gespräch mit den Kindern über das Telefonieren. Vielleicht erinnern sich manche noch an ihre ersten Telefonerfahrungen. Telefonieren will gelernt sein. Es kommt dabei darauf an, daß man antwortet und auch zuhören kann. Dann erzählen die Kinder, mit wem sie telefonieren. Wird „Vater" erwähnt, bekommt das Gespräch eine neue Richtung. Gott, unser Vater, wartet auch auf unseren Anruf. Doch wie können wir uns bei ihm melden, und was sollen wir sagen? Die Jünger Jesu hatten diese Fragen auch.

 **Hauptteil**

Manche Kinder können das Vaterunser vielleicht schon auswendig. Sie werden gebeten, es aufzusagen.
Was fällt bei diesem Gebet auf? Die Anrede, die Bitten.
Was dürfen wir dem himmlischen Vater alles sagen?
Die Kinder versuchen, das Vaterunser mit ihren eigenen Worten aufzuschreiben.

Das Vaterunser

**Vertiefung**
- *Rätsel* (siehe Arbeitshilfen)
- *Vaterunser ausmalen* (siehe Arbeitshilfen)
- *Lernvers*

**Hinführung**
*Frage an die Kinder:* Was kann man alles mit seinem Vater besprechen? Mögliche Antworten: Wenn ich Angst habe, kann ich ihm das sagen, wenn ich mir was wünsche, wenn ich wissen will, wie unser Auto funktioniert. Es gibt einen Vater, der für alle Menschen da ist. Wir dürfen sogar Papa zu ihm sagen. Das ist Gott, er ist unser Vater, weil er uns Menschen geschaffen hat. Mit ihm können wir auch über alles reden. Aber wie können wir das am besten tun?

**Kinderstunde im Vorschulalter**

**Hauptteil**
Das „Vaterunser" könnte den Kindern so vorgelesen werden, daß sie an bestimmten Stellen selbst das fehlende Wort einsetzen. Z.B. Himmel, Brot, Schuld. Manche Kinder werden das Gebet vielleicht schon kennen. Vielleicht kann auch mit den Kindern bei manchen Begriffen ein anderes Wort gesucht werden: z.B: Vater: Papa, Paps, Vati usw.

**Vertiefung**
Wir überlegen gemeinsam mit den Kindern, was wir uns heute von Gott wünschen (in Anlehnung an das Vaterunser). Dieses neue Gebet wird formuliert und aufgeschrieben.

Danke! Ich freu mich
Ehe ich geboren wurde
Gott hört mich
Hab Dank, lieber Vater
Lobet Gott

**Liedvorschläge**

# 43

Das Vaterunser

 Arbeitshilfen

 **Das Vaterunser**
*Kopieren, vergrößern und von den Kindern ausmalen lassen.*

Vater unser im Himmel, geheiligt werde dein Name, dein Reich komme, dein Wille geschehe wie im Himmel so auf Erden. Unser tägliches Brot gib uns heute. Und vergib uns unsere Schuld, wie auch wir vergeben unseren Schuldigern. Und führe uns nicht in Versuchung, sondern erlöse uns von dem Bösen, denn dein ist das Reich und die Kraft und die Herrlichkeit in Ewigkeit. Amen.

Das Vaterunser

# 43

**Kreuzworträtsel**

Fragen:
1. Was ist das Vaterunser?
2. Einer, dem ich voll vertrauen kann
3. Dadurch werden wir in die Gemeinde aufgenommen
4. Dabei geben wir Gott unser Ja
5. Ein anderes Wort für Gottes Haus
6. Die ganze Schöpfung
7. An welchem Tag schuf Gott die Tiere? (1. Mose 1,21 ff.)
8. Wozu wir den Sonntag haben
9. Sie sind Gott sehr wichtig (Mark. 10,14)
10. Was spricht der Prediger am Ende des Gottesdienstes
11. Wie nennt man die zwei Bibelteile
12. Jesus tat dort sein erstes Wunder
13. In der Fremde hütete der „verlorene Sohn" welche Tiere? (Lukas 15)
14. Eine Geschichte, die von zwei Brüdern handelt
15. Ein anderes Wort für die Beispielgeschichten, die Jesus oft erzählte. Er sprach oft in einem...
16. Jesus ging fast immer zu...
17. Jesus benutzte es oft als Kanzel
18. Beruf einiger Jünger
19. Ein bekannter Jünger Jesu
20. Er regierte, als Jesus geboren wurde
21. Sie kamen als erste zur Krippe
22. Name für Jesus
23. Dort wurde Jesus geboren

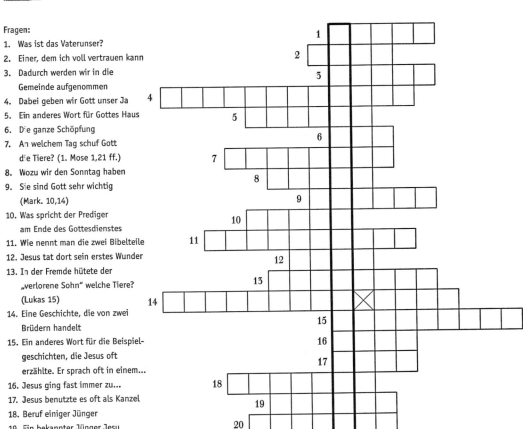

*Antworten:* Gebet, Gott, Taufe, Konfirmation, Kirche, All, fünften, ruhen, Kinder, Segen, Testamente, Kana, Schweine, Verlorene Sohn, Gleichnis, Fuss, Ufer, Fischer, Petrus, Herodes, Hirten, Christus, Bethlehem

*Lösung:* Gott hat einen Weg für dich

**Sprechmotette**
*Vaterunser*

Alle: Vater unser im Himmel
2. Himmel und Erde hast du gemacht!
3. Das Wasser hast du vom Festland getrennt!
4. Die Sonne und der Mond und die Sterne sind deine Erfindung!
5. Die Pflanzen hast du dir ausgedacht!
6. Alle Arten der Tiere hast du geschaffen!
7. Die Krone deiner Schöpfung aber ist der Mensch!
Alle: Wir wollen deinen Namen heilig halten.
Dein Reich des Friedens wünschen wir uns!
Dein Wille geschehe im Himmel und auf Erden!

1. Dein Wille ist gut!
2. Sind Himmel und Erde so, wie du sie haben willst?
3. Ist das Wasser und das Festland so, wie du es haben willst?
4. Sind Sonne, Mond und Sterne so, wie du sie haben willst?
5. Ist die Pflanzenwelt so, wie du sie haben willst?
6. Sind die Tiere so, wie du sie haben willst?
7. Der Mensch ist nicht mehr so, wie du ihn haben willst!
Alle: Wir denken darüber nach!
1. Ich denke darüber nach!

– kurze Pause – evtl. einige Takte Orgelmusik – sehr leise –

Alle: Das tägliche Brot gib uns heute!
1. Gott sorgt fürs Essen und Trinken und für die Kleidung!
2. Er sorgt für ein Zuhause!
3. Er sorgt für die Gesundheit an Leib und Seele!
4. Er sorgt für einen Arbeitsplatz!
5. Er sorgt für Frieden in der Familie und in der Schule!
6. Er sorgt für unser ganzes Leben.
7. Das Wichtigste aber ist: Er sorgt auch für unser ewiges Leben!
Alle: Wir denken darüber nach!
1. Ich denke darüber nach!

– kurze Pause –

Das Vaterunser

Alle: Vergib uns unsere Schuld, wie auch wir vergeben
      unsern Schuldigern!
1. Gott vergibt alle Schuld!
2. Er vergibt mir meine bösen Gedanken, wenn ich sie ihm sage!
3. Er vergibt mir meine Lieblosigkeit, wenn sie mir leid ist!
4. Er vergibt mir meine Streitsucht, wenn ich sie bereue!
5. Er vergibt mir meine Nachlässigkeit, wenn sie mir leid ist!
6. Er vergibt mir, wenn ich ihn einmal vergesse und verlasse!

Alle: Er will uns nicht in gefährliche Situationen bringen,
      sondern uns vor dem Bösen in dieser Welt fernhalten!

1. Gott hat einen Plan für mich!
2. Ich will seinen Plan erkennen!
3. Ich will den Platz, den er für mich hat, finden!
4. Ich will den Weg mit ihm gehen!
5. Ich will das Ziel nicht verpassen!
6. Ich will Gottes Willen kennenlernen!
7. Ich will Gottes Liebe nicht abweisen!

Alle: Wir denken darüber nach!
1. Ich denke darüber nach!

Alle: Dein ist das Reich und die Kraft und die Herrlichkeit
1. Gott bestätigt seinen Willen!
2. Bei Gott ist Gemeinschaft fürs Leben!
3. Bei Gott ist Sicherheit fürs Leben!
4. Bei Gott ist Kraft fürs Leben!
5. Bei Gott ist Friede fürs Leben!
6. Bei Gott ist Freude fürs Leben!
7. Bei Gott ist Herrlichkeit fürs Leben!

Alle: Und in Ewigkeit, in Ewigkeit. Amen.

# 44 | Gott ist groß (Anbetung)

**Text** — *Psalm 113*

**Erklärungen zum Text**

Dieser Psalm gehört zu den Lobliedern, den Hymnen. Psalm 113 ist ein gottesdienstlicher Hymnus, der von einer Gruppe und nicht von einer Einzelperson angestimmt wurde. Dabei handelte es sich wahrscheinlich um Priesterchöre. Möglich ist auch, daß sie mit zwei Chören im Wechselgesang dieses Loblied vorgetragen haben. Der Name Gottes wird im Lobgesang zum Inbegriff der Gegenwart Gottes.

Vers 2: Wird der Name Gottes gesegnet, so wird damit auch seine Machtstellung und sein Hoheitsanspruch anerkannt. Da Gottes Macht in aller Welt erfahrbar ist, soll auch das Lob seines Namens überall laut werden. „Vom Aufgang der Sonne bis zu ihrem Niedergang."

Vers 4: Die erhabene Majestät des thronenden Gottes wird hier geschildert. Er ist der Lichtglanz, der über den Himmeln und Völkern erstrahlt. Dieses Bild hat mit den ältesten Vorstellungen vom Himmelskönig zu tun.

Vers 5: Die Unvergleichlichkeit und Einmaligkeit Gottes wird hier beschrieben. Der Gott Israels ist der Herr der Welt, und der Herr der Welt ist der Gott Israels. Es gibt weder im Himmel noch auf Erden jemand, der ihm gleich ist.

Vers 6: Mit der Höhe und Tiefe ist die Dimension vom Aufgang der Sonne bis zu ihrem Niedergang bezeichnet.

Vers 7-9: Zugleich bezieht sich der Blick aus der Höhe auf die Niedrigkeit des Menschen. Gott sieht auf die Armen und Hilfsbedürftigen, und sein Blick wird zur helfenden Tat. Er richtet den Niedergeschlagenen Menschen auf und verschafft ihm Ehre. Im Erbarmen zeigt Gott seine umfassende Liebe und Macht.

*Begriffserklärungen:*

• *Knechte des Herrn:* Damit sind Menschen gemeint, die Gott ganz zur Verfügung stehen, ihm gehören und für ihn arbeiten. Menschen, die in völliger Abhängigkeit von Gott leben.

• *Herrlichkeit:* Dieser Begriff bezeichnet den überirdischen Lichtglanz, der von Gott ausgeht, seine Hoheit und Majestät. Zugleich ist diese Herrlichkeit Wesensmerkmal des Reiches Gottes und der unvergänglichen Gotteswelt im Unterschied zu der vergänglichen Welt, auf der wir leben. Der Glanz der göttlichen Herrlichkeit hat sich in Jesus Christus offenbart. Johannes der Täufer bezeugte es. „Wir sahen seine Herrlichkeit..." (Joh. 1, 14). Jesus ist der Herr der Herrlichkeit. (1. Kor. 2, 8 / Jak. 2, 1)

• *Himmel:* Damit ist sowohl der sichtbare als auch der unsichtbare Himmel gemeint. Im AT wird der Himmel wie eine große, über die

Erde gespannte Zeltdecke verstanden. Ebenso stellten sich die Menschen damals den Himmel wie ein Gewölbe vor, das von großen Gebirgen als Pfeiler und Säulen getragen wird. Diese Gewölbe hatte in der Vorstellung der Menschen Fenster und Türen, aus denen z.B. der Regen kam oder die Sonne schien, aber auch der Segen Gottes herabregnete. Ebenso galt dieses Himmelsgewölbe als Wohnort und Thron Gottes. Doch die Allgegenwart Gottes sprengt diese räumlichen Vorstellungen.

• *Fürsten:* Als Fürsten werden die obersten Führer des Volkes bezeichnet und vornehme und leitende Männer in verschiedenen Stellungen. Auch die Hohenpriester und Priester galten als Fürsten im Hause Gottes. Außerdem wurden hohe Offiziere und Beamte in besonderen Positionen als Verwaltungsleiter und Minister als Fürsten eingesetzt. Im Bereich der geistlichen Vollmacht wird der Begriff Fürst in Verbindung mit der Messiaserwartung gebraucht.

Gott ist groß. Er ist hoch erhaben über alle Völker. Er allein ist es wert, daß man ihn lobt. **Schwerpunkt des Textes**

Lob Gottes ist den Kindern meistens etwas ganz Fremdes. Aber über das Lob für eine gute Arbeit, wie die Kinder es selbst erfahren, könnte vielleicht deutlich werden, was das Lob Gottes ist. Nämlich, staunend Gott mitteilen, ihn loben, wie gut er alles gemacht hat. Ihm danken für seine Hilfe und ihn anbeten, weil er der mächtigste Herrscher der Welt ist. **Anmerkung zur Situation des Kindes**

Das Lob Gottes schließt aber nicht nur Anerkennung ein über das, was er alles kann, sondern macht auch die Macht Gottes deutlich. Für die Kinder wäre vielleicht der Begriff Bewunderung Gottes oder staunen über Gott verständlich.

☺ Gott ist der Herrscher über diese Welt. Er verdient es, bewundert zu werden.
♡ Lob ist etwas Schönes. Es tut gut, gelobt zu werden und andere zu loben.
✋ Kinder ermutigen, ihrem Staunen über Gott Ausdruck zu geben. **Lernziele**

Vom Aufgang der Sonne bis zu ihrem Niedergang sei gelobet der Name des Herrn. (Psalm 113, 3) **Lernvers**

# 44

*Gott ist groß (Anbetung)*

## Hinweise zur Durchführung

**Kinderstunde im Grundschulalter**

### Hinführung

*Vorschlag 1:* Zum Beispiel könnte den Kindern ein Stein gezeigt werden, der aufgeschlagen wurde und einen Edelstein enthält. Einige Erklärungen zur Entstehung eines solchen Steines kann uns zum Staunen bringen.

Oder der Vergleich eines Computers mit unserem Gehirn. Das Gehirn arbeitet viel schneller, genauer und differenzierter als der Computer. An einigen Beispielen kann das aufgezeigt werden.

Eine weitere Möglichkeit, um über Gott ins Staunen zu kommen, könnte die Entstehung einer vollständigen Pflanze aus einem kleinen Samenkorn sein. Je nach dem, welches Beispiel gewählt wird, sollte sich der Mitarbeiter in der Materie auskennen bzw. Zusammenhänge verständlich erklären können.

Dias, kurze Filme können dazu eine gute Hilfe sein.

**Stundenentwurf**
- Einstieg / Hinführung
- Gem. Lied: Laßt doch Gott ein Lob erklingen
- Zeit der Stille, jeder denkt nach, wie Gott ist.
- Blätter werden ausgefüllt.
- Gem. Lied: Lobe den Herrn, meine Seele
- Vorlesen der Notizen (2 Kinder)
- Gebet
- Vorlesen der Notizen (2 Kinder)
- Psalm 113 lesen
- Vorlesen der Notizen (2 Kinder)
- Gem. Lied: Hallelu, Hallelu
- Vorlesen der Notizen (2 Kinder)
- Gebetsgemeinschaft
- Gem. Lied: Vom Aufgang der Sonne
- Gestaltung des Bibelverses bzw. Bastelarbeiten
- Gem. Lied: Vom Aufgang der Sonne

*Vorschlag 2:* Jedes Kind bekommt einen Zettel und schreibt darauf, welche Entdeckung es bei dem Kind neben sich gemacht hat, was dieses Kind besonders gut kann. Falls die Kinder sich untereinander nicht kennen, schreiben sie von sich selbst eine Fähigkeit auf, die sie gut beherrschen. Die Zettel werden alle in ein Gefäß geworfen. Der Leiter der Kinderstunde holt einen Zettel nach dem anderen hervor und liest vor, was die einzelnen geschrieben haben. Dabei wird auf keinen Fall gesagt, welches Kind was geschrieben hat. Aber die Kinder sollen raten, um wen es sich handelt, wer z.B. gut zuhören oder gut rechnen kann usw.

### Hauptteil

Die Kinder bekommen jeder ein Blatt Papier und sollen nun aufschreiben, was Gott alles kann.

Diese Notizen darf anschließend jedes Kind selbst vorlesen und den anderen mitteilen, warum es davon überzeugt ist, daß gerade diese Eigenschaft besonders gut zu Gott paßt. Geschichten aus der Bibel, persönliche Erfahrungen, Berichte von anderen Menschen können so gut weitergegeben werden.

Zwischendurch beten die Kinder in kleinen Gruppen und danken Gott gerade für diese Erlebnisse.

Dann kommt das nächste Kind an die Reihe, und nun könnte zwischendurch ein Anbetungslied gesungen werden, oder ein anderes Kind liest einen Psalm vor, bevor das nächste Kind Fortsetzung macht.

Gott ist groß (Anbetung)

# 44

 **Hinführung**
Die Kinder berichten, wofür sie schon gelobt wurden oder wann sie selbst jemand für etwas gelobt haben. Dabei haben sicher alle Kinder die Feststellung gemacht, daß Lob etwas Schönes ist und guttut. Jeder freut sich über ein Lob.

**Kinderstunde im Vorschulalter**

 **Hauptteil**
Gott freut sich auch über ein Lob von uns, ja, er wartet sogar darauf, daß wir ihn anbeten.
Gemeinsam wird überlegt, wofür wir Gott loben können.
   Eine Collage aus Zeitungen kann dazu eine Hilfe sein. Alle Kinder suchen sich Bilder aus alten Zeitungen aus, die etwas mit Gottes Macht und Größe zu tun haben. Dazu muß der Leiter sicher ein paar Beispiele nennen und Anregungen geben. Diese Bilder schneiden die Kinder aus und kleben sie alle zu einem großen Bild zusammen. Gemeinsam wird dann dieses Bild betrachtet und herausgefunden, was der besondere Anlaß des Dankens an den verschiedenen Stellen ist.
   Danach kann sich eine Gebetskette anschließen, wo die Kinder an diesen Bildern entlang Gott für seine Größe und Macht danken und ihn anbeten.

**Stundenentwurf**
- Einstieg/Hinführung
- Gem. Lied: Vom Aufgang der Sonne (mit Bewegungen)
- Collage
- Erklärung der einzelnen Bilder
- Gem. Lied:
- Einführung und Übung der Gebetshaltung
- Gem. Lied:
- Gebetsgemeinschaft nach der Collage
- Gem. Lied: Vom Aufgang der Sonne (mit Bewegungen)

 **Vertiefung**
*Lernvers:* Psalm 113, 3

Kanon: Vom Aufgang der Sonne
Kanon: Lobe den Herrn, meine Seele
Laßt doch Gott ein Lob erklingen

**Liedvorschläge**

 **Basteln**
• Fensterbilder (Landschaften)
• Glückwunschkarten mit Fotos
• Landschaften aus Moos, Gräsern, Zapfen, Zweigen, Steinen, Muscheln, Sand u. anderen Naturmaterialien
• Blumengestecke aus Trockenblumen oder frischen Blumen
*(Vorschläge siehe Bastelbücher)*

**Arbeitshilfen**

# 44

Gott ist groß (Anbetung)

**So groß ist Gott**
*Wieviel verschiedene Pflanzen sind auf diesem Bild zu sehen?*

# Georg Müller – einer, der das Beten erprobt hat | 45

*Daten zum Lebensbild von Georg Müller* **Hinweise zum Thema**
27.09.1805 in Kroppenstedt bei Halberstadt geboren, verliert mit 14 Jahren seine Mutter, führt ein totales Lotterleben, studiert Theologie.
1825 kommt er zum Glauben.
1829 in England, um sich auf die Arbeit unter Juden vorzubereiten, erkrankt sehr, löst sich von der Missionsgesellschaft.
1830 nimmt kein festes Gehalt mehr an, heiratet Marie Groves.
1836 erstes Waisenhaus gemietet.
1845-1870 entstehen die fünf Waisenhäuser auf Ashley Down, Bristol.
1870 Tod seiner ersten Frau.
1871 heiratet er seine zweite Frau: Susanne Grace Sangar.
1875-1892 unternimmt er Missionsreisen, daneben Bild- und Traktatmission.
1895 Tod seiner zweiten Frau.
10.03.1898 stirbt Georg Müller im 93. Lebensjahr.

*Ashley Down heute:* Die großen Häuser wurden von der Schulbehörde übernommen. Vom Erlös wurden kleine Wohneinheiten errichtet in Minehead, Westonsuper-Mare, Uphill, Clevedon und in Bristol.

*Grundsätzliche Einstellungen von Georg Müller*
- Glaube an Gottes Verheißung
- In allen Nöten allein an den lebendigen Gott anklammern
- Außenstehende sollten nichts von seinen Notlagen erfahren
- Ablehnen aller zweifelhaften Gelder
- Gewissenhafte Verwendung der Gelder
- Leihen aus anderen Kassen war untersagt
- Es dürfen nie Schulden gemacht werden.

Es ist schwierig für jüngere Kinder, das Gebet nicht als automatische Wunscherfüllung zu sehen. Beten geschieht immer unter der Voraussetzung „dein Wille geschehe". Es kommt darauf an, die Kinder zum erwartenden und vertrauensvollen Beten hinzuführen. **Anmerkungen zur Situation des Kindes**

☺ Ich kann mich in allen Situationen vertrauensvoll an Gott wenden. **Lernziele**
♡ Es ist gut zu wissen, daß sich jemand um mich kümmert.
✋ Die Kinder ermutigen, in allen Situationen im Gebet mit Gott zu sprechen.

Alle eure Sorge werft auf ihn; denn er sorgt für euch. (1. Petrus 5,7) **Lernvers**

403

# Georg Müller – einer, der das Beten erprobt hat

## Hinweise zur Durchführung

**Kinderstunde im Vor- und Grundschulalter**

**Hinführung**
Gespräch über das Gebet (siehe auch Lektionen 42 – 44).

**Hauptteil**
Wir hören heute von einem Mann, der eine Bank entdeckt hat, die nie zahlungsunfähig werden kann:

Georg und sein Bruder hatten ganz moderne Eltern. Schon von klein auf erhielten sie Taschengeld. Sie sollten schon früh lernen, mit Geld richtig umzugehen. Aber sobald Georg das Geld in seinen Händen hielt, war es auch schon ausgegeben. Er jagte jedem nur zu erhaschenden Geldstück nach. Und doch war er immer wieder ganz schnell pleite. Mit der Zeit wurde er so geld- und vergnügungssüchtig, daß er auf jede Art und Weise versuchte, an Geld heranzukommen.

Während seiner Zeit auf dem Gymnasium wohnte er bei dem Direktor der Schule. Wieder einmal hatte er sein ganzes Taschengeld verschwendet und suchte nach einer neuen Quelle. Da hatte er eine Idee. Er brach seinen Koffer und Gitarrenkasten auf und rannte nur notdürftig angezogen zum Direktor und schrie: 'Hilfe, ich bin überfallen worden! Man hat mich beraubt! Mein ganzes Geld ist fort!' Georg brachte seine Sache so geschickt vor, daß man für den armen Schlucker sammelte. Erst viel später wurden Zweifel laut.

Ab und zu wurde sich Georg seines gemeinen Verhaltens bewußt und nahm sich vor: 'So geht es mit mir nicht weiter. Ich will mich jetzt bessern.' Krampfhaft versuchte er, sich zu ändern, aber es gelang nur für kurze Zeit, dann war wieder alles beim alten.

Mit 20 Jahren wurde er zu einem Hauskreis eingeladen und hörte dort die Botschaft von Jesus Christus. Obwohl Georg Müller Theologie studierte – also Pfarrer werden wollte –, hatte ihn Jesus nie sonderlich interessiert. Aber jetzt sprach Christus deutlich zu ihm. Als er das begriff, lieferte er dem lebendigen Gott sein Leben aus. Ihm wurde deutlich, was wir im Vaterunser beten: „Nicht mein, sondern dein Wille geschehe."

Zunächst zog Müller predigend durchs Land. Besonders die vielen elternlosen und verwahrlosten Kinder, die überall bettelnd herumlungerten, konnte er einfach nicht vergessen. Wie konnte ihnen geholfen werden? Da las er von August Hermann Francke, der in Halle ein riesiges Kinderheim gegründet hatte, um diesen notleidenden Kindern zu helfen. „Könnte das nicht auch meine Aufgabe sein?"

Georg Müller, der inzwischen verheiratet war, wollte sich aber nur nach dem Willen Gottes richten. Deshalb betete er einfach zum Herrn Jesus: „Herr, zeige mir, was ich zu tun habe!" Und Gott antwortete ihm. Er schickte ihm u.a. eine Witwe in den Weg, die ihm in

Georg Müller – einer, der das Beten erprobt hat

Bristol (England) 2 ½ Schillinge schenkte und ihn bat: „Im Namen des Herrn Jesu gründen Sie ein Waisenhaus!" Nachdem er dieses Anliegen immer wieder mit Gott besprochen hatte, wußte er, daß dies seine Lebensaufgabe werden sollte.

Georg Müller war damals 30 Jahre alt. Schon einige Jahre zuvor hatten er und seine Frau alles, was sie nicht unbedingt zum Leben brauchten, verkauft und damit Arme versorgt. Sie wollten auch in den kleinen Dingen des Alltags wie Essen und Kleidung sich total auf den lebendigen Gott verlassen. In seinem Wort steht: „Bittet, so wird euch gegeben." Das hatten sie bisher immer wieder erlebt. Und wenn es Gottes Auftrag war, ein Kinderheim zu gründen, so würde er sie auch jetzt nicht im Stich lassen. So entstand das neue Kinderheim buchstäblich auf den Grundmauern des Gebets. Georg Müllers Motto lautete: „Alle eure Sorge werft auf ihn; denn er sorgt für euch" (1. Petr. 5,7).

*Kurzes Gespräch:*
„Welche Sorgen wird Georg Müller gehabt haben – im Blick auf Geld, Einrichtung des Hauses, Mitarbeiter, Sorgen der Kinder?"

Georg Müller kannte ja den Chef, dessen Bank nie zahlungsunfähig werden kann. Deshalb wandte er sich immer wieder getrost an diesen Chef und nicht an irgendeinen andern Menschen. So betete Georg Müller im Vertrauen auf den lebendigen Gott um ein Haus mit Zubehör, für 20000 DM und geeignete Mitarbeiter für die Erziehung der Kinder.

Und wie antwortete Gott darauf? Innerhalb von zehn Tagen stellten ein Mann und eine Frau sich zur Verfügung, ganz freiwillig, ohne Bezahlung. Auch sie waren davon überzeugt, daß der lebendige Gott sie recht gut versorgen würde. Nach und nach wurden Möbel gebracht, und das nötige Geld ging auch ein. Nicht ganz ein halbes Jahr später war das gemietete Haus möbliert und für die Kinder hergerichtet. Auch die Mitarbeiter waren da. Aber noch nicht ein einziges Kind war angemeldet.

An alles war gedacht und für alles war gebetet worden, nur nicht für die Kinder, deren Heimat das neue Kinderheim werden sollte. Man hatte damit gerechnet, daß die Kinder selbstverständlich kommen werden, deshalb hatte niemand extra für sie gebetet. Jetzt aber betete Georg Müller zum Vater im Himmel: „Danke, lieber Herr. Du hast uns mit dem Haus und allem reichlich beschenkt. Schicke du uns doch nun auch bitte die Kinder, die du in diesem Haus versorgen möchtest." Und der lebendige Gott erhörte schon bald diese Bitte. Zunächst waren es ungefähr 20 Kinder, die aufgenommen werden konnten. 25 Jahre später hatten 2000 heimatlose Kinder in diesem großen Kinderheim ihr Zuhause.

> **Vertiefung**
>
> *Einige Gebetserhörungen zur Auswahl*

1. Einmal saßen alle Kinder am Frühstückstisch. Aber sie hatten nichts zu essen im Haus. Da Georg Müller aber Gott gebeten hatte, für sie zu sorgen, dankte er auch diesmal für die Gaben, die ihnen Gott schenken würde. Er hatte kaum 'Amen' gesagt, da klopfte es an die Tür. Und als sie geöffnet wurde, stand der Bäcker vor ihnen und berichtete, er hätte die Nacht nicht schlafen können. Gott hätte ihn beauftragt, aufzustehen und für das Kinderheim Brot zu backen. So schüttete er Korb um Korb aus, bis es für alle reichte. Kurz darauf stand der Milchmann vor der Tür: „Mein Milchwagen zerbrach gerade vor der Tür, deshalb möchte ich Ihnen meine Milch geben." Auf diese Weise hatte Gott für die Kinder gesorgt.

2. Ein Christ war von der Arbeit in Bristol tief beeindruckt. In diesem Zusammenhang wurde er an den kostbaren Schmuck seiner Schwester erinnert (u.a. schwere Goldkette und Brillantring) und betete dafür, daß seine Schwester diese Kostbarkeiten als Spende für das Heim geben würde. Sein Gebet wurde gerade zum richtigen Zeitpunkt erhört. Der Schmuck wurde verkauft und brachte das Geld für eine ganze Woche ein. Außerdem konnten die schon längst fälligen Löhne ausbezahlt werden.

3. Wie er den Bauplatz in Ashley Down bei Bristol erhielt. Georg Müller betete viel für diesen Platz. Als er ihn gefunden hatte, ging er zum Eigentümer, traf ihn aber zweimal nicht an. Daraufhin hinterließ der ihm schriftlich sein Anliegen. Am nächsten Tag erzählte dieser, daß er in der Nacht zwei Stunden wach gelegen und überlegt habe, zu welchem Preis er das Land abgeben soll. Er schraubte seine anfänglichen Forderungen so weit herunter, daß Müller beim Kauf des Bauplatzes umgerechnet 11.200 DM gespart hat. Auch fand sich ein Architekt bereit, der kostenlos die Baupläne zeichnete und den Bau leitete.

4. Einmal war ein Kessel der Zentralheizung defekt und mußte sofort ausgebessert werden. Aber es war recht kalt, zudem setzte ein starker Nordwind ein. Georg Müller flehte zum Herrn: „Herr, diese Waisen sind dein. Laß es dir gefallen, diesen Nordwind in einen Südwind zu verwandeln, und gib den Bauleuten ins Herz, daß sie das Bauen beschleunigen. Ein Südwind kam auf, und die Handwerker arbeiteten von sich aus Tag und Nacht, bis der Kessel ersetzt war.

5. Es herrschte große Trockenheit. Die Häuser hatten 15 Zisternen und neun tiefe Brunnen und eine sehr gute Quelle. Jetzt aber war die Quelle beinahe ganz ausgetrocknet. Doch der tägliche Bedarf betrug 136 Hektoliter. Man rief zu Gott um Regen. Und Gott antwortete, indem ein Bauer, der in der Nähe wohnte, Wasser aus seinem Brunnen spendete, der tiefer lag. Als die Trockenheit weiter zunahm, stellte noch ein anderer Bauer das Wasser seines Baches zur Verfügung. So konnte der Wasserbedarf gedeckt werden.

*Schluß*
Glaube und Gebet gehören unlöslich zusammen. Im Gebet kommt das Vertrauen zu Jesus Christus zum Ausdruck. Bei ihm dürfen wir uns geborgen fühlen. Biblische Parallelen aufzeigen.

| | |
|---|---|
| Vergiß nicht zu danken<br>Gott will hören<br>Gott hört mich<br>Es gibt jemand, der deine Lasten kennt | **Liedvorschläge**  |

 **Gebets-Leporello**     **Arbeitshilfen**
Papierstreifen in Felder aufteilen und wie Ziehharmonika zusammenfalten.
In jedes Feld ein Bild malen oder ausgeschnittene Bilder aufkleben zum Thema: Wofür kann ich beten?:
Familie – Eltern – Geschwister – Kranke – alte Menschen – Schule – Gottesdienst – Essen…

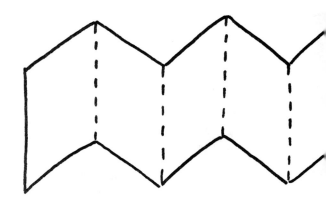

# 45

Georg Müller – einer, der das Beten erprobt hat

 **Lernvers**

**Alle eure Sorge werft auf ihn; denn er sorgt für euch.** 1. Petr. 5,7

# Streit, Verpetzen, Verleumden
*(Josefsgeschichte)*

**46**

*Hinweis:* Die Lektion ist nur für Grundschüler geeignet!

**Erklärungen zum Thema**

„Streit, Verpetzen, Verleumden", diese Themen werden in der Bibel nicht verschwiegen. Die Bibel berichtet über das Leben von Menschen mit allem, was dazugehört. So ist die ganze Geschichte Josefs voll von Beispielen dieser Verhaltensweisen. Aber sie zeigt auch deutlich das daraus entstehende Leid auf (vgl. Lekt. 33-40, besonders Lekt. 33+34).

Bereits auf den ersten Seiten der Bibel ist von Mißgunst die Rede, die sogar bis zum Mord geht (1. Mose 4: Kains Brudermord).

Die Bibel zeigt aber auch die Ursache von Streit und Haß in ihren verschiedensten Formen auf: Sie sind Folge der Loslösung des Menschen von Gott. Der Mensch, der wie Gott sein will, setzt sich selbst zum Maßstab aller Dinge und stellt sich damit über seine Mitmenschen. Um diese Stellung über den anderen aber zu erreichen bzw. zu erhalten, sind verschiedene Methoden nötig, die den anderen „erniedrigen". Weil die Menschen sich von Gott abgewandt haben, sind sie diesen lebenzerstörenden Verhaltensweisen ausgeliefert (Röm. 1,28 ff.).

Immer wieder wird in der Bibel deutlich, daß solches Verhalten auch im Zusammenleben von Christen vorkommt. Gleichzeitig ist aber klar, daß es nicht dem Vorbild Jesu entspricht. Solche Verhaltensweisen zerstören die Gemeinschaft. Jesus setzt gegen diese Form von Haß das Liebesgebot: „Du sollst den Herrn, deinen Gott, lieben von ganzem Herzen, von ganzer Seele und von ganzem Gemüt... und deinen Nächsten wie dich selbst" (Matth. 22,37+39).

Wer sich so in Liebe unter Gott und neben seinen Mitmenschen stellt, ist nicht mehr darauf aus, auf Kosten anderer zu seinem Nutzen zu kommen oder andere schlechtzumachen, um selber besser dazustehen (Phil. 2,3).

Als Christen haben wir auch einen Ansatz zur „Heilung" dieses von der Sünde geprägten Verhaltens: Wer sich als Gottes Geschöpf und Kind wertvoll und geliebt weiß, hat es nicht mehr nötig, seinen Wert durch die Abwertung seiner Mitmenschen zu erhalten.

**Anmerkungen zur Situation des Kindes**

Verpetzen und Streiten sind hochaktuelle Themen im Leben eines Kindes. Beides hat einen ähnlichen Ursprung. Beim „Verpetzen" geht es darum, die Fehler eines anderen zu sagen und ihn damit „anzuschwärzen", während man selbst als der Bessere und Fehlerfreie dasteht. Es geht bei einem Kind unbewußt um die Aufwertung der eigenen Person. „Ich finde es schlimm, was der andere tut, und würde selbst so etwa nie machen."

Beim Streit geht es in der Regel auch darum, sein Recht durchzusetzen und sich in besseres Licht zu stellen. Interessant ist, daß häufig solche Kinder andere verpetzen, die selbst eine Außenseiterposition haben. Gleichzeitig wird aber die Hilflosigkeit der Pädagogen oder der entsprechenden Bezugsperson deutlich. Die Erfahrung zeigt, daß es nichts nützt, das Verpetzen zu verbieten. Der moralische Zeigefinger hilft nicht. Das Kind kommt damit aus seinen scheinbar vorhandenen Minderwertigkeitsgefühlen nicht heraus. Neben „pädagogischen Maßnahmen" muß beim Kind tiefer angesetzt werden. Es gilt dem Kind zu vermitteln, daß es mit seiner ganzen Person etwas Besonderes und von Gott gewollt und geachtet ist. Natürlich ist dabei darauf zu achten, daß Verpetzen nicht damit gleichzusetzen ist, daß Kinder Erwachsene um Hilfe bitten oder warnen, wenn ein anderer durch unüberlegtes Verhalten in Gefahr kommt.

**Lernziele**

☺ Die Kinder sollen wissen, daß Gott sie liebt, wie sie sind. Niemand muß angeben oder andere schlechtmachen, um selbst besser dazustehen.
♡ Die Kinder sollen merken, daß jeder Mensch von Gott geliebt ist.
✋ Die Kinder sollen negatives Petzverhalten bei sich und anderen erkennen und vermeiden.

**Lernvers**

Tut nichts aus Eigennutz oder um eitler Ehre willen, sondern in Demut achte einer den andern höher als sich selbst. (Philipper 2,3)

## Hinweise zur Durchführung

**Kinderstunde im Grundschulalter**

**Hinführung**
Zu Beginn der Stunde bastelt sich jedes Kind eine Kochlöffelpuppe (siehe Arbeitshilfen).

**Hauptteil**
Die Mitarbeiter spielen mit Kochlöffelpuppen den Kindern ein Puppenstück mit offenem Ende vor.

*1. Szene*
Jupp und Jule sind Geschwister und spielen zusammen im Garten Verstecken. Ihre kleine Schwester Rieke kommt dazu. Rieke ist ein bißchen nervig und gibt furchtbar an.
*Rieke:* Hallo Jupp, hallo Jule, was macht ihr gerade?
*Jupp:* Wir spielen gerade Verstecken.
*Rieke:* Mama sagt, daß sie mit mir nachher einkaufen geht. Ich bekomme einen ganz schicken Pulli, weil ich in der Schule so gut bin.
*Jule:* Stimmt ja gar nicht. Du bekommst einen Pulli, weil du einen brauchst, und in der Schule bist du gar nicht so gut.

Streit, Verpetzen, Verleumden

*Rieke:* Bin ich doch. Heute habe ich mich ganz viel gemeldet, und Frau Meyer hat mich richtig gelobt.
*Jupp:* Ach, gib doch nicht so an. Die letzten Klassenarbeiten waren alle nicht so besonders.
*Rieke:* Pö, stimmt gar nicht.
*Jule:* Stimmt doch, und Papa sagt, daß du mehr lernen mußt.
*Rieke:* Ich bin aber doch ganz schön gut und schlau. Die nächsten Arbeiten schreibe ich nur Einsen. Ganz sicher!
*Jupp:* Du gibst ja nur an.
*Rieke:* Nein, mache ich nicht. Immer müßt ihr mich ärgern.
*Jule:* Nein, wir wollen dich nicht ärgern, aber wenn du so angibst, dann muß man richtig lachen. Es ist ja nicht so schlimm, daß dir in der Schule nicht alles gelingt. Du bist trotzdem ganz in Ordnung und bist unsere kleine Schwester. Aber du mußt nicht immer so angeben.
*Jupp:* Komm, Rieke, spiele mit! Ihr müßt euch beide verstecken, und ich suche euch.
Jupp fängt an zu zählen, Jule und Rieke verstecken sich. Jupp schummelt aber und schaut, wo sie hinlaufen.
*Jupp:* Ich komme! Ha, ich habe euch schon. Ihr habt euch babyleicht versteckt.
*Rieke:* Du hast geschummelt.
*Jupp:* Hab ich nicht.
*Jule:* Doch, Rieke hat recht, du hast geschummelt.
(Jupp schubst Jule ein bißchen.)
*Jupp:* Nee, hab ich nicht.
*Jule:* Du bist gemein.
*Rieke:* Ja, du bist gemein. Das sag ich jetzt der Mama!
Rieke läuft los.

*2. Szene*
*Rieke:* Mama, der Jupp ist gemein, der hat beim Verstecken geschummelt und hat dann die Jule ganz furchtbar gehauen. Ganz furchtbar! Und die Jule hat geweint. Nee, der Jupp ist echt gemein. Ich würde ja so etwas nie machen. Schummeln, ärgern und hauen. Nie!
*Mama:* Ach Rieke, jetzt übertreibst du wieder. So schlimm war es doch bestimmt nicht.
*Rieke:* Doch Mama, die Jule heult wirklich furchtbar und blutet, und Jupp lacht.
*Mama:* Na, dann werde ich mal nach dem Rechten sehen müssen.

*3. Szene*
*Mama:* Jupp, Jule, was ist los?
*Jupp:* Nichts, Mama, wir haben nur gespielt.
*Mama:* Rieke sagt, du hättest Jule gehauen.
*Jupp:* Stimmt ja gar nicht.
*Jule:* Doch, stimmt, aber so schlimm war es ja nicht.
*Mama:* Jedenfalls habe ich jetzt genug. Jupp, du gehst sofort in dein Zimmer.
*Jupp:* Warum, Mama, ich habe doch gar nichts gemacht!
*Mama:* Schluß jetzt, du gehst!
*Jupp:* Na warte, Rieke, das bekommst du zurück.

*4. Szene*
*Jupp:* Rieke nervt, immer muß sie petzen.
*Jule:* Du hast uns aber ganz schön geärgert.
*Jupp:* Trotzdem, sie übertreibt immer so. Immer will sie besser sein.
*Jule:* Ach Jupp, laß sie doch, sie ist nun mal wirklich nicht so gut in der Schule. Sie wird oft genug gehänselt.
*Jupp:* Trotzdem, die alte Petze braucht mal einen Denkzettel. Auch wenn sie meine Schwester ist und ich sie mag. Ich hab mir da schon was überlegt.
*Jule:* Jupp, was hast du vor?
*Jupp:* Ha, Rieke hat doch Angst vor Hunden. Ich gehe mit ihr zu Müllers in den Garten. Irgendwas fällt mir schon ein, warum wir zu unseren Nachbarn müssen. Und wenn wir dann da sind, mache ich schnell den Zwinger von Hasso auf und laufe weg. Rieke wird schön Angst haben!!
*Jule:* Spinnst du, der Hasso ist doch ein scharfer Wachhund. Der hat schon mal jemanden gebissen. Das ist viel zu gefährlich. Das kannst du mit Rieke nicht machen.
*Jupp:* Ach Quatsch, der Hasso wird sie schon nicht auffressen. Kannst ja auch zur Mama laufen. Dann bist du eben auch eine alte Petze.
(Jupp geht.)
*Jule:* Was mache ich jetzt?

*Gespräch nach dem Puppenstück:*
Habt ihr auch schon mal erlebt, daß euch jemand verpetzt hat?
Warum ist die Rieke wohl zur Mutter gelaufen und hat den Jupp verpetzt? (Sie wollte damit sagen, daß er viel frecher ist als sie und sie so etwas nie tun würde.)
Warum will sich Rieke immer besser darstellen? (Weil sie eigentlich meint, daß sie nicht so gut ist wie die anderen.)

Streit, Verpetzen, Verleumden

Ist Petzen denn immer schlimm? (Nein, manchmal ist es sogar wichtig.)
Wann muß man jemanden verpetzen? (Wenn man ihn davor bewahren will, etwas Gefährliches zu tun.)
• Die Kinder werden nun in kleine Gruppen (2-3 Kinder) eingeteilt. Sie sollen sich den Schluß der Geschichte ausdenken und dann vorspielen.

Wie könnte man einem Kind helfen, daß es nicht immer petzen muß? (Ihm zeigen, daß es nicht besser oder schlechter ist als andere, daß man es mag und daß es dazugehört.)
Wenn Rieke jetzt hier bei uns in der Kinderstunde wäre, was würdet ihr sagen? (Rieke, auch wenn du in der Schule nicht so gut bist, bist du etwas Besonderes, weil Gott dich liebhat.)
• Die letzte Antwort sollte noch konkreter werden, indem Teile aus den letzten Kinderstunden, die zu dieser Aussage passen, angeführt werden (Lied, Bibelvers, Kernsatz...).

 **Vertiefung**
Jedes Kind schreibt den *Lernvers* auf eine *Karte* und schenkt sie einem anderen Kind.
Die Karte sollte schön aussehen (evtl. verzieren), damit der andere merkt: Du bist mir wichtig, ich möchte, daß du dich darüber freust.

Bist du groß oder bist du klein
Die Familie Gottes ist so groß
Ehe ich geboren wurde
Hinai ma tov

**Liedvorschläge**

 **Kochlöffelpuppen:**
*Material für eine Puppe:*
1 Holzkochlöffel
1 Taschentuch oder Stoffrest in entsprechender Größe
Wollreste für die Haare
Klebestreifen oder Gummiringe

**Arbeitshilfen**

*Anleitung:* Auf den Kochlöffel wird ein Gesicht gemalt oder geklebt. Aus den Wollresten werden Haare angeklebt. Für das Kleid wird der Stiel des Kochlöffels durch die Mitte des Taschentuchs (oder des Stoffs) gesteckt und mit Klebestreifen oder Gummiring fixiert. Wer will, kann das Kleid auch vorher bemalen oder bedrucken.

# 46

Streit, Verpetzen, Verleumden

**Streit!**

*Bildbetrachtung*

Was könnt ihr auf dem Bild alles entdecken? Was tun die Kinder? Schaut euch ihre Gesichter an!

*Erzählt eine Geschichte zu dem Bild!*

*Ausmalbild*

# Entschuldigen, Versöhnen
*(Jakob und Esau)*

**47**

*1. Mose 32 und 33*

Text

Siehe Lektion 32 „Jakobs Versöhnung mit Esau".

Erklärungen zum Text

*Jakobs Schritte zur Versöhnung mit Esau:*
1. Kap. 32,4-6: Jakob gesteht sich endlich ein, daß er an Esau schuldig geworden ist und Strafe verdient hat (er merkt, daß er „Gnade" = unverdiente Zuwendung braucht).
2. Er bittet Esau aus der Ferne um Versöhnung („Gnade").
3. Verse 10-13: Er bittet Gott um Hilfe.
4. Verse 14-22: Mit mehreren Geschenken zeigt er Esau, daß ihm das Geschehene leid tut.
5. Verse 25-32: Er erlebt Versöhnung mit Gott und wird von ihm gesegnet.
6. Kap. 33,1-3: Er wagt es, Esau gegenüberzutreten. Dabei verhält er sich total demütig (beugt sich nieder bis zur Erde), nicht mehr nur aus Angst, sondern um deutlich zu machen, daß er zu seiner Schuld steht.
7. Vers 4: Gott hat auch an Esau gearbeitet und schenkt nun Versöhnung zwischen den Brüdern.
8. Verse 5.8.13: Jakob bezeichnet Esau als „Herr", sich selber als „Knecht" (genau umgekehrt als es im Segen Isaaks ausgedrückt ist, Kap. 27,29) und macht damit deutlich, daß er in Zukunft die Verheißung Gottes nicht ausnutzen oder seinem Bruder gegenüber ausspielen will.
9. Vers 20: Er baut Gott einen Altar und dankt ihm damit.

'Streit und Versöhnung' ist ein wichtiges Thema für Kinder. Immer wieder, fast täglich kommen sie damit in Berührung. Daher ist ihnen das, was zwischen Jakob und Esau abläuft, gut nahezubringen. Allerdings lauert hier auch eine Gefahr. Denn allzuleicht bleibt man bei einem solchen Thema im Moralisieren stecken. Natürlich hat diese Geschichte auch etwas zum Thema Moral zu sagen. Gott will schließlich Versöhnung unter uns. Aber dies kann und darf nicht alles sein. Denn Versöhnung untereinander ist nicht möglich ohne die grundlegende Versöhnung mit Gott bzw. Gottes mit uns. Das gilt auch für Kinder. Es nutzt also gar nichts, mit dem erhobenen Zeigefinger zu drohen und die Versöhnung untereinander moralisch zu erzwingen. Dadurch würde Gott zu einem drohenden Moralprediger: „Wenn du nicht lieb bist, dann..." Statt dessen sollten sie eigentlich den liebenden Vater sehen, der mit ausgestreckten Armen dasteht: „Weil du nicht lieb bist, darum..." Man muß sich also davor hüten, im zwischenmenschlichen Bereich stehenzubleiben. Vielmehr geht

Anmerkungen zur Situation des Kindes

415

es auch in dieser Geschichte um das eine: Gott will Versöhnung mit uns. Noch mehr als im Alter zwischen 6 und 10 Jahren gilt diese Warnung vor Moralisierung für Kinder im Vorschulalter. Sie sind noch viel offener für moralischen Druck, vor allem wenn er von Gott her begründet wird. Wenn ein Kind erst einmal meint, es müsse lieb sein, bevor Gott es liebt, dann ist viel verloren.

**Lernziele**

☺ Gott bietet uns Versöhnung an. Und er hilft, daß wir uns auch mit anderen versöhnen können.
♡ Entschuldigen fällt schwer, aber es ist gut, wieder versöhnt zu sein.
✋ Kinder zum Entschuldigen und Versöhnen ermutigen.

**Lernvers**

Seid aber untereinander freundlich und herzlich und vergebt einer dem andern, wie auch Gott euch vergeben hat in Christus.
(Epheser 4,32)

*Vorschulkinder:* Vergebt einer dem andern.

### Hinweise zur Durchführung

**Kinderstunde im Grundschulalter**

*Vorbereitungen:* Szenenbilder von Lektion 32 bereithalten (aufhängen oder auslegen).
Die „Sprechzeichnungen" (siehe Arbeitshilfen) auf Tapete übertragen oder auf Folie kopieren und bereitlegen.
Ein Kreuz (evtl. selber aus zwei Ästen zusammengebunden) als Päckchen einpacken.
Das Lernvers-Puzzle von Lektion 27 bereitlegen.
Material für die „Versöhnungsblume" besorgen.

**Hinführung**

*Beispielgeschichte* „Alle Freude dahin" (siehe Arbeitshilfen) erzählen oder von Mitarbeitern oder Kindern vorspielen lassen. Wichtig ist, daß der Schluß gut deutlich wird.
Dies ist eine Geschichte, die die Grundsatzüberlegungen zur Situation des Kindes ernst nimmt. Erst bei der Vertiefung geht es dann schwerpunktmäßig um den zwischenmenschlichen Bereich.

*Überleitung:* Könnt ihr mitfühlen, wie sehr Klaus sich freute, v.a. weil er diese Versöhnung überhaupt nicht verdient hatte?!
Bei Jakob war manches ähnlich. Ihr wißt doch noch… (kurzer Rückblick anhand der Szenenbilder; letztes Bild weglassen). Auch Jakob hatte Angst. Viele Jahre waren seit seinem Betrug an Esau ver-

gangen. Aber er wußte genau: Schuld vergeht nicht einfach. Schuld muß geklärt und vergeben werden. Dann geschieht Versöhnung. Dann kann man wieder aufatmen. Laßt uns mal feststellen, was bei Jakob zur Versöhnung half:

**Hauptteil**
Wir zeigen jetzt nacheinander die Szenen der „Sprechzeichnen"-Bilder und überlegen zusammen mit den Kindern, wie hier der jeweilige Schritt zur Versöhnung aussah. Die Sätze können jeweils im Anschluß daran hinzugefügt werden.

*Schluß:* (Das als Päckchen eingewickelte Kreuz in die Hand nehmen.) So war das bei Jakob. Manche seiner „Schritte zur Versöhnung" können auch uns helfen. Was aber noch wichtiger ist: Es gibt einen, der jedem von uns Versöhnung anbietet. Und keiner von uns hat's verdient. Wen meine ich wohl? Gott. Gott gegenüber sind wir alle schuldig geworden. Gott haben wir schon alle beleidigt – sei's mit bösen Worten oder Taten, sei's, daß wir Dinge taten, ohne überhaupt auch nur an ihn zu denken. Selber können wir das nicht wieder gutmachen. Aber stellt euch vor: Gott macht uns ein Geschenk! Das ist genau umgekehrt wie in der Geschichte von Jakob und Esau. (Es ist, als würde Esau dem Jakob ein Geschenk schicken.) Wie sieht Gottes Geschenk aus? Das Päckchen auswickeln lassen. Gottes Geschenk für uns ist Jesus, der am Kreuz für unsere Schuld starb und uns dadurch Vergebung anbietet. So lieb hat uns Gott!

**Vertiefung**
Wer erlebt hat, daß Gott ihm vergibt, der kann dann auch lernen, andern zu vergeben und möglichst im Frieden mit ihnen zu leben. Ein Satz aus der Bibel, den wir vor einigen Wochen gelernt haben, erinnert uns daran.
• *Lernverspuzzle* zu Eph. 4,32 zusammensetzen lassen und so wiederholen.

• *Streitszenen*
Die Kinder in Zweier- oder Dreiergruppen einteilen. Entweder Zettel mit kurzen Impulsen austeilen oder die Kinder selber verschiedene Streitszenen ausdenken lassen sowie Möglichkeiten der Versöhnung. Jede Kleingruppe übt das für sich ein (evtl. Hilfestellung durch Mitarbeiter geben) und spielt es dann den anderen vor. Der Schwerpunkt soll auf der Versöhnung liegen. Dabei deutlich machen: Daß gestritten wird, ist nicht so schlimm. Manchmal ist es sogar nötig. Wichtig ist, daß man fair streitet. Und vor allem, daß man lernt, sich auch wieder zu versöhnen.

Mit den Kindern zusammen Streitregeln erstellen und im Gruppenraum aufhängen. Beispiele: Zuhören, was der andere sagt. Den andern ausreden lassen. Reden, nicht schlagen usw.

• *Streit um Zahlen*
Aus Karton eine möglichst große 6 bzw. 9 ausschneiden. Zwei Kinder bitten, sie zwischen sich zu halten. Was für eine Zahl ist das? Ein Kind wird eine 9 sehen, das andere eine 6. Humorvoll etwas Streit darüber provozieren. Schließlich beide Kinder auf die gleiche Seite stellen. Dann deutlich machen: Oft streiten wir uns über Dinge, weil wir immer nur von uns ausgehen. Manchmal hilft es, sich zum andern „hinzustellen", die Dinge von seiner Situation aus zu sehen, weil wir dann seinen Standpunkt plötzlich besser verstehen! (Idee: Stefan Püschmann)

• *Zauberworte*
Es gibt ein paar kleine Worte, die sehr viel bewirken und verändern können. Manche nennen sie deshalb „Zauberworte". Kennt ihr welche? („Bitte", „Danke" und „Entschuldigung") Wer es wagt, Schuld zuzugeben und ehrlich „Entschuldigung" zu sagen, kann erleben, daß Dinge geklärt und wieder gut werden!

• *Versöhnungsblume basteln (siehe Arbeitshilfen)*
Impuls: Manchmal hilft ein kleines Geschenk, um einem andern zu zeigen, daß einem Dinge wirklich leid tun. Überlegt mal, ob ihr jemandem solch eine Versöhnungsblume schenken solltet, um damit gleichzeitig „Entschuldigung" zu sagen.

**Kinderstunde im Vorschulalter**

*Vorbereitung:* Szenenbilder von Lektion 32 bereithalten.
Material für die „Versöhnungsblume" besorgen.

### Hinführung
Geschichte aus dem Kindergartenalltag erzählen oder vorspielen: Katrin hat sich was Schönes gebastelt. Doch beim Zusammenpacken ist Melanie draufgetreten. „Aus Versehen!" sagt sie. Aber Katrin glaubt es nicht. Voller Wut zerkritzelt sie Melanies schönstes Bild. Jetzt sind beide zornig aufeinander. Dabei sind sie eigentlich Freundinnen. *Kinder fragen:* Kennt ihr das auch? Erzählt mal...

### Hauptteil
Jakob und Esau, die beiden Brüder, hatten auch Streit miteinander. Esau war sehr zornig auf Jakob. Warum? (kurze Wiederholung anhand der Szenenbilder) Inzwischen waren viele

Entschuldigen, Versöhnen

# 47

Jahre vergangen. Jetzt kehrte Jakob nach Hause zurück. Aber er hatte Angst. Er wollte sich mit Esau versöhnen. Aber ob der es auch wollte? Was konnte er tun? (Kinder überlegen lassen) Dann anhand der „Sprechzeichnen-Bilder" Jakobs Versöhnung mit Esau schildern. Hier aber nur die Szenen 1, 3, 5 – 7 verwenden.

### Vertiefung

Jakob und Esau haben sich richtig versöhnt. Jetzt sind sie wieder Freunde und Brüder. Szene vom Anfang nochmal aufgreifen. Wie könnten Melanie und Katrin wieder Freundinnen werden? Mit den Kindern zusammen überlegen und nachspielen. Dabei Tips zur Versöhnung zusammentragen: Entschuldigung sagen. Die Hand hinstrecken. Bist du mir wieder gut? Wollen wir wieder Freunde sein? „Versöhnungsblume" schenken...

- *Lernvers:* Ein Händedruck kann ein Versöhnungszeichen sein. Einander die Hand geben und den Lernvers gemeinsam sprechen.
- *Versöhnungsblume basteln* (siehe Arbeitshilfen)
- *Fest feiern:* Da Jakob und Esau sich wieder vertragen haben, könnten wir auch als Abschluß unsrer Jakobsgeschichten ein „Versöhnungsfest" feiern. Saft und Kekse, vielleicht eine Girlande, ein festlicher Tisch – die Kinder gestalten mit –, schon ist ein kleines Fest organisiert.

| | | **Liedvorschläge**  |
|---|---|---|
| Wenn einer sagt, ich mag dich | Es ist niemand zu groß | |
| Nie mehr, nie mehr | Stop! Und laß dir sagen | |
| Hinäi ma tov uma naim | | |

**Szenenbilder zur Wiederholung** *(siehe Lektion 32)*  **Arbeitshilfen**

**Lernverspuzzle** *(siehe Lektion 27)*

### Versöhnungsblume

Aus buntem Tonpapier Blüten und Blätter ausschneiden, in die Mitte der Blüte evtl. „Entschuldigung" schreiben, das Ganze auf einen Zahnstocher kleben und in eine Eiskonfektschokolade stecken.

## Beispielgeschichte „Alle Freude dahin"
*aus „Jungschargeschichten von A-Z"*

Immer diese Angeberei von Dieter mit seiner Kamera. Brennend wünschte sich Klaus auch solch eine von seinen Eltern zum Geburtstag. Wieder und wieder hatte er es ihnen gesagt, aber sie meinten immer, das sei doch zu teuer. Heute sind sie in die Stadt gefahren, um Einkäufe zu machen. Er späht die Straße entlang. Eigentlich müßten sie bald heimkommen. Nicht lange danach hört er den Schlüssel an der Wohnungstür. Sie sind es! – Aber geheimnisvoll verschwinden sie sofort im Schlafzimmer. Nur durch einen schmalen Spalt der angelehnten Tür entdeckt Klaus, wie der Vater einen Plastikbeutel mit dem Aufdruck vom Photogeschäft im Schrank verstaut. – Er möchte aufschreien vor Freude. Ganz schnell verdrückt er sich in sein Zimmer. Viel zu langsam vergehen die Tage. Er kann kaum noch die Zeit erwarten.

Für eine Schulfeier gibt es noch manches vorzubereiten. Darum kommt Dieter jetzt öfter als sonst zu ihm. Sie haben dann immer viel zu beraten, so wie heute. „Und dann mach ich noch ein prima Foto von der Klasse, das sollst du mal sehen! So etwas ist noch nicht dagewesen!" prahlt Dieter. „Pah – ich kriege zum Geburtstag auch eine Kamera!" rutscht es Klaus heraus. „Was – du auch? Das glaub' ich nicht!" „Doch, – ich weiß auch, wo sie versteckt ist!" „Dann zeige sie doch! Los!"

Klaus schlägt das Herz bis zum Hals. Soll er's tun? Die Eltern sind zwar beide fort, niemand sieht es, oder doch? Aber schon steht er am Schrank, hat den Plastikbeutel in der Hand. Vorsichtig, ganz vorsichtig packt er aus. Ein wunderschöner Fotoapparat wird sichtbar, noch besser als der von Dieter. Sogar ein Blitzlichtgerät liegt dabei.

„Einfach toll!" Dieter staunt. Er ist begeistert. Alles muß er sachverständig untersuchen. Da plötzlich – eine ungeschickte Bewegung und das Blitzlichtgerät fällt zu Boden – kaputt.

Schreckensbleich starren beiden Jungen sich an. Klaus packt mit zitternden Händen alles hastig ein und verstaut es im Schrank.

Alle Freude ist verdorben, verflogen. Die nächsten Tage sind schrecklich. Der Geburtstag rückt näher, für Klaus immer drohender.

Merken die Eltern etwas von seiner gedrückten Stimmung?

Dann kommt endlich der Geburtstag. Klaus steht vor seinem Gabentisch, Vater und Mutter neben ihm. Er packt die Geschenke aus, eins nach dem andern, nur das große Paket in der Mitte nicht. Aber schließlich kommt es doch an die Reihe. Langsam, ganz langsam löst er das Band, das Papier, öffnet den Karton – und da liegt die Kamera mit einem nagelneuen Blitzlichtgerät vor ihm! Fassungslos schaut er es an. Dann dreht er sich um. „Vater, Mutter, – das ist toll! Verzeiht mir! Das habe ich gar nicht verdient!" Dann erzählt er die ganze Geschichte. „Und ihr habt alles gewußt – und mir schon vergeben?" „Ja, sieh, so hat Gott dir schon alles vergeben, du mußt nur mit allem zu ihm kommen und mit ihm sprechen!"

Entschuldigen, Versöhnen

 **Schritte zur Versöhnung bei Jakob**
*(Sprechzeichnen-Szenen nach H. Uhrig)*

## Schritte zur Versöhnung bei Jakob

| 1. Nicht länger so tun, als ob alles okay wäre. Schuld zugeben. | 2. Einen andern vorschicken, um die Lage zu erkunden und um Entschuldigung zu bitten. |
|---|---|
|  |    |

| 3. Gott um Hilfe bitten. | 4. Zeigen, daß es einem leid tut. |
|---|---|
|  |     |

| 5. Versöhnung mit Gott erleben. | 6. Zum andern hingehen. |
|---|---|
|  |   |

| 7. Gott schenkt Versöhnung miteinander. | 8. Deutlich machen, daß es in Zukunft besser gehen soll. | 9. Gott danke sagen. |
|---|---|---|
|  |  |  |

# 48 Sorgen

**Text**

*Matthäus 6, 25-34*

**Erklärungen zum Text**

Dieser Bibeltext ist Teil der Bergpredigt (Matth. 5 - 7). Sie hat ihren Namen nach dem Ort, an dem Jesus diese längere Rede zu Beginn seiner Wirkungszeit hielt. Wir haben es gewissermaßen mit Jesu Antrittsrede oder Grundsatzerklärung, ja dem Grundgesetz des Reiches Gottes zu tun. In der Bergpredigt beschreibt Jesus das Leben derer, die zu ihm gehören, d.h. seine Erlösung in Anspruch nehmen. Es geht also nicht um neue gesetzliche Forderungen, deren Erfüllung uns das Heil bringt, sondern um Wesensmerkmale eines Lebens aus der Kraft Jesu. In diesem Sinne sind auch die Sätze über das Sorgen zu verstehen. Jesus spricht eine menschliche Grundbefindlichkeit an: sich Sorgen machen um alles, was wir zum Leben brauchen, und die daraus resultierende Angst und Unsicherheit. Jesus weiß, daß die aufkommenden Sorgen immer wieder unserem Leben aus Gottes Hand entgegenwirken. Er macht aber deutlich: Das habt ihr nicht nötig. Entdeckt an den Vögeln und Blumen, wie der Schöpfer für seine Geschöpfe sorgt. Laßt euch dadurch ermutigen, nicht immer wieder ängstlich an morgen zu denken. Übt und pflegt euer Gottvertrauen. Sorge ist etwas Heidnisches, weil das, worum man sich Sorgen macht, das Leben bestimmt und Gott von der ersten Stelle verdrängt. Aber Gott und seine Sache sollte doch die Mitte unserer Anstrengungen, unseres Trachtens sein (V.33).

*Allerdings:* Jesus will uns nicht gleichgültig und arbeitsscheu machen, etwa in dem Sinne: Gott wird's schon machen, ich brauche im Leben keinen Finger krumm zu machen. Dann hätten wir das Beispiel von Vögeln und Blumen mißverstanden. Zielbewußt arbeiten und vorausdenken ja, aber nicht sorgen – das lehrt uns Jesus hier.

**Schwerpunkt des Textes**

Am Beispiel der Vögel und Blumen lehrt uns Jesus, mit Gottes Fürsorge für unser Leben zu rechnen.

**Anmerkungen zur Situation des Kindes**

Auch Kinder machen sich Sorgen um die täglichen Dinge des Lebens. Sie wissen um die Ängste, die damit verbunden sind. Sie kennen das „Haben-Wollen", das durch Werbung und Angebote angeregt wird. Ihnen gilt es, praktisch Mut zu machen, mit Jesu Hilfe nicht besorgt zu sein. Dem Vorschulkind gelingt es wohl noch eher als dem Schulkind, Gott alles zuzutrauen, was für unser Leben nötig ist. Allerdings haben materialistische Prägung und Konsumhaltung auch da oft schon gesunde kindliche Haltungen verbogen. Der Hinweis auf Vögel und Blumen greift in den kindlichen Erfahrungsbereich und ist von daher vielleicht noch eher nachvollziehbar als für uns Erwachsene.

Sorgen

# 48

☺ Gott sorgt für unser Leben.
♡ Deshalb müssen wir uns keine Sorgen machen um das, was für unser Leben nötig ist.
✋ Das Kind soll üben, seine Sorgen bei Gott abzugeben.

**Lernziele**

Alle eure Sorge werft auf ihn; denn er sorgt für euch. (1. Petrus 5,7)   **Lernvers**

## Hinweise zur Durchführung

 **Hinführung**
*Möglichkeit 1:*
Habt ihr schon mal erlebt, daß ein Spatz im Supermarkt einkauft? – Weshalb nicht?
Mit den Kindern die Tatsachen von Vers 26 zusammentragen. Dann das Lied singen: Die Spatzen kaufen niemals ein.

**Kinderstunde im Vorschul- und Grundschulalter**

*Möglichkeit 2:*
Die Kinder aufzählen oder malen lassen, was sie täglich zum Leben brauchen (Nahrung, Kleidung, Gesundheit...) Dann auf die Gefahr zu sprechen kommen, daß man sich darum Sorgen macht.
Wie zeigt sich das? Welche Folgen hat das?

*Möglichkeit 3:* (Größere Kinder)
Kennt ihr „Nogres" oder „Rogsen" (Buchstaben vertauschen = Sorgen)?
Die Kinder erzählen lassen, worum sie sich Sorgen machen.
Stichworte dazu auf die Pfeile schreiben, die zum Bild beim Einprägen des Merkverses benötigt werden.

*Möglichkeit 4:* (Kleinere Kinder)
Ein schöner Blumenstrauß steht auf dem Tisch. Wir unterhalten uns mit den Kindern über die in Vers 28 bis 30 geschilderten Fakten.

 **Hauptteil**
*Erzählung zu den 4 Bildern*

*Bild 1: sorgenvoller Mensch*
So geht es uns manchmal. Sorgen drücken uns, machen uns Angst. Dann ist das Leben gar nicht schön. Wir wollen es meistens nicht, und doch machen wir uns Sorgen. Jesus weiß das und kennt diese Gefahr.

*Bild 2: Essen und Kleidung*
Wir Menschen fragen uns sorgenvoll: Was werden wir essen? Nicht, um einen Speiseplan aufzustellen, sondern aus Angst, es könnte

# 48

Sorgen

nicht reichen. Wir denken ängstlich an morgen: Wie wird das alles werden? Auch um unsere Anziehsachen können wir uns Sorgen machen. Was werde ich mir leisten können? Kann ich mir das auch noch kaufen? Viele Angebote verwirren uns manchmal. Wir verbringen allerhand Zeit mit Kleidungsfragen. Das ist eigentlich nichts Schlechtes. Aber es kann sein, daß wir darüber das Wichtigste vergessen, nämlich Gott und was er von uns will.

*Bild 3: Vögel und Blumen*
Jesus sagt uns: Schaut euch die Vögel an. Sie säen kein Korn aus und ernten es für ihr Brot. Sie sammeln sich auch keine Vorräte für den Winter. Und Gott, euer himmlischer Vater, ernährt sie doch. Seid ihr Menschen denn nicht viel mehr als sie? Warum macht ihr euch solche Sorgen? Solltet ihr euch nicht auch auf euren himmlischen Vater verlassen? Warum müht ihr euch so sehr um eure Kleidung? Schaut euch die Blumen auf dem Felde an. Sie wachsen und blühen, obwohl sie nicht arbeiten, stricken und nähen. Und ich sage euch, nicht einmal der reiche König Salomo war so schön gekleidet wie eine Blume. So schmückt Gott die Blumen, die doch so schnell wieder verblühen. Wieviel mehr wird er sich um euch Menschen kümmern und für euch sorgen.

*Bild 4: fröhlicher Mensch*
Jesus sagt weiter: Warum macht ihr euch immer wieder solche Sorgen? Verlaßt euch doch auf Gott, euren himmlischen Vater, und fragt nicht immer ängstlich: Was sollen wir essen? Was sollen wir trinken? Was sollen wir anziehen? Das tun die Menschen, die Gott nicht kennen. Unser Vater im Himmel weiß doch, was ihr alles zum Leben braucht. Kümmert euch doch zuerst um Gottes Herrschaft über euer Leben, dann wird er euch all das andere noch dazugeben. Fragt nicht ängstlich: Was wird morgen werden? Verlaßt euch heute auf Gott. Er hat euch lieb und sorgt für euch. Deshalb macht euch nicht kaputt mit euren Sorgen.

   **Vertiefung**
• Wir prägen uns den *Lernvers* ein.
Die 11 Worte stehen auf je einem Zettel und werden von den Kindern richtig geordnet.
• *Flanellbild:* Herz mit Pfeilen, d.h. Sorgen sind wie Pfeile, die unser Herz (unser Innerstes) belasten. Wir beschriften die Pfeile (wenn nicht beim Einstieg geschehen) mit Sorgen, die die Kinder uns nennen. Was wird mit unseren Sorgen? Welchen Rat gibt uns Petrus? – Die Sorgen auf ihn (Gott) werfen.

Sorgen | **48**

- *Flanellbild:* gelbes Dreieck = Gott
Nacheinander werden alle Pfeile in dieses Dreieck gelegt (auf Gott geworfen). Nun kann unser Herz wieder aufatmen. Das muß immer wieder geschehen.
- Wie wirft man die Sorgen auf Gott? – Im Gebet! – Wir halten mit den Kindern eine *Gebetsgemeinschaft*, in der wir das tun.
- *Flanellbild zum Lernvers einprägen* (siehe Arbeitshilfen)

Die Spatzen kaufen niemals ein
Komm, wirf deine Sorgen auf den Herrn
Ein kleiner Spatz zur Erde fällt
Danke, Herr Jesus
Hab Dank, lieber Vater
Wie kommt das Brot auf unsern Tisch?

**Liedvorschläge**

**Flanellbild zum Lernvers**

**Arbeitshilfen**

1.

2.

# 48

 **Bastelvorschläge**

Eine Blume und ein Vogel für jedes Kind hängen schon vor Beginn der Kinderstunde im Raum. Am Schluß darf sich jedes Kind beides mit nach Hause nehmen.

*Bastelanleitung für Blume und Vogel:*
Papier (oder besser Karton) einmal falten, Motiv aufzeichnen und ausschneiden.
In die Blumen-Karte wird der Lernvers geschrieben. In die Vogel-Karte kann ein Bonbon eingeklebt werden.

*Blume mit Lernvers*

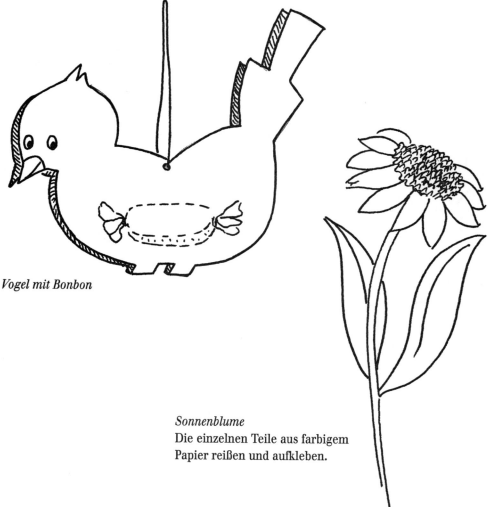

*Vogel mit Bonbon*

*Sonnenblume*
Die einzelnen Teile aus farbigem Papier reißen und aufkleben.

Sorgen

 **Bilder zur Geschichte**

# 49 | Himmelfahrt und Pfingsten

**Text**

*Psalm 23,1-6*

**Erklärungen zum Text**

Dieser Psalm ist wohl der bekannteste unter den biblischen Psalmen. David beschreibt in einzigartiger Weise, was er an Gott hat. Davids Erlebnisse und Aufgaben als Hirte liefern die Bilder für die Beschreibung seiner Beziehung zu Gott. Sie sind auch ohne diese berufliche Erfahrung heute verständlich und nachvollziehbar.
Vers 1 ist gewissermaßen die Zusammenfassung, die Überschrift: Gott kümmert sich um mich. Bei ihm bin ich versorgt. In den folgenden Versen wird dieses Bild entfaltet: Gott ist da. Er sorgt äußerlich und innerlich für mich. Er führt mich. Selbst in notvollen Situationen (finsteres Tal) weicht Gott nicht von meiner Seite. Er schenkt mir Ruhe und Gelassenheit, trotz der Feinde, die es auf mich abgesehen haben. Ich aber gehöre zu denen, die Gott nicht aus den Augen läßt. Auch nach dem Tode bleibe ich bei Gott zu Hause. So beschreibt David sein Lebensverhältnis mit dem unsichtbaren Gott. Er erlebt ihn. Er weiß und entdeckt es immer wieder: Gott ist da. Er ist für mich da.

**Schwerpunkt des Textes**

Gott ist immer für mich da. Auch in notvollen Situationen versorgt er mich.

**Anmerkungen zur Situation des Kindes**

Himmelfahrt und Pfingsten sind unanschauliche heilsgeschichtliche Ereignisse und deshalb den Kindern nicht leicht zu vermitteln. Dazu kommt, daß Kinder wohl nur Phantasievorstellungen vom Außerirdischen haben, die die Entdeckung biblischer Wahrheiten erschweren. Um so wichtiger ist es, die praktische Bedeutung der Aussagen unseres Glaubensbekenntnisses: „aufgefahren gen Himmel und sitzend zur Rechten Gottes" zu veranschaulichen. Die Vermittlung von Psalm 23 tut uns dabei einen guten Dienst.

**Lernziele**

☺ Himmelfahrt und Pfingsten erinnern uns daran, daß Jesus zu seinem Vater in den Himmel zurückgekehrt ist und seinen Heiligen Geist geschickt hat.
♡ Jesus/Gott ist bei uns und kümmert sich um uns wie ein guter Hirte um seine Schafe.
🖐 Das Kind soll sich wohltuend an Gottes Gegenwart immer wieder erinnern und sich auf ihn verlassen können.

**Lernvers**

Der Herr ist mein Hirte, mir wird nichts mangeln. (Psalm 23,1)

Himmelfahrt und Pfingsten

# 49

## Hinweise zur Durchführung

**Kinderstunde im Vorschul- und Grundschulalter**

**Hinführung**
- Wir singen ein Weihnachtslied (oder hören es von der Kassette). – Das wird die Kinder verwundern.

Keine Angst – wir feiern jetzt nicht Weihnachten. Wir wollen uns bloß an die Bedeutung von Weihnachten erinnern. Was fällt euch zu „Weihnachten" ein? Stichworte an die Tafel schreiben.
*Bild 1* (Krippe) hinhängen und kurz erklären.

Dann gibt es noch ein Fest, das wir heute auch nicht feiern: Ostern. Was fällt euch zu „Ostern" ein? Stichworte an die Tafel schreiben.
*Bild 2* (offenes Grab) hinhängen und kurz erklären.

**Hauptteil**
Wir feiern in diesen Tagen zwei andere wichtige Feste: Himmelfahrt und Pfingsten.

Was fällt euch zu diesen Festen ein?
Das wird vermutlich weniger sein als zu den anderen beiden Festen.
*Bild 3* (Jesus erhöht zur Rechten Gottes) und *Bild 4* (Jesus immer bei uns) aufhängen und zunächst nur in einem Satz erklären: Himmelfahrt erinnert uns daran: Jesus ist zurückgekehrt zu seinem Vater im Himmel. Und Pfingsten erinnert uns daran: Jesus ist immer bei uns durch seinen Heiligen Geist.

1. Jesus hatte seinen Freunden angekündigt: Ich muß sterben und werde wieder auferstehen. Dann werde ich zu meinem Vater im Himmel zurückkehren. Aber ich lasse euch nicht allein zurück. Ich werde euch meinen Heiligen Geist schicken. Der wird bei euch sein, wie ich bei euch war. Er wird euch trösten und ermutigen. Der Heilige Geist wird euch an alles erinnern, was ich euch gesagt habe. Er wird euch zeigen, was Gott will.

2. Zu Himmelfahrt ist es dann passiert, daß Jesus zu seinem Vater zurückkehrte. (Bild 3) Er war mit seinen Jüngern auf einem Berg und sagte ihnen zum Abschied: „Ich habe alle Macht im Himmel und auf Erden. Deshalb geht nun hin zu allen Menschen und macht sie zu meinen Jüngern. Und dabei sollt ihr immer wissen: Ich bin alle Tage bei euch. Nie seid ihr allein." Dann hat ihn Gott aus ihrer Mitte weggenommen. Sie konnten ihn nicht mehr sehen. Eine Wolke verdeckte alles. Und zwei Boten Gottes sagten den Jüngern: Starrt jetzt nicht weiter zum Himmel, sondern rechnet damit, daß Jesus wiederkommen wird, wie er es euch versprochen hat. Auf diese Wiederkunft Jesu warten wir Christen heute noch. Aber damals kam Jesus

schon wenige Tage später durch seinen Heiligen Geist wieder zu seinen Jüngern.

3. Das war zu Pfingsten. Viele Menschen waren zum Fest in Jerusalem. Da schickte Gott seinen Heiligen Geist. Man konnte ihn nicht sehen. Aber die Menschen erlebten es wie das Brausen eines gewaltigen Windes. Sie wurden erfüllt mit dem Heiligen Geist. Da wußten die Jünger: Jesus hat sein Versprechen erfüllt. Er ist jetzt immer bei uns. Wir sind nie mehr allein bis an das Ende der Welt. (Bild 4) Da wurden sie mutig und erzählten von Jesus. Viele Menschen wollten von diesem Tag an auch zu Jesus gehören und ließen sich deshalb taufen.

4. Wie ist das, wenn Jesus bei uns ist durch seinen Heiligen Geist? Es gibt ein Lied von David. Da beschreibt er, wie das ist, wenn Gott bei uns ist. Man kann ihn nicht sehen, aber man kann es erfahren: **Er kümmert sich um uns. Wir sind nie mehr allein.** Ich lese euch dieses Lied aus der Bibel, den Psalm 23, vor. Das wichtigste davon ist auf eurem Ausmalbild. Ihr dürft es dabei schon mal anschauen.

• Den Kindern den Psalm noch etwas erklären. Dann dürfen sie das Bild ausmalen.

### Vertiefung

Zu Pfingsten gibt es keine Geschenke wie zu Ostern oder Weihnachten. Aber Gott macht uns ein großes Geschenk: Wer zu ihm gehört, hat seinen Heiligen Geist. Das macht unser Leben reich. Hört noch einmal Davids Lied. Der Psalm 23 wird noch einmal vorgelesen. Schulkinder sollten ihn in ihrer Bibel aufschlagen und selber lesen. Danach wird der Psalm vom Mitarbeiter ein weiteres Mal gelesen, diesmal aber so, daß die Kinder die Substantive selber nennen müssen. Zum Schluß bekommen die Kinder ein *Leporello* mit den 4 Bildern (siehe Kopiervorlage) mit nach Hause, an dem sie die Bedeutung der vier großen Feste erklären können.

**Liedvorschläge**

Ich hab einen guten Freund
Wenn einer sagt: Ich mag dich
Wir möchten Lieder singen
Der Herr ruft alle Kinder
Keinem von uns ist Gott fern
Ja, das ist Freude
Ich bin bei euch alle Tage

Himmelfahrt und Pfingsten

**Ausmalbild**

**Arbeitshilfen**

**Beispielgeschichte**
*Pfingsten – und kein Geschenk?*

*Fridolin:* Hallo, Kinder, hallo... (Name des Mitarbeiters)
*Mitarbeiter und Kinder:* Hallo Fridolin!
*Fr:* Du,....., das ist heute ein komischer Tag.
*MA:* Ein komischer Tag, wieso das denn?
*Fr:* Na, ich denke, heute ist Pfingsten.
*MA:* Ist es ja auch.
*Fr:* Na, ich denke, Pfingsten ist ein Fest.
*MA:* Das stimmt auch. Pfingsten ist ein Fest der Christen.
*Fr:* Das kann aber nicht sein.
*MA:* Wieso denn nicht?
*Fr:* Weil da was fehlt.
*MA:* Ja, Fridolin, was fehlt dir denn?
*Fr:* Oh, Mensch, bist du dumm! Na, was gibt's denn bei anderen Festen, Ostern oder Weihnachten?
*MA:* Fridolin, was meinst du denn? (Fragt die Kinder) Wißt ihr, was Fridolin denkt? (Antwort der Kinder)
*Fr:* (muß evtl. noch ein bißchen nachhelfen mit) Man sucht es aus, packt es schön ein...
*MA:* Ach, die Geschenke meinst du!
*Fr:* Genau. Endlich hast du es rausgekriegt! Also, was ist jetzt mit den Geschenken zu Pfingsten?
*MA:* Fridolin, es gibt keine.
*Fr:* Dann ist Pfingsten auch kein richtiges Fest.
*MA:* Doch, Fridolin, Pfingsten ist ein Fest. Zu Pfingsten hat Gott seinen Leuten den Heiligen Geist geschickt. Und das feiern wir.
*Fr:* Hm.
*MA:* Was heißt „hm"?
*Fr:* Hm heißt, ich verstehe nicht, was das bedeutet: Gott hat den Heiligen Geist geschickt. Wenn ich schon ein Fest ohne Geschenke feiere, dann will ich wenigstens wissen, was wir da feiern.
*MA:* Da hast du recht. Ich erkläre es dir: Zu „Heiliger Geist" kann man auch sagen „Gottes Geist". Gottes Geist ist die Art, wie Gott denkt. Zu Pfingsten hat Gott seinen Leuten geschenkt, so denken zu können wie er. Wenn wir jetzt seine Geschichten in der Bibel lesen, können wir verstehen, was Gott meint.
*Fr:* Aha.
*MA:* Was heißt „aha"?
*Fr:* Aha heißt, das verstehe ich. Seit Pfingsten kann man ein bißchen so denken, wie Gott denkt.
*MA:* Richtig.
*Fr:* Das heißt: Wenn Gott gut über die Menschen denkt, denken die Christen auch gut über die Menschen.
*MA:* Stimmt, Fridolin.
*Fr:* Und wenn Gott will, daß die Menschen ihn lieben, wollen die Christen auch, daß alle Menschen Gott lieben.
*MA:* Mensch, Fridolin, das hast du aber echt gut verstanden.
*Fr:* Na, prima. Ich hab also kapiert, was Pfingsten bedeutet. Dann können wir es doch als Fest feiern – und – eigentlich gibt es dann doch ein Geschenk!
*MA:* Nein, es gibt keins!
*Fr:* Na, ist der Heilige Geist etwa keins?
*MA:* Oh – hat Fridolin vielleicht doch recht? (Kinder antworten)
*MA:* Recht hast du, Fridolin, und ihr Kinder habt auch recht. Da bin ich aber froh!
*Fr:* Tschüs, Kinder, tschüs – und frohe Pfingsten!
*MA und Kinder:* Frohe Pfingsten, Fridolin!

**Weihnachten, Ostern, Himmelfahrt und Pfingsten**
*(Vier symbolische Darstellungen)*
Die Bilder können von den Kindern zu einem Leporello zusammengeklebt werden.

### Weihnachten
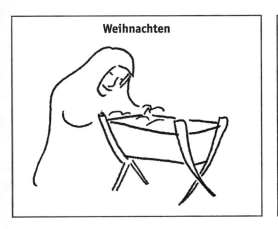

### Ostern
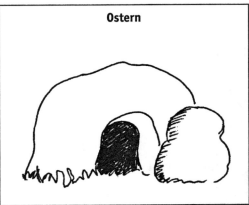

### Himmelfahrt
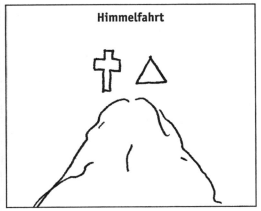

### Pfingsten

# Bastelanleitung „Hirte Beni"

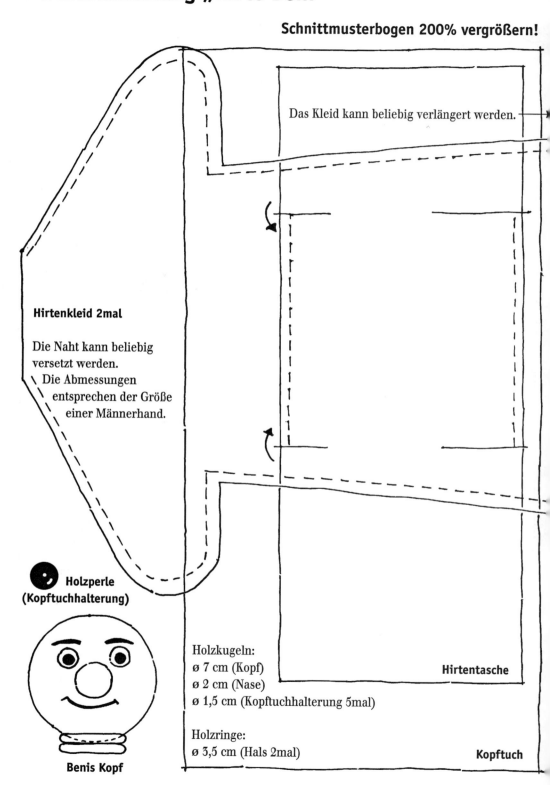

## Der Hirte Beni

Der Hirte Beni ist als Handpuppe für Gruppenleiter gedacht. Er kann z.B. in seiner Hirtentasche etwas für die Kinder mitbringen, die abwechselnd die Tasche öffnen und etwas herausholen dürfen.

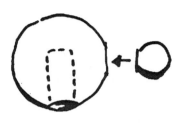
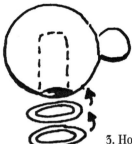

1. Ein Loch in Fingerstärke in die Kugel bohren.

2. Die Nasenfläche begradigen, dazu Kugel auf Schleifpapier hin und her reiben.

3. Holzringe für den Hals ebenfalls etwas anschleifen und um das Bohrloch kleben.

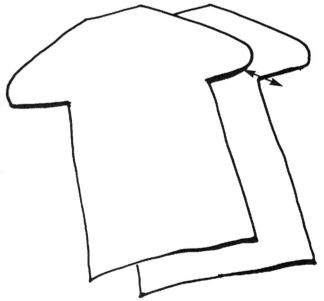

4. Beide Teile des Hirtenkleides ausschneiden und zusammennähen, anschließend umkrempeln.

5. Am Halsansatz des Kleides einen Faden durchziehen, den Hals einführen und den Faden verknoten (eventuell zusätzlich kleben).

Bastelanleitung „Hirte Beni"

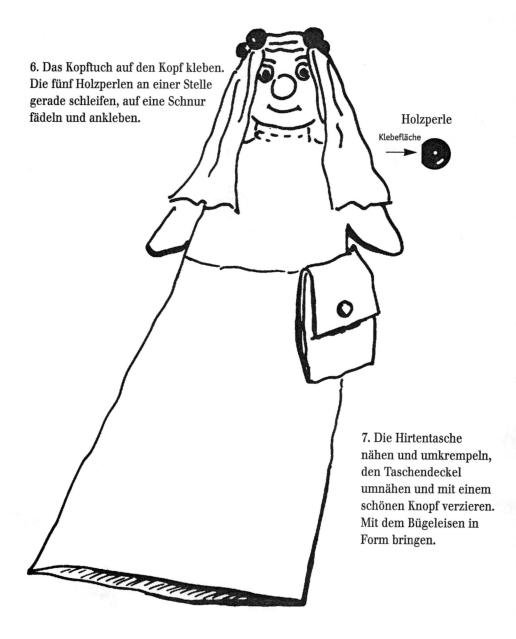

6. Das Kopftuch auf den Kopf kleben. Die fünf Holzperlen an einer Stelle gerade schleifen, auf eine Schnur fädeln und ankleben.

Holzperle
Klebefläche →

7. Die Hirtentasche nähen und umkrempeln, den Taschendeckel umnähen und mit einem schönen Knopf verzieren. Mit dem Bügeleisen in Form bringen.

# Bibelstellenverzeichnis

| Bibeltext/Merkvers (MV) | Seite |
|---|---|
| 1. Mose 12,1-9 | 186 |
| 1. Mose 13,1-18 | 194 |
| 1. Mose 15,5 (MV) | 222 |
| 1. Mose 18,1-15 | 204 |
| 1. Mose 18,14 (MV) | 204 |
| 1. Mose 18,16 - 19,29 | 212 |
| 1. Mose 21,1-7 | 222 |
| 1. Mose 22,1-19 | 230 |
| 1. Mose 24 | 240 |
| 1. Mose 25,19-34 | 250 |
| 1. Mose 27 | 260 |
| 1. Mose 28 | 270 |
| 1. Mose 28,15a (MV) | 270 |
| 1. Mose 29,1 - 30,24 | 280 |
| 1. Mose 30,25 - 32,1 | 290 |
| 1. Mose 32,2 - 33,20 | 300 |
| 1. Mose 32; 33 | 415 |
| 1. Mose 32,11a (MV) | 300 |
| 1. Mose 37,1-11 | 311 |
| 1. Mose 37,12-36 | 320 |
| 1. Mose 39 | 327 |
| 1. Mose 40 | 334 |
| 1. Mose 41 | 342 |
| 1. Mose 42 | 348 |
| 1. Mose 43 - 45 | 358 |
| 1. Mose 45,24b (MV) | 194 |
| 1. Mose 46 - 50 | 366 |
| 1. Mose 50,20 (MV) | 366 |
| Psalm 23,1-6 | 428 |
| Psalm 23,1 (MV) | 428 |
| Psalm 23,3 (MV) | 240 |
| Psalm 33,4 (MV) | 102, 110, 186, 290 |
| Psalm 37,5 (MV) | 230, 342 |
| Psalm 50,15 (MV) | 68 |
| Psalm 113 | 398 |
| Psalm 113,3 (MV) | 398 |
| Psalm 115,12 (MV) | 260 |
| Psalm 119,105 | 376 |
| Psalm 127,3 (MV) | 222, 280 |
| Psalm 133,1 (MV) | 311 |

| Bibeltext/Merkvers (MV) | Seite |
|---|---|
| Jesaja 41,10a (MV) | 327 |
| Jesaja 41,10b (MV) | 334 |
| Jesaja 55,8 (MV) | 320 |
| Sacharja 9,9 (MV) | 136 |
| Matthäus 4,18-22 | 50 |
| Matthäus 4,19 (MV) | 50 |
| Matthäus 4,23 (MV) | 60 |
| Matthäus 6,5-15 | 390 |
| Matthäus 6,8 (MV) | 390 |
| Matthäus 6,25-34 | 422 |
| Matthäus 7,7 (MV) | 240 |
| Matthäus 10,1-4 | 50 |
| Matthäus 10,32 (MV) | 152 |
| Matthäus 21,1-11 | 136 |
| Matthäus 26,31-56 | 144 |
| Matthäus 26,41 (MV) | 144 |
| Matthäus 26,69-75 | 152 |
| Matthäus 27,15-56 | 164 |
| Matthäus 28,1-15 | 176 |
| Matthäus 28,20b (MV) | 40 |
| Markus 1,21-39 | 60 |
| Markus 4,35-41 | 40 |
| Markus 6,30-44 | 22 |
| Markus 10,13-16 | 12 |
| Markus 10,14 (MV) | 12 |
| Markus 10,46-52 | 68 |
| Lukas 1,5-25.57-66 | 102 |
| Lukas 1,26-56 | 110 |
| Lukas 2,1-20 | 118 |
| Lukas 2,41-52 | 128 |
| Lukas 2,49 (MV) | 128 |
| Lukas 11,5-13 | 382 |
| Lukas 11,9 (MV) | 382 |
| Lukas 18,9-14 | 94 |
| Lukas 18,13 (MV) | 94 |
| Lukas 19,1-10 | 32 |
| Lukas 19,10 (MV) | 32 |
| Lukas 21,1-4 | 86 |
| Lukas 24,34 (MV) | 176 |

| Bibeltext/Merkvers (MV) | Seite |
|---|---|
| Johannes 2,1-12 | 76 |
| Johannes 2,11 (MV) | 76 |
| Johannes 3,16 (MV) | 164 |
| Johannes 16,33b (MV) | 40 |
| Römer 12,18 (MV) | 194 |
| 2. Korinther 9,7 (MV) | 86 |
| Galater 6,7a (MV) | 212 |
| Epheser 4,32 (MV) | 250, 358, 415 |
| Philipper 2,3 (MV) | 409 |
| 1. Petrus 5,7 (MV) | 22, 403, 422 |
| 1. Johannes 1,9a (MV) | 348 |
| 1. Johannes 4,14 (MV) | 118 |
| Hebräer 11,6 (MV) | 186 |

# Sachwortverzeichnis

| Stichwort | Seite | Stichwort | Seite | Stichwort | Seite |
|---|---|---|---|---|---|
| Anbetung | 398 | Geduld | 342 | Pfingsten | 428 |
| Anerkennung | 94 | Gehorsam | 144, 212 | Prüfung | 230 |
| Anfechtung | 144 | Geld | 86 | Reichtum | 86, 290 |
| Angeben | 94 | Gemein | 366, 409 | Retter | 110 |
| Angst | 40, 164, 320, 327, 366, 415 | Gerechtigkeit | 334 | Segen | 12, 260 |
| | | Geschenk | 222, 230 | Sorgen | 22, 403, 422 |
| | | Geschwister | 250, 311 | | |
| Anspiel „Brotvermehrung" | 22 | Gespräch | 382 | Stammbaum | 280 |
| Anspiel „Übersehen" | 12 | Gewalt | 144 | Staunen | 398 |
| Auferstehung | 176 | Gewissen | 270, 320 | Stolz | 94 |
| Begegnung | 68, 270 | Glaube | 68, 186, 230 | Streit | 250, 311, 409 |
| Bekenntnis | 152, 348 | | | | |
| Berufung | 50, 186 | Glück | 290 | Sünde | 94, 164, 348 |
| Besuch | 205 | Golgatha | 164 | | |
| Beten | 403 | Gott | 128, 366, 398 | Tempel | 102, 128 |
| Betrug | 260, 280, 320 | | | Traum | 270, 311, 334, 342 |
| | | Gottes Wort | 376 | | |
| Bewahrung | 270 | Gutes tun | 366 | Überraschung | 205 |
| Bibel | 376 | Haß | 409 | Ungehorsam | 128 |
| Bitten | 68, 382 | Heilung | 60 | Vater | 390 |
| Ehe | 240 | Hilfe | 327, 342 | Vaterunser | 390 |
| Einladung | 50 | Himmelfahrt | 428 | Veränderung | 300 |
| Engel | 102, 110, 118, 176, 212, 300 | Hirten | 118, 428 | Vergebung | 32, 250, 348, 358 |
| | | Hoffnung | 176 | | |
| | | Hohn | 164 | Verheißung | 222 |
| Entscheidung | 240 | Hören | 186 | Verkündigung | 50 |
| Erfüllung | 102, 110, 205 | Hunger | 22, 348 | Verleugnung | 152 |
| | | Kinder | 280 | Verloren | 32 |
| Erhöhung | 342 | Kirche | 128 | Verrat | 144 |
| Esel | 136 | Konflikte | 194 | Versöhnung | 300, 415 |
| Fest | 358 | König | 136 | Versprechen | 110, 118, 205, 270, 290 |
| Frau | 240 | Kreuz | 164 | | |
| Freude | 415 | Liebe | 12 | | |
| Frieden | 194 | Lob | 398 | Vertrauen | 40, 68, 222, 290, 334 |
| Führung | 240, 358 | Lot | 194 | | |
| Fürsorge | 22, 403, 422 | Mannschaft | 50 | | |
| | | Nachricht | 118 | Verzicht | 194 |
| Gast | 205 | Neid | 250 | Verzweiflung | 94 |
| Gebet | 60, 94, 144, 212, 382, 390 | Opfer | 86, 230 | Vollmacht | 60 |
| | | Orientierung | 376 | Wünsche | 102, 382 |
| | | Ostern | 176, 428 | Zeit | 22 |
| Geborgenheit | 366 | Petrus | 50, 60, 152 | | |

# Index für Foliencollagen

 Haus

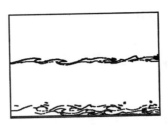 Wasser

 Planzen/Bäume

 Ufer

 Personengruppe

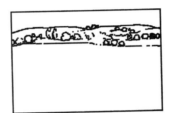 Wiese

 Einzelperson

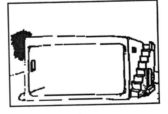 Haus

 Tier

 Wüste

 Sprechblase

 Gegenstand

... **weil Kinder Ihre Stunden in guter Erinnerung behalten.**
... **weil Kinder ganzheitlich angesprochen werden.**
... **weil Kinder und Eltern dadurch mehr aus der Bibel erfahren.**
... **weil Sie eine Menge gute Gestaltungsideen erhalten.**

Vierfarbiges Verteilblatt für die Arbeit mit Kindern, 264 farbige Seiten pro Jahr. Abopreis für ein Exemplar DM 18,- pro Jahr (plus Versandkosten), ab 10 Exemplare DM 16,- (plus Versand), weitere Staffelpreise.

 Bestellungen an den
**BORN-VERLAG, Postfach 42 02 20, 34071 Kassel**
Fax (0561) 40 95 112

☐ **Ja,** senden Sie mir ein kostenloses Probeexemplar Nicki zum Kennenlernen.

☐ **Ja,** ich bestelle ......... Exemplare Nicki.

☐ **Ja,** ich möchte Nicki verschenken. Bitte senden Sie an folgende Anschrift ein Jahresabonnement (vier Ausgaben):

Name

Straße

PLZ/Ort

**Absender**

Name

Straße

PLZ/Ort

Telefon

Innerhalb von Zehn Tagen kann ich das Abonnement widerrufen.

Datum

Unterschrift